北大版普通高等教育"十四五"规划教材

21世纪教师教育系列教材

学科教学论系列

新理念思想政治（品德）教学论（第三版）

New Concept on Ideological and Political (Moral) Teaching Theory

主　编　胡田庚
副主编　邓碧莲　陈敬中　刘　阳
编　委（按姓氏笔画排序）
　　　　邓碧莲　刘　阳　刘丽华
　　　　李　倩　杨永华　张　楠
　　　　陈敬中　胡田庚　廖　亮

图书在版编目(CIP)数据

新理念思想政治(品德)教学论/胡田庚主编. —3版.—北京：北京大学出版社，2019.12
21世纪教师教育系列教材·学科教学论系列
ISBN 978-7-301-30900-1

Ⅰ.①新… Ⅱ.①胡… Ⅲ.①政治课－教学研究－中小学－师范大学－教材 Ⅳ.①G633.202

中国版本图书馆CIP数据核字（2019）第245730号

书　　名	新理念思想政治(品德)教学论(第三版)
	XINLINIAN SIXIANG ZHENGZHI（PINDE）JIAOXUELUN（DI-SAN BAN）
著作责任者	胡田庚　主编
丛书主持	陈　静　郭　莉
责任编辑	于　娜
标准书号	ISBN 978-7-301-30900-1
出版发行	北京大学出版社
地　　址	北京市海淀区成府路205号　100871
网　　址	http://www.pup.cn　新浪微博：@北京大学出版社
电子信箱	zyl@pup.pku.edu.cn
电　　话	邮购部 010-62752015　发行部 010-62750672　编辑部 010-62767857
印　刷　者	河北滦县鑫华书刊印刷厂
经　销　者	新华书店
	787毫米×1092毫米　16开本　17.25印张　450千字
	2009年3月第1版　2014年9月第2版
	2019年12月第3版　2023年 7 月第7次印刷
定　　价	55.00元

未经许可，不得以任何方式复制或抄袭本书之部分或全部内容。
版权所有，侵权必究
举报电话: 010-62752024　电子信箱: fd@pup.pku.edu.cn
图书如有印装质量问题，请与出版部联系，电话: 010-62756370

内容简介

本书贯彻思想政治(品德)课程的基本理念,反映新修订的课程标准的基本精神,全面总结思想政治(品德)教学的实践经验,系统介绍思想政治(品德)教学的相关理论。

本书基于问题和案例,呈现和提炼思想政治(品德)学科教学的理论和方法,引导学习者深化对理论观点的探讨和对实践问题的研究,以促进思想政治(品德)教师专业素质的全面提升。

本书既富于理论性和学术性,也富于实践性和可操作性,适于作为思想政治(品德)教师职前教育的课程教材,也可以作为思想政治(品德)教师在职培训、自我拓展的研修教材,还可以作为思想政治(品德)专业教育硕士、课程与教学论硕士研究生的参考读物。

作者简介

胡田庚,华中师范大学马克思主义学院教授,硕士生导师,全国教育硕士优秀教师,教育部基础教育国家级教学成果奖评审专家,教育部师范类专业认证专家,"荆楚名师"专家委员会委员,中国教育技术学会微格教学专业委员会常务理事,长期从事中学思想政治(品德)课程与教学研究。主持和参与多项省部级以上课题研究,出版多部学术著作和教材,公开发表多篇论文,获国家级教学成果二等奖。作为首席专家和特聘专家多次主持和参与国家级和省级骨干教师培训。

前 言

适应基础教育课程改革发展的潮流,教育部于2003年和2004年先后颁发了《全日制义务教育思想品德课程标准(实验稿)》和《普通高中思想政治课程标准(实验)》,组织开展了教材的编写和新课程的实验。经过十余年的改革实验,基本建立起了适合我国国情、适应时代发展要求的中学思想政治(品德)课程体系,促进了教育观念的更新,推进了人才培养模式的变革,提升了教师队伍的整体水平。但是,面对经济、科技的迅猛发展和社会生活的深刻变化,面对新时代社会主要矛盾的转化,面对新时代对提高全体国民素质和人才培养质量的新要求,思想政治(品德)课程标准还有一些不适应和亟待改进之处。基于此,教育部启动了课程标准的修订工作,先后颁布了《义务教育思想品德课程标准(2011年版)》和《普通高中思想政治课程标准(2017年版)》,并逐步编写和推广新教材。

随着思想政治(品德)课程改革的发展,思想政治(品德)教学有了很多新的特点和变化,对教师也提出了很多新的要求,而且随着课程改革的深入进行,对教师的要求越来越高,教师的作用越来越突出。思想政治(品德)教学论是研究思想政治(品德)教学过程及其规律的一门学科,是思想政治(品德)教师教育的基础课程,必须跟进思想政治(品德)课程改革的步伐,明确新理念,总结新经验,概括新理论,探索新方法。

本教材正是基于这种新课程改革和教师教育的新要求而组织编写及修订的。本教材坚持以先进的教育教学理论为指导,以推进思想政治(品德)教师的专业发展为目标,努力贯彻基础教育新课程改革理念,系统总结思想政治(品德)教学实践经验,全面概括思想政治(品德)教学理论,力求体现出系统性、针对性、时代性和实用性等特点。

第一,结构完整,力求系统性。思想政治(品德)教学论由传统的教材教法演变而来,受传统的教材教法内容体系的影响,思想政治(品德)教学论长期存在重教学轻课程、重教轻学的现象,注重对学科教材、教法的分析研究,而对课程理论、学习理论等没有给予足够的关注。本教材从大教学论的视野出发,按照学科课程理论、学科教学理论、学科教师发展理论三大块展开,力求构建系统全面的思想政治(品德)教学论内容体系。

第二,突出重点、热点,强化针对性。在追求结构系统完整的同时,本教材注意对学科教学论中的重点内容、教学改革中的热点问题,进行系统深入的专门研究。例如,思想政治(品德)课程性质和目标、课程标准和教材、教学理念、教学设计、教学实施、教学方法、教学评价等,都是思想政治(品德)教学论的重点内容;思想政治(品德)课程理念,课程资源的开发与利用,情境教学、案例教学、研究性教学、体验式教学等教学模式和方法的运用,教学反思的强化,学习方式的转变,教师专业化的发展,等等,都是当今教学改革中的热点问题。针对这些重点、热点问题,教材的论述更为深入、具体。

第三,内容新颖,讲究时代性。本教材在传承以往思想政治(品德)教学实践经验和教学理论成果的基础上,注意结合教师教育的发展要求,跟进基础教育课程改革的步伐,积极吸收思想政治(品德)教学改革的新经验、理论研究的最新成果、实践探索的新模式与新思路,系统总结思想政治(品德)新课程和教学的理论与方法。例如,学科课程理论中对课程性质的定位、课程目标的分析、课程理念的阐述、课程标准的解读、课程资源开发与利用的建议;学科教学理论中对教学理念的分析、教学反思的论述、教学设计与实施的构想、教学评价的思考等,都体现出新的时代特征。

第四，分析具体，突出实用性。本教材强调为教师专业发展服务，为教学一线服务，力图对思想政治（品德）教学实践中具体问题的解决予以指导。在具体呈现中，突出案例的作用，注意借助案例承载学科教学的理论和方法，通过案例分析，展现解决问题的方法和思路，提升学习者的实践操作素质，促使他们灵活而富有创造性地解决学科教学中面临的具体问题。此外，教材中还设置了理论探讨、案例分析、实践活动、资料卡片等相关栏目，有助于学生开阔视野，深化对有关理论观点的探讨和对实践难题的研究，促进教师的专业素质发展。

本教材坚持了教师教育的发展方向，贯彻了新课程改革的基本理念，既有较系统的理论性和学术性，也有较强的实践性和可操作性。本教材可以作为思想政治（品德）教师职前教育的相关课程教材，也可以作为思想政治（品德）教师职后培训、自我发展的研修教材，还可以作为思想政治专业教育硕士、课程与教学论硕士研究生的参考读物。

本教材由胡田庚主编，邓碧莲、陈敬中、刘阳副主编。参加本书编写的有：胡田庚，第一、六章；刘阳，第二章；李倩，第三章；杨永华，第四章；陈敬中，第五章；刘丽华，第七章；邓碧莲，第八章；张楠，第九章；廖亮，第十章。全书由胡田庚统稿定稿。权飞、黄丽、陈小燕参与了本书第三版的修订工作。

在成书过程中，我们得到了北京大学出版社和编者所在院校的大力支持。在编写过程中，我们还参考了大量书籍，吸收了大量相关的研究成果。在此，我们一并表示衷心的感谢。由于编写时间较短，又限于编者的水平，本书难免有诸多不足之处，敬请读者批评、指正。

胡田庚

2019 年 3 月于华中师范大学

目 录

前言 ………………………………………………………………………………… (1)

第一章 思想政治(品德)课程概述 ………………………………………… (1)
 第一节 思想政治(品德)课程的历史考察 …………………………… (2)
 第二节 思想政治(品德)课程的性质 ………………………………… (7)
 第三节 思想政治(品德)课程的地位 ………………………………… (11)
 第四节 思想政治(品德)学科核心素养 ……………………………… (13)
 第五节 思想政治(品德)课程目标 …………………………………… (21)
 第六节 思想政治(品德)课程的理念 ………………………………… (26)

第二章 思想政治(品德)课程标准和教材 ………………………………… (35)
 第一节 思想政治(品德)课程标准 …………………………………… (36)
 第二节 思想政治(品德)教材 ………………………………………… (44)

第三章 思想政治(品德)课程资源的开发利用 …………………………… (58)
 第一节 思想政治(品德)课程资源概述 ……………………………… (59)
 第二节 思想政治(品德)课程资源开发利用的原则 ………………… (65)
 第三节 思想政治(品德)课程资源开发利用存在的问题 …………… (67)
 第四节 思想政治(品德)课程资源开发利用的基本策略和途径 …… (71)

第四章 思想政治(品德)的教学过程 ……………………………………… (80)
 第一节 思想政治(品德)教学过程的本质和特征 …………………… (81)
 第二节 思想政治(品德)教学过程的基本结构 ……………………… (84)
 第三节 思想政治(品德)的教学理念 ………………………………… (88)
 第四节 思想政治(品德)教学过程的最优化 ………………………… (96)

第五章 思想政治(品德)的教学设计 ……………………………………… (102)
 第一节 思想政治(品德)教学设计概述 ……………………………… (102)
 第二节 思想政治(品德)教学方案的设计 …………………………… (108)
 第三节 思想政治(品德)说课设计 …………………………………… (122)

第六章　思想政治(品德)的教学实施 (131)
第一节　思想政治(品德)的课堂教学 (132)
第二节　思想政治(品德)的课外活动 (147)
第三节　思想政治(品德)的教学反思 (153)

第七章　思想政治(品德)的教学评价 (161)
第一节　思想政治(品德)教学评价概述 (162)
第二节　思想政治(品德)教学评价的基本程序 (167)
第三节　思想政治(品德)学生学业评价 (170)
第四节　思想政治(品德)教师教学评价 (177)

第八章　思想政治(品德)的教学方法和手段 (190)
第一节　思想政治(品德)教学方法及其优选 (191)
第二节　启发式教学及其在思想政治(品德)教学中的运用 (198)
第三节　思想政治(品德)的教学手段 (206)

第九章　思想政治(品德)的学习及其指导 (217)
第一节　思想政治(品德)学习的基本原理 (218)
第二节　转变思想政治(品德)学习方式 (226)
第三节　思想政治(品德)学习的方法 (231)
第四节　思想政治(品德)学习的指导 (234)

第十章　思想政治(品德)教师的专业发展 (245)
第一节　教师劳动的特点和教师的基本职责 (246)
第二节　教师专业化与思想政治(品德)教师的专业素养 (250)
第三节　思想政治(品德)教师专业发展的基本途径 (260)

第一章 思想政治(品德)课程概述

本章学习目标

1. 了解思想政治(品德)课程发展的历史,分析总结思想政治(品德)课程建设的经验教训。
2. 明确思想政治(品德)课程的性质和地位,懂得思想政治(品德)课程在中学德育中的重要性。
3. 了解思想政治(品德)学科核心素养,明确培育学生学科核心素养的重要性,知道学科核心素养衡量的基本标准和方法。
4. 了解思想政治(品德)课程目标的功能和分类,把握新课程标准对思想政治(品德)课程的目标定位。
5. 了解基础教育课程改革的基本理念以及中学思想政治(品德)课程的理念。
6. 调查中学思想政治(品德)课程的实施现状,感受思想政治(品德)课程实施所面临的困难和思想政治(品德)教师的艰辛。

问题序幕

一位思想政治教师的无奈

有一位任教多年的思想政治教师,回顾他多年的教学经历时,发出了"思想政治,想说爱你不容易"的感慨。他写道:

不经意间,当了十五年的初中政治老师,任教初中思想政治,可以说荣光不过少许,更多的是难教的无奈。

为何得出这样的结论?因为当前初中思想政治课面临着教材变化幅度大、家长学生不重视、老师的培训力度不够和教育理念还未完全转变等现状。

教材:变、变、变。有人用了这样一句生动的语言来形容当今世界新知识更新之快:"现在会议上所说的,会后就会过时。"政治教材也是如此,就知识更新方面而言,先是青少年修养、社会发展常识、社会主义建设常识,后又是心理品质常识、法律常识、社会发展常识、中国国情常识,即使同是中国国情常识,也年年在变,政治这门学科的方针性、时效性很强,如果不紧跟时代变化,就失去了教育的意义。

家长:不就是死记硬背吗?你随便去和一位家长聊孩子的学科成绩,都可以得到这样的反馈信息:关键是学好语文、数学、外语这几门,至于政治嘛,不就是死记硬背吗?到临考前也来得及!你平时还看到这样的一幕:家长忙于让自己的孩子去恶补数学、外语等学科,千叮万嘱要学好这几门科目。你见过家长叮嘱自己的孩子要学好思想政治吗?

学生:不必花太多的时间,反正考试可翻书。可以这样说,如今的中学生,不重视思想政治课的起码有90%,他们不仅课外根本不花时间,而且课堂上也不大认真学习。为什么呢?他们个个都有堂而皇之的理由:反正考试是开卷考试,可以翻书,抄资料,担心什么?

从这位思想政治教师的无奈中,我们感受到了思想政治课程的困境和思想政治教师的艰辛。事实上,这位初中思想政治教师对思想政治课"想说爱你不容易"的困惑,不少高中思想政治教师也有同感。那么,材料中人们(包括教师、学生、家长)对思想政治课的认识有什么不当之处?为什么会有这些认识?思想政治课究竟是一门什么样的课程?它到底重要不重要、有多重要?学校设置思想政治课、学生学习思想政治课的目的何在?作为未来的中学思想政治教师,你如何面对这种无奈?为了解决这种困惑和问题,让我们走进思想政治课程,了解思想政治课程的历史、性质、地位、目标、理念等。

第一节　思想政治(品德)课程的历史考察

一、思想政治(品德)课程的历史回顾

政治课与其他课程相比更体现国家意志,历来受到我国的重视。中国共产党正式在中学设立政治课,始于抗日战争时期。《晋察冀边区中学暂行办法》就明确规定中学政治课开设"政治常识""三民主义与统一战线""时事政策"等课程;《陕甘宁边区暂行中学规定草案》也规定,初中开设"公民知识",高中开设"社会科学概论""哲学"。到解放战争时期,各解放区人民政府和教育行政部门,根据革命斗争的需要,在中学设有"中国革命""中国现状""社会常识""政治学""新民主主义论"等政治课课程,为新中国中学政治课的建立和发展积累了丰富的经验。新中国成立后,我国中学普遍设立了政治课,其发展大体经历了五个阶段。

(一)中学政治课的建立时期(1949—1959年)

新中国成立初期,第一次全国教育工作会议决定取消国民党的"公民""党义"等课程,各地对学生开展党的政策和形势教育。1951年6月,教育部统一了中学政治课的设置。1952年起,先后开设了"青年修养""中国革命常识""共同纲领""社会发展史""政治常识""社会科学基础知识"等课程。这时的政治课没有教学大纲和统一教材,内容变动比较频繁和随意,应时性表现得比较突出。

1956年后,由于照搬苏联经验,有关部门主张思想政治教育通过各科教学进行,出现了只在高三每周设一节"宪法"课的局面,实际上取消了政治课。但这种现象很快被纠正,1957年3月,毛泽东明确指出要在学校恢复政治课,要编写新的思想政治课本。同时,教育部也发出了关于在中学、师范学校设立政治课的通知。

1959年7月,教育部颁发了第一个全国性的中学政治课教学大纲——《中等学校政治课教学大纲》,规定中学各年级开设"道德品质教育""社会发展简史""中国革命和建设常识""政治常识""经济常识""辩证唯物主义常识"等课程。

(二)中学思想政治课的加强和发展时期(1960—1966年)

1961年,教育部颁布了《关于改进中等学校政治课教学的意见》,对1959年的教学大纲作了必要的修改。根据1959年的"大纲"和1961年的"意见",全国组织编写了部分政治课教材,并被相继使用,思想政治课得到了一定程度的加强。

在这一阶段进行了思想政治课系统化的尝试,对人的发展的关注明显增强。但是受总体政治环境的影响,这种改革不系统,也没能深入下去、坚持下来。

(三)思想政治课受到严重破坏的时期(1966—1976年)

这十年中,中学政治课变成了"语录课""斗争课""批判课",政治课的课程、教材被打乱,教师队伍被打散,长期积累起来的教学经验被否定,政治课的声誉被败坏,师生的教学积极性受到严重打击。

(四)思想政治课的恢复和发展时期(1977—1985年)

与政治、经济上的拨乱反正相关联,思想政治课教学得到了恢复。1980年教育部组织编写了统

一的中学政治课教材。1981年后,"青少年修养""社会发展简史""法律常识""政治经济学常识""辩证唯物主义常识"等课程教材相继推广使用。

这一阶段思想政治课课程发展的特点是追求知识的规范化、系统化、科学性,突出了各学科的知识逻辑。学科定位方面,许多人认为政治课主要应定位于智育课,在教学中强调知识性教育。

(五)中学政治课改革时期(1985年至今)

20世纪80年代以后,世界范围内形成了一轮基础教育课程改革的潮流。我国也不例外,20世纪80年代中期开始了基础教育课程改革,中学思想政治课进入了改革的时期。

随堂讨论1-1

新中国成立以来,我国中学思想政治课的课程设置和内容安排不断进行着调整,这种调整体现出思想政治课怎样的特点?

回顾政治课的发展历程,我们可以看到,我国历来重视思想政治课的设置,在思想政治课程建设方面取得了许多宝贵的经验,形成了比较系统、成熟的思想政治课程内容体系,在教材、教师队伍建设方面也取得了显著成效。当然,也存在一些问题,例如,在课程功能上,很长时期里,思想政治课的内容是根据国内外形势发展密切配合政治运动设置的,强调课程的社会功能,忽略了学生自身发展的需要,使思想政治课所应该具有的塑造健全人格和培养优良品德的功能受到了影响;在课程目标上,一方面目标过高、过大,容易使目标落空,另一方面目标结构不完善,情感目标关注不够,等等。不过这些问题在改革的过程中已经逐渐得到了比较清晰的认识。

二、思想政治(品德)课改革的进程

以1985年中共中央发出的《关于改革学校思想品德和政治理论课程教学的通知》为标志,思想政治课进入了改革的时期。改革发展到今天,其间经过了几个阶段,经历了几次大的调整。

第一阶段:改革实验(1985—1992年)。1986年3月,国家教委印发了《中学思想政治课改革实验教学大纲(初稿)》,规定中学思想政治课程设置方案——从初一到高三分别为"公民""社会发展简史""中国社会主义建设常识""共产主义人生观"(后改名为"科学人生观")"经济常识""政治常识",并根据改革实验大纲组织了新教材的编写工作。这一时期改革的特点是:第一,突出课程的思想教育性,学科名称由"政治课"改为"思想政治课"。第二,思想政治课教材呈现多样化的趋势,首次实现"一纲多本"。第三,在教材呈现方式上强调归纳法,从事实出发,而不能从概念原理出发。

第二阶段:调整完善(1992—1994年)。1992年3月,国家教委在总结《中学思想政治课改革实验教学大纲(初稿)》实施经验的基础上,重新制定颁发了《全日制中学思想政治课教学大纲(试行)》。根据大纲规定,全日制中学从初中一年级至高中三年级,各年级不再分列具体课程名称,统称"思想政治"。

第三阶段:总结发展(1994—1999年)。1994年8月,中共中央下发《关于进一步加强和改进学校德育工作的若干意见》,这是中学思想政治课改革历程中的又一个重要的纲领性文件。1996年6月和1997年4月,国家教委相继颁发了《全日制普通高级中学思想政治课课程标准(试行)》和《九年义务教育小学思想品德课和初中思想政治课课程标准(试行)》,并专门组建了小学思想品德课和中学思想政治课教材编写领导小组,依据新编订的课程标准,组织编写高质量的新教材。这个阶段的显著特点是:第一,首次以课程标准取代原来的教学大纲,清楚地表达了教学内容范围和程度,突出了认知目标与能力目标的融合和相互支撑。第二，改变了我国原来将初高中思想政治课教学划分为一个教学阶段的方式，将九年义务教育小学思想品德课和初中思想政治课作为一个教学阶段，高中思想政治课作为另一个教学阶段，统筹安排教学内容。第三，在课程设置、教学体系、教学内容、教材形式等各方面，在继承了新中国成立以来政治课教学改革的优良传统的基础上，有新的建树和突破。结合改革开放的新形势，根据新的课程标准的要求，开设"心理健康教育""法律""社会发展常识""经济常识""哲学常识""政治常识"。

第四阶段：思想政治（品德）新课程改革（1999年至今）。1999年6月，《中共中央、国务院关于深化教育改革全面推进素质教育的决定》颁布，对基础教育课程改革提出了新的要求。2001年6月，《国务院关于基础教育改革与发展的决定》颁布，随后教育部又制定了《基础教育课程改革纲要（试行）》，由此拉开了新一轮基础教育课程改革的序幕。根据新课程改革的精神，2003年和2004年教育部先后颁布了《全日制义务教育思想品德课程标准（实验稿）》和《普通高中思想政治课程标准（实验）》，并组织编写了相应的教材，逐步在全国推广使用。

教育部印发的思想政治（品德）课程标准实验稿，指导了十余年思想政治（品德）课程改革的实践，坚持了正确的改革方向和先进的教育理念，基本建立起了适合我国国情、适应时代发展要求的中学思想政治（品德）课程体系，促进了教育观念的更新，推进了人才培养模式的变革。但是，面对经济、科技的迅猛发展和社会生活的深刻变化，面对新时代社会主要矛盾的转化，面对新时代对提高全体国民素质和人才培养质量的新要求，思想政治（品德）课程标准还有一些不相适应和亟待改进之处。特别是随着我国经济和社会的发展，党的十八大明确提出立德树人是教育的根本任务。2014年，教育部印发《关于全面深化课程改革 落实立德树人根本任务的意见》，要求充分认识全面深化课程改革、落实立德树人根本任务的重要性和紧迫性，对全面深化课程改革的总体要求、关键领域和主要环节的改革等进行了设计和部署。在这种背景下，教育部进行了思想政治（品德）课程标准修订工作，并颁布了《普通高中思想政治课程标准（2017年版）》，相关教材也陆续编写并推广使用。

三、新课程改革中思想政治（品德）课的新变化

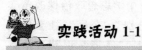

实践活动 1-1

　　查阅有关资料，了解我国基础教育新课程改革是在什么样的背景下进行的，改革的目标是什么，对思想政治（品德）课程改革有什么样的影响。

　　随着本世纪以来基础教育新课程改革的发展，给思想政治（品德）课程带来很多新的变化。这些新变化主要表现在以下几个方面。

1. 调整了课程定位

从课程名称看，高中一直为《思想政治》，初中由原来的《思想政治》改为《思想品德》，后又改为《道德与法治》。

就高中来说，高中思想政治是一门什么样的课程？是学科课程还是活动课程？在我国长期存在争议，新中国历史上我们在实践中也有过相应的经历和尝试。随着基础教育新课程改革的发展，2017年版高中思想政治课程标准把高中思想政治课定位为活动型学科课程，这是一种全新的认识。一方面，它明确提出思想政治课属于学科课程，具有学科背景，有相应的学科知识作为支撑；另一方面，它强调课程的活动特性，学科课程借助活动来进行设计，即课程内容活动化；或者说学科内容的课程方

式就是一系列活动设计的系统安排,即活动设计内容化。

就初中来说,初中改《思想政治》为《思想品德》,既是课程发展的需要,也是学生身心发展的需要。从课程发展来说,新课程改革中,教育部是从整体上设计从小学到高中的德育课程,小学1—2年级《品德与生活》,3—6年级《品德与社会》,初中《思想品德》,高中《思想政治》。而且我国过去的初中思想政治课缺乏道德教育,有些内容过于成人化,政治性比较强,学生接受起来比较困难,因而课程效果受到一定程度的影响,课程名称的改变有利于增强课程的实效。从学生需要来说,初中学生处于身心迅速发展和学习参与社会公共生活的重要阶段,处于思想品德和价值观念形成的关键时期,迫切需要在思想品德的发展上得到有效帮助和正确指导,在这个阶段开设思想品德课完全是适应初中学生身心发展的需要。从2016年起,又将义务教育小学和初中的思想品德课统一更改为《道德与法治》,这是进一步基于社会需要和学生发展的需求。对于培养一个合格的公民来讲,主要在于培养道德意识和法治意识,遵纪守法就是作为合格公民的基础。人的思想行为会受到道德与法治的约束与规范,什么事该做,什么事不该做,哪些行为是国家所提倡的,哪些行为会受到道德的谴责,哪些行为会受到法律的制裁,成为中小学德育课的基本内容。

2. 转变课程功能

首先,兼顾社会需要和学生发展。过去的思想政治课过分强调其社会功能、政治功能,构建课程体系的时候,出发点首先是国家需要、社会需要,很少考虑学生自身发展的需要,使政治课应该具有的促进学生发展的功能弱化。新课程明确提出,初中思想品德课要以初中学生逐步扩展的生活为基础,高中思想政治课要构建以生活为基础、以学科知识为支撑的课程模块,体现了中学思想政治(品德)课程要贴近学生生活、关注学生发展的要求。

其次,凸显观点教育和价值引领。思想政治(品德)课程的知识性与教育性、智育性与德育性一直是备受关注的问题。思想政治(品德)新课程改革突出强调坚持正确的思想政治方向,要求既凸显学科基本知识,更凸显其所蕴含和体现的价值导向的意义。通过本课程的教学,使学生明确马克思主义的指导地位,坚持和发展中国特色社会主义,培育和践行社会主义核心价值观,继承和弘扬中华优秀传统文化、革命文化,发展社会主义先进文化,培养良好政治素质、道德品质和健全人格,形成正确的世界观、人生观、价值观。

最后,强调全面发展和终身发展。本世纪初,思想政治(品德)新课程改革提出了知识、能力、情感态度价值观的三维目标体系,注重情感态度价值观,重视能力的培养,知识仅仅是作为手段而存在的。近年来的思想政治(品德)课程改革强调以学科核心素养为纲,强调围绕学科核心素养,"三维一体"呈现课程目标、整合与呈现课程内容、划分和描述质量标准、主导和规范课程实施等。从三维目标到核心素养,是基础教育改革发展的不同阶段,一脉相承的是国家对"培养什么样的人、怎样培养人"的教育改革的顶层设计,都是指向培养全面发展的人,着眼于学生的全面发展和终身发展。

3. 调整课程结构

首先,实行必修与选修相结合,加强选修课程。如高中思想政治课设置了四个必修模块、六个选修模块。修订的2017年版高中思想政治课程标准又进一步将高中思想政治课程分为必修、选择性必修、选修三类,每类课程都具有不同的价值和功能。

其次,在关注国家课程的同时,为开发地方课程和校本课程提供了较大的空间。学校课程类型的多样化有助于学生的全面发展,这将为从根本上改变我国学生过分追求学业高分、综合素养低、主动学习能力弱的状况提供有利条件。

资料卡片 1-1

课程结构

课程结构调整就其实质而言,就是重新认识和确立各种课程类型以及具体科目在学校课程体系中的价值、地位、作用和相互关系。

课程类型多种多样,从不同的角度可以进行不同的分类。从课程内容所固有的属性来区分,可以分为学科课程与经验课程;从课程内容的组织方式来区分,可以分为分科课程与综合课程;从课程计划中对课程实施的要求来区分,可以分为必修课程与选修课程;从课程设计、开发和管理主体来区分,可以分为国家课程、地方课程与校本课程。

4. 更新课程内容

总的来说,新的思想政治(品德)课程加强了课程内容与学生生活和社会发展的联系,坚持以马列主义、毛泽东思想、邓小平理论、"三个代表"重要思想、科学发展观、习近平新时代中国特色社会主义思想为指导,精选对学生发展终身受益的知识和技能。在具体操作上,既删除了一些繁难陈旧的内容,也适应社会发展和学生需要,增加和补充了一些新的内容。

5. 变革教学方式

传统的思想政治课教学,教师主要是"传授",学生主要是"接受"。新课程强调要改变这种状况,倡导学生主动参与、乐于探究、勤于动手。如高中思想政治课程标准明确提出,要采用灵活的教学策略,"把教师主导的'目标—策略—评价'的过程与学生经历的'活动—体验—表现'的过程结合起来,引导学生在范例分析中展示观点,在价值冲突中识别观点,在比较鉴别中确认观点,在探究活动中提炼观点,进而有效地提高学生理解、认同、确信正确价值标准的能力";倡导研究性学习方式,"要结合相关内容,鼓励学生独立思考、合作探究,为学生提供足够的选择空间和交流机会,能够从各自的特长和关切出发,主动经历观察、操作、讨论、质疑、探究的过程,富有个性地发表自己的见解,以利于培养求真务实的态度和创新精神"。2017 年版高中思想政治课程标准也强调,要针对高中学生思想活动和行为方式的多样性、可塑性,着力改进教学方式和学习方式。在课程实施中,要充分利用现代信息技术,拓展教育资源和教育空间;要通过议题的引入、引导和讨论,推动教师转变教学方式,使教学在师生互动、开放民主的氛围中进行;要通过问题情境的创设和社会实践活动的参与,促进学生转变学习方式,在合作学习和探究学习的过程中,培养创新精神,提高实践能力。显然,变革教学方式,是思想政治新课程必然带来的新变化。

理论探讨 1-1

"研究性学习"是与"接受性学习"相对应的概念。作为一种学习方式,"研究性学习"是指教师或其他成人不把现成结论告诉学生,而是学生自己在教师指导下自主地发现问题、探究问题、获得结论的过程。

查阅相关资料,结合教学实例,分析"研究性学习"与"接受性学习"的关系。

6. 重建评价体系

思想政治新课程以学生发展为本,自然要求改变过去传统的评价制度,建立促进学生思想政治学科核心素养发展的评价机制。要将过程性评价与终结性评价相结合,着重评估学生解决情境化问题的过程和结果,反映学生所表现出来的思想政治学科核心素养发展水平,评价方式的选择应该聚焦学生思想政治学科核心素养的发展。实现评价目的由过分强调甄别与选拔向促进学生全面发展转变,评价内容由单纯重视知识评价向重视学生全面素质评价的转变,评价方式从单纯纸笔测试向综合运用多种评价方式转变,评价主体由一元向多元转化。

第二节 思想政治(品德)课程的性质

一、关于思想政治(品德)课程性质的不同观点

多年来,关于思想政治(品德)课程性质,有多种不同的观点。归结起来,主要围绕着思想政治(品德)课是"德育课"还是"智育课"的归属问题展开。其结果是,把它归为"智育课",往往导致德育的削弱,思想政治(品德)课的教学任务无法全面完成;把它归为"德育课",又常常使智育遭到冷落,德育也因缺乏根基而陷入空洞说教、软弱无力。

资料卡片 1-2

德 育

根据《中学德育大纲》,德育即对学生进行政治、思想、道德和心理品质教育。它对坚持学校的社会主义性质,保证人才培养的正确政治方向,促进学生全面发展,起着主导决定性作用。

事实上,作为学科的功能构成,思想政治(品德)课具有较强的兼容性。它既具有智育属性,又具有德育属性,问题的关键在于在什么意义上它具有智育属性,在什么意义上它具有德育属性,从本质上看它的根本属性又是什么。

随堂讨论 1-2

思想政治课的智育性和德育性各表现在哪些方面?你认为思想政治(品德)课的根本属性是什么?为什么?

随着课程与教学改革的深入发展,人们普遍认为思想政治(品德)兼有德育性和智育性,其中德育性是其根本属性,从根本上说,思想政治(品德)课程是一门德育性质的课程。关于这一点,人们主要从以下几方面进行说明。

(一)思想政治(品德)课的德育性质是该课程历史的如实反映

中国共产党自成立之日起,就十分重视对青少年进行政治思想道德教育。抗日战争时期,开始在中学开设政治课。新中国成立以后,政治课在各级各类学校得到了普遍开设,并始终把它作为对学生进行政治思想道德教育的课程。1959年教育部颁布的《中等学校政治课教学大纲》中明确规定,政治课是"思想政治教育和道德教育的重要课程"。1985年中共中央《关于改革学校思想品德和政治理论课程教学的通知》将中学政治课更名为"思想政治课",明确表明了其学科性质。1992年《全日制中学思想政治课教学大纲》又取消中学思想政治课各年级课程的学科名称,统称为"思想政治",并明确规

定思想政治课是"对学生进行马列主义毛泽东思想基本常识和社会主义政治思想道德教育的课程"。1996年国家教委颁布的《全日制普通高级中学思想政治课课程标准(试行)》中明确指出："思想政治课是对中学生系统进行公民品德教育和马克思主义常识教育的必修课程。"这些都明确地体现了该课程的德育性质。

（二）思想政治(品德)课的德育性质在该课程内容中得到了充分体现

课程性质规定着课程内容，而课程内容又体现课程性质。思想政治(品德)课的课程内容，主要是马克思主义基本观点、有关社会科学基本知识、社会行为规范等方面的教育。这些基本内容与中学德育内容是完全一致的，具有很强的德育功能。一方面这些内容本身具有鲜明的德育特征，是对学生进行政治思想道德教育的好材料；另一方面这些内容的教学，目的是要帮助学生成为具有良好政治、思想、道德素质的公民，确立正确的政治方向，树立科学的世界观、人生观、价值观。

（三）思想政治(品德)课的德育性质是由该课程的特殊性决定的

就思想政治(品德)课本身来说，知识性与教育性是构成该课程内在矛盾的两个方面。知识性主要是指它要向学生传授思想政治学科的基本知识，发展学生的能力；教育性主要是指它要对学生进行政治思想道德教育。不可否认，思想政治(品德)课具有知识性，包含有丰富的智育内容，要通过这门课程的教学，使学生明确政治学科的有关基本理论和观点。但这些基本理论观点本身就是德育的重要内容，而且其着眼点和落脚点也在于对学生进行政治思想道德教育，提高学生的政治思想道德素质。因此，教育性是思想政治(品德)课的根本属性，思想政治(品德)课本质上是一门政治思想道德教育性质的课程，或曰德育课程。

就思想政治(品德)课与其他学科的相比而言，根据《中学德育大纲》的要求，中学各学科都担负着德育任务，各科教师均要教书育人，寓德育于学科的教学之中。但思想政治(品德)课在德育功能上又不同于一般文化知识课。思想政治(品德)课要利用各科教学讲述的事实、激发的情感，联系学生的实际，引导他们观察和分析各种复杂的社会现象，从中概括总结出基本观点，比较系统地对学生进行政治思想道德教育。而且，思想政治(品德)课所传授的马克思主义的立场、观点和方法，对各学科在教学中渗透德育具有重要的指导意义。可见，思想政治(品德)课在中学德育中具有独特的作用，具有其他学科不能比拟的德育功能。

资料卡片1-3

《中学德育大纲》

《中学德育大纲》是中学德育工作的指导性文件，是各级教育部门对中学德育工作实行科学管理和督导评估的基本标准，也是社会和家庭紧密配合学校对中学生进行教育的基本依据。《中学德育大纲》规定了中学德育目标、德育内容、实施途径、学生品行评定、实施与管理等国家对中学德育工作和学生品德的基本要求。

二、对思想政治(品德)课程性质认识的新发展

随着我国社会的发展，立足国家的需要和学生个体发展的需要，近年来，党和国家在青少年政治思想道德教育方面形成了很多新的思想和精神，思想政治(品德)课程的建设，应该反映这些新思想和新精神。正是适应这种新思想和新精神，我们对思想政治(品德)课程的性质进行了新的认识。

《普通高中思想政治课程标准(2017年版)》明确指出："高中思想政治以立德树人为根本任务，以

培育社会主义核心价值观为根本目的,是帮助学生确立正确的政治方向、提高思想政治学科核心素养、增强社会理解和参与能力的综合性、活动型学科课程。""高中思想政治课程紧密结合社会实践,讲授马克思主义基本原理,特别是马克思主义中国化最新成果,引导学生经历自主思考、合作探究的学习过程,理解中国特色社会主义进入新时代的历史方位,了解新时代中国特色社会主义经济、政治、文化、社会、生态文明建设和党的建设进程,培育政治认同、科学精神、法治意识和公共参与等核心素养,逐步树立共产主义远大理想和中国特色社会主义共同理想,坚定中国特色社会主义道路自信、理论自信、制度自信、文化自信,基本形成正确的世界观、人生观、价值观。""高中思想政治课程具有学科内容的综合性、学校德育工作的引领性和课程实施的实践性等特征,它与初中道德与法治、高校思想政治理论等课程相互衔接,与时事政治教育相互补充,与高中其他学科教学和相关德育工作相互配合,共同承担思想政治教育立德树人的任务。"

理论探讨 1-2

比较我国的公民素质教育与西方国家的公民素质教育有什么共同性,又有哪些区别。西方国家的公民素质教育对我们有哪些启示?

分析新课程标准的界定,在高中思想政治课程性质的认识上,有以下几点值得关注。

（一）思想政治课是以马克思主义观点教育为核心的社会主义公民素质教育课程

高素质的公民,对一个国家的建设和发展具有极其重要的意义。培养高素质的公民,长期以来受到世界各国的共同关注。

在西方不少国家的基础教育课程设置中,社会科是作为综合性的公民教育课程开设的,公民素质教育主要通过社会科实施。在我国,思想政治(品德)课就是公民素质教育的主要课程。根据教育部最新颁布的课程标准,初中思想品德课为学生思想品德健康发展奠定基础,高中思想政治课为学生终身发展奠定思想政治素质基础。虽然各有不同的侧重点,前者侧重于公民的思想品德素质,后者侧重于公民的思想政治素质,但归根到底都是把公民基本素质的培养作为根本目标。因此,从最终意义上说,思想政治(品德)课是公民素质教育课程。

资料卡片 1-4

社会科与公民教育

社会科作为一门独立的课程在国外已经有近百年的历史。

在美国,有关公民教育的课程早已有之。早在1790年,美国就开设了"公民科",培养学生的爱国心和对美国政治制度、国家理念的理解。20世纪初,随着大批移民来到美国,使他们能够接受美国的价值观念、适应美国社会并参与社会生活,成为当时美国社会对教育提出的一个重大问题。为适应社会对公民教育的需要,1916年,美国首先在中学设立了社会科。社会科的内容涉及社会学、心理学、经济学、地理学、历史学等社会科学领域,其培养目标既包括培养学生对美国社会的忠诚,也要求培养学生参与地区社会的积极态度、适当的职业观、处理个人及社会问题的能力。社会科的建立,标志着美国公民教育的新发展。

> 日本于1947年正式在学校设立了社会科,其总目标定位是:为建设民主的、和平的新国家,培养具有良好人格、社会责任感、正义、公正、热爱劳动、具有创造力的新公民。作为培养公民素质的基础课程,其内容不仅涉及政治思想道德教育,而且将自我修养、人际关系、社会组织、法律、公共道德、经济和国家制度、历史和地理、国际社会等包括其中,包含了公民素质教育的全部内容。
>
> 随着社会的发展,各国的社会科不断进行着改革和调整,但其基本性质和功能定位始终未变,社会科始终是对学生进行公民教育的基本载体。

值得注意的是,我们这里讲的公民是社会主义公民。一直以来,世界各国都极为重视公民教育,虽然各国在公民素质教育上有很多共同之处,在教育方法、途径等方面相互吸收和借鉴,但在培养目标上总有不同的取向,都在力图培养符合本国利益和要求的公民。我国是人民民主专政的社会主义国家,这就决定了我国思想政治(品德)课的社会主义性质,决定了思想政治(品德)课要培养的是社会主义公民。

(二) 思想政治课是活动型学科课程

根据课程内容所固有的属性,可以将课程分为学科课程与活动课程。所谓学科课程,是以文化知识(科学、道德、艺术)为基础,按照一定的价值标准,从不同的知识领域或学术领域选择一定的内容,根据知识的逻辑体系,将所选出的知识组织为学科。① 学科课程按学科知识的逻辑结构来选择和安排课程内容,重视学科内容的内在联系,重视学科知识的系统学习和考查。活动课程亦称经验课程,它重视直接经验,强调学生的自主性和主动性,强调通过学生自己的实践活动获得直接经验,强调训练学生的综合能力及个性养成。

根据《普通高中思想政治课程标准(2017年版)》,高中思想政治课是一门活动型学科课程。一方面,思想政治课是一门学科课程。它有自己的学科背景,有马克思主义政治学、经济学、哲学、法学、伦理学、文化学等学科知识作为支撑;它侧重引导学生整合相关学科知识,进行正确的价值判断与选择。另一方面,思想政治课有突出的活动性,必须引导学生走向社会,走进生活,开展社会调查、社会服务、职业体验等,培养综合运用学科知识分析和解决实际问题的能力,提升政治认同、科学精神、法治意识和公共参与等核心素养。

(三) 思想政治课是具有学科内容综合性、学校德育工作引领性和课程实施实践性特点的课程

1. 学科内容的综合性

相对于一般的学科课程,思想政治课具有更为宽泛的学科背景,是多门学科、多种知识的整合。就高中思想政治课来看,是以马克思主义经济学、政治学、文化学、哲学、法学等多学科知识为支撑,构建高中思想政治课程内容体系。具体说,高中思想政治课每一个课程模块都有自己的学科背景,都有相应的学科知识为支撑。可见,综合的课程形态是高中思想政治课的构建方式。

2. 学校德育工作的引领性

学校德育工作千头万绪,学校德育的途径也多种多样。相比于其他学科教学、班主任工作、团队工作等,思想政治课更直接地担负着中学德育的任务,在中学德育中处于特殊重要的地位,具有特殊重要的意义,是中学德育的核心。

---

① 张华.课程与教学论[M].上海:上海教育出版社,2000:238.

3. 课程实施的实践性

思想政治课的基本内容是马克思主义基本常识和有关社会科学基本知识,而实践性是马克思主义的最显著特点之一;同时,人的思想品德也只有在社会生活和实践的基础上形成和发展。因此,思想政治课要注重与学生生活经验和社会实践的联系,通过学生自主参与的、丰富多样的活动,扩展知识技能,完善知识结构,提升生活经验,促进正确思想观念和良好道德品质的形成和发展。

第三节 思想政治(品德)课程的地位

随堂讨论1-3

一名大学生在写给教师的信中说:"在我近十年上政治课的感受中,我没有从政治课或政治老师那里得到能鼓舞自己、激励自己的东西。在初中,由于中考没有政治这门课,我们初中的政治课时间几乎被主课占满了。在高中,高一年级就进行了文理分科,我们理科班基本没开思想政治课。上了大学,我上了一系列思想政治课,我悲哀地发现,大学也和中学一样,只靠分数衡量学生。难道我们的思想道德修养仅仅是靠那几分能衡量的吗?"

◆ 中学能否不开或少开思想政治课?为什么?
◆ 思想政治课的学习能够仅仅靠分数衡量吗?
◆ 思想政治(品德)课程在中学究竟处于什么地位?如何落实它的地位?

思想政治(品德)课的地位是指它在整个中学教育中所处的位置。作为社会主义公民素质教育课程,思想政治(品德)课在中学教育中占有重要地位,起着不可替代的作用。

一、从课程设置看,思想政治(品德)课是中学的一门主要学科

思想政治(品德)课是中学课程体系的组成部分,在整个课程体系中占有重要地位,是其中的一门主要学科。

第一,思想政治(品德)课是中学课程方案明确规定的国家课程。在新一轮的基础教育课程改革中,初中推行两套并行课程方案,一套以综合课程为主,一套以分科课程为主,供各地根据自己的实际情况选择实施,不论是哪一套,思想品德都是其中一门独立的课程。高中以分科课程为主,思想政治在高中课程方案中也有明确规定。正是基于这种国家课程的地位,思想政治(品德)课有国家最高教育行政部门专门制定、颁布实施的课程标准,有特定的教学目标和课程内容体系,有严格的课时要求,教材也必须经过严格的审查。

第二,思想政治(品德)课是中学的一门必修课程。就地方和学校来说,不存在思想政治(品德)课开不开的问题;就学生来说,也不存在思想政治(品德)课学不学的问题。思想政治(品德)课不是可有可无的课程,是各地方各中学必须开设、全体学生必须学习的一门课程。

二、从学生发展看,思想政治(品德)课处于首要地位

教育的重要功能是实现受教育者综合素质的全面发展和完善。毛泽东早就指出:"我们的教育方针,应该使受教育者在德育、智育、体育几方面都得到发展,成为有社会主义觉悟的有文化的劳动者。"《中华人民共和国教育法》也规定:"教育必须为社会主义现代化建设服务、为人民服务,必须与

生产劳动和社会实践相结合,培养德、智、体、美等方面全面发展的社会主义建设者和接班人。"培养德、智、体、美、劳等方面全面发展的社会主义的建设者和接班人,在培养人才的目标上就是要强调素质教育,实现学生综合素质的全面提高。

理论探讨 1-3

关于德育与智育的关系问题,我国在认识上有过两种观点:一是认为德育妨碍智育,理由是德育的课程和活动挤占了科学文化知识教育的时间,从而削弱了科学文化知识教育。二是认为智育可以取代德育,理由是科学文化知识本身便包含着德育的内容。

你如何看待以上两种观点?结合我国教育实际,谈谈你对这个问题的看法。

在党的教育方针中,德、智、体几方面是相互联系、相互制约、辩证统一的。德育是统帅,它指导和促进智育和体育的发展;智育是中心,德育、体育本身也包含智育的内容;体育是基础,是德育、智育存在和发展的重要保证。三者相辅相成,缺一不可。贯彻党的教育方针,必须德育为首,三育并举。

思想政治(品德)课是一门以马克思主义基本观点教育为核心的社会主义公民素质教育课程,同时也是一门思想性很强的德育课程,这就决定了它在中学生综合素质发展中具有的特别重要的地位和作用,是任何其他课程所无法取代的。思想政治(品德)课通过对学生进行马克思主义基本观点和社会主义政治思想道德教育,可以使学生树立正确的世界观、人生观和价值观,树立远大理想,提高认识能力和社会主义政治思想觉悟,明确应该承担的社会历史重任,从而激发和增强学习动力,努力学习科学文化知识,并积极锻炼身体,保持健康体魄,最终达到学生德、智、体等方面的全面发展,综合素质全面提高。

三、从学校德育看,思想政治(品德)课是中学德育的核心

理论探讨 1-4

比较《中学德育大纲》和《义务教育思想品德课程标准(2011年版)》《普通高中思想政治课程标准(2017年版)》,研究它们在目标、内容等方面的规定上有哪些共通之处,这些共通之处体现出思想政治(品德)课具有哪些方面的德育功能。

《中学德育大纲》中指出:"思想政治课是向学生较系统地进行思想品德教育、马克思列宁主义毛泽东思想基本常识及有中国特色社会主义理论观点教育的一门课程,在诸途径中居特殊重要地位,对帮助学生树立正确的政治方向、正确的人生观和思想方法,培养良好品德起着导向作用。"思想政治(品德)课与其他学科相比,更直接地担负着中学德育的任务,在中学德育中处于特殊重要的地位,是中学德育的核心。

首先,从目标上看,思想政治(品德)课的教学目标与中学德育目标是一致的。《中学德育大纲》明确指出中学德育工作的基本任务是把全体学生培养成为热爱社会主义祖国的具有社会公德、文明行为习惯的遵纪守法的公民。在这个基础上,引导他们逐步树立科学的人生观、世界观,并不断提高社会主义思想觉悟,使他们中的优秀分子将来能够成长为共产主义者。思想政治(品德)课向学生传授

基础知识,培养学生能力的目的就在于提高学生的思想政治素质和思想道德素质,为其逐步树立科学的世界观、人生观打下基础。显然,这同中学德育的目标是一致的。

其次,从内容上看,思想政治(品德)课的教学内容与中学德育的内容是相通的。中学德育的基本内容,就是要对学生进行爱国主义教育、集体主义教育、马克思主义常识和社会主义教育、理想教育、道德教育、劳动和社会实践教育、社会主义民主观念和遵纪守法教育、良好个性心理品质教育等,这些内容通过初中和高中两个阶段分层次逐步实施。显然,这些内容也正是思想政治(品德)课的教学内容。

最后,从途径上看,思想政治(品德)课是中学德育的一个主要途径。中学德育的途径很多,包括思想政治课教学和时事课、其他各学科教学、班主任工作、共青团、少先队、学生会工作、劳动与社会实践、活动课程与课外活动、校外教育、心理咨询和职业指导、校园环境建设、家庭教育、社会教育等。其中思想政治课在诸途径中居于特殊重要的地位,是中学德育的一个主要途径。它有统一的教学大纲和比较系统、相对稳定的教学内容,有统一的教学计划和教学进度,并且以课堂教学为基本形式,由专门的教师对学生进行由浅入深、循序渐进、有的放矢的思想政治教育。这种教育具有系统性和完整性,能从根本上提高学生分析问题解决问题的能力和政治思想道德觉悟,这是其他德育途径所无法比拟和替代的。当然,我们不能把思想政治(品德)课等同于中学德育,它不是中学德育的全部,而是中学德育的有机组成部分,是中学德育的核心和主要途径。以思想政治(品德)课为核心,构建合理的学校德育网络,使各德育途径相互配合、形成合力,是深化思想政治(品德)课教学改革的一项艰巨任务,也是搞好学校德育工作所面临的一个重要课题。

实践活动 1-2

查阅有关资料,走访典型学校,访问经验丰富的中学思想政治(品德)课教师,了解在新课程背景下思想政治(品德)课应该承担怎样的德育功能,如何在教学中发挥思想政治(品德)课的德育功能。

第四节 思想政治(品德)学科核心素养

一、核心素养与学科核心素养

核心素养是当今世界各国教育研究和改革中的热点话题。21世纪初,经济合作与发展组织(OECD)率先提出了"核心素养"结构模型,它要解决的问题是:21世纪培养的学生应该具备哪些最核心的知识、能力与情感态度,才能成功地融入未来社会,才能在满足个人自我实现需要的同时推动社会发展?此后,世界很多国家和国际组织都提出了各自的学生核心素养框架,我国也不例外。研究学生发展核心素养是落实立德树人根本任务的一项重要举措,也是适应世界教育改革发展趋势、提升我国教育国际竞争力的迫切需要。

学生发展核心素养,主要指学生应具备的,能够适应终身发展和社会发展需要的必备品格和关键能力。任何学科都有促进学生核心素养发展的功能,任何核心素养的培育也都不是一门学科可以完成。学科核心素养,只能说是学生的学科素养,这种素养具有典型的学科特性,需要依托学科的学习来培养。特定学科的育人价值主要在于对特定核心素养培养的独特贡献。

二、思想政治学科核心素养要素及相互关系

思想政治学科核心素养是思想政治学科育人价值的集中体现，是学生通过思想政治学科学习而逐步形成的正确价值观念、必备品格和关键能力。

（一）思想政治学科核心素养要素

根据《普通高中思想政治课程标准（2017年版）》，思想政治学科核心素养，主要包括政治认同、科学精神、法治意识和公共参与。

1. 政治认同

政治认同是人们在社会政治生活和政治发展中产生的一种感情和意识上的归属感，主要包括对国家的道路认同、理论认同、制度认同等。人们在一定社会中生活，总要在一定的社会联系中确定自己的身份，如把自己看作是某一政党的党员、某一阶级的成员、某一政治过程的参与者或某一政治信念的追求者等等，并自觉地以组织及过程的要求来规范自己的政治行为，这种现象就是政治认同。

我国公民的政治认同，就是拥护中国共产党的领导，坚持和发展中国特色社会主义，认同中华人民共和国、中华民族、中华文化，弘扬和践行社会主义核心价值观。

中国特色社会主义是改革开放以来中国共产党的全部理论和实践的主题，是党和人民历尽千辛万苦、付出巨大代价取得的根本成就。社会主义核心价值观是当代中国精神的集中体现，凝结着全体人民共同的价值追求。认同中国特色社会主义和社会主义核心价值观，才能形成全国各族人民团结奋斗的共同思想基础，坚持中国道路、弘扬中国精神、凝聚中国力量，为实现中华民族伟大复兴的中国梦而奋斗。青少年的政治认同是他们创造幸福生活的精神支柱、价值追求和道德准则；发展政治认同素养，才能牢固树立中国特色社会主义理想信念，成为社会主义合格建设者和可靠接班人。

具有政治认同素养的学生，应能够：认同走中国特色社会主义道路是历史的必然，坚信中国特色社会主义是国家富强、民族振兴、人民幸福的根本保障，坚定中国特色社会主义道路自信、理论自信、制度自信、文化自信；拥护党的领导，领会中国特色社会主义最本质的特征是中国共产党领导，中国特色社会主义制度的最大优势是中国共产党领导，党是最高政治领导力量；明确社会主义核心价值观是公民最基本的价值标准，自觉践行社会主义核心价值观，树立共产主义远大理想和中国特色社会主义共同理想。

2. 科学精神

科学精神主要是指人所特有的理智的、自主的、反思的、实事求是、开拓进取的思维品质和行为特征。实事求是是科学精神的核心，开拓进取是科学精神的活力。

思想政治学科核心素养中的科学精神，是学生在认识世界和改造世界的过程中表现出来的一种精神取向，即坚持马克思主义的科学世界观和方法论，能够对个人成长、社会进步、国家发展和人类文明作出正确的价值判断和行为选择。

当代中国正经历广泛而深刻的社会变革，正进行宏大而独特的实践创新。在这一社会变革和实践创新的过程中发扬科学精神，必须坚持辩证唯物主义和历史唯物主义基本观点，领会习近平新时代中国特色社会主义思想，认清社会发展规律和阶段性特征，解放思想、实事求是、与时俱进、求真务实，在全面深化改革的进程中，把握发展机遇，应对各种挑战。培养青少年的科学精神，有助于他们形成正确价值取向和道德定力，提高辩证思维能力，立足基本国情、拓展国际视野，在实践创新中增长才干。

具有科学精神素养的学生，应能够：用马克思主义基本立场、观点和方法，观察事物、分析问题、解决矛盾；解放思想、实事求是，对经济、政治、文化、社会和生态文明建设的实践，作出科学的解释、正确的判

断和合理的选择;感悟人生智慧,过有意义的生活;以锐意进取的态度和负责任的行动促进社会和谐。

3. 法治意识

法治意识是人们对法律发自内心的认可、崇尚、遵守和服从。我国公民的法治意识,就是尊法学法守法用法,自觉参加社会主义法治国家建设。

建设社会主义法治国家,是推进国家治理体系和治理能力现代化的必然要求;全面依法治国,必须坚持党的领导、人民当家做主、依法治国有机统一,坚持依法治国和以德治国相结合,实现科学立法、严格执法、公正司法、全民守法,在全社会树立法治意识。增强青少年法治意识,有助于他们在生活中依法行使权利、履行义务,严守道德底线,维护公平正义,做社会主义法治的忠实崇尚者、自觉遵守者、坚定捍卫者。

具有法治意识素养的学生,应能够:理解法治是人类文明演进中逐步形成的先进的国家治理方式,全面依法治国是国家治理的一场深刻革命,明确建设社会主义法治国家的基本要求;树立宪法法律至上、法律面前人人平等的法治理念;懂得权利与义务的关系,养成依法办事、依法行使权利、依法履行义务的习惯;拥有法治使人共享尊严,让社会更和谐、生活更美好的认知和情感。

4. 公共参与

公共参与是公民为维护和促进社会公益,通过各种合法的途径与方式表达利益诉求、影响公共活动和公共决策的社会政治行为。我国公民的公共参与,就是有序参与公共事务、承担社会责任,积极行使人民当家做主的政治权利。

广泛的公共参与,彰显人民主体地位,是公民行使知情权、参与权、表达权、监督权的表现,有助于更好地表达民意、集中民智,提高国家立法和政府决策的科学性、民主性;有助于鼓励人们热心公益活动,激发社会活力,提高社会治理水平。培养青少年公共参与素养,有益于他们了解民主管理的程序、体验民主决策的价值、感受民主监督的作用,增强公德意识和参与能力,追求更高的道德境界。

具有公共参与素养的学生,应能够:具有集体主义精神,遵循规则,有序参与公共事务;热心公益事业,践行公共道德,乐于为人民服务;积极参与民主选举、民主协商、民主决策、民主管理、民主监督的实践,体验人民当家做主的幸福感;具备善于对话协商、沟通合作、表达诉求和解决问题的能力,勇于担当社会责任。

(二)思想政治学科核心素养要素之间的关系

思想政治学科核心素养要素是一个有机整体,在内容上相互交融、在逻辑上相互依存。其中,"政治认同"关乎学生的成长方向和理想信念的确立,也是"科学精神""法治意识"和"公共参与"有中国特色的共同标识。"科学精神"既显示学生认识社会、参与社会的能力和态度,也显示人自身自由发展的文明程度,体现中国特色哲学社会科学的有关原理和方法,是达成"政治认同"、形成"法治意识"、实现"公共参与"的基本条件。"法治意识"体现当代中国公民依法行使权利、履行义务的必备品质,是"公共参与"的必要前提,也是"政治认同"和"科学精神"的必然要求。"公共参与"体现人民当家做主的责任担当,是"政治认同""科学精神"和"法治意识"的行为表现。

思想政治学科核心素养要素各自具有独特价值,可依次归结为有信仰、有思想、有尊严、有担当。所谓有信仰,是科学理论支撑的信仰,即基于政治认同的理想信念;所谓有思想,是源于科学理论的思想,即科学精神的集中表现;所谓有尊严,是凝结自由、平等、公正价值取向的尊严,唯有法治意识才能使人切实感受到这样的尊严;所谓有担当,实质上是行使人民当家做主的权利和义务,唯有公共参与才能真正体现这种责任担当。

三、思想政治学科核心素养的衡量

衡量学生的学科核心素养,需要重点关注学科核心素养水平和学业质量水平。

学科核心素养水平,是基于每个核心素养的构成维度,依据学生在差异情境中的不同行为表现,揭示其不同的特征而划分的不同水平。根据《普通高中思想政治课程标准(2017年版)》,思想政治学科核心素养划分为四级水平,四级水平之间相互联系,相互依赖,层次递进,不断攀升。

学业质量水平以学科核心素养及其表现水平为主要维度,结合课程内容,总体刻画学生学业成就及其水平,是评价学生学习效果的评价标准和具体表现。依据不同水平学业成就表现的关键特征,学业质量划分为不同水平。思想政治学科学业质量水平也分为四级。

(一)政治认同素养的衡量

1. 政治认同素养水平

政治认同素养水平,是学生面对复杂程度不同的情境,在坚持中国特色社会主义道路、坚持中国共产党的领导、坚持社会主义核心价值观、坚持崇高的理想信念等方面表现出的不同的思想认识水平和行为活动状况。

依据《普通高中思想政治课程标准(2017年版)》,学生的政治认同素养分为四级水平。

水平1:能够面对简单情境问题,引证走中国特色社会主义道路的成功事例;表述马克思列宁主义、毛泽东思想、邓小平理论、"三个代表"重要思想、科学发展观、习近平新时代中国特色社会主义思想是中国共产党的行动指南;叙述宪法对我国根本制度的规定;认同中国共产党是中国特色社会主义事业的领导核心,认同伟大祖国、中华民族、中华文化、中国共产党和中国特色社会主义;解释国家层面的价值目标。

水平2:能够面对一般情境问题,用中国近现代史证实只有社会主义才能救中国;明确马克思主义中国化的最新成果;分析具体事例表明中国特色社会主义制度的特点和优点;运用具体事例展现中国共产党依宪执政、依法执政的方式;结合奋斗历程,解释中国特色社会主义道路、理论、制度、文化的价值表达。

水平3:能够面对复杂情境问题,比较世界各国发展道路,论证只有中国特色社会主义才能发展中国;结合改革开放的实践,阐述马克思主义中国化最新成果的时代特征;对照西方主要国家说明中国绝不能照搬其政治制度模式;着眼于中国共产党的先进性和纯洁性,阐述全面从严治党的意义;论述社会主义核心价值观体现文化自信的意义。

水平4:能够面对具有挑战性的复杂情境问题,回应各种封闭僵化或改旗易帜的主张,阐述走中国特色社会主义道路的坚定信念;辨析各种错误思潮的影响,阐述马克思主义中国化最新成果;跟进全面深化改革的进程,坚持中国特色社会主义制度不动摇;立足新时代、新征程,阐述中国共产党是最高政治领导力量;洞察不同价值观的影响,揭示其根源,阐明社会主义核心价值观是当代中国精神的集中体现,凝结着全体人民共同的价值追求。

2. 政治认同的学业质量水平

依据《普通高中思想政治课程标准(2017年版)》,政治认同的学业质量水平描述如下。

水平1:引用典型事例,证实选择中国特色社会主义道路的正确性;回顾改革开放的发展历程,表明中国特色社会主义理论体系是指导党和人民沿着中国特色社会主义道路实现中华民族伟大复兴的正确理论,习近平新时代中国特色社会主义思想是马克思主义中国化最新成果;引述宪法对我国根本制度的规定,了解社会主义制度的特征;结合典型事例,说明中国共产党是中国特色社会主义事业的领导核心;描绘全面建成小康社会的图景,解释国家富强民主文明和谐美丽的价值目标,表达中国特色社会主义是全国各族人民的共同理想。

水平2：通过对中国近现代史的回顾，依历史逻辑证实走中国特色社会主义道路是历史和人民的选择；叙述马克思主义"一脉相承、与时俱进"的发展，明确习近平新时代中国特色社会主义思想是对马克思列宁主义、毛泽东思想、邓小平理论、"三个代表"重要思想、科学发展观的继承和发展，是马克思主义中国化最新成果；分析具体事例，归纳中国特色社会主义政治制度、经济制度的特点和优点；运用具体事例，展示中国共产党依法执政的方式，说明加强和改善党的领导的意义；结合为实现中华民族伟大复兴中国梦而奋斗的历程，解释社会主义核心价值观是中国特色社会主义道路、理论、制度和文化的价值表达。

水平3：选择恰当论据，在全球视野中比较各国发展道路，论证只有中国特色社会主义才能发展中国；结合改革开放的实践，阐述习近平新时代中国特色社会主义思想的精神实质；对照西方主要国家的政治制度，阐述人民代表大会制度的组织和活动原则，说明绝不能照搬西方政治制度模式的道理；阐明党的执政理念和全面从严治党的意志，阐述中国共产党永远保持先进性和纯洁性的意义；论证社会主义核心价值观既体现了社会主义本质要求，继承了中华优秀传统文化，也吸收了世界文明有益成果，体现了时代精神。

水平4：综合运用各种论据，辨析各种错误思潮，有创见地批驳封闭僵化或改旗易帜的主张，阐明走中国特色社会主义道路的坚定信念；阐述习近平新时代中国特色社会主义思想的丰富内涵，表达坚守本色、保持特色、锐意进取的意志；跟进全面深化改革的进程，论证坚持中国特色社会主义制度不动摇的理由；引用全面从严治党的各种数据，评析中国共产党领导全国各族人民长期奋斗、不忘初心、继续前进的业绩；论证中国特色社会主义文化源自于中华优秀传统文化，熔铸于革命文化和社会主义先进文化，植根于中国特色社会主义伟大实践，阐明道路自信、理论自信、制度自信都是文化自信的表现。

(二) 科学精神素养的衡量

1. 科学精神素养水平

衡量科学精神素养的水平，基本依据是学生运用马克思主义基本立场、观点、方法，正确认识社会经济、政治、文化等现象，正确做出价值判断和行为选择，以及在此过程中表现出来的辩证思维品质、正确价值取向、实践创新能力等维度的素养特征。

依据《普通高中思想政治课程标准（2017年版）》，学生的科学精神这一学科核心素养分为四级水平。

水平1：能够面对简单情境问题，懂得用马克思主义哲学的基本原理，观察和理解经济、政治、文化、社会和生态等现象，解释当前的发展理念；用相关学科方法，说明有关制度运行的意义和基本原则；意识到个人在社会生活中的角色，冷静面对各式各样的矛盾争端；识别当前各种文化现象，进行恰当的文化选择。

水平2：能够面对一般情境问题，运用辩证唯物主义基本观点和方法，解释当前社会现象中的突出问题，并对相关信息和推理进行检验和评价；理性评估个人成长或社会发展面临的各种问题，阐述承担社会责任、促进社会和谐的意义；立足于中华优秀传统文化，理解并理性对待存在于区域、民族和国家间的文化差异。

水平3：能够面对复杂情境问题，坚持历史唯物主义的基本观点，阐释社会变迁的原因，把握社会发展的趋势；用开放而敏锐的眼光，辨识和分析不同信息和观点；在公共生活和私人生活领域辨识各种限制性条件，进行有理有据的研判，作出正确抉择，提出实现目标的合理方案；着眼于中华优秀传统文化的创造性转化、创新性发展，表达传承和弘扬中华文化的积极态度。

水平4：能够面对具有挑战性的复杂情境问题，把握社会历史发展的阶段性特征；用辩证思维与历史思维独立思考，以建设性批判的态度，回应社会转型的复杂变化，有所作为；针对突发事件，理性澄清有关信息和观点，回应各科不确定性，创造性地提出解决方案；在全球视野下，针对各种思想文化的交流交融交锋，表现强大的文化理解力和国际传播力。

2. 科学精神的学业质量水平

科学精神的学业质量水平，主要通过科学精神所包含的思维品质、价值取向、行为选择等要素水平、课测评的学习结果以及课程内容学习过程中完成特定任务的表现来判定。依据《普通高中思想政治课程标准（2017年版）》，科学精神这一学科核心素养的学业质量水平描述如下。

水平1：依据马克思主义哲学基本原理，观察并解释经济、政治、文化、社会和生态等现象，阐释创新、协调、绿色、开放、共享的新发展理念；运用相关学科方法，表述相关体制运行的意义，在实践中识别决策目标和主要限制性条件，确认合理的选择方案；面对各种矛盾争端，把握个人在社会生活中的角色，评价既遵守规范、遵循程序，又不盲从、敢于质疑的行为；识别当前各种文化现象，理解存在于区域、民族和国家间的文化差异，表明认同中华文化、尊重域外文化、选择先进文化的态度。

水平2：运用辩证唯物主义基本观点和方法，回应当前经济、政治、文化、社会和生态文明建设中的突出问题，并对相关信息或推理进行检验和评价；运用相关学科的方法，在实践中反思各领域既有政策和体制、机制方面的限制性条件，解放思想，评估其对国家和社会发展的影响；关注当前热点问题和事件，科学论证选择方案，既表达担当社会责任的态度，又表现促进社会和谐的智慧；辨析继承中华优秀传统文化、不同文化交流互鉴、践行与传播先进文化的行为，表达文化创新的意义，揭示事物的文化价值以及各种文化现象背后的重要影响因素。

水平3：运用历史唯物主义基本观点和方法，阐释社会发展的基本规律和趋势，用历史思维评价不同信息和观点，辨明事实真伪；针对经济、政治、社会活动中的重要议题，运用相关学科原理辨识各种选择方案，预测未来发展的走向，作出恰当的研判；针对生活实践中各种不确定的具体问题，用矛盾分析的方法权衡利弊，作出正确的价值判断和行为选择；在积极开展国际文化交往的过程中，对如何继承中华优秀传统文化和革命文化、发展中国特色社会主义文化等议题，发表持之有故、言之成理的见解，并提出可行的建议。

水平4：运用辩证唯物主义和历史唯物主义原理，揭示社会变革的原因，把握历史发展的阶段性特征，论述因势而谋、应势而动、顺势而为的意义；直面经济、政治、文化、社会和生态文明建设中的各种问题和挑战，秉持建设性批判的态度，解放思想、实事求是，采用相关学科的探究方法进行正确判断和选择；应对成长过程中遭遇的复杂情境和突发事件，运用辩证思维，掌控分歧及各种不确定性，澄清有关信息和观点的误导，提出有创见的解决方案；响应各种思想文化交流交融交锋的态势，在全球视野下表现文化理解力和传播力，对创造性转化与创新性发展中华优秀传统文化、坚持中国特色社会主义文化发展道路发表见解。

（三）法治意识素养的衡量

1. 法治意识素养水平

衡量法治意识素养的水平，基本依据是学生在简单情境、一般情境、复杂情境和挑战复杂情境中，在程序与规则意识、权利与义务意识、平等与公正意识等方面的不同表现和素养特征。依据《普通高中思想政治课程标准（2017年版）》，学生的法治意识这一学科核心素养分为四级水平。

水平1：能够面对简单情境问题，讲述法治使社会更和谐的故事，表达法治是先进的国家治理方式；列举科学立法、严格执法、公正司法、全民守法的事例，描述社会主义法治国家的图景；采用生活中的实例，警示法律是不可逾越的红线；秉持自由、平等、公正、法治的价值取向，解释依法行使权利、依法履行义务的行为；引用自身的经验，表达法律的温情与威严。

水平2：能够面对一般情境问题，着眼于人类文明演进的历程，说明法治是先进的国家治理方式；阐明宪法法律至上、法律面前人人平等的法治理念；剖析多个实例，阐释权利与义务相一致的道理；联系依法治理的实际，表达法治使生活更美好的感悟；比较不同的行为方式，证实依法办事、依法维权、依法解决纠纷的好处。

水平3：能够面对复杂情境问题，列举现实生活中的多种实例，阐述依法治国，建设社会主义法治国家的基本方式；阐述宪法法律至上的道理、法律面前人人平等的意义；剖析公共参与活动中的不当行为，阐释行使权利、履行义务的正确方式；针对经济、政治、文化和社会生活中的错误行为，澄清法律规范与自由的关系、法治保障与生活品质的关系。

水平4：能够面对具有挑战性的复杂情境问题，结合中国特色社会主义的实践，阐释全面依法治国对国家治理体系和治理能力现代化的意义；选用立法、执法、司法和守法的实例阐述法治思维的表现；结合法治国家、法治政府、法治社会一体建设的经验，阐明建设中国特色社会主义法治体系的总目标；以维护公平正义和法律尊严的自觉行动，投身于法治中国建设。

2. 法治意识的学业质量水平

法治意识的学业质量水平，主要通过考量学生的程序与规则意识、权利与义务意识、平等与公正意识，以及对有关教学内容的掌握情况。依据《普通高中思想政治课程标准（2017年版）》，法治意识这一学科核心素养的学业质量水平描述如下。

水平1：讲述法治使国家更强大的典型事例，表明法治是先进的国家治理方式；列举科学立法、严格执法、公正司法、全民守法的事例，描绘社会主义法治国家的图景；列举实例，说明任何组织或者个人都没有超越宪法和法律的特权；秉持自由、平等、公正、法治的价值取向，解释公民依法行使权利、依法履行义务的行为；引用自身的经验，推荐依法办事、依法维权、依法解决纠纷的案例，表明法治让社会更和谐。

水平2：描述法治国家、法治政府、法治社会的基本表征，说明依法治国是党领导人民治理国家的基本方式；归纳违法犯罪的主要种类及其成因，阐明宪法法律至上、法律面前人人平等的法治理念；剖析实例，比较不同的涉法行为，预测其后果，阐释权利与义务的关系；联系依法治理的实际，证实依法办事、依法维权、依法解决纠纷的好处，表达法治让生活更美好的感悟。

水平3：列举生活中立法、执法、司法和守法的实例，阐述全面依法治国的总目标；基于法律的本质和功能，选择恰当的论据和论证方式，阐释宪法法律至上、法律面前人人平等的含义；针对民事活动与公共参与过程中的不当行为，解释相关权利和义务的法律意义，明辨依法行使权利、履行义务的正确方式；针对经济、政治、文化、社会生活中的行为误区，辨析法律与自由的关系，阐明法治保障对提高生活品质的作用。

水平4：反思历史经验，立足于发展中国特色社会主义的实践，阐释全面依法治国对推进国家治理体系和治理能力现代化的意义；选用立法、执法、司法和守法中体现法律面前人人平等的实例，阐述运用法治思维的意义，论证尊崇宪法和法律在治国理政中的作用和价值；了解生活中主要民事法律规范，列举解决纠纷的有效途径和方式，论证依法行使权利、依法履行义务、依法办事的意义；描绘法治中国的蓝图，阐述法治信仰的价值，提出维护公平正义和法律尊严的行动方案。

（四）公共参与素养的衡量

1. 公共参与素养水平

衡量公共参与素养的水平，主要依据学生对公共事务的认知程度和参与程度，即学生在参与公益事业、民主选举、民主协商、民主决策、民主监督等公共事务，以及面对复杂程度不同的情境问题时，所表现出来的内在品质和行为特征。依据《普通高中思想政治课程标准（2017年版）》，学生的公共参与这一学科核心素养分为四级水平。

水平1：能够面对简单情境问题，识别不同领域、不同层面的公共事务；运用实例说明通过民主协商解决问题的好处；描述自己所在社区公共事务管理的经验，表现村民自治或居民自治的方式；引用经过核实的报道，表达民主决策、民主管理、民主监督的好处；基于爱国、敬业、诚信、友善的价值准则，表达乐于参与公益活动的态度。

水平2：能够面对一般情境问题，举例说明公民与各领域、各层面公共机构的关系；针对受到关注的公共事务，说明政府所持有的观点；识别政府的职能和权力，解释社会治理的方式，阐述公民直接行使民主权利的意义；从国家治理和社会治理两个层面，说明协商民主的特点和优点；分享自己公共参与的经历，表达关注公共利益的感受，展示公共精神的美好。

水平3：能够面对复杂情境问题，剖析若干实例，阐释公民参与公共事务的意义和价值，解析公民参与国家立法、政府决策、社会治理、公共服务的途径和方式；针对公共利益与私人利益发生的矛盾，阐述协商民主的意义和价值；比较公民政治参与与社会参与的角色行为，展现公共参与的理性行动能力；着眼于人民当家做主的意义，论述公共参与的责任担当精神。

水平4：能够面对具有挑战性的复杂情境问题，回应各种指向公共机构的质疑，解释公民在公共参与过程中与各领域、各层面公共机构的相互作用，阐述公民有序参与的意义和价值；回应社会上各种冷漠的表现和议论，剖析导致冷漠的思想根源；回应不同群体之间的利益冲突，揭示其历史和现实根源，并提出管控冲突、解决矛盾的办法或方案。

2. 公共参与的学业质量水平

公共参与的学业质量水平，以公共参与及其表现水平为主要维度，主要通过学生参与公益活动、展示公共精神、承担社会责任、协调社会矛盾等方面的行为表现，以及可测评的学习结果、学生在课程内容学习中完成特定任务的表现来综合判定。依据《普通高中思想政治课程标准（2017年版）》，公共参与这一学科核心素养的学业质量水平描述如下。

水平1：引用主流媒体的报道，确认公民参与国家立法、政府决策、社会治理、公共服务的途径、方式和规则；引用经过核实的报道，解释公民参与民主决策、民主管理、民主监督的必要条件和重要意义；阐述爱国、敬业、诚信、友善的价值准则，表明参加公益活动、践行公共道德的积极态度；结合各层面、各领域公民参与的情境，表明公共参与是体现人民主体地位的应有之义。

水平2：举例说明各领域、各层级公共机构与公民生活的关系，并表达对这些机构的工作方式和规则的期望；针对人们当前关注的公共事务，评议政府履行职责的行为；解释基层群众自治的价值，阐述公民有序参与、直接行使民主权利的意义；分享公共参与的体验，表达参与公益事业的幸福感和成就感；评析公共参与的实例，展现我国人民的主人翁意识和社会责任感。

水平3：剖析公共机构制定公共政策的实例，阐释公民有序参与不同领域、不同层级公共事务的意义和价值；列举公共利益与私人利益发生矛盾的实例，阐述协商民主的意义和价值，评估合理解决矛盾的方案；列举不同情境下的各种冷漠表现和议论，剖析导致冷漠的思想根源，彰显践行公共道德的勇气；抨击漠视、损害公共利益的行为，表达公共参与的强烈意愿，提出率先垂范的行动方案。

水平4：评析各种指向公共机构的质疑，解释公民在公共参与过程中与各领域、各层级公共机构的互动关系，系统归纳参与国家立法、政府决策、社会治理的途径和方式；列举不同群体间利益冲突的实例，揭示其历史和现实根源，并提出管控冲突、化解矛盾的方法；评述有序政治参与的过程，既解释公民行使权利、履行义务的意义，又强调人民主体地位的保障；全面阐述公共参与对公民直接行使民主权利的意义，论证公共参与是人民当家做主的必然表现和重要标志，是当代中国公民责任担当的宝贵品格和关键能力。

第五节 思想政治(品德)课程目标

一、思想政治(品德)课程目标的含义和功能

(一)思想政治(品德)课程目标的含义

要明确课程目标的含义,我们首先要了解课程目标与教育目的、培养目标、教学目标等之间的关系。一般来说,教育目的、培养目标、课程目标、教学目标都是教育行为活动的指向或结果的体现,具有一致性,但它们毕竟是有区别的。

教育目的体现和表达的是国家总体的终极的教育价值,是带有方向性的总体目标和最高目标,具有高度的宏观性、概括性、普遍性,是整个国家各级各类学校、各门课程、各科教学必须普遍遵循的基本宗旨和质量要求。

培养目标体现的是不同性质的教育和不同阶段的教育的价值,是不同性质教育和不同阶段的教育目标,如基础教育、高等教育、职业教育等的培养目标,它根据教育目的制定,具有阶段性和专业性,在一定性质的教育或一定阶段的教育中具有普遍性。

课程目标体现的是学生通过课程的学习所要达到的预期结果和标准,是根据学生身心发展状况,在一定时期内,通过完成规定的课程教学而使学生所要达到的目标。它是国家教育目的在课程中的具体体现,是课程编制、课程实施、课程评价的准则和指南。

教学目标体现的是教师教和学生学的目标,是课程目标的进一步具体化,是每个单元、每节课甚至每个教学环节、教学活动应达到的具体目标,具有较强的灵活性,它是教学实施的基本依据,也是教学评价的主要依据。

显然,教育目的、培养目标、课程目标、教学目标体现着不同程度的价值,适用于不同的范围,是属于不同层次的教育目标。它们之间的区别可以参见表1-1。

表1-1 教育目的、培养目标、课程目标、教学目标之间的区别

	价值体现	适用范围	所属层次
教育目的	国家总体的终极的教育价值	整个国家各级各类教育教学	第一层次
培养目标	不同性质教育和不同阶段教育的价值	一定性质和阶段的教育教学	第二层次
课程目标	一定课程的价值	一定课程的设计、实施、评价	第三层次
教学目标	课程中一定内容教学的价值	一定内容的教学与评价	第四层次

思想政治(品德)课程目标就是学生通过思想政治(品德)课程的学习所要达到的预期结果和标准,是通过完成规定的思想政治(品德)课程教学而使学生所要达到的目标。把握这一定义,需要注意以下几点。

第一,思想政治(品德)课程目标的指向是学生,而不是教师。它所呈现的是学生所要达到的目标,而不是教师要达到的目标。

第二,思想政治(品德)课程目标是预期的结果和标准。一方面,它不是现实性的,学生还没有达到这种目标;另一方面,这种目标的建立有其特定的基础和条件,具有切实可行性,通过努力是能够实现的。

第三,思想政治(品德)课程的实施,尤其学生对思想政治(品德)课程的学习是实现课程目标的基本途径。根据课程目标和学生实际,构建思想政治(品德)课程内容体系,并通过完成课程内容的教

学,从而使学生达到课程目标的要求。

(二) 思想政治(品德)课程目标的功能

1. 指向功能

思想政治(品德)课程目标为思想政治(品德)课程的设计、实施、评价指明了方向。课程目标是课程设计、实施、评价中首先要研究和关注的重点问题,因为它规定了课程要使学生达到的水平要求,确定了课程的基本任务,指明了教师和学生活动的共同方向。有了明确的目标,才能围绕课程目标进行课程设计,开展教学活动,实施教学评价,把教师的教和学生的学都纳入课程目标的预定轨道。

2. 规范功能

思想政治(品德)课程目标对思想政治(品德)课程教学有重要的规范作用。首先,它规范教学内容的选择和处理。在教学中,教师必须根据课程目标分析处理教学内容,哪些内容要讲,哪些内容可不讲,哪些内容要详细讲,哪些内容可简单讲,哪些内容要增加,哪些内容可删减等,都要服务于实现课程目标的需要。其次,它规范教学活动的方式、方法和手段。教学总要借助于一定的方式、方法和手段,采用什么样的方式、方法和手段,都必须以教学任务的完成、课程目标的实现为基本依据。最后,它规范教学的进程。在不同地区、不同学校、不同班级,学生的知识基础、能力水平等是有区别的,课程教学的进程也不能强求一致,要在教学反馈的基础上,根据课程目标的达成情况适时调整教学进程。

3. 评价功能

课程目标是学生通过学习所要达到的预期结果和标准,是教学活动的出发点和归宿,因而也就成为评价教学活动的依据和标准。思想政治(品德)课程教学效果如何,衡量的基本标准就是看教学活动是否达到、在多大程度上达到预先设定的课程目标。不可否认,在思想政治(品德)课程标准中,对思想政治(品德)课程目标的规定有一定的原则性、概括性、抽象性,难以用它来衡量具体的教学活动。在现实的教学评价中,我们往往有一些细化的、切实可行的评价标准,但这些细化的评价标准都是以课程目标为依据来设计的,课程标准所规定的课程目标是教学评价的核心标准,脱离了课程目标,教学评价必将缺乏科学的标准,没有可信度。

二、思想政治(品德)课程目标的分类

思想政治(品德)课程目标,依据不同的标准可以进行不同的分类,一般来说,以下几种分类值得我们关注。

(一) 思想政治(品德)课程目标的要素分类

案例分析 1-1

通过思想政治课程学习,学生具有政治认同素养,能够:认同走中国特色社会主义道路是历史的必然,坚信中国特色社会主义是国家富强、民族振兴、人民幸福的根本保障,坚定中国特色社会主义道路自信、理论自信、制度自信、文化自信;拥护党的领导,领会中国特色社会主义最本质的特征是中国共产党领导,中国特色社会主义制度的最大优势是中国共产党领导,党是最高政治领导力量;明确社会主义核心价值观是公民最基本的价值标准,自觉践行社会主义核心价值观,树立共产主义远大理想和中国特色社会主义共同理想。

◆ 分析这一课程目标的基本要素,体现出高中思想政治课程目标具有怎样的结构。

所谓要素分类,就是以一定的标准和程序,把思想政治(品德)的课程目标划分为相对独立的若干方面。一般来说,思想政治(品德)课程目标在要素上可以有多种不同的分类方式。

1. 以知识、能力、觉悟为基本要素的分类

思想政治(品德)课是知识性和思想性高度统一的课程,具有传授知识、培养能力、提高觉悟的"三位一体"的基本任务,不能重知轻能、重智轻德。以此为依据,思想政治(品德)课的课程目标在结构上可分为三部分,即认知目标、能力目标、觉悟目标。

认知目标是课程目标结构的基础,也是教育学生的基础,它主要是指学生通过本学科的教学活动要认识、理解和接受思想政治(品德)课的有关知识。

能力目标建立在认知目标基础上,它是指通过教学活动,学生应具备思想政治(品德)课的学科能力,并能运用所掌握的知识和能力分析解决问题,对社会上的各种现象进行正确的观察分析和鉴别评价。

觉悟目标是课程目标的落脚点,是最根本的目标要素,它主要指通过思想政治(品德)课的教学,使学生将学科知识和能力进一步转化为觉悟,形成科学的世界观、人生观和政治立场,形成高尚的思想品德和情操。

2. 以知识、情感、行为为基本要素的分类

通过课程教育教学,使学生掌握知识、激发情感、指导行动,这是学生良好行为和品质养成的基本过程,也是思想政治(品德)课程的基本目的。据此,思想政治(品德)课的课程目标在结构上也可相应地划分为三个部分,即认识目标、情感目标、行为目标。

认知目标,参见上一种分类的有关论述。

情感目标,是指通过思想政治(品德)课的教学,学生要能够形成种种爱憎好恶之情感和态度,主要是指学生的正义感、善恶感、荣辱感、义务感、社会责任感、爱国爱党的情感,以及对集体观念、劳动观念、民主法制观念等所抱的正确态度。

行为目标就是要使学生的知识、情感进一步转化为行为活动,使学生能以马克思主义的科学理论和社会行为规范指导自己的行动,并形成良好的文明的行为习惯。

3. 以知识与技能、过程与方法、情感态度与价值观为基本要素的分类

在我国基础教育新课程改革中,各学科课程目标都是按照知识与技能、过程与方法、情感态度与价值观来分类,也称"三维目标"。其中,知识是指事实、概念、原理、规律等,技能是指动作技能以及观察、阅读、计算、调查等技能;过程与方法是指认知的过程和方法,科学探究的过程和方法,认知过程中人际交往的过程和方法等,特别强调在过程中获得和应用知识,学习和运用方法;情感态度与价值观,一般包括对己、对人、对自然、对社会等的情感、态度、价值判断以及做事应具有的科学态度、科学精神。

就具体到思想政治(品德)课程来说,课程目标分为知识、能力、情感态度价值观三个维度。

思想政治(品德)这种课程目标结构分类,反映了我们由过去过于注重知识传授和学科体系到更为注重学生能力发展和情感、态度价值观的培养的转变。在这三维目标中,知识目标是支撑全部课程目标实施的基础,服从并服务于能力目标及情感、态度与价值观目标;能力目标强调认知能力和行为能力的发展,是组织和呈现课程内容的主导;能力、情感态度与价值观目标的主体是思想政治观点,是优先设置和实施的课程目标。三维目标的关系见图1-1。[1]

---

[1] 朱明光.关于高中思想政治课程标准有关问题的认识[J].思想政治课教学,2004(Z1).

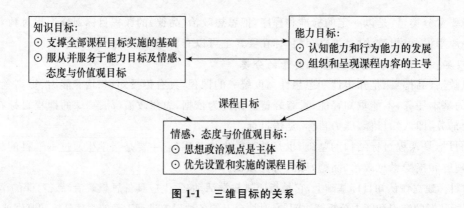

图 1-1　三维目标的关系

(二) 思想政治(品德)课程目标的水平分类

案例分析 1-2

理解法治是人类文明演进中逐步形成的先进的国家治理方式,全面依法治国是国家治理的一场深刻革命,明确建设社会主义法治国家的基本要求。

树立宪法法律至上、法律面前人人平等的法治理念。

懂得权利与义务的关系,养成依法办事、依法行使权利、依法履行义务的习惯。

拥有法治使人共享尊严,让社会更和谐、生活更美好的认知和情感。

◆ 以上是几段思想政治(品德)课程标准中对课程目标的陈述,试分析它们是如何体现课程目标的水平层次的。

所谓水平分类,是指在思想政治(品德)课程目标要素分类的基础上,对构成其基本结构的每一要素所要达到的水平所作的进一步分类。现以知识、能力、情感态度价值观为例,对其水平分类进行简要分析。

在新的思想政治(品德)课程标准中,课程目标是用行为目标的陈述方式来呈现,所要达到的水平主要是通过目标描述的行为动词来体现。课程标准中的动词是分层次的,不同层次的动词,对学生的要求也不同。高层级的动词自然包含低层次的动词。通过对这些行为动词的分析,我们可以初步了解思想政治(品德)课程目标的水平分类(见表1-2)。

表 1-2　思想政治(品德)课程目标的水平分类

目标要素	目标水平	常用行为动词	举　　例
知识	识记	知道、了解、描述、描绘、列举、识别、辨认、回忆、复述、描述、引述	了解辩证唯物主义和历史唯物主义的基本原理和方法
	理解	理解、解释、解析、比较、阐述、阐释、归纳、思考、概述、概括、对照、说明、领会、阐明	理解发展社会主义市场经济、社会主义民主政治、社会主义先进文化的意义
	应用	应用、使用、运用、评价、评述、辨析、剖析、分辨、评议、质疑、检验、设计、撰写、拟订、揭示、解决	运用马克思主义基本观点和方法观察问题、分析问题、解决问题

续表

目标要素	目标水平	常用行为动词	举例
能力	模仿	学会、模拟等	模仿制订一项家庭投资或贷款投资经营的方案
	独立操作	尝试、解决、完成、制定、拟订、参与	尝试用系统优化的方法安排工作
	创造	探寻、探索、发展、灵活运用	探寻实现人生价值的条件和途径
情感态度价值观	感受	体验、感受、观察、体察、接触	感受经济全球化的进程;体会公民参与民主监督的责任和价值
	反应	赏析、遵守、认同、接受、同意、反对、愿意、关心、关注、尊重、爱护、珍惜、抵制、克服、拥护、帮助等	尊重世界各民族的优秀文化,关注全人类的共同利益
	内化	形成、养成、热爱、树立、建立、坚持、保持、确立、确信、追求等	初步形成正确的世界观、人生观和价值观

三、思想政治(品德)课程目标的定位

理论探讨 1-5

从历史上说,课程目标的定位有三种不同的价值取向:(1)社会本位的课程目标。主要强调课程的社会价值,以社会发展为中心设计课程的目标,重点规定能够为社会发展做出贡献的人才的标准。(2)学生本位的课程目标。主要强调课程的个体发展价值,以学生个体的发展为核心定位课程目标。(3)学科本位的课程目标。主要强调课程的学科发展价值,重点围绕学科专业人才应该具备的基本素养定位课程目标。

◆ 如何看待这三种价值取向的利弊?思想政治(品德)新课程在目标上是怎样定位的?在价值取向上与过去相比有什么样的变化?

(一)思想政治(品德)课程目标制定的原则

课程目标是对一门课程学习的总体要求,它反映了国家和社会对义务教育阶段一门课程的教育宗旨和要求。思想政治(品德)新课程标准中的课程目标的制定,主要遵循了以下两个原则。

1. 反映思想道德建设的总体要求

思想政治(品德)课程目标的制定,必须反映当前和今后一个时期加强和改进中学生思想道德建设的总体要求。坚持以马克思列宁主义、毛泽东思想、邓小平理论、"三个代表"重要思想、科学发展观和习近平新时代中国特色社会主义思想为指导,以理想信念教育为核心,以树立正确的世界观、人生观、价值观为重点,以养成高尚的思想品德和良好的道德情操为基础,紧密结合新时代中国特色社会主义建设的实际,遵循中学生思想道德建设的规律,坚持以人为本,促进中学生全面发展,努力培育面向现代化、面向世界、面向未来,有理想、有道德、有文化、有纪律,德、智、体、美、劳全面发展的中国特色社会主义事业建设者和接班人。

2. 落实思想道德建设的主要任务

思想政治(品德)课程目标的制定,必须全面落实中学生思想道德建设的主要任务。这个主要任务是:推进中学生思想道德建设,要从增强爱国情感做起,从确立远大志向做起,从规范行为习惯做起,从提高基本素质做起。弘扬和培育以爱国主义为核心的团结统一、爱好和平、勤劳勇敢、自强不息的伟大民族精神,

把民族精神教育贯穿于中学生教育的全过程和各个方面,使他们从小树立民族自尊心、自信心、自豪感,具备民族认同、民族志气、民族气节。要积极引导未成年人树立和培育正确的理想信念,把个人的成长进步同中国特色社会主义伟大事业、同祖国的繁荣富强紧密联系在一起,为担负起建设祖国、振兴中华的光荣使命做好准备。要着力培养良好的道德品质和文明行为,大力普及基本道德规范,积极引导中学生树立心中有祖国、心中有集体、心中有他人的意识,懂得为人做事的基本道理,养成良好的文明习惯,具备科学健康生活的基本素养。要努力培育劳动意识、效率意识、环境意识和进取精神、科学精神、团队精神以及民主法制观念、诚信观念,增强自学、自理、自护、自强、自律能力,增强正确对待困难和挫折的能力,形成朝气蓬勃、昂扬向上的精神状态,使中学生的思想道德素质、科学文化素质和健康素质不断得到提高,成为全面发展的社会主义新人。

(二)思想政治(品德)课程目标的具体定位

以核心素养为纲,是当今基础教育改革的重大变化,也是思想政治(品德)课程标准修订的基本追求。在课程目标方面,同样强调以学科核心素养为纲,三位一体呈现课程目标。

以高中思想政治课程为例,《普通高中思想政治课程标准(2017年版)》在课程目标上,要求通过思想政治课程学习,学生能够具有思想政治学科核心素养。具体表现为以下几个方面。

● 具有政治认同素养的学生,应能够:认同走中国特色社会主义道路是历史的必然,坚信中国特色社会主义是国家富强、民族振兴、人民幸福的根本保障,坚定中国特色社会主义道路自信、理论自信、制度自信、文化自信;拥护党的领导,领会中国特色社会主义最本质的特征是中国共产党领导,中国特色社会主义制度的最大优势是中国共产党领导,党是最高政治领导力量;明确社会主义核心价值观是公民最基本的价值标准,自觉践行社会主义核心价值观,树立共产主义远大理想和中国特色社会主义共同理想。

● 具有科学精神素养的学生,应能够:用马克思主义基本立场、观点和方法,观察事物、分析问题、解决矛盾;解放思想、实事求是,对经济、政治、文化、社会和生态文明建设的实践,作出科学的解释、正确的判断和合理的选择;感悟人生智慧,过有意义的生活;以锐意进取的态度和负责任的行动促进社会和谐。

● 具有法治意识素养的学生,应能够:理解法治是人类文明演进中逐步形成的先进的国家治理方式,全面依法治国是国家治理的一场深刻革命,明确建设社会主义法治国家的基本要求;树立宪法法律至上、法律面前人人平等的法治理念;懂得权利与义务的关系,养成依法办事、依法行使权利、依法履行义务的习惯;拥有法治使人共享尊严、让社会更和谐、生活更美好的认知和情感。

● 具有公共参与素养的学生,应能够:具有集体主义精神;遵循规则,有序参与公共事务;热心公益事业,践行公共道德,乐于为人民服务;积极参与民主选举、民主协商、民主决策、民主管理、民主监督的实践,体验人民当家做主的幸福感;具备善于对话协商、沟通合作、表达诉求和解决问题的能力,勇于担当社会责任。

第六节　思想政治(品德)课程的理念

课程理念是课程的核心,是制约课程建设的灵魂,课程设计、课程实施、课程评价等,都要受到课程理念的支配。因此,思想政治(品德)课只有建构科学合理的课程理念,才能有效地推进思想政治(品德)课程建设,实现思想政治(品德)课的教育功能。

一、基础教育新课程的核心理念

思想政治(品德)课程改革是整个基础教育课程改革的一部分,离不开基础教育课程改革的基本方向和基调。因此,研究思想政治(品德)课程理念,我们先要了解基础教育改革的理念。

随堂讨论 1-4

"雪化了变成什么?"一个孩子回答:"变成了春天!"这个回答多么富有想象力,又多么富有艺术性。可居然被判为零分,因为标准答案是"雪化了变成水"。

"树上有五只鸟,被人用枪打死一只之后,树上还剩几只鸟?"一个孩子回答:"还有三只。"老师愕然:"怎么可能?"孩子解释:"爸爸被打死了,妈妈吓跑了,剩下三个孩子不会飞。"这是一个充满情感的回答,又是一个极现实的回答。可是这也不符合标准答案。①

◆ 上述案例反映了我们基础教育中什么样的弊病?我们应该如何改变这种现象?

基础教育新课程的核心理念是:为了中华民族的复兴,为了每位学生的发展。这一理念预示着我国基础教育课程建设的基本价值取向:适应时代发展的要求,全面推进素质教育,关注学生的整体发展,造就高素质的社会主义公民,实现中华民族的伟大复兴。

(一) 为了中华民族的复兴

中华民族具有悠久的历史、灿烂的文化,对于人类文明的发展曾做出过举世瞩目的伟大贡献。然而,近代社会以后,由于种种错综复杂的原因,使我国的发展远远落后于西方发达国家,虽然改革开放以来我们经济政治文化得到了巨大发展,但与发达国家相比还存在不小的差距,中华民族的复兴之路还需要进一步开拓。

实现中华民族的复兴,必须从我国的实际出发。我国是一个科技文化水平偏低的人口大国,是世界上人口最多的国家,也是世界上人力资源最丰富的国家。充分开发人力资源,提高全民的整体素质,是当今全球的大趋势,是世界各国增强综合国力的重要举措,也是我们实现中华民族伟大复兴的必然选择。

充分开发和利用丰富的人力资源,把沉重的人口负担转化为巨大的人力资源优势,教育是无法回避的话题。按照党和国家的教育方针,造就数以亿计的高素质劳动者、数以千万计的高级专门人才和一大批拔尖创新人才,满足广大人民群众接受优质高效教育的愿望,是实现人力资源开发和利用的基点,也是我们抢占世界综合国力竞争制高点、提升我国综合国力的基点。基于这种认识,我国提出了"科教兴国"战略,并把教育摆在优先发展的战略地位。

显然,我国的教育已经被赋予了中华民族伟大复兴的历史重任。基础教育新课程改革强调以实现中华民族伟大复兴为理念,反思我国基础教育的现状,推进基础教育课程改革,加强基础教育课程建设。

(二) 为了每位学生的发展

"为了每位学生的发展"体现了"以人为本"的思想,反映了素质教育的基本精神。一般来说,其核心思想主要包括两方面:学生全面发展和学生全员发展。

学生的全面发展,是指学生作为一个"整体的人",在各个方面都要得到综合发展。我国传统课程存在诸多弊端,主要表现在:在课程目标上,过分注重知识的系统传授,忽视对学生基本技能以及情感、态度和价值观的培养;在课程内容上,过分追求知识体系的系统性和完整性,忽视与社会生活的紧密联系,忽视学生的生活环境和生活经验;在课程实施上,主要采取单向灌输的教学模式,学生缺乏积极性主动性,没有很好地融入教学进程、参与教学活动;在课程评价上,过分强调整齐划一,忽视学生的想象和创造;等等。这些弊病的一个重要后果是导致了学生的片面发展。针对这种实际,基础教育新课程改革强调以学生为本,关注学生智力与人格的和谐发展,力求学校课程能为学生智力与人格的

---

① 钟启泉,崔允漷. 新课程的理念与创新——师范生读本[M]. 北京:高等教育出版社,2003:7.

和谐发展提供整体的内容和时空。

学生的全员发展,是指要让每一个学生都得到发展,不让一个学生掉队。学生之间虽然有差异性,有不同的学习基础和行为表现,有自己独特的个性和内心世界等,但每个学生都有存在的理由,都有自己的长处,有自己的潜力,有自己的前途。面向全体学生,实现学生的全员发展,是基础教育新课程的重要精神。

二、高中思想政治课程的理念

下面是一个思想政治课教学片段,透过这一片段,我们可以感受一些新的思想政治课程理念。

案例展示 1-1

"树立正确的消费观"教学片段

[导入新课]

师:古语说得好,"开门七件事,柴米油盐酱醋茶",描述的就是人们的日常生活消费需要,现代社会中,消费已经成为人们生活的重要组成部分。人们的消费受多方面因素影响,其中消费心理是一个重要方面。下面就从一段我们非常熟悉的生活场景中去探究几种常见的消费心理。

教师展示一段一家三代人在买衣服时的情景:女儿说,这件衣服时尚,明星莫文蔚也穿这种风格的衣服,还有我很多同学也穿,210元的价钱可以接受。妈妈看了看衣服的质地和布料,说太贵了。奶奶认为,穿衣服不能太张扬,和周围的女孩打扮得一样才好。

师:妈妈、奶奶和女儿的消费心理有什么不同?怎样评价她们的消费心理?我们应该如何做理智的消费者?这就是我们本次课要学习的内容。

[讲授新课]

一、消费心理面面观

师:同学们分析上述材料,妈妈、奶奶和女儿的消费心理有什么不同?

生:讨论上述问题,发表各自见解。

师:上面材料反映了在消费上女儿的攀比心理、妈妈的求实心理和奶奶的从众心理。

引导学生正确评价这些消费心理。

二、做理智的消费者

引导学生在正确评价消费心理的基础上,结合实例让学生分析归纳得出结论——应该提倡培养求实心理为主导的消费,根据自己的需要选择商品,做一个理智的消费者:量入为出,适度消费;避免盲从,理性消费;保护环境,绿色消费;勤俭节约,艰苦奋斗。

[课堂小结]

各位同学,我们通过以上的共同学习,明确了要树立正确的消费心理,在具体的消费过程中要践行正确的消费原则,从而做一名理智的消费者。当然,我们都还停留在理论学习的阶段,更重要的是在实践中去落实这些正确的消费理念。

[综合探究]

针对本班同学日常生活消费状况,拟订一个研究性学习课题,并设计出研究方案。

（一）坚持正确的思想政治方向

高中思想政治课坚持理论与实践相结合的原则，对学生进行马克思主义基本理论教育，使他们理解马克思主义中国化就是马克思主义基本原理同中国具体实际相结合的过程，习近平新时代中国特色社会主义思想是马克思主义中国化最新成果。

面对当前社会变革和实践创新中的新挑战、新问题，要用历史的眼光、国情的眼光、辩证的眼光、文化的眼光和国际的眼光，引领学生通过观察、辨析、反思和实践，真学真懂真信真用马克思主义，在人生成长的道路上把握正确的思想政治方向。

（二）构建以培育思想政治学科核心素养为主导的活动型学科课程

高中思想政治课力求构建学科逻辑与实践逻辑、理论知识与生活关切相结合的活动型学科课程。学科内容采取思维活动和社会实践活动等方式呈现，即通过一系列活动及其结构化设计，实现"课程内容活动化""活动内容课程化"。本课程关注思想政治学科核心素养的培育，着眼于学生的真实生活和长远发展，使理论观点与生活经验有机结合，让学生在社会实践活动的历练中、在自主辨析的思考中感悟真理的力量，自觉践行社会主义核心价值观。

（三）尊重学生身心发展规律，改进教学方式

高中思想政治课针对高中学生思想活动和行为方式的多样性、可塑性，着力改进教学方式和学习方式。在课程实施中，要充分利用现代信息技术，拓展教育资源和教育空间；要通过议题的引入、引导和讨论，推动教师转变教学方式，使教学在师生互动、开放民主的氛围中进行；要通过问题情境的创设和社会实践活动的参与，促进学生转变学习方式，在合作学习和探究学习的过程中，培养创新精神，提高实践能力。

（四）建立促进学生思想政治学科核心素养发展的评价机制

高中思想政治课紧紧围绕思想政治学科核心素养的形成与发展，建立激励学生不断进步的发展性评价机制。要注重学生学习和社会实践活动的行为表现，采用多种评价方式，综合评价学生的理论思维能力、政治认同、价值判断力、法治素养和社会参与能力等，全面反映学生思想政治学科核心素养的发展状况。

三、初中思想品德课程的理念

（一）帮助学生过积极健康的生活、做合格公民是课程的核心

初中生正处于身心发展的重要时期，自我意识和独立性逐步增强。在初中阶段帮助学生形成良好品德，树立责任意识和积极的生活态度，对学生的成长具有基础性的作用。初中思想品德课程的任务是引领学生了解社会、参与公共生活、热爱生命、感悟人生，逐步形成正确的世界观、人生观、价值观和基本的善恶、是非观念，过积极健康的生活，做对社会、国家、世界有见识和负责任的合格公民。

做有责任感的公民，是课程的一个主线。初中思想品德课程以初中学生逐步扩展的生活为基础，从心理、道德、法律、国情四个基本方面，介绍个人、个人与他人和集体的关系、个人与国家和社会的关系，始终贯彻着责任感教育：对自己负责，对他人和集体负责，对国家和社会负责。

（二）初中学生逐步扩展的生活是课程的基础

人的思想品德是通过对生活的认识、体验和实践逐步形成的。对学生思想品德的培养必须从学生实际出发，密切联系学生的生活实际和思想实际。只有贴近学生实际，才能引起情感共鸣，取得良好的教育效果。

初中学生正处在青春期，以性成熟为标志的一系列的生理、心理发生着巨大的变化，同时也处于社会化的一个关键时期，生活范围逐渐扩展，需要处理的各种关系日益增多。除了青春期个人的身心

变化要协调处理、保持身心健康以外,伴随社会化而来的各种关系,包括个人与他人、个人与集体、个人与国家和社会等方面的多种关系也越来越多地摆在了初中学生面前。

初中思想品德课正是在学生逐步扩展的生活经验的基础上,与他们一起体会成长的美好、面对成长中的问题,为初中生正确认识自我,处理好与他人、集体、国家和社会的关系,提供必要的帮助。

实践活动 1-3

打开初中思想品德课本,最大的感觉就是质朴亲切,多了人情味、少了大道理。找一找,说一说,哪些内容最贴近学生生活实际。

(三)坚持正确价值观念的引导与启发学生独立思考、积极实践相统一是课程的基本原则

思想品德的形成与发展,需要学生的独立思考和生活体验;社会规范也只有通过学生自身的实践才能真正内化。初中思想品德课将正确的价值引导蕴含在鲜活的生活主题之中,注重课内课外相结合,鼓励学生在实践的矛盾冲突中积极探究和体验,通过道德践行促进思想品德的形成与发展。

初中思想品德课必须坚持正确价值观的引导,要用社会主义价值观教育学生。但是这种教育和引导要为学生所接受,真正使社会主义价值观深入人心,必须在平等、开放和民主的氛围中让学生独立思考,经过他们的积极实践,经过他们的体验,自己生成符合社会主义价值观的思想观念、行为原则和品德。

本章小结

1. 中学政治课在我国一直以来都受到高度重视。随着形势的发展不断进行课程的调整和改革,尤其是新课程改革的发展,在课程功能、课程结构、课程内容、教学方式、评价体系等方面都给思想政治课带来了很多新的变化。

2. 多年来,关于思想政治(品德)课程性质,有多种不同的观点。分析新课程标准的界定,我们认为,思想政治(品德)课是一门以马克思主义基本观点教育为核心的,具有思想性、综合性、人文性、实践性特点的社会主义公民素质教育课程。

3. 思想政治(品德)课是中学的一门主要学科,是中学德育的核心,在学生发展中处于首要地位。

4. 思想政治学科核心素养是思想政治学科育人价值的集中体现,是学生通过思想政治学科学习而逐步形成的正确价值观念、必备品格和关键能力。思想政治学科核心素养,主要包括政治认同、科学精神、法治意识和公共参与。衡量思想政治学科核心素养,需要重点关注学科核心素养水平和学业质量水平。

5. 思想政治(品德)课程目标就是学生通过思想政治(品德)课程的学习所要达到的预期结果和标准,是通过完成规定的思想政治(品德)课程教学而使学生所要达到的目标。思想政治(品德)课程目标具有指向功能、规范功能、评价功能。

6. 思想政治(品德)课程目标,依据不同的标准可以进行不同的分类,主要包括要素分类和水平分类。要素分类,就是以一定的标准和程序,把思想政治(品德)的课程目标划分为相对独立的若干方面;水平分类是指在思想政治(品德)课程目标要素分类的基础上,对构成其基本结构的每一要素所要达到的水平所作的进一步分类。

7. 基础教育新课程的核心理念是:为了中华民族的复兴,为了每位学生的发展。根据这一核心理念,《普通高中思想政治课程标准(2017年版)》将高中思想政治课程的理念确定为:坚持正确的思想政治方向;构建以培育思想政治学科核心素养为主导的活动型学科课程;尊重学生身心发展规律,改进教学方式;建立促进学生思想政治学科核心素养发展的评价机制。《义务教育思想品德课程标准(2011年版)》将初中思想品德课程理念确定为:帮助学生过积极健康的生活,做合格公民是课程的核心;初中学生逐步扩展的生活是课程的基础;坚持正确价值观念的引导与启发学生独立思考、积极实践相统一是课程的基本原则。

本章思考题

1. 从新中国成立以来中学政治课的发展历史中,我们应该得到哪些方面的经验教训?
2. 你认为思想政治课是什么性质的课程?为什么?
3. 比较《中学德育大纲》和《普通高中思想政治课程标准(2017年版)》,分析中学德育与思想政治课之间的关系。
4. 简要分析高中思想政治学科核心素养要素及其衡量依据。
5. 新的思想政治课程标准关于课程目标的定位与过去相比有哪些主要变化?为什么要有这种变化?
6. 根据新的课程标准,初中思想品德和高中思想政治课程的理念是什么?
7. 以《中国特色社会主义》课本中"人类社会发展的进程与趋势"这一单元内容为例,在认真研究的基础上,分析它是如何体现思想政治课的性质、目标、理念的。

参 考 文 献

[1] 中华人民共和国教育部.普通高中思想政治课程标准(2017年版)[M].北京:人民教育出版社,2018.
[2] 中华人民共和国教育部.义务教育思想品德课程标准(2011年版)[M].北京:北京师范大学出版社,2012.
[3] 国家教育委员会.中学德育大纲.教基〔1995〕5号.
[4] 教育部基础教育课程教材专家工作委员会.普通高中思想政治课程标准(2017年版)解读[M].北京:高等教育出版社,2018.
[5] 教育部基础教育课程教材专家工作委员会.义务教育思想品德课程标准(2011年版)解读[M].北京:北京师范大学出版社,2012.
[6] 钟启泉,崔允漷.新课程的理念与创新——师范生读本[M].北京:高等教育出版社,2003.
[7] 胡田庚.中学德育课程与教学论[M].武汉:华中师范大学出版社,2010.
[8] 吴铎.德育课程与教学论[M].杭州:浙江教育出版社,2003.
[9] 朱慕菊.走进新课程——与课程实施者对话[M].北京:北京师范大学出版社,2002.
[10] 黄甫全.课程与教学论[M].北京:高等教育出版社,2002.

阅读视野

新中国成立以来我国中学思想政治课程演进概况

表 1-3 新中国成立以来我国中学思想政治课程演进概况

时 间	年 级	课程设置	备 注
1949—1950	中学各年级	全国没有统一的政治课程	各地中学配合政治运动、社会改革等对学生进行思想教育
1951—1954	初一年级 初二年级 初三年级 高一年级 高二年级 高三年级	 中国革命常识 社会科学基本知识 社会科学基本知识 共同纲领 	1. 1951年11月,国家统一了中学德育课程名称 2. 各年级设"时事政策"课

续表

时 间	年 级	课程设置	备 注
1954—1955	初一年级		各年级设"时事政策"课
	初二年级		
	初三年级	中国革命常识	
	高一年级	社会科学基本知识	
	高二年级	社会科学基本知识	
	高三年级	政治常识	
1955—1956	初一年级		各年级设"时事政策"课
	初二年级		
	初三年级	政治常识	
	高一年级		
	高二年级	社会科学常识	
	高三年级	中华人民共和国宪法	
1957—1958	初一年级	青年修养	
	初二年级	青年修养	
	初三年级	政治常识	
	高一年级	社会科学常识	
	高二年级	社会科学常识	
	高三年级	社会主义建设	
1958—1959	中学各年级	社会主义教育	各年级均配合"反右"斗争进行社会主义教育
1959—1960	初一年级	政治常识或道德品质教育	高中教材未编写出来,根据形势任务要求选读文件,如《八届八中全会公报》《列宁主义万岁》《伟大的十年》《实践论》等
	初二年级	社会发展简史	
	初三年级	社会发展简史	
1961—1962	初一年级	道德品质教育	
	初二年级	道德品质教育或社会发展简史	
	初三年级	社会发展简史或中国革命和中国共产党	
	高一年级	辩证唯物主义常识或中国革命和中国共产党	
	高二年级	辩证唯物主义常识或中国革命和中国共产党	
	高三年级	社会主义建设	
1963—1964	初一年级	道德品质教育	
	初二年级	社会发展简史	
	初三年级	中国革命和建设	
	高一年级	政治常识	
	高二年级	经济常识	
	高三年级	辩证唯物主义常识	

续表

时 间	年 级	课程设置	备 注
1964—1966	初一年级 初二年级 初三年级 高一年级 高二年级	做革命接班人 社会发展简史 社会主义革命和建设 辩证唯物主义常识 辩证唯物主义常识	高三年级以《毛泽东著作选读》(乙种本)部分篇目作为教学内容
1966—1976			"文化大革命"中,原先的政治课全部停止,代之以"语录课""批判课""运动课"等
1978—1981	初一年级 初二年级 初三年级 高一年级 高二年级	社会发展简史 社会发展简史 科学社会主义常识 辩证唯物主义常识 政治经济学常识	高三年级复习高一、高二课程,迎考
1981—1985	初一年级 初二年级 初三年级 高一年级 高二年级	青少年修养 社会发展简史 法律常识 政治经济学常识 辩证唯物主义常识	高三年级复习高一、高二课程,迎考
1985—1992	初一年级 初二年级 初三年级 高一年级 高二年级 高三年级	公民 社会发展简史 中国社会主义建设常识 共产主义人生观 经济常识 政治常识	
1992—1996	中学各年级	思想政治	初一进行公民道德、国家观念、法制观念教育; 初二进行社会发展史常识教育; 初三进行有中国特色社会主义和中华人民共和国宪法常识教育; 高一进行马克思主义政治经济学常识教育; 高二进行辩证唯物主义世界观和科学人生观教育; 高三进行马克思主义常识教育
1997—2003	中学各年级	思想政治	初一进行公民道德、心理品质教育; 初二进行法制教育; 初三进行基本国情教育; 高一进行经济常识教育; 高二进行哲学常识教育; 高三进行政治常识教育
2004—2017	初中各年级 高中各年级	思想品德(道德与法治) 思想政治	初中进行心理健康、道德、法律、国情教育;高中设经济生活、政治生活、文化生活、生活与哲学四个必修模块和科学社会主义常识、经济学常识、国家和国际组织常识、科学思维常识、生活中的法律常识、公民道德与伦理常识六个选修模块

续表

时间	年级	课程设置	备注
2017至今	初中各年级 高中各年级	道德与法治 思想政治	初中进行心理健康、道德、法律、国情教育；高中设中国特色社会主义、经济与社会、政治与法治、哲学与文化四个必修模块，当代国际政治与经济、法律与生活、逻辑与思维三个选择性必修模块，财经与生活、法官与律师、历史上的哲学家三个选修模块

第二章　思想政治(品德)课程标准和教材

本章学习目标

1. 把握课程标准的含义,理解课程标准与教学大纲的区别。
2. 了解思想政治(品德)课程标准修订的背景、基本原则和主要变化;把握思想政治(品德)新课程标准的结构,以及课程内容设计的基本思路。
3. 把握教材的含义,理解教材与教学、教材与课程标准的关系。
4. 了解教材编写的基本原则、思想政治(品德)课程标准对教材编写的新要求。
5. 了解思想政治(品德)教材分析的内容和方法,以及教材使用的基本要求。

问题序幕

一次中美顶尖高中生的对话

中央电视台举办过一期"对话"节目,邀请中美两国高中学生参加。其中,美国的12名高中生都是美国总统奖的获得者,国内的高中生也是已被北京大学、清华大学、香港大学等著名大学录取的优秀学生。节目中中美学生的表现呈现强烈的对比,令人深思。

在价值取向考察中,主持人分别给出了智慧、权力、真理、金钱和美的选项。美国学生几乎惊人一致地选择了真理和智慧。他们有的这样解释,如果我拥有智慧,我掌握了真理,相应我就会拥有财富和其他东西。而中国高中生大多选择了权力和财富,有一个选择了"美",无人选择真理和智慧。中国学生体现出他们只关注权力和财富这样的结果,忽视了如何实现的过程,缺乏对实现这些目标的途径的思考。

在制订对非洲贫困儿童的援助计划这个环节,我国高中生从中国悠久的历史入手,歌颂了丝绸之路、茶马古道、郑和下西洋,然后弹古筝,弹钢琴,吹箫,三个女生合唱,一个人深情地朗诵,然后是大合唱。最后对非洲的援助计划则轻描淡写地一笔带过,只谈到组织去非洲旅游,组织募捐,去非洲建希望小学。一位留美的华裔作家现场发问:你们募捐,要我掏钱出来,首先你的整个援助计划得打动我,我还要知道我的钱都花在什么地方,我捐出去的每分钱是不是都真正发挥作用了。我们的学生对于这样的问题面面相觑,谁也回答不出来。美国高中生的方案,则是从非洲国家的实际情况出发,涉及社会生活的方方面面,包括食物、教育、饮用水、艾滋病、避孕措施等,看起来都是一些很细小但又让人觉得肯定是很实际的、必须要解决的问题,每一项工作,做什么,准备怎么做,都有细致周到的计划安排,分工明确,又融成一个整体,让人感到整个计划拿过来就可以实施。与美国学生的成熟、干练、稳重不同,中国学生的表现与社会实际生活完全脱钩,眼界狭窄,缺乏整体意识,除了才艺展现,就是书本上的知识,缺乏独立思考的心智,在现实面前一筹莫展,没有实际处理问题、解决问题的能力。

这两个环节令人感慨万千:当中国学生该展现出理想和精神的崇高的时候,他们要追逐金钱和权力;当中国学生该立足实际、脚踏实地解决问题的时候,他们又吟诗作赋,在实际问题的外围不着边际地轻轻飘浮。

这样的"对决",这样真切的对比和差距,向我们的基础教育提出了尖锐的问题:我们该培养什么样的学生?我们该教给学生什么?思想政治(品德)作为一门国家课程,其课程标准体现着国家对该课程的基本要求,规定了学生通过该课程学习应该达到的最低标准;其教材承载着该课程的主要内容,是学生进行该课程学习的主要材料。如何围绕培养目标去制定思想政治(品德)课程标准、精选课程内容、编写优秀教材?如何使课程标准和教材进一步符合现代人才培养的要求?这些自然成为我们必须高度关注的问题。为此,我们需要加强对思想政治(品德)课程标准和教材的研究。

第一节 思想政治(品德)课程标准

一、课程标准概述

(一)课程标准的含义

关于课程标准,有多种不同的见解。《中国大百科全书(教育)》认为课程标准是"规定中小学的培养目标和教学内容的文件"①,顾明远主编的《教育大辞典》(第一卷)对课程标准的定义是:课程标准是确定一定学段的课程水平及课程结构的纲领性文件。② 根据我国《基础教育课程改革纲要(试行)》,国家课程标准是教材编写、教学、评估和考试命题的依据,是国家管理和评价课程的基础,应体现国家对不同阶段的学生在知识与技能,过程与方法,情感、态度、价值观等方面的基本要求,规定各门课程的性质、目标、内容框架,提出教学和评价的建议。③

资料卡片 2-1

课程标准④

《美国国家科学教育标准》认为,科学教育标准是量度教育质量的准绳,量度的是:学生们所掌握知识和能力的质量;给学生提供学科之机会的科学大纲的质量;科学教学的质量;支持着科学教师和科学大纲的教育系统的质量;评价的具体做法和政策的质量。科学教育标准是检验课程进步大小的尺度,检验的是我们向着国家给一个造就优等人才的系统所定的科学学习与科学教学目标前进了多少。

澳大利亚维多利亚州《课程标准框架》指出,课程标准描述的是学生学习所包括的主要领域及大多数学生在这一学习领域所能达到的学习结果。

一般来说,明确课程标准的含义,我们需要把握以下几点。

第一,从性质来看,课程标准是由国家最高教育行政部门制定的课程文件,具有法规性质,体现着国家意志,体现了国家对课程的要求。

第二,从内容来看,课程标准规定着课程性质、课程目标、内容要求、学习方式、计划安排、实施建议等,是国家用以指导、规范、评估和管理课程与教学活动的基本规章。

---

① 中国大百科全书(教育)[M].北京:中国大百科全书出版社,1985:208.
② 钟启泉,等.为了中华民族的复兴 为了每位学生的发展——《基础教育课程改革纲要(试行)》解读[M].上海:华东师范大学出版社,2001:171.
③ 同上注,6.
④ 同上注,171.

第三,从行为指向看,课程标准指向的是学生的学习行为和目标要求,而不是教师的教学行为和方法要求,是对多数学生经过某一阶段学习之后所应达到的最基本要求的原则规定,而不是对具体教学内容的规定。

第四,从作用来看,课程标准是教材编写的依据,是教学的依据,是教学评价的依据。无论教材怎么编,无论教学如何设计,无论评价如何开展,都必须围绕着这一基本素质要求服务,都不能脱离这个核心。因为课程标准规定的是国家对国民在某方面或某领域的基本素质要求,这种基本素质要求是教材、教学和评价的灵魂。无论教材还是教学,都是为这些方面或领域的基本素质的培养服务的,而评价则是重点评价学生在这些方面或领域是否达到了国家的基本要求。

(二)课程标准与教学大纲

随堂讨论 2-1

课程标准和教学大纲有什么区别?在基础教育新课程改革中,我国为什么要以课程标准取代教学大纲?

谈到课程标准,我们自然会联想到教学大纲。新中国成立以来,我国长期使用教学大纲,以至于广大教师对教学大纲更熟悉,而对课程标准相对比较陌生。其实这两个词究竟用哪个好,国际上没有统一的说法,各国的情况也不一样,主要视各个国家的教育传统与理论背景而定。就我国来说,"课程标准"也不是一个新词。早在1912年,由蔡元培任教育总长的中华民国南京临时政府教育部就颁布了《普通教育暂行课程标准》,此后,"课程标准"一词在中国一直沿用了40年。直到1952年起,由于全面学习苏联,我们才将"课程标准"改成了"教学大纲"。1999年1月,国务院批转了教育部《面向21世纪教育振兴行动计划》,要求到2000年初步形成现代化的基础教育课程框架和课程标准,改革教育内容和教学方法等。由此,"课程标准"以正式文件的形式再次载入史册。伴随着新课改的推行,我国又以课程标准取代教学大纲。

资料卡片 2-2

教学大纲[①]

根据教学计划中规定的各门学科的目的、任务而编写的指导性文件。它以纲要的形式,具体规定每门学科知识、技能的范围、深度及其体系、结构,同时规定教学的一般进度和对教学法的基本要求。

应该说,课程标准和教学大纲都是教育行政部门颁布的纲领性文件,都是规范课程和教学的基本标准。但它们之间是有区别的,主要表现在以下几个方面。

第一,结构不同。课程标准的框架结构各国不尽一致。我国在基础教育新课程改革中,通过学习和借鉴各国的课程标准,结合我国的教育传统及教师的理解和接受水平,制定并颁布了基础教育各学科课程标准。这些课程标准结构上基本一致,大致包括前言、课程性质、课程理念、学科核心素养、课程目标、课程结构、学业质量、实施建议等部分。而各级各类学校的教学大纲,一般分"说明"和"大纲

---

① 中国大百科全书(教育)[M].北京:中国大百科全书出版社,1985:150.

本文"两部分。前者说明本学科的教学目的要求、本学科教材的编选原则、教材的排列、教学中应注意的问题等。后者依据知识的逻辑体系和学生认识过程的规律,系统安排本学科教材的编、章、节、目的标题、内容要点、上课时数、实际作业(实验、练习、实习)的内容和时数,以及其他教学活动的时数。有的教学大纲,还包括参考书目、教学仪器、直观教具等方面的提示。

第二,从性质看,教学大纲是教学文件,是学科教学工作的纲领性文件,关注的是基本的教学目标、教学内容、教学要求及若干教学建议。而课程标准是课程文件,是确定课程水平及课程结构的纲领性文件,主要规定学生在某一方面或领域应该具有的基本素质。

第三,从目标看,教学大纲关注的是学生在知识和技能方面的要求,不仅对教学内容做出清晰明确的规定,而且对这些教学内容的教学顺序做出安排。而课程标准着眼于未来社会对国民素质的要求,以促进学生发展为宗旨,确立了学生通过课程学习应该具有的学科核心素养和课程目标。

第四,从服务对象看,教学大纲服务于教师的教,它对各科教学工作都做出了十分具体细致的规定,对教师的教学工作真正能够起到具体直接的指导作用,便于教师学习和直接运用。而课程标准服务于学生的学,它是国家制定的某一学段共同的、统一的基本要求,是学生通过学习应该而且能够达到的最低标准,它着眼于全体学生的发展。

第五,从作用方式看,教学大纲对教学的内容、教学要求的规定具体细致,"刚性"太强,缺乏弹性和选择性,没有给教材特色化和个性化发展留下足够的空间,不利于教材多样化的实现,无法适应全国不同地区的学校发展极不平衡的状况。而课程标准关注的是学生在通过相关课程的学习要达到的基本要求,主要对课程目标、课程内容、教学实施、教材编写、评价等提出指导和建议,具有较强的弹性,为教学与评价留下了较大的选择余地和灵活空间。

第六,从本质特点看,课程标准是以素质教育(课程理念)为指导,以课程目标为中心,体现了"目标导向型"的设计思路;而教学大纲以社会需要(教学目的)为指导,以教学内容为主体,体现了"知识传授型"的设计思路。

二、思想政治(品德)课程标准分析

随堂讨论 2-2

研究初中思想品德和高中思想政治新课程标准,它们在课程内容设计上的基本思路是怎样的?这样的设计与过去相比有哪些不同?

(一)思想政治(品德)课程标准的修订

本世纪初,适应基础教育课程改革发展的需要,教育部进行了思想政治(品德)新课程标准的研制工作,并于2003年和2004年分别颁布了《全日制义务教育思想品德课程标准(实验稿)》和《普通高中思想政治课程标准(实验)》。

随着基础教育新课程改革实验的不断深入,近些年教育部又先后启动了思想政治(品德)课程标准的修订工作,并颁布了《义务教育思想品德课程标准(2011年版)》和《普通高中思想政治课程标准(2017年版)》。就高中思想政治课程标准的修订来看,体现出新的时代特性、课程特点和基本要求。

1. 思想政治课程标准修订的背景

第一,落实立德树人根本任务的需要。

党的十八大明确提出"把立德树人作为教育的根本任务",党的十九大进一步强调"落实立德树人根本任务,发展素质教育",教育部也印发了《关于全面深化课程改革 落实立德树人根本任务的意见》,这些要求和意见必须全面落实到普通高中思想政治课程标准之中。

第二,解决高中思想政治课程改革面临的问题和挑战的需要。

2004年印发的《普通高中思想政治课程标准(实验)》,指导了十余年的高中思想政治课程改革实践,坚持了正确的改革方向和先进的教育理念,促进了教育观念的更新,在全面推进素质教育中发挥了重要作用,但是,面对经济、科技的迅猛发展和社会生活的深刻变化,面对新时代社会主要矛盾的转化,面对新时代对提高全体国民素质和人才培养质量的新要求,面对我国高中阶段教育基本普及的新形势,还有一些不相适应和亟待改进之处,需要进行修订完善。

第三,推进与高考综合改革相衔接的需要。

2014年国务院印发《关于深化考试招生制度改革的实施意见》,要求对高中课程和高考改革进行统筹谋划,做好衔接。对人才培养而言,课程标准是基本依据,考试招生是重要导向,要把课程改革和高考综合改革有机结合起来,统筹兼顾,有效联动,形成合力。新修订的高中思想政治课程标准着力实现高中思想政治课程与高考改革的有效衔接。

根据新修订的课程标准,在教考关系方面,把课程内容分为必修、选择性必修和选修三类,与高中学业水平考试、统一高考相关要求以及学生兴趣特长发展需要相适应。在考试命题方面,细化了评价目标,加强了对学科素养的测评指导。在课程实施方面,充分吸收了高考综合改革先行试点省份的经验,加强了对学校学生发展指导制度、选课走班教学制度、综合素质评价制度等方面的指导,并有针对性地提出了相关教学管理要求、条件保障措施等。

2. 高中思想政治课程标准修订的基本原则

第一,坚持正确的政治方向。充分体现马克思主义的指导地位和基本立场,充分反映习近平新时代中国特色社会主义思想,全面融入社会主义核心价值观,全面落实中央有关教育要求,引导学生形成正确的世界观、人生观、价值观,从源头上把好意识形态安全关。

第二,坚持科学论证。遵循教育教学规律和学生身心发展规律,贴近学生的思想、学习和生活实际,充分反映学生的成长需求。加强调查研究和测试论证,广泛听取不同领域人员的意见,重大问题向权威机构、权威人士咨询,求真务实,严谨认真,确保课程内容科学,表述规范。

第三,坚持反映时代要求。反映先进教育思想和理念,高度关注信息化环境下的教学变革,促进人才培养模式的转变,着力发展学生核心素养。根据马克思主义中国化最新成果、经济社会发展新变化、科学技术进步新成果,及时更新教学内容和话语体系,努力反映党的十八大以来中国特色社会主义理论和建设新成就。

第四,坚持继承发展。对十余年普通高中课程改革实验进行系统梳理,总结提炼并继承已有经验和成功做法,确保课程改革的连续性。同时,发现并切实面对改革过程中存在的问题,有针对性地进行修订完善,在继承中前行,在改革中完善,使课程体系充满活力。

3. 高中思想政治课程标准修订的主要变化

新修订的课程标准与2004年版课程标准相比,在多方面进行了改进和完善。

第一,编写依据的变化。2004年版课程标准的编写依据是中央关于学校德育工作的有关文件、《国务院关于基础教育改革与发展的决定》、教育部《普通高中课程方案(实验)》等为基本依据。2017年版课程标准的修订,则主要是依据党的十九大提出的关于党的教育方针和教育思想、教育部印发的普通高中课程方案和课程标准实验稿。

第二,文本结构的变化。主要是新增了学科核心素养和学业质量要求两个部分。增加"学科核心素养",主要是将党的教育方针关于人的全面发展要求具体化、细化到学科课程之中,明确学生学习思想政治学科课程后应形成的正确价值观念、必备品格和关键能力,并围绕学科核心素养的落实,精选、重组教学内容,设计教学活动,提出考试评价的建议,切实引导学科教学在传授学科知识过程中,更加关注学科思想、思维方式等,把立德树人根本任务落到实处。增加"学业质量",主要是改变过去单纯看知识、技能的掌握程度,明确学业质量是对学生多方面发展状况的综合衡量,帮助教师更好地把握教学要求,引导教学更加关注育人目的,同时也为考试评价提供了依据。这种文本结构上的变化,使课程标准内容更加全面,结构也更加完整,标准从整体上有较大提升。

第三,课程内容的变化。主要是凸显思想性、时代性和整体性等。重视以学科大概念为核心,使课程内容结构化,以主题为引领,使课程内容情境化,促进学科核心素养的落实;根据学生年龄特点与生活经验,从学科特点出发,以学科核心素养为纲,重新梳理和安排了必修、选择性必修和选修的课程内容,既保证学生达到共同基础的要求,又实现有个性的发展;进一步突出学科特性,强化社会主义核心价值观教育,中华优秀传统文化、革命文化和社会主义先进文化教育;重视课程内容的与时俱进,努力呈现经济、政治、文化、科技、社会、生态等发展的新成就、新成果,充实丰富培养学生社会责任感、创新精神、实践能力相关内容;更加关注学科内在联系及学科间的相互配合,克服碎片化及彼此间的脱节等现象。

第四,实施需求的变化。主要是强化指导性、可操作性。课程标准中不仅有"内容要求""教学提示""学业要求""实施建议"等部分,能够切实加强对教材编写、教学实施、考试评价的具体指导;而且课程标准增加了教学和评价案例、命题建议等,便于准确理解和把握课程标准的要义,确保课程标准能够落地,有效发挥统领作用。

(二)思想政治课程标准的基本结构

我国新修订的《普通高中思想政治课程标准(2017年版)》由前言、课程性质与基本理念、学科核心素养与课程目标、课程结构、课程内容、学业质量、实施建议、附录等部分构成(见表2-1)。

表2-1 《普通高中思想政治课程标准(2017年版)》的框架结构

前言	修订工作的指导思想和基本原则
	修订的主要内容和变化
一、课程性质与基本理念	课程性质
	基本理念
二、学科核心素养与课程目标	学科核心素养
	课程目标
三、课程结构	设计依据
	结构
	学分与选课
四、课程内容	必修课程
	选择性必修课程
	选修课程
五、学业质量	学业质量内涵
	学业质量水平
	学业质量水平与考试评价的关系
六、实施建议	教学与评价建议
	学业水平考试命题建议
	教材编写建议
	对地方和学校实施本课程的建议
附录	思想政治学科核心素养水平划分
	教学与评价案例

（三）思想政治课程内容设计

在高中思想政治课程标准中，课程内容既表明了学生学习的目标要求，也体现着本课程的内容及其设计思路，是我们把握思想政治课程内容的基本依据。课程标准中对课程内容的设计，注意聚焦思想政治学科核心素养，突出思想政治课程的性质、理念和特点，遵循教育规律和学生成长规律，坚持博采众长和继承创新，构建符合新时代要求和特色的思想政治课程体系和课程内容。具体分为必修、选择性必修、选修三部分(见表2-2)。

表2-2 高中思想政治课程结构

必修	选择性必修	选修
中国特色社会主义(1学分)	当代国际政治与经济(2学分) 法律与生活(2学分) 逻辑与思维(2学分)	财经与生活 法官与律师 历史上的哲学家
经济与社会(1学分)		
政治与法治(2学分)		
哲学与文化(2学分)		

1. 必修课程

必修课程是培育全体学生学科核心素养的基本载体，也是全体学生必须完成的学业，共6个学分。必修课程的整体框架，是基于发展中国特色社会主义的主题、主线，设计中国特色社会主义、经济与社会、政治与法治、哲学与文化4个课程模块。模块1"中国特色社会主义"，依循历史进程，讲述为何开创和发展中国特色社会主义；模块2"经济与社会"、模块3"政治与法治"、模块4"哲学与文化"，依托模块1的基本原理，讲述如何坚持和发展中国特色社会主义。

模块1：中国特色社会主义。该模块着眼于人类社会的发展历程，立足于中国特色社会主义的伟大实践，明确中国特色社会主义是科学社会主义理论逻辑与中国社会发展历史逻辑的辩证统一，中国特色社会主义已进入新时代，帮助学生树立为共产主义远大理想和中国特色社会主义共同理想而奋斗的信念。

模块2：经济与社会。该模块依据习近平新时代中国特色社会主义经济思想的基本原理，讲述我国社会主义基本经济制度，解析社会主义市场经济的基本特征，阐释指导我国经济社会发展的新理念，帮助学生理解全面深化改革的意义，提升在新时代参与社会主义现代化建设的能力。

模块3：政治与法治。该模块以党的领导、人民当家做主、依法治国有机统一为主线，讲述党的领导是人民当家做主和依法治国的根本保证，人民当家做主是社会主义民主政治的本质特征，依法治国是党领导人民治理国家的基本方式，奠定学生政治立场与法治思维的基础。

模块4：哲学与文化。该模块阐明马克思主义哲学是科学的世界观和方法论，讲述辩证唯物主义和历史唯物主义基本观点，坚持实践的观点、历史的观点、辩证的观点、发展的观点，在实践中认识真理、检验真理、发展真理；讲述社会生活及个人成长中价值判断、行为选择和文化自信的意义；为培育学生思想政治学科核心素养，奠定世界观、人生观、价值观基础。

四个必修模块课程在内容要求上均采用主题＋专题的方式加以规定。每个模块包括若干主题内容，每个主题又包含若干专题内容。必修课程内容的主题结构见表2-3。

表 2-3 必修课程的内容框架

必修模块	主 题	专 题
中国特色社会主义	人类社会发展的进程与趋势 中国特色社会主义的开创与发展	
经济与社会	经济制度与经济体制 经济发展与社会进步	
政治与法治	中国共产党的领导 人民当家做主 依法治国	
哲学与文化	探索世界与追求真理 认识社会与价值选择 文化传承与文化创新	

2. 选择性必修课程

选择性必修课程是对必修课程的延展,满足学生多样化的学习兴趣和升学需要。选择性必修课程是选择本课程作为学业水平等级性考试的学生必须完成的学业,考试成绩计入高校招生录取总成绩;也可供对该课程有兴趣的学生选修,计入毕业学分。基于选择性必修课程是必修课程延展的需要,确定选择性必修模块与必修模块的关系。选择性必修课程设置"当代国际政治与经济""法律与生活""逻辑与思维"三个模块,与必修课程的实施相互配合、相互补充。

模块1:当代国际政治与经济。围绕当今世界多极化与经济全球化趋势,解析不同的国家性质和国家形式,说明国际关系的主要影响因素和世界经济发展的基本特点,介绍国际组织的主要类型及其作用,引导学生在拓展国际视野的过程中,坚持总体国家安全观,坚定不移地走中国特色社会主义发展道路,积极贡献中国智慧和力量,推动构建人类命运共同体。

模块2:法律与生活。聚焦公民依法维护合法权益的法律行为,介绍公民一般的民事权利和义务,了解婚姻家庭中的法律关系和法律责任、劳动关系的法律保障、社会纠纷的解决机制和法律程序,为学生进一步发展思想政治学科核心素养、增强法治意识,提供日常工作生活中的法律常识。

模块3:逻辑与思维。通过科学思维的训练,引导学生掌握科学思维的基本要求,把握逻辑思维和辩证思维的方法,提高创新思维能力,学会运用科学思维探索世界、认识世界。

选择性必修模块课程作为国家课程,与必修课程一样,在内容要求上各模块均采用主题+专题的方式加以规定。每个模块包括若干主题内容,每个主题又包含若干专题内容。选择性必修课程内容的主题结构见表2-4。

表 2-4 选择性必修课程的内容框架

选择性必修	主 题	专 题
当代国际政治与经济	各具特色的国家 世界多极化 经济全球化 国际组织	
法律与生活	民事权利与义务 家庭与婚姻 就业与创业 社会争议解决	

续表

选择性必修	主题	专题
逻辑与思维	学会科学思维 遵循逻辑思维要求 运用辩证思维方法 提高创新思维能力	

3. 选修课程

选修课程更关注学生专业素养发展、高校自主招生及学生个性化发展的需要。选修课程是学生自主选择修习的课程,包括国家设置的拓展、提高性课程和校本课程,涉及个人生活、职业体验、大学先修等方面的内容,可根据学生个性化发展的需求和当地经济、科技、文化发展的特点开设,如何选课取决于学生的志趣。选修课程设置"财经与生活""法官与律师""历史上的哲学家"三个模块,是对必修课程和选择性必修相关课程的进一步拓展。

模块 1:财经与生活。 提供本课程模块,目的是在中国特色社会主义进入新时代以后,帮助学生更好地立足于社会主义市场经济运行和社会主义现代化建设的需要,了解经济生活的基本概念和原理,提升学生正确理解和积极参与经济生活的能力,帮助学生进一步树立正确的财富观与人生观,坚持公正、法治的价值取向,践行敬业、诚信的价值准则。

模块 2:法官与律师。 提供本课程模块,目的是帮助学生更多地了解法官和律师这两种有代表性的法律职业的不同职责和共同使命;理解法官和律师对于维护公平正义、推动社会进步、满足人民美好生活需要的作用;在建设社会主义法治文化的实践中,不断增强法治意识,进一步提高法治思维和用法、护法能力。

模块 3:历史上的哲学家。 提供本课程模块,目的是帮助学生更多地了解中外历史上唯物主义与唯心主义哲学流派的代表人物及其核心思想;通过对不同哲学观点进行比较、鉴别和评价,看到哲学的时代价值及其影响历史进程的作用;每一个时代的理论思维,都是历史的产物,学习哲学史可以帮助我们提高理论思维水平,更加自觉地理解和掌握马克思主义哲学原理。

选修课程内容的主题结构见表2-5。

表2-5 选修课程的内容框架

选修课程	主题	专题
财经与生活	货币与市场 收入与支出 投资与理财 企业与就业	
法官与律师	法官的职责 审判程序 律师的职责 辩护和代理	
历史上的哲学家	百家争鸣的时代 理学与心学的演变 西方哲学的起源 西方哲学的发展	

第二节　思想政治（品德）教材

如何理解教材？怎样认识思想政治（品德）教材？教材编写要遵循什么样的原则和要求？如何合理分析教材、恰当使用教材？作为未来的思想政治（品德）教师，这些都是我们需要认真探讨的问题。

一、教材概述

（一）教材的含义

关于教材，一般有两种解释：(1)根据一定学科的任务，编选和组织具有一定范围和深度的知识技能体系，它一般以教科书的形式来具体反映；(2)教师指导学生学习的一切教学材料。[①]

显然，教材有广义和狭义之分。广义的教材指课堂上和课堂外教师和学生使用的所有教学材料，比如课本、练习册、活动册、补充练习、辅导资料、自学手册、录音带、录像带、广播电视节目、幻灯片、照片、卡片、教学实物等，凡是有利于学习者增长知识或发展技能的材料都可称之为教材。狭义的教材就是教科书。教科书是根据各科课程标准（或教学大纲）系统编写的教学用书。在近代学校的发展过程中，基础教育阶段的教科书都是由国家控制，无论从教材编制的系统性上，还是从专家或行政机构审查的权威性来看，教科书都是课程教学的核心材料，是教材系列的主体部分。

我们这里讲的教材是指狭义的教材，即教科书。

（二）教材与教学

随堂讨论 2-3

有的教师认为，教师教学的任务就是把教材讲清，把教材内容讲透。你怎么看待这种认识？教材内容与教学内容是什么样的关系？

长期以来，我们对课程标准（或教学大纲）与教材的定位不甚明确，视教材为教学的根本依据，教学以教材为中心展开，结果是教师教教材，学生学教材。教师借助教学参考书，根据自己的思想和观点，对教材进行分析、理解、归纳和总结，严格按教材教学，从具体教学内容、讲授顺序、列举实例、练习作业到最后考试出题，都以教材为准，不敢越雷池一步。学生在教师的帮助下，严格按教材学习，被动地接受教材内容，在一定意义上成为教材的奴隶。把教材作为教学的依据，事实上是把教材的作用与课程标准的作用混淆了，使得教材在实际教学中扮演了过于"权威"的角色，其作用和影响甚至超过课程标准。

不可否认，教材对教学具有重要的作用。但这种作用应该仅仅是工具作用，教材是教学的工具和材料。

第一，教师用教材教，教材是教师教的材料。教材内容不等于教学内容，教师要在研究教材的基础上，对教材进行分析、综合、加工、创造，构建具体教学的内容结构和实施进程。在现实的教学过程中，教材设计的授课顺序可以变化，授课时间可以更改，教学实例可以选择，教材中的内容可以调整。不同的教师对于同一教材可能会有不同的创造与加工，他们在分析教材、处理教材时也会存在差异，教材只是为教师教学提供了基本的"脚本"，如何表演，还要靠教师的创造性发挥。

[①] 中国大百科全书(教育)[M].北京：中国大百科全书出版社，1985：144.

第二,学生用教材学,教材是学生学的材料。教材内容不等于学生的学习内容,学生的任务不仅仅是学教材。教材只是为学生学习提供了一个平台,在这个平台上,学生可以进行多种形式的演绎,对教材内容可以根据自己的实际情况在学习上有所侧重,还可以将学习的触角延伸到课外,开阔自己视野,提升自己的素质。如果把教材作为学习的目的,必然是死记硬背,脱离生活实际,盲目崇尚书本,这与教材本来的目的背道而驰,也不利于学生综合素质的发展。

第三,教材承载着教学的主要内容,是实现教学目标的工具。课程标准明确规定了学科核心素养、课程目标和课程内容,不论是学科核心素养和课程目标,还是课程内容,都主要通过教材体现出来,也需要借助教材在教学中实现。教材不仅编选了学科的相关知识,而且以一定的知识为基础和载体,通过独立思考和生活体验,引导学生运用基本知识和观点去分析说明实际问题,培养学生的学科能力,并将一定的观点、思想转化为学生的认识、信念,成为他们言行的准则,促进学生情感态度价值观的形成。

(三)课程标准与教材

课程标准和教材有着密切的关系。一般来说,课程标准是教材编写的依据,教材是课程标准主要的载体和具体体现。课程标准明确规定了课程目标、课程内容,也提出了教材编写建议。如高中思想政治课程标准就明确建议,教材编写要鲜明地体现思想政治教育的目标要求,把握内容标准的要求与编写教科书的关系,发掘教科书引领教学活动的功能,满足不同层次和类别学生使用的需要,倡导联系生活实际、活泼生动的呈现方式。在教材编写中,必须深入研究课程标准,紧扣课程标准规定的课程目标和课程内容,保持与课程标准的协调性和一致性,决不能抛开课程标准另搞一套。事实上,教材编写中以什么为指导思想、编写哪些内容、选用什么样的材料、采用什么样的编写体例等,都体现着课程标准的基本精神和要求。

教材编写要以课程标准为依据,绝不意味着教材编写时生搬硬套课程标准,而只是强调要贯彻课程标准的要求和精神。教材是对课程标准的一次再创造、再组织,教材编写在符合课程标准的前提下,可以多样化。

第一,适应不同学生的多样需求。课程标准只是一个最低限度的要求,是学生通过学习应该而且能够达到的最低标准。而学生在知识基础、能力水平等方面各不相同,在学习的目标和要求上也必然存在差异。因此,教材编写既要反映课程标准的最低要求,也要考虑学生的不同基础,在教材内容选择、学生发展要求等方面具有一定的弹性,为学生的多样化发展提供一定的空间。

第二,要适应不同地区的发展实际。我国地域辽阔,各地区经济发展、自然条件、文化传统有很大差异,教材的编写要努力体现不同地区经济发展和社会发展的特殊需求,要考虑不同地区教育发展水平和学生身心发展水平,充分利用不同地区具有特色的课程资源,开发出既符合课程标准又能体现地区实际的教材。例如经济发达地区和欠发达地区、东部和西部、城市与农村,在经济条件、自然条件、文化传统方面都有差异,教育水平和学生需求也各不相同,教材的开发应充分考虑这些实际。在教材内容选择、难度及印制质量等方面要符合当地的水平。

二、思想政治(品德)教材编写

思想政治(品德)教材是教学的基本材料,在教学中有着重要的作用,因此,对它的要求是很高的。不仅要遵循教材编写的基本原则,而且要坚持正确方向,全面体现习近平新时代中国特色社会主义思想,有机融入社会主义核心价值观,弘扬中华优秀传统文化、革命文化和社会主义先进文化;要体现《基础教育课程改革纲要(试行)》《普通高中课程方案(2017年版)》和《中小学教材编写审定管理暂行办法》的基本精神,反映思想政治(品德)课程标准的要求。

（一）教材编写的基本原则

1. 坚持科学性

教材是学生学习的主要材料，因此教材编写要坚持科学性原则。主要体现在：第一，向学生提供科学的基本知识和思想观点。知识体系中包含的基本事实、基本概念、基本原理以及与它们相应的技能训练材料、思想教育观点和材料都应是经过实践检验的，具有科学根据。第二，对基本知识和思想观点的表达要科学。思想政治（品德）以马克思主义基本常识和有关社会科学基本知识为主要内容，这些内容是经过实践检验了的科学真理，但这并不意味着科学性问题就不存在了。作为思想政治（品德）教材，决不能只是这些真理性知识的照搬照抄，而需要经过选择、加工。在选择、加工过程中，对这些真理性知识的解释、阐明要实事求是，准确无误，防止片面性和错误。第三，教材中对一些照片、图画、表格等也要运用恰当、准确无误。

2. 突出思想性

思想政治（品德）教材要具有思想教育因素，能对学生起到思想教育的作用。首先，教材要有明确的方向性。要旗帜鲜明地宣传马克思主义，坚决贯彻党的基本路线和方针政策，给学生以正确的立场、观点和方法，帮助学生树立科学的世界观和人生观。其次，教材中要突出思想教育的内容。对学生进行思想教育的内容是很多的，包括爱国主义教育、社会主义教育、红船精神教育、革命传统教育、民主法制教育、道德品质教育等，思想政治（品德）教材要把这些内容恰当地融合和渗透于自身内容之中。最后，教材要加强针对性。对于那些学生思想上比较普遍存在的问题和一些重大的社会实际问题，教材应有的放矢地进行分析，以解除学生思想上的困惑，引导学生正确认识和看待各种社会现象和问题。

当然，思想性是任何学科教材都要具备的条件；但由于思想政治（品德）的性质和任务所决定，思想政治（品德）教材对思想性方面的要求更高、更直接。是否具有较强的思想性，是衡量思想政治（品德）教材质量的一个重要尺度，也是提高思想政治（品德）教材质量所必须高度重视的一个重要方面。

3. 确保基础性

长期以来，我们一直按照学科的知识体系构建课程内容，在编写教材时，力求内容的完整性、系统性、科学性，注重的是所编内容是否符合学科知识体系，逻辑是否严密等，而较少考虑学习内容对学生是否是基础的、必需的、恰当的，对学生认知能力的发展、基础知识的把握有着怎样的意义等。

基础教育是为学生终身学习打基础的教育，是面向全体学生的教育，因此，思想政治（品德）教材的编写要由此出发，确保基础性。首先，教材要注重学生基础知识的学习，保证学生获得扎实的基础知识和基本技能，在此基础上才能更有利于学生的发展，不能被任意扩大、拔高。其次，教材要给学生全面发展留有充分的时间和空间，应有利于学生自主、多样、持续地发展。

4. 注重可接受性

思想政治（品德）教材是供教学用的，因此，它必须符合教师教和学生学的要求，对师生双方都具有可接受性。

对教师来说，教材要便于教，符合教的要求，如论点要明确，概念要清楚，内容结构要符合课时授课的要求等。

从学生来说，教材要便于学，符合学的要求。这包括：教材内容的深浅、难易和分量要符合学生的年龄特征和知识水平；教材的体系安排要符合学生认识发展的过程和规律，坚持从具体到抽象，循序渐进，力求使抽象的问题具体化，深奥的道理通俗化；教材的文字表达上要条理清楚，语言简洁，叙述生动，通俗易懂；教材的重点难点要处理恰当，注意突出重点，分散难点；教材要有趣味性，用生动具体的材料来导出和说明观点，使学生喜闻乐见，防止干巴巴的理论说教；等等。

(二)思想政治(品德)课程标准对教材编写的新要求

1. 突出立德树人要求,着力培育思想政治学科核心素养

教材的编写要立足于立德树人根本任务,以社会主义核心价值观为根本价值标准,以思想政治学科核心素养为育人的主导目标;处理好思想性与知识性的关系,知识点的选择和配置服务于思想政治学科核心素养的目标,凸显课程政治方向的引领;应通过鲜活的案例阐述新时代中国特色社会主义经济、政治、文化、社会和生态文明等内容,在克服说教式、过于成人化倾向的同时表达明确的立场,在彰显中华优秀传统文化的同时,强化有关中国特色社会主义道路自信、理论自信、制度自信、文化自信的内容安排。

2. 依据课程标准,体现课程理念

教材的编写要以课程标准为依据,充分体现课程标准阐述的基本理念,表达课程改革的要求,反映高中阶段学生的特点,体现思想政治课程的本质。要遵循课程标准的设计,在课时安排与呈现方式、内容选择与课程结构、核心素养及其表现水平、教学流程与学习评价等方面,全面落实课程标准的要求。要考虑城乡差异和地区差异,参照课程标准的有关提示和建议,创造性的编写高水平、有特色的教材。

3. 利用多种课程资源,拓展学生视野

教材的编写要善于融通古今中外各种资源,特别是要把握好马克思主义、中华优秀传统文化和国外哲学社会科学三种资源,要按照立足中国、借鉴国外,挖掘历史、把握当代,关怀人类、面向未来的思路,使教材既有深厚历史底蕴,又有鲜明时代特点;既彰显中国立场,又开阔国际视野。素材的选择和运用,既要贴近学生生活,又要反映当代社会进步的新发展和科技发展的新成果;既要有利于教师进行创造性的教学,又要有益于学生潜能的发挥,满足不同类型学生发展的需求。

4. 体现活动型学科课程实施的新要求

教材要体现其作为教学依据的意义,同时要积极发掘其引领教学活动的功能,着力反映活动型学科课程实施的特点。如学科内容与活动设计的融合、课堂教学与社会实践活动的对接等,都应该在教材中有合理安排。要通过设置开放的教学情境,提供多种课内外探究活动设计,注重发展学生自主学习能力;要引导学生主动学习、澄清概念、深化认识,发挥思想政治课程特有的育人功能。

5. 坚持政治性与科学性相统一的原则组织编写队伍

教材的编写要重视编写队伍的优化。要遴选政治立场坚定和德才兼备的编写者,广泛吸纳学科专家、教育教学专家和具有丰富教学经验的教师、教研员参与,以保证教材编写的科学性和适用性。

三、思想政治(品德)教材分析

(一)思想政治(品德)教材分析及其重要性

什么是教材分析?人们的理解并不一致,在操作上也有不同的做法。一般而言,教材分析就是教师在反复阅读和深入钻研思想政治教材的基础上,弄清教材的逻辑结构和编排体系,明确教材的知识点、思想点、重点难点、广度深度、思想教育因素等,从而为正确地组织和驾驭教材、确立教学目标、选择教学方法、搞好教学活动打下基础的过程。

教材是教学的基本材料,是教学活动的重要因素之一。认真研究教材,恰当分析教材,对于教学活动的组织、教学任务的完成和教学质量的提高等,无疑具有重要的意义。

1. 教材分析是完整、准确把握教材的必经之路

任何一本教材及其体系均是承载着教育性和知识的内容,体现着知识之间的内在逻辑关系。思想政治学科的各模块教材都有其各自的内容体系,教材的每一单元、每一课、每一框都是教材的有机组成部分,都在教材体系中有其特定的位置。只有经过教材分析和研究,教师才能从宏观上把握教材的整体内容,领会教材体系安排的意图,体会教材内容与体系的合理性、科学性,发现其局限性和存在的问题,并认清局部的具体内容,从而理顺整体与局部的关系,掌握教材和教学中的总体设计与局部安排,重点与难点,教材的中心线索与逻辑结构。从而既能综观教材的全局,又能细小如微地理解教材局部的具体内容,为教材的处理和学生的学习打好基础。

2. 教材分析是教师教学设计的基础

教学设计是教师为实现教学目标、全面完成教学任务而对教学活动进行的规划和安排。进行教学设计,必须对教材进行认真研究、系统分析。这样,才能把握教材的基本结构和内容体系,以及教材的知识点、思想点、重点、难点、理论与实际的结合点,了解学生对教材相关知识学习的已有基础和现实困难,也才能依据教材内容和学生实际去选择教学方法,安排教学进程,设计教学方案。可见,不认真分析教材,教师的教学设计就无从谈起,教学活动也无法有效进行。

3. 教材分析是提高教学质量的重要前提

现代教学论认为,要实现教学最优化,就必须实现每一教学要素的最优化和教学过程每一环节的最优化。教材作为教学内容的重要载体,是教学最基本的教学材料,既是教师施教的"教本",又是学生学习的"学本",是教学的重要构成要素,在教学过程中具有重要的地位和作用,自然是实现教学最优化的重要方面。教师在教学中要尊重教材,根据教材组织教学活动,不能舍本逐末,游离于教材之外另搞一套。同时,教师的教学也不能照本宣科,人云亦云,那样也不能调动学生的积极性。教师只有认真钻研教材,恰当分析和处理教材,才能组织好教学活动,实现预期教学目标,提高教学效率。

4. 教材分析是实现教学目标的重要条件

思想政治学科的教学目标就是要促进学生在知识、能力、情感态度价值观方面得到综合发展。教师进行认真细致的教材分析,是实现学生发展的重要基础。例如,在知识教学方面,要把教材上的知识通过教学变成学生自己的知识,必须经过几次转化:把教材上的知识转化为教案形式的知识,把教案形式的知识转化为教学中的知识,把教学中的知识转化为学生自己的知识。这些知识转化的过程与方法,受多种形式的制约,只有认真分析教材,才能设计和选择推进这种知识转化的良好条件,更好地实现这种知识的转化。再如,发展学生的能力,养成一定的情感态度价值观,是思想政治学科教学的重要着眼点,能力培养和情感态度价值观的养成,需要认识和比较各种知识的能力价值和情感态度价值观价值。而知识的这种价值往往具有隐蔽性,表现为不思则无,深思则远,远思则宽。只有通过对教材的深入分析,才可能挖掘出教材知识所蕴含的能力价值和情感态度价值观价值,以利于对学生能力的培养和情感态度价值观的养成。

5. 教材分析是教师自身发展的重要途径

认真钻研教材、恰当分析教材,既是教师教学工作的重要内容,又是教师进行教学研究的一种主要方法。教材分析的过程,是教师加强学习的过程,也是充分表现教师的教学能力和创造性的劳动的过程。"学,然后知不足;教,然后知困。知不足,然后能自反也;知困,然后能自强也。故曰:教学相长也。"这一古训值得每一位教师深思。通过不断分析教材,可以促使教师不断学习有关知识,思考相关问题,提高自身的素质。

(二)思想政治(品德)教材分析基本内容和方法

思想政治(品德)教材分析的形式多种,方法多样,具体分析中所涉及的内容也存在一定的差别。但总的来看,教材分析多围绕两种不同的思路展开。

一是从教材本身出发,对教材本身的要素构成进行逐一分析,明确各个构成要素的实质及其在教材中的地位和作用,从而达到对教材的全面理解和系统把握,完成教材分析的任务。思想政治学科教材是由多方面要素构成的。例如,就单元教材而言,包括单元结构图、单元导语、课题、框题、单元综合探究等;就每一框题(课时)教材内容而言,包括目题、正文、辅助文,正文又包括基本概念、基本原理、基本观点、基本事例、活动设计等,辅助文又包括相关链接、名词点击、专家点评等栏目设计。教材分析可以根据这些教材本身的要素构成,对这些要素进行逐一分析。

二是根据教学的实际需要,按照教学所需要了解的内容去分析教材。主要包括教材地位分析、教学目标分析、教材内容分析、重点难点分析、教材策略分析等等。这样分析教材,不仅可以达到全面理解教材、系统把握教材的目的,而且可以为教师教学设计奠定基础。

一般而言,教师研究教材、分析教材,主要是为了更恰当地处理教材,进行教学设计,编写教学方案,从而更有效地开展教学活动。因此,在现实的教学活动中,教师们也大多围绕着教学实际需要来分析教材。基于这样的考虑,我们这里也主要从这个角度对思想政治(品德)教材分析的内容进行探讨。

1. 教材地位分析

思想政治(品德)教材是一个整体,每一模块教材,以及每一模块教材中的每一单元、每一课、每一框,都是教材的有机组成部分,都在教材体系中占有特定的地位,都对学生的发展有着特定的意义。因此,分析教材首先要对教材的这种特定地位和意义进行分析。教材地位分析建立在教师对教材进行整体研究和把握的基础上,是教师确定教学目标和重点难点、选择和处理教学内容、编写教学方案等的重要依据。

根据上面的理解,教材地位分析显然可以从两个角度进行:一是分析所研究的教材在这个教材体系中的地位;二是分析该教材在学生发展中的地位。

2. 教材结构分析

思想政治(品德)的每一模块教材,以及每一模块教材中的每一组成部分,都是有着内在的逻辑联系的,有着相对系统的逻辑体系和逻辑结构。分析教材的结构,才能从整体上把握教材内容,恰当地驾驭和处理教材。因此,教材结构分析是教材分析的重要内容。由于思想政治(品德)教材分模块、单元、课、框等几个层次展开,教材结构的分析也就可以从以下几个层面进行。

(1) 教材整体结构分析。教材整体结构,就是指某一课程模块教材的宏观结构。思想政治(品德)各模块的教材都由若干单元构成,都围绕着一定的主线展开。分析教材的整体结构,有利于我们从宏观的角度通盘考虑教学,加强教学的计划性和系统性。

(2) 教材单元结构分析。单元结构,就是指同一教学单元内各课、各框之间的相互关系。思想政治(品德)每一模块教材都由若干单元构成,每一单元又包括若干课和框,每一课、每一框都是单元教材的有机组成部分。单元结构分析是对教材的中观分析,是教材的宏观把握到微观理解的一个重要环节,是打通教材整体框架和具体内容联系的一个结点。通过单元结构分析,可以在对教材宏观体系整体把握的基础上,进一步认识构成教材框架的基本内容或大的主题,把握单元教材的基本内容,明确单元教材在模块教材乃至整个思想政治教材体系中的地位和作用。

(3) 教材课时内容结构分析。教材课时内容结构分析,就是指每一课时内容(一定框、目及其中的知识点)之间的相互关系。按照思想政治(品德)教材的编写体例,一框题大体相当于一课时的内容。每一框题包括若干目,每一框、目都包含若干知识点,各知识点之间有着这样或那样的关系,由此构成课时内容结构。在思想政治(品德)教材各框、目中,知识点之间的关系多种多样,比较常见的有递进关系、相似关系、辩证关系、包含关系、并列关系等。分析知识点之间的相互关系,有利于我们从微观的角度,把握学科知识的内在联系,建立系统化的知识体系。

3. 重点难点分析

"重点"是指教材中最基本、最重要、最具现实意义的核心部分，在整个教材中有着重要的地位和作用。教学重点既可以是知识上的重点，如学科的基本概念、基本原理、基本观点，它们是学习后继内容的基础，具有常用性和应用性；也可以是思想教育的重点，是要使学生重点把握的思想观点和重点形成的行为品质。教师在教材分析中，要在认真研究教材的基础上，把重点和非重点区别开来，明确哪些内容是重点、为什么是重点、教材对这些重点内容是如何阐述的、在教学中如何去突出重点等等。

一般来说，确定和分析教材的重点，应从课程标准、学生特点、社会现实等方面来考虑。

第一，从课程标准角度看，教材的重点应该是体现了课程标准特别是课程目标中最重要、最基本的要求的部分。或者从学科知识系统角度看，重点是处在学科知识系统各部分的结合点上，它往往起着承上启下、沟通左右的作用。这种教材重点是确定的、客观的，它强调教材内容在教学目标和学科体系中的重要地位，它不以学生的不同而改变，有人称之为静态教学重点。

第二，从学生特点角度看，教材重点是教材中能够满足当下学生生活需求和学习成长的需要，与学生实际（生活阅历、经验、知识面等）相联系，对学生今后发展起关键作用的内容。教材本质是"学材"，教材的最终目的是帮助学生解决当下的问题和今后的发展。由于每个学生在当下学习成长中的突出问题不同、今后发展的目标与要求不同，学生还在成长中不断变化，同一个教材内容，对有的学生来说是重点，对另外一些学生来说，可能就不是重点；在一个阶段是重点，在另外一个阶段就可能不是重点，这种教材重点会因人而异、因时而异，是一种动态变化的重点。

第三，从社会现实角度看，在教材中用于认识和解决当下社会现实和社会发展突出问题、紧迫问题的内容是教材的重点。比如近几年关于青少年上网的问题、校园安全问题、社会公平问题成为社会关注的焦点，思想政治（品德）教材与此相关的内容都可以成为重点内容。随着社会的发展和问题的解决，这类教学重点也随之改变而不再是教材的重点，因此也具有变动性和相对性。

"难点"是教材中学生难以理解和接受的部分，它往往可以是以下几种情况：一是知识上的难点，有些知识由于比较抽象或学生缺乏一定的基础，难以理解；二是思想上的难点，即在道理上学生容易理解，但思想上难以接受的内容；三是学生容易出错或混淆的内容。教师在教材分析中，要准确地找出难点，明确其难在什么地方，并考虑突破这一难点的关键是什么，采用什么方法突破这一难点更为有效。

判定和分析教材的难点，通常可以从学习内容的复杂性和抽象性、学生发展的阶段性和局限性来考虑难点的成因。具体来看，形成难点的原因主要有以下几种。

第一，难以理解。思想政治（品德）很多教材内容本身是抽象的、复杂的，学生抽象思维能力较差，缺乏系统分析问题的能力，以往没有类似知识的学习，也缺乏相应的实践体验，不能较快或较好地理解相对比较抽象的学科知识，也难以正确认识复杂的事物或掌握事物的本质。

第二，难以接受。思想政治（品德）具有很强的社会现实性，各种社会现象、社会问题都会对教学产生影响。有些思想政治（品德）教材上的道理，学生从理论上懂得并不难，但由于社会环境的影响，这些道理要真正让学生相信、接受并不那么容易，从而形成难点。

第三，难以运用。学生正确的情感态度价值观和行为习惯的养成具有长期性和艰巨性。学生的情感态度和行为习惯的转变都需要一个长期的过程，不可能"毕其功于一课"。

（三）思想政治（品德）教材分析要注意的问题

教材分析并没有固定的模式，各位教师都可以根据自己的经验，进行各有特色的操作。但一般来说，在分析教材时，要注意做到从上到下、瞻前顾后、左顾右盼、动静兼顾、宏观微观结合。

1. 从上到下

教材作为教学的最基本材料,体现着上上下下多方面的意志和要求,反映着上上下下各方面的实际。教材分析必须跳出教材本身这一圈子,延续到上下多个层面。

第一,既要分析课程标准的要求,也要分析学生的实际基础。课程标准是由来自上层的教育行政部门组织编写和颁布实施的,反映了国家对课程的要求,体现着学生通过课程学习要达到的标准。教材是根据课程标准编写,又是学生进行课程学习的基本材料,是连接国家要求和学生实际的重要环节。教材分析要关注这种来自上层和下层的各种因素。

第二,既要分析教材编写者的编写意图,也要分析学生学习基础和认知规律。教材编写者在编写教材时有特定的编写理念,在教材内容选择、编排、呈现等方面有一定的思考和主张,每一内容的设计和安排都有特定的目的和意图,教材分析不能对教材编写者编写教材时的种种考虑进行回避。同时,教材是供学生用的,教材编写者对教材的设计是否符合学生的认识基础,是否符合学生的认识规律,教材分析时也需要加以关注。

2. 瞻前顾后

瞻前顾后,就是指教材分析时要关注种种前后关系。一般主要包括以下三方面关系。

第一,从教材本身来看,要分析教材的前后联系。思想政治(品德)每一模块教材,都是按照一定的逻辑思路编排,形成了一个相对系统的教材体系。其中每一单元、每一框都是教材体系中的重要组成部分,相邻单元、相邻框之间都有着内在的联系。分析教材的这种前后联系,有利于把握教材的内在结构体系,明确所分析的教材在整个教材体系中的地位和作用。

第二,从学生来说,要分析学生学习该教材内容之前学过些什么、在这之后又要学些什么。学生的学习是逐步进行、循序渐进的。学习一定的教材内容之前,可能有一些相关的知识基础和生活经验,现有教材内容的学习也可能会对后续学习产生一定的影响和作用。分析学生学习的这种前后关系,有利于把握学生学习的发展过程,明确所分析的教材在学生发展中有什么样的地位和作用。

第三,从教学来说,要分析教材的承上启下作用。如前所述,教材是一个有机整体,教材每部分内容都是教材的一个组成部分,是教材整体的一个环节。从教学的角度分析教材,要注意把握进行该内容教学时,在"承上启下"方面可以做些什么、怎么做。

3. 左顾右盼

左顾右盼,就是教材分析中,要注意分析与思想政治(品德)教材有着共同任务和功能的种种因素。其中尤其是两个方面的因素值得关注。

第一,相关学科及其教材。思想政治(品德)与中学历史、地理、语文等学科存在密切的联系,教材也往往有目标一致、内容相通之处。教材分析要关注这种学科之间、学科教材之间的联系,看有没有可供本学科利用的线索,能不能为本学科的学习提供一些方便。

第二,学校有关的德育工作安排。思想政治课是德育性质的课程,是中学德育的主要渠道,它与班主任工作、团队工作、劳动与社会实践、时事教育等,共同完成学校德育任务。每一个学期、每一时段,学校德育都有一定的活动安排,思想政治教师进行教材分析,也要注意分析该教材内容与学校各种德育途径、学校有关德育工作安排的关系,考虑是否可以相互协调,共同配合。

4. 动静兼顾

教材即是一个静态的存在,也会引起动态的变化。因此,教材分析既要从静态进行,也要从动态进行。

所谓静态分析,就是把教材作为一种现存的教学材料,进行客观分析和描述。教材的静态分析通常可以从以下方面进行:教材以及各单元、框题的教学目标分析(三维目标);各模块、单元、框题教材在整个教材中的地位和功能分析;教材的知识体系结构分析;教材中蕴含的科学思想、方法体系分析;教材的表达形式,如文字、插图、活动等分析;教材与其他学科配合上的问题分析;等等。

所谓动态分析,就是看作一个教学系统中的一个变量,与教师、学生、教学环境、教育目的、社会实际等因素相互作用,从这种相互作用中对教材进行分析。教材的动态分析主要可以从以下一些方面进行:学生对教材的使用方式分析;教师对教材的知识体系、科学性,以及教材所表现的文化内涵、与学生的认知与心理规律协调性的分析;社会形势的发展与教材的相对滞后性分析;各个方面对教材的评价和反映分析;等等。

5. 宏观微观结合

在教材分析中,既要对教材进行宏观把握,也要对教材进行微观分析。

所谓对教材的宏观把握,就是把教材视为教学系统中的一个变量,从教材与其他相关因素的联系,来对教材进行分析。一般来说,教材的宏观把握主要从四方面进行:第一,了解教材编写和使用的时代背景。教材是在一定的时代背景下编写完成的,虽然会随着时代的发展不断修改和完善,但当今社会,经济和科技的发展日新月异,教材往往会存在滞后于社会和时代发展的现象,尤其是思想政治(品德)教材,这种现象更加突出。对此,进行教材分析时,必须把教材内容放到社会进步和时代发展的大背景下进行考察。第二,分析教材与课程标准的关系。主要是所分析的教材与课程标准的对应关系是怎么样的,课程标准提出了怎样的目标要求,教材是如何体现这种目标要求的,等等。第三,分析教材与学生的关系。主要是分析学生学习相关教材的已有基础、生活经验,以及学习中可能面临的困难和问题等。第四,分析与教材相关的各种储备资料。为了教学,教师往往收集储备了多方面的资料,进行储备资料的分析,可以根据教材的实际功能和教学的需要,对教材进行有效地处理和加工改造,组织合理、恰当的教学内容体系。

所谓教材的微观分析,就是对教材本身进行深入细致的分析。由于教材本身有着复杂的结构,可以分为模块、单元、课、框等不同层次,不同层次所包括的范围是不同的,因此,教材的微观分析可以从各个不同的层次进行。

四、思想政治(品德)教材使用

基础教育改革倡导教师要用教材教,而不是教教材,要将教材为我所用,而不被教材所束缚。因此,教师在教材的使用中,要做到既遵循于教材,又不囿于教材,既凭借教材,又跳出教材,要对教材进行大胆挖掘,尽情延伸,创造性地使用。在具体使用中,尤其要注意处理好以下几个关系。

(一)"教教材"与"用教材教"的关系

所谓"教教材",就是为完成一定的教学任务,忠实传授教材内容的教学行为,其特点是对教材内容做细致地梳理,到位地传授,尽可能做到"滴水不漏",教材的观点就是"真理""权威"。虽然教师在教学中也讲究启发、讨论,也讲究师生活动,但当学生的观点与教材的观点不一致时,只能以教材的观点为标准,甚至对某个问题的表述都要以教材的、教参的表述或理解为依据,它所反映的思想是"以本为本"。在传统教学中,教师把教材当作"圣经",在规定的时间内教完教材内容,就算完成了教学任务,以学生的考试成绩作为任务完成的标志和评价师生的依据。这就决定了在教学过程中是以传授知识为中心,学生成了被动接受知识的容器。

所谓"用教材教",就是把教材作为一种教学资源,借助教材这一学习素材,使学生在获得知识的同时,在过程与方法、情感态度和价值观方面也能得到全面和谐的发展。在这种教学行为中,教材只是实现课程目标的手段和途径,教材内容只是帮助学生实现三维发展目标的一种载体,它所反映的理念是"以人为本"。

随着基础教育课程改革的发展,教材不再"神圣不可侵犯",教师在教学过程中可以取舍、补充教学内容,变更教学顺序,更换呈现方式。"用"教材,而不是"教"教材,已成为广大教师的共识。

(二)尊重教材与灵活处理教材的关系

教材是落实课程标准、实现教学计划的重要载体,是教师组织教学的蓝本,也是学生学习的基本材料。因此,我们必须尊重教材,不能抛弃教材另搞一套。尤其是教材的基本内容,都是依据课程标准编写的,不能随意删减、改变。

同时,我们也不能唯教材是从,要充分发挥自身的创造性,从实际出发,灵活处理教材。首先,灵活处理教材内容。教材只是提供了教学活动的基本内容,这些内容在教学中如何处理,哪些该重点关注,哪些可以一般对待,哪些要补充,哪些可以舍弃等,教师要根据不同地区、不同学生的具体实际情况来确定。其次,灵活安排教学进程。教材只是提供了教学的基本线索,以框为单位安排课时内容,一般一框一课时。但毕竟各框内容有多有少,深浅不同。因此,教师需要灵活处理,从总量上控制教学内容。最后,灵活运用教材所留空间。教材通过情境问题、活动设计等,给师生教学留下大量的思维空间、活动空间,教师要针对不同层次的学生和不同认知风格的学生灵活处理,提出不同层次的要求。

(三)学生主体地位与教师主导作用的关系

依据课程标准编写的教材,无论是内容结构的设计、教学内容的组织,还是素材、案例的选取,都以贴近学生生活、满足学生需要、注重学生参与、符合学生身心特点和接受能力为宗旨。因此,在教材使用中,要充分领会教材编者的意图,凸显学生的主体地位。

强调学生的主体地位,并不意味着可以弱化教师的主导作用。使用新教材,对教师的要求不是低了,而是更高了。教师的主导作用表现在很多方面,例如:根据教材,确定教学目标,设计教学进程;随着社会的发展,不断充实和更新教材内容,弥补教材滞后性的不足;结合教材内容,组织学生合作探究,开展各种探究活动;等等。

(四)能力培养、情感态度价值观养成和知识教学的关系

强调创新精神和实践能力的培养,关注情感态度价值观的养成,是思想政治课程改革的追求,也在思想政治教材中得到了充分体现。教材有大量的问题情境和活动设计,可以引导学生积极思考,获得体验,并运用自己的已有经验,在活动中发现和解决问题,在实践中提升自己的认识和智慧。因此,在教材使用中,充分发挥这些问题情境和活动设计的功能是必要的。

同时,我们也不能忽视基础知识的教学。知识是能力的基础,运用学科知识分析和解决问题,就是能力的表现,也是能力形成的重要途径;情感态度价值观的养成也离不开知识的支撑,对思想政治学科知识的内化和认同,有利于形成正确的世界观、人生观和价值观。

(五)教材的相对稳定性与时代发展的关系

思想政治(品德)教材与其他学科教材相比,有一个显著特点,就是教材内容的变动性大,时代性强,经常要对教材进行修改和补充。然而尽管如此,思想政治(品德)教材内容也总难以跟上时代的发展和形势的变化。何况作为教学的基本材料,思想政治(品德)教材有自己的学科内容和体系结构,要有相对稳定性,不宜频繁变化。这就形成了教材相对稳定性与形式不断变化的矛盾。对此,在使用教材时必须在注意保持教材相对稳定的同时,随着形势发展对其中的某些内容作必要的调整和补充。

本章小结

1. 国家课程标准是教材编写、教学、评估和考试命题的依据,是国家管理和评价课程的基础,应体现国家对不同阶段的学生在知识与技能、过程与方法、情感态度价值观等方面的基本要求,规定了各门课程的性质、目标、

内容框架,提出教学和评价的建议。课程标准和教学大纲都是国家最高教育行政部门颁布的纲领性文件,都是规范课程和教学的基本标准,但它们之间在性质、目标、服务对象、作用方式、本质特点等方面都存在差别。

2. 随着基础教育新课程改革实验的不断深入,教育部先后启动了思想政治(品德)课程标准的修订工作,并颁布了《义务教育思想品德课程标准(2011年版)》和《普通高中思想政治课程标准(2017年版)》。

3. 高中思想政治课程标准的修订是落实立德树人根本任务的需要、解决高中思想政治课程改革面临的问题和挑战的需要、推进与高考综合改革相衔接的需要。修订的基本原则是坚持正确的政治方向、坚持科学论证、坚持反映时代要求、坚持继承发展。修订的主要变化包括编写依据的变化、文本结构的变化、课程内容的变化、实施需求的变化等。

4. 新修订的高中思想政治课程标准由前言、课程性质与基本理念、学科核心素养与课程目标、课程结构、课程内容、学业质量、实施建议、附录等部分构成。

5. 高中思想政治课程分为必修、选择性必修、选修三部分。必修课程包括中国特色社会主义、经济与社会、政治与法治、哲学与文化四个模块;选择性必修课程包括当代国际政治与经济、法律与生活、逻辑与思维三个模块;选修课程包括财经与生活、法官与律师、历史上的哲学家三个模块。

6. 教材有广义和狭义之分,广义的教材指堂上和课堂外教师和学生使用的所有教学材料,狭义的教材就是教科书;教材是依据课程标准编写的,是课程标准主要的载体和具体体现;教材是教学的材料,承载着教学的主要内容,是实现教学目标的工具。

7. 思想政治(品德)教材编写的基本原则有坚持科学性、突出思想性、确保基础性、注重可接受性。同时,要遵循课程标准对教材编写的新要求,主要包括:突出立德树人要求,着力培育思想政治学科核心素养;依据课程标准,体现课程理念;利用多种课程资源,拓展学生视野;体现活动型学科课程实施的新要求;坚持政治性与科学性相统一的原则组织编写队伍。

8. 思想政治(品德)教材分析是完整、准确把握教材的必经之路,是教师教学设计的基础,是提高教学质量的重要前提,是实现教学目标的重要条件,是教师自身发展的重要途径。思想政治(品德)教材分析基本内容和方法多种多样,主要包括教材地位分析、教材结构分析、重点难点分析等。思想政治(品德)教材分析要注意做到从上到下、瞻前顾后、左顾右盼、动静兼顾、宏观微观结合。

9. 思想政治(品德)教材使用要处理好以下几个关系:"教教材"与"用教材教"的关系;尊重教材与灵活处理教材的关系;学生主体地位与教师主导作用的关系;能力培养、情感态度价值观养成和知识教学的关系;教材的相对稳定性与时代发展的关系。

本章思考题

1. 什么是课程标准?我国在基础教育课程改革中为什么要变教学大纲为课程标准?
2. 简要介绍思想政治(品德)课程标准的基本结构。
3. 思想政治(品德)课程模块设计的基本思路是怎样的?
4. 什么是教材?教材编写的基本原则有哪些?
5. 简要介绍思想政治(品德)教材分析的主要内容和方法。
6. 思想政治(品德)教师应当怎样使用新教材?

参 考 文 献

[1] 中华人民共和国教育部.普通高中思想政治课程标准(2017年版)[M].北京:人民教育出版社,2018.
[2] 中华人民共和国教育部.义务教育思想品德课程标准(2011年版)[M].北京:北京师范大学出版社,2012.
[3] 教育部基础教育课程教材专家工作委员会.普通高中思想政治课程标准(2017年版)解读[M].北京:高等教育出版社,2018.

[4] 教育部基础教育课程教材专家工作委员会.义务教育思想品德课程标准(2011年版)解读[M].北京:北京师范大学出版社,2012.

[5] 高中各年级《思想政治》教科书[M].北京:人民教育出版社.

[6] 初中各年级《道德与法治》教科书[M].北京:人民教育出版社.

[7] 钟启泉,等.新课程的理念与创新——师范生读本[M].北京:高等教育出版社,2003.

阅读视野

一、新中国成立以来我国中学政治课程标准(教学大纲)的发展概况

新中国成立后,中学教学计划中都列有政治课程,但1959年以前没有教学大纲,课程设置和教学内容也不稳定。

1959年教育部颁发了《中等学校政治课教学大纲(试行草案)》,这是新中国成立后第一个全国性的中学政治课教学大纲。大纲规定:初中设"政治常识"课;高中设"政治常识""经济常识""辩证唯物主义常识"课。1964年和"文化大革命"结束后编写的中学政治课教材,大体沿袭这个课程设置框架。

"文化大革命"期间,政治课成为时事政策课,没有固定的教学内容,报纸、社论成为政治课的主要内容。

1980年教育部发出《关于改进和加强中学政治课的意见》,根据这个文件规定的课程方案,1982年发布了初中和高中四门课的教学大纲试行草案。

1985年8月,中共中央发出《关于改革学校思想品德和政治理论课程教学的通知》(以下简称《通知》)。为贯彻落实《通知》精神,国家教委于1986年制定了《中学思想政治课改革实验教学大纲》,并根据改革实验教学大纲开展新教材的编写工作,教材编写首次实行"一纲多本"。1988年国家教委发布了中学六个年级思想政治课的改革实验教学大纲。

1992年3月,国家教委在总结《中学思想政治课改革实验教学大纲》实施经验的基础上,重新制定颁发了《全日制中学思想政治课教学大纲(试行)》。1993年国家教委制定了《九年义务教育全日制初级中学思想政治课教学大纲(试用)》和《全日制高级中学思想政治课教学大纲(试用)》。

1994年8月中共中央下发《关于进一步加强和改进学校德育工作的若干意见》。1995年4月国家教委基础教育司组成课程标准编订小组,把制定中学思想政治课课程标准作为落实中央《若干意见》的一项重要措施。1996年、1997年国家教委先后编订《全日制普通高级中学思想政治课课程标准(试行)》和《九年义务教育小学思想品德课和初中思想政治课课程标准(试行)》。

本世纪初,适应基础教育课程改革发展的需要,2003年和2004年教育部先后颁布了《全日制义务教育思想品德课程标准(实验稿)》和《普通高中思想政治课程标准(实验)》,中学思想政治课改革进入了一个全新阶段。

2011年,教育部组织对初中思想品德课程标准进行了修订,颁布了《义务教育思想品德课程标准(2011年版)》。

2017年,教育部组织对普通高中思想政治课程标准进行了修订,颁布了《普通高中思想政治课程标准(2017年版)》。

二、国内外中小学教材审定和选用

中小学教材作为教学的主要材料,世界各国都予以高度重视,有严格的审定和选用制度。虽然各国的具体情况各不相同,但体现出一些共同的特点。

1. 国内外中小学教材审定

从国外来看,在教材审定方面,显现出多样的教材审定方式、权威的教材审定机构、严格的教材审定标准。

(1) 多样的教材审定方式

世界教科书制度可以划分为五种类型:国定制、审定制、认定制、选定制和自由制。许多国家的教科书选用制度采用以上五个制度中的任意一种,属于单一制,如韩国采用国定制,德国、日本采用审定制,法国采用认定制,英国采用选定制;也有的国家同时采用两种或多种制度,属于混合制,如美国等。

(2) 权威的教材审定机构

世界许多国家都设立专门的国家级或州级的教科书评审机构,如美国州教育局下设的"州课程委员会"、德国的"州教育和文化事务部"、日本的文部省、韩国的教育部下设的"教材编纂审议会"和"韩国教科书协会"等机构,定期对各类出版社出版的教科书实行严格的审查或认定,具有很大的教科书管理权利。审查合格的教科书,经过州或地方政府的批准方能编入教科书选用目录。

参与教科书审查的人选,基本由审查机构负责任命,大致包括政府专职人员、课程教材专家、学科教学专家、大中小学教学经验丰富的教师代表以及有学识的社会人士等,从不同角度、不同侧面评价、审查教科书质量。

(3) 严格的教材审定标准

教科书审定工作一般有专门的法规或条例,如德国的《州教科书许可条例》、日本的《教学用图书审查规则》等。此外,各国教科书审查标准和依据基本包括:是否符合本国教育法规;是否符合教学目标;教材内容、编排是否利于教学;是否利于使用者的年龄特点;教材内容的科学性;等等。

就我国来说,新中国成立以后很长时间,我国中小学教材实行"编审合一、高度统一"。1985年,教育部颁发《全国中小学教材审定委员会工作条例(试行)》,改革"编审合一、高度统一"的制度,实行"编审分开"制度,采取"统一基本要求、统一审定",强调审定制度民主化。

1987年10月10日,教育部颁发了《全国中小学教材审定委员会工作章程》,从"组织机构""工作职责""审定原则""审定程序"等方面,做出了明确的规定,并附有《中小学教材审定标准》。至此,教材审定制度逐步走向规范化和科学化。教材编审也开始实行国家、地方两级管理,教材从"一纲一本"到"一纲多本"。1996年,国家教委又根据需要对《全国中小学教材审定委员会工作章程》进行了重新修订。

1995年国家教委颁发了《中小学教材编写、审查和选用的规定》。

2001年我国相继颁布了《关于基础教育改革与发展的决定》《中小学教材编写审定管理暂行办法》《基础教育课程改革纲要(试行)》,基本实现了国家基本要求指导下的教材多样化,教材审定、管理制度等逐步走向完善。

2016年,中办、国办印发《关于加强和改进新形势下大中小学教材建设的意见》,提出要健全国家教材制度,成立国家教材委员会,并明确国家教材委员会的主要职责是:指导和统筹全国教材工作,贯彻党和国家关于教材工作的重大方针政策,研究审议教材建设规划和年度工作计划,研究解决教材建设中的重大问题,指导、组织、协调各地区各部门有关教材工作,审查国家课程设置和课程标准制定,审查意识形态属性较强的国家规划教材。

2017年7月,国务院办公厅发出《关于成立国家教材委员会的通知》,国家教材委员会正式成立。这是新中国成立以来首个统筹指导管理全国教材工作的组织机构,它标志着我国教材建设工作步入一个新的历史阶段。

2. 国内外中小学教材的选用

世界大多数国家采用教材的选定制,即由地区或学校掌握教材的选用权。在选用制度上,尽管各国具体情况不同,但都选择公开,程序严格,基本上是依据教材选用目录,各选用机构拥有各自的选择标准。在选择形式上,分为州/地区统一选择,或由学区/学校自行选择,两者各有优势。实行州或地区统一选择,有利于进行统一的教学指导,有利于保证最低的学生学习标准;学校自行选择,则充分体现教师的教学自由,有利于教学针对性。在选用标准上,各国选择教材所依据的标准各有差异,但其主要内容基本都包括:教材要科学、严谨,语言简练,资料准确,可读性强;教材要尊重教师教学自由,适用性强;教材要印刷美观、使用方便、价格合理;等等。

我国教材选用制度与教材审定制度是配套设立的。我国长期实行的是教材统编通用制,教材选用权由国家教育行政部门控制,在国家统一要求、统一审定的前提下,供各地区、各学校使用。对地方、学校来说,实际上无教材可选。1986年,我国中小学教材管理制度进行调整,实行教材编审分离,采用了审定制,扩大了地方和学校的选用权。经全国中小学教材审定委员会审定的全国通用教材,列入教育部批准推荐的中小学教材目录;经地方中小学教材审查机构审查的教材,列入地方教育行政部门批准推荐的中小学教材目录,供学校选用。

2016年,教育部办公厅发出关于2016年中小学教学用书有关事项的通知,提出将义务教育小学和初中起始年级"品德与生活""思想品德"教材名称统一更改为"道德与法治"。2017年,义务教育阶段的道德与法治、语文、历史三科统编教材开始在全国小学和初中的起始年级使用,2019年秋季首先全覆盖,即全国所有的小学和初中学生都使用统一部编版教材。2019年,教育部发布通知,普通高中思想政治、语文、历史三科统编教材于2019年9月秋季学期开始,在部分省市率先使用,其他省市根据新高考推进和各省实际情况陆续推进,2022年前将全部使用新教材。

第三章 思想政治(品德)课程资源的开发利用

本章学习目标

1. 了解思想政治(品德)课程资源的含义、特点和分类。
2. 明确思想政治(品德)课程资源开发利用的意义,增强课程资源开发的积极性和自觉性。
3. 把握思想政治(品德)课程资源开发利用的原则。
4. 了解思想政治(品德)课程资源开发利用存在的问题;把握思想政治(品德)课程资源开发利用的基本途径和实施策略。

问题序幕

从一组调查数据说起

教育部《义务教育阶段国家课改实验启动工作评估报告》中,有一组涉及课程资源的调查数据(如图3-1至图3-3所示)。

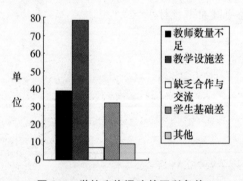

图3-1 学校实施课改的不利条件

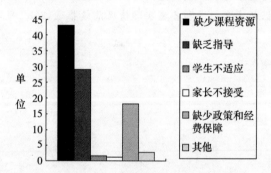

图3-2 实验中遇到的主要困难

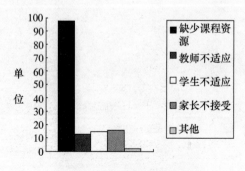

图3-3 使用新教材的难点

从调查数据可以看出,"缺少课程资源"已经成为制约我国基础教育课程改革的最大障碍。随着我国基础教育课程改革力度的不断加大,课程资源作为课改中的一个核心概念,备受社会各界人士的关注,加强课程资源的开发与利用势在必行。那么如何理解课程资源?就思想政治(品德)课程来说,有哪些主要的课程资源?为什么要重视课程资源的开发和利用?怎样更好地对课程资源进行开发和利用?这既是思想政治(品德)课程改革面临的一个崭新课题,也是每一个思想政治(品德)教师需要重点关注的问题。

第一节 思想政治(品德)课程资源概述

一、思想政治(品德)课程资源及其特点

什么是资源?从词源上看,"资",即"财物,本钱,供给,资助";"源",指"水流起头的地方,引申为事物的来源"。《辞海》中把"资源"解释为"资财的来源,一般指天然的财源"。随着社会的进步和时代的发展,"资源"的内涵大大拓宽,"资源"一词被运用到各个方面和领域,出现了经济资源、人力资源、智力资源、信息资源、技术资源、课程资源等诸多概念。

"课程资源"是"资源"的一种。关于课程资源的概念,我国有多种不同的看法,其中主要有以下几种意见。

(1)"课程资源是指形成课程因素来源与必要而直接的实施条件。"[①]

(2)"课程资源是课程设计、实施和评价等整个课程编制过程中可资利用的一切人力、物力以及自然资源的总和。"[②]

(3)"课程资源是指富有教育价值的、能够转化为学校课程或服务于学校课程的各种条件的总和。"[③]

(4)"课程资源是指供给课程活动,满足课程活动需要的一切。"[④]

(5)"广义的课程资源指有利于实现课程目标的各种因素,狭义的课程资源仅指形成课程的直接因素来源。"[⑤]

(6)"课程资源也称教学资源,就是课程与教学信息的来源,或者指一切对课程和教学有用的物质和人力。"[⑥]

(7)"课程资源是课程设计、编制、实施和评价等整个课程发展过程中可资利用的一切人力、物力以及自然资源的总和。"[⑦]

(8)"构成课程活动包括课程设计、课程编制、课程实施和课程评价等过程所需要的,并对课程活动产生制约作用的一切自然资源和社会资源的总和。"[⑧]

[①] 吴刚平.课程资源的开发与利用[J].全球教育展望,2001(8).
[②] 徐继存,段兆兵,陈琼.论课程资源及其开发与利用[J].教育学报,2002(2).
[③] 范蔚.实施综合实践活动对课程资源的开发利用[J].教育教学研究,2002(3).
[④] 范兆雄.课程资源论[M].北京:中国社会科学出版社,2002:3.
[⑤] 刘旭东,张宁娟,马丽.校本课程与课程资源开发[M].北京:中国人事出版社,2003.
[⑥] 张廷凯.课程资源:观念重建与校本开发[J].教育科学研究,2003(5).
[⑦] 中华人民共和国教育部.普通高中思想政治课程标准(实验)[S].北京:人民教育出版社,2004:40.
[⑧] 谢树平,李宏亮,胡文瑞.新编思想政治(品德)教学论[M].上海:华东师范大学出版社,2006:212.

随堂讨论 3-1

1. 比较以上关于课程资源含义的不同观点,这些不同观点的区别何在？
2. 你认为怎样界定课程资源的概念比较合适,说说你的理由。

根据《普通高中思想政治课程标准(实验)》,课程资源是课程设计、编制、实施和评价等整个课程发展过程中可资利用的一切人力、物力以及自然资源的总和。

资料卡片 3-1

课程与课程资源

课程与课程资源是两个既有联系又不相同的概念。课程资源是课程的基础和前提,没有课程资源也就不可能有课程。但是它们毕竟不是一回事,课程资源的外延范围远远大于课程的外延范围,只有在经过相应的加工并付诸实施时才能进入课程。课程实施的范围和水平,一方面取决于课程资源的丰富程度,另一方面更取决于课程资源的开发和运用水平,也就是课程资源的适用程度。

资源是多种多样的,这为学校和教师因地制宜地开发和利用提供了广阔的空间。但并不是所有的资源都是课程资源,只有那些真正进入课程,并与教育教学活动联系起来的资源才是现实的课程资源。那么,到底怎样的资源才是思想政治(品德)课程资源呢？要明确这个问题,我们必须了解思想政治(品德)课程资源的特点。

1. 德智共生性

德智共生性,就是说思想政治(品德)课程资源既要包括马克思主义基本理论的道德说教,又不能离开学生思想品德发展需求的智力活动。思想政治(品德)课是以公民政治思想道德素质教育为核心的,但它不是单纯的德育课程,而是人文社会科学常识教育和政治思想道德教育兼容的社会主义公民素质教育课,不仅要对学生进行学科知识教育,更要对学生进行政治思想道德教育,个体的育智功能和育德功能是课程的两大基本功能。由这种课程性质决定,思想政治(品德)课程资源必须既具有德育性,能够对学生政治思想道德素质的发展提高具有影响作用；也具有智育性,承载着学科的基本知识,具有对学生进行马克思主义基本常识、社会科学基本知识、社会生活基本规范等方面的理论教育意义。

2. 多样性

思想政治(品德)课程资源形式多样,既有校内的,又有校外的；既有宏观的,又有微观的；既有显性的,又有隐性的；既有知识性的,又有情感、态度、价值观方面的；既有静态的,又有师生在教学过程中不断动态生成的。可以说,思想政治(品德)课程要求学生在宽广的社会背景下学习思想政治(品德)学科知识,发展学科能力,提高政治思想道德素质,所以课程资源绝不仅仅局限于思想政治(品德)教材,也不仅仅限于学校内部,它涉及学生学习与生活环境中所有有利于思想政治(品德)课程实施、有利于达到思想政治(品德)课程目标的资源。

3. 开放性

思想政治（品德）课程资源的内容丰富，并且具有开放性的特点。这种开放性表现在：第一，课程资源空间上的开放。思想政治（品德）课程资源并不局限于教科书、课堂、教师和学校等方面，而是面向社会生活，社会生活中蕴藏着十分丰富的课程资源，可以激发学生对思想政治（品德）课程的学习兴趣，可以成为思想政治（品德）课程的重要内容。第二，课程资源时间上的开放。思想政治（品德）课程资源十分丰富，对它们的使用时间没有特别的限制。录像带、课件、报刊、网络媒体、自然界和社会生活中所蕴藏的信息等各种资源可以互相补充，在任何时候都可以提取出来辅助思想政治（品德）课程的教学。第三，课程资源利用上的开放。并不是只有思想政治（品德）专家、思想政治（品德）教师才可以开发利用课程资源，学生也可以通过探究活动、参与活动、体验活动来主动获取利用课程资源，进行思想政治（品德）课程的学习探讨，实现资源共享。

4. 发展性

思想政治（品德）课程资源是不断发展和日益丰富的。一方面，自然界和人类社会是不断变化发展的，自然环境、经济水平、民族文化和社会因素的不同，对思想政治（品德）课程资源的内容和存在形式的影响也不同；另一方面，思想政治（品德）课程资源也不是静止、固定不变的。随着社会的发展，学校思想政治（品德）教育不断拓展，思想政治（品德）课程与资源也得以延展，也就使更多的资源可以作为影响、支持并构成思想政治（品德）课程的要素，从而成为思想政治（品德）课程资源的一部分。例如，随着人力资源概念的提出，教师、学生、家长以及社会各界，都成为思想政治（品德）课程资源的组成部分；随着现代信息技术的发展，网络资源也成为思想政治（品德）课程资源的构成要素。

5. 交叉性

思想政治（品德）课程资源与其他的课程资源之间存在着交叉与互补的关系，可以相互为对方学科的教学提供一定的服务。思想政治（品德）课程的教学要求创设接近学生生活的情境，学习对生活有用的知识，其本身是一门综合性的课程，与其他学科之间有着一定的交叉、联系、渗透和相互促进。因此，为思想政治（品德）课程服务的课程资源也与其他课程资源之间联系紧密，可以互相利用。例如，挂图作为思想政治（品德）课程的课程资源，承载着丰富的信息，也可以在历史、地理、英语，甚至语文教学中得到应用。从其他学科中也可挖掘出思想政治（品德）课程可以利用的资源，以解决思想政治（品德）课程教学中的问题，如利用音乐、诗词、故事、新闻等激发学生的兴趣，提高学生学习思想政治（品德）课程的积极性和主动性。

二、思想政治（品德）课程资源的类型

思想政治（品德）课程资源多种多样，可以从不同的角度划分为多种类型，常见的分类方式主要有以下几种。

按照课程资源的性质，思想政治（品德）课程资源可分为自然课程资源和社会课程资源。前者主要突出"天然性"和"自发性"，后者则主要突出"人工性"和"自觉性"。

按照课程资源的存在形态，思想政治（品德）课程资源可分为物质形态的课程资源和精神形态的课程资源。前者如文化教育机构（图书馆、博物馆、少年宫）、风景名胜、文物古迹、广播电视、网络、现代化教学设备等；后者如社会生活方式、价值规范、行为准则、人际关系、校风、学风、社会风气等。

按照课程资源的空间分布，思想政治（品德）课程资源可分为校内课程资源和校外课程资源。存在于学校范围之内的就是校内课程资源，如校内的图书馆、资料室、教室、校园环境、学校和班级的文化与制度等；超出学校范围的课程资源就是校外课程资源，主要包括工厂、农村、部队、教育基地、科研

院所、图书馆、博物馆、展览馆、纪念馆、文化馆、科技馆及地方乡土教材等丰富的自然资源和广泛的社会资源。

按照课程资源的表现形式,思想政治(品德)课程资源可分为显性课程资源和隐性课程资源。显性课程资源指比较容易察觉的、外在的课程资源,如教材、教学参考书、网络课件、多媒体课件、录音、录像、影视作品、自然和社会中的实物等;隐性课程资源是指不容易察觉到的、内在的、可以挖掘的课程资源,是以潜在的方式对思想政治(品德)课程教学活动产生影响的课程资源,如学校和社会风气、家庭氛围、师生关系、班风、文字中隐含的各种思想与观点等。

按照课程资源的功能特点,思想政治(品德)课程资源可分为素材性课程资源和条件性课程资源两大类。素材性课程资源是指学生学习和收获的对象来源,包括各种知识、技能、经验、智慧、活动方式和方法、情感态度和价值观,以及培养目标等因素;条件性课程资源是指那些并不是思想政治(品德)课程本身的直接来源,但却是学生学习和有所收获的条件,能够对课程实施产生重大影响的因素,主要包括人力、物力、财力以及时间、场地、媒介、设备、设施和环境等。

按照课程资源的属性,思想政治(品德)课程资源可分为思想性课程资源、实物性课程资源、人力性课程资源、网络性课程资源和活动性课程资源。思想性课程资源是指思想政治(品德)课程内容中理论知识所隐含的思想、观念、方法、价值观等的总和;实物性课程资源是以实物形态存在的课程资源,包括自然资源,如动植物、山水风光等,也包括人类生产生活过程中创造出来的物质文化,如劳动工具、建筑、服饰,还包括思想政治(品德)教育教学活动专门制作的物品,如教学挂图等;人力性课程资源是指能够支持思想政治(品德)教育和教学活动的人的能力;网络性课程资源是以计算机技术和网络为代表的信息化的思想政治(品德)课程资源,如多媒体课件、网络课件、网络教学影片等;活动性课程资源以活动形式存在,如班级集体和学生社团活动,各种集会和文艺演出活动,参观访问和社会调查活动,师生之间的交往活动等,都是重要课程资源。

总之,思想政治(品德)课程资源多种多样,对每一类课程资源,我们都值得去科学分析,认真对待,合理开发和利用。一般来说,在思想政治(品德)教学实践中,常用的课程资源主要有以下几种。

(1) 文字与音像资源。最主要的资源是思想政治(品德)教科书,其他涉及经济、政治、文化、哲学、道德等各类社会科学,以及时事政治等方面的报刊、书籍、图片、录音、录像、影视作品等,也是思想政治(品德)课程的重要资源。

(2) 人力资源。教师和学生是最重要的人力课程资源,教师的素质状况决定了课程资源开发与利用的范围和程度,教师的思想观念、政治觉悟、道德品质、知识结构、情感态度、人格魅力等,也会对学生的教育产生重要的影响。学生是学习的主体,学生的行为规范、学习习惯、知识结构、群体特征等,都是教学的重要影响因素。人力资源还包括家庭成员、邻居以及有影响的社会各界人士(英雄模范,著名的科学家、艺术家、企业家,各方面的专家、学者和其他社会知名人士)。

(3) 实践活动资源。广义的实践活动包括课堂讨论、辩论、演示等,也包括课堂外的参观、调查、访谈等。博物馆、纪念馆、文化馆、自然和人文景观、教育基地等,都是实践活动课程资源的一部分。

(4) 信息化资源。利用信息技术和网络技术,收集网上资源,包括文字资料、多媒体资料、教学课件等。

三、思想政治(品德)课程资源开发利用的意义

案例分析 3-1

"世界是普遍联系的"教学片段①

【情境导入】(多媒体展示)2006年12月26日,台湾地震震断多条海底光缆引发网络大面积瘫痪事件。

【课题探究】一次地震,带来了一连串的影响。在这次事件中,哪些方面发生了联系,它们又是如何联系的?

引导学生分析这次事件中所体现出来的事物之间以及事物内部诸要素之间的联系。事物之间的联系,如:地震—电缆断裂—网络大面积瘫痪—对人们网络生活的影响;事物内部诸要素之间的联系,如网络用户之间的通信、贸易、信息交流等。

【总结归纳,理论提升】可见,联系就是事物之间以及事物内部诸要素之间的相互影响、相互制约和相互作用。归纳出:

1. 联系的含义(板书)

【小游戏】给出两个词语,最多用三个中间词把二者连起来,并运用联系的观点进行分析。如,森林—口罩:森林—乱砍滥伐—沙尘暴—口罩。

【深入探究】无论是从小游戏中,还是从海底光缆事件中,我们都可以发现,原本毫不相干的事物却联系在一起,这些联系又都不以人的意志为转移,其联系的方式也多种多样。从中我们是否可以归纳出联系的一些特性呢?

【总结归纳,理论提升】在学生充分讨论的基础上,引导学生归纳出相关的知识点。

【观点整理】

2. 联系的特性(板书)

(1) 联系的普遍性

(2) 联系的客观性

(3) 联系的多样性

【联系实际,合作学习】结合联系的含义及其特性,围绕"中学生良好行为习惯或不良行为习惯对我们未来发展的影响"这一核心主题,由学生分组讨论,自拟题目并即兴演讲。演讲题目可以具体化,如"出口成脏"会给我们带来什么、沉溺于网络游戏的后果等。

【本课小结】学生填表(见表3-1),自主小结。

表3-1 "世界是普遍联系的"知识点小节

原理	内容(世界观)	要求(方法论)
联系的普遍性	一切事物与周围事物联系着,事物内部各部分、要素之间相互联系,世界是一个普遍联系的有机整体	用联系的观点看问题
联系的客观性	联系是事物本身所固有的,不以人的意志为转移	要从事物的固有联系中把握事物,切忌主观随意性和诡辩论
联系的多样性	世界上的事物千差万别,事物的联系也是多种多样的	把握事物存在和发展的条件,一切以时间、地点、条件为转移

---

① 齐佩芳,等.高中思想政治课程实施与案例分析[M].桂林:广西师范大学出版社,2007:274-276.有改动。

◆ 在上述教学片段中,教师是怎样开发和利用课程资源的?从中我们可以体会到课程资源的开发和利用有什么样的意义?

1. 有利于体现思想政治(品德)课的学科特点

思想政治(品德)课具有多方面的学科特点,这些特点要很好地得到体现,需要课程资源的开发和利用。例如,在课程内容上,一方面,思想政治(品德)课的内容比较抽象、概括,要实现抽象的内容形象化,概括的内容具体化,深奥的内容通俗化,就需要有大量的思想政治(品德)课程资源做支撑;另一方面,思想政治(品德)课具有更为鲜明的时代性和社会性,这就更需要教学内容要与时俱进,更需要收集许多富有时代气息的和为广大青少年学生喜闻乐见的思想政治(品德)课程资源来充实思想政治(品德)教学过程。在课程目标上,思想政治(品德)课侧重于学生健康的情感、健全的人格、积极的人生态度、人生追求和价值观的培养,要引导学生树立科学的世界观、人生观、价值观,培养良好的社会责任感,这就需要用大量先进人物积极进取和不断求索的精神来感染熏陶学生。在课程实施上,思想政治(品德)课强调理论联系实际,这就需要通过广泛汲取思想政治(品德)课程资源的乳汁,把深刻的道理通俗化,把抽象的理论具体化,通过实践活动,引导学生去体验、去践行,在体验中获得知识,在活动中提高认识。

2. 有利于思想政治(品德)课程改革的发展

第一,新课程改革要求调整和改革基础教育的课程体系的结构、内容,构建符合素质教育要求的新的基础教育的课程体系,使学科课程与经验课程、分科课程与综合课程、必修课程与选修课程、国家课程、地方课程和校本课程等各种课程类型都得到均衡和协调发展,体现出课程结构的均衡性、综合性和选择性,以利于学生个体全面而又有特色的发展。而课程与课程资源的关系是十分密切的,没有课程资源就没有课程可言,没有课程资源的广泛支持,再美好的课程改革设想也很难转化成实际的教育成果。虽然课程资源不等于课程,它只是备选材料,只有在经过加工并付诸实施时才能成为课程,但它无疑对新的课程体系的构建产生直接的影响。同样的道理,思想政治(品德)新课程体系的构建必须建立在课程资源的开发和利用上。例如,思想政治(品德)课程资源的开发与利用可以使思想政治(品德)课程增加弹性、选择性,使思想政治(品德)课程更加适宜不同地区经济、文化及学生个体发展的需求,有利于打破中学思想政治(品德)课程由教科书一统天下的局面,实现课程和教材的多样化。

第二,新课程把课程看作是动态的、开放的。思想政治(品德)课具有生活性,一方面,教师和学生不是外在于课程,而是课程的有机组成部分,是主动参与理解和开发课程的创造者和主体;另一方面,教学与生活的联系,学生生活在生活世界中,首先接触的是生活世界,教育总是在"生活世界"之中进行,生活世界是构成学生各种认识素材的主要来源,教育活动的成效在很大程度上取决于学生本人在生活世界中的实践活动的广度和深度,取决于他对生活的感悟。因此,可以说,思想政治(品德)课程实施的状况,取决于思想政治(品德)课程资源的丰富程度,取决于思想政治(品德)课程资源的开发和利用水平。

3. 有利于思想政治(品德)课教学方式的转变

思想政治(品德)新课程强调,要改变思想政治(品德)课程过于注重基础知识传授的倾向,形成学生积极主动的学习态度,使其获得学科基础知识与基本技能的同时,学会学习、学会合作、学会生存、学会做人,关注学生综合素质的全面发展,着力于学生思想政治和道德法律素质的培养和提高。

为此,思想政治(品德)课程倡导开放互动的教学方式与合作探究的学习方式。要努力把基本观点、原理融入生活题材之中,结合应用性常识,围绕学生关注的社会生活问题组织教学;要强化实践性环节,积极开展多种形式的社区服务、社会调查等实践活动,教学内容从教科书扩展到所有学生关注的、有意义的题材,使课程的实施面向学生的整个生活世界,形成网络式的教学系统;要结合相关内容,鼓励学生独立思考、合作探究,为学生提供足够的选择空间和交流机会,能够从各自的特长和关切出发,主动经历观察、操作、讨论、质疑、探究的过程,富有个性地发表自己的见解,以利于培养求真务实的态度和创新精神。

借助课程资源的开发,可以有效地转变教学方式,真正实现学生学习的主体性。思想政治(品德)课程资源的开发,不仅可以密切思想政治(品德)课程内容与生活和时代的联系,丰富学生的生活经验,增强学生的感性认识,而且便于学生在动态、开放的学习过程中建构知识,丰富教学活动,激发学生的学习兴趣。

4. 有利于促进学生更好的成长

思想政治(品德)课程资源具有具体形象、生动活泼和学生能够亲自参与等特点,能够给学生多方面的信息刺激,有利于调动学生多种感官参与活动,激发学生兴趣,使学生身临其境,在愉悦中增长知识,培养能力,陶冶情操。

思想政治(品德)课程资源具有多元化和多样化的特点,充分开发和利用校内外课程资源,引导学生与社会生活广泛接触,可以最大限度地满足青少年的多方面需求,使其学到课本上难以获得的知识,开阔学生视野,拓展学生思维,促进青少年人格和个性的健康完善。同时,充分调动学生开发和利用课程资源,组织学生浏览报章,或登录网站,或实地调查,可以充分发挥学生学习的积极性、主动性和创造性,提高学生的创新精神和实践能力。

5. 有利于提升思想政治(品德)教师的素质

思想政治(品德)课教师不仅是最重要的思想政治(品德)课程资源,也是思想政治(品德)课程资源开发与利用的主力军。

在课程资源的开发和利用中,教师可以更广泛地了解对思想政治(品德)课程和教学产生影响的各种因素,开阔教师的视野,获取更多的信息,扩展教师的课程资源库,而且通过课程资源的开发,也促进了自身资源信息的开发能力的提高。

思想政治(品德)课程资源的开发和利用可以更多地引入社会需要、社会实践、社会问题等到教育领域中来,能够凸显教师在教学中的指导性地位,同时也不阻碍学生主观能动性的发挥,有助于教育中民主、平等意识和观念的确立。同时,思想政治(品德)课程资源的开放性和信息的共享特征,也使教师与学生之间的关系不再是传统的主体与客体或主动与被动的关系,而演变成为一种平等的合作或协作式的关系模式,这也需要思想政治(品德)教师在教学观念和教学方法上做出一些相应的转变。

第二节 思想政治(品德)课程资源开发利用的原则

思想政治(品德)课程资源的开发利用不是随意而行的,需要一定的原则来规范。基于思想政治(品德)课程资源的多种类型和基本特点,我们认为,思想政治(品德)课程资源的开发利用应遵循以下一些原则。

一、目的性原则

所谓目的性原则,就是思想政治(品德)课程资源的开发和利用要围绕课程目标进行,要服务于课程目标的实现。教育是一种有目的、有计划、有组织的培养人的实践活动,对思想政治(品德)课程资源进行最优化的配置是思想政治(品德)教育活动的基本要求。思想政治(品德)课程应着眼于学生的终身可持续发展,对可以开发和利用的资源进行鉴别,选取具有较大育人价值、能使学生获得可持续发展能力的资源作为课程资源。

思想政治(品德)课程目标是多种多样的,针对不同的目标,应该开发与之相应的课程资源。一般来说,每一种思想政治(品德)课程资源对于特定的思想政治(品德)课程目标具有不同的作用和功能,不同的思想政治(品德)课程目标需要开发不同的课程资源。但是,由于课程资源本身的多质性,同样的课程资源又可以服务于不同的课程目标,所以,思想政治(品德)课程资源的开发就必须在明确的课程目标的前提下,认真分析与课程目标相关的各类课程资源,认识掌握其性质和特点,这样才能保证开发的目的性。

二、综合性原则

所谓综合性原则,是指要把思想政治(品德)课程资源整合起来,综合开发和利用。思想政治(品德)课是对学生进行公民思想政治和思想品德素质教育的综合性的必修课程,德育性是其本质属性,在内容上也具有多方面的学习内容进行有机整合的综合性。要坚持思想政治(品德)教育的思想性,提高思想政治(品德)教育的针对性、实效性,反映思想政治(品德)教育内容的综合性,必须努力整合思想政治(品德)课程资源,特别是学校内的各种资源,构建德育大课堂,形成学校德育合力,有效提高思想政治(品德)教育的效能,实现课程的总目标。

三、时代性原则

所谓时代性原则,是指开发利用思想政治(品德)课程资源要具有时代特点,体现时代精神,坚持马克思主义基本观点教育与时代特点相结合。思想政治(品德)课是最富有时代感的一门课程,要求做到与时俱进,毫无疑问,它要求开发利用的课程资源能够具有时代性。例如,创新已经成为当代社会生产力提高的关键因素,创新精神成为人才培养的基本要求。不断激发人的创造潜能,培养人的创新精神,就必须以尊重人的个性发展为前提。思想政治(品德)课程资源的开发利用应体现这些要求。

四、实践性原则

实践性原则是指课程资源的开发利用要依托实践,在实践中落实。实践性原则是思想政治(品德)课程实施中统领教学方式和学习方式的基本原则。思想政治(品德)课程的教学内容和价值趋向,学生政治思想道德素质的形成发展过程,都具有很强的实践性。思想政治(品德)课程资源的开发和利用要体现实践性。一方面,思想政治(品德)课程资源的开发利用要有利于引导学生融入社会实践活动之中,感受经济、政治、文化等领域应用马克思主义基本原理、基本观点认识和改造社会的价值,引导他们认识用理论思考问题的意义;另一方面,要引导学生在各种实践性活动中学会体验,获得体验,在增长知识、提高能力的同时,优化自己的情感、态度、价值观。

五、优先性原则

优先性原则是指要根据一定的标准和要求,优先开发和利用某些课程资源。新课程为我们开发教学资源提供了广阔的空间,除了依托教科书,发掘学生、教师等资源外,我们可以整合大课程资源观,广泛开发其他课程资源。可以说,一切有益于教育教学活动的可能的课程资源,不论以什么类型、形式存在,不论是校内的、校外的,城市的、农村的,中国的、外国的,都可以是开发与利用的对象。

面对众多的课程资源,我们虽然要尽量充分利用,但不可能全部利用。因此,对课程资源的优选,成为一个现实的问题。在众多的课程资源中优先考虑哪些资源?一般要注意以下几点:第一,围绕目标。选择有利于学生知识与技能、过程与方法、情感态度与价值观发展的内容,选择有利于培养学生思想政治课学习兴趣的内容,选择"对学生生活有用""对学生终身发展有用"的内容。第二,考虑成本。要尽可能用最少的投入,达到最理想的效果,提高课程资源的利用效益。第三,坚持特色。课程资源的开发与利用要从班级、学校和社区的实际情况出发,发挥地域优势,强化学校特色,突出学科特性,展示教师风格,做到因地制宜、因时制宜和因人制宜。

六、主体性原则

主体性原则是指要尊重学生的主体地位,尽量要让学生积极参与课程资源的开发与利用。学生是学习的主体,教师在教学中要充分发挥学生的积极性、主动性和创造性,让学生做自己学习和行为的主人。同样,在课程资源的开发和利用中,教师要充分相信学生,正确引导,积极鼓励,竭力帮助学生收集整理、挖掘开发好课程资源。学生参与开发和利用的课程资源,会更适合学生的特点和需求,会增强他们参与学习活动的兴趣,从而提高教学效果。学生积极主动地参与课程资源的开发利用过程,本身就是一个实践的过程,一个受教育的过程。

第三节 思想政治(品德)课程资源开发利用存在的问题

随着新课程的不断推进,思想政治(品德)课程资源开发利用已经从"口号""理念"走向了"行动"与"现实"。注重资源的开发和利用,经常有意识地挖掘和利用身边的资源,努力使教学变得生动、活泼,已经为不少教师所重视。但是长期以来,我国中学思想政治(品德)课程资源的结构比较单一,在课程资源的开发主体、内容、条件等方面都未能形成有机整体。直到今天,在这些方面仍然存在诸多的问题。

一、课程资源开发利用主体方面存在的问题

案例分析 3-2

学生谈不出体会怎么办①

这是初一政治课中的一节活动课。教材要求学生欣赏几幅字画,其中有一幅是郑板桥的"丝竹图",许多学生说不懂国画,谈不出体会,课堂出现了冷场。

教师看到了这一情况,立即改变了思路,不再要求学生谈体会,而是从学生实际出发,从他们最熟悉的竹子入手来引导他们打开思路。教师出了一道题"由竹子所想到的……"要求学生由竹子展开多角度、多方面的想象。由于学生熟悉竹子,所以很快就进入了情境,学生们的发言变得十分踊跃。

---

① 徐州市教育学会.新课程理念下教师课堂教学中的怎么办[M].北京:开明出版社,2003:141.

> 学生说:"竹子的外形没有牡丹花那么高贵,它朴实无华。""竹子中空外直,好像人的品格——谦虚、正直。""由竹子的挺拔想到人的高风亮节。""竹子一年四季都郁郁葱葱,说明它不畏严寒,不畏酷暑。""竹子对人无所求——不需灌溉、不需施肥;给予人的却甚多——竹笋、竹竿、竹叶各有其用处。"还有的学生引用"墙上芦苇头重脚轻根底浅,山间竹笋嘴尖皮厚腹中空"说有人华而不实。
>
> 学生各抒己见,精力高度集中,话就多了起来。说完了竹子再来看画,学生对画就有了理解与看法,发言更加热烈。在发言中学生们谈竹子、谈画,既陶冶了审美情趣,又懂得了许多做人的道理。
>
> ◆ 这一案例对我们开发利用思想政治(品德)课程资源有什么启示?

思想政治(品德)课程资源由谁来开发利用?他们能否很好地承担开发利用的责任?这都涉及课程资源开发利用的主体。在这方面,目前主要存在两方面的问题。

1. 课程资源开发的主体单一

思想政治(品德)课程资源的开发,主要依靠的是少数专家,特别是学科专家,而把广大的思想政治(品德)课教师、政治教研员、学生、学生家长等排斥在外。不可否认,思想政治(品德)学科专家有较高的学术造诣,他们开发的课程的学术性品质可能是很好的,但是不一定适应中学教学的要求,不一定能很好地符合中学教学实际。因为他们其中的一些人长期在高校或研究部门工作,很少深入中学教学第一线做调查研究,对中学思想政治(品德)课教学接触不多甚至很少。同时,因为不同地区、不同学校、不同学生具有差异性和多样性,即使是学术性品质比较好的教学资源,也难以适应不同的情况。

由此出发,思想政治(品德)课程资源开发主体要力求多样化,要充分发挥地方、学校、教师、学生和家长等在思想政治(品德)课程资源开发中的主体作用。即使是专家开发的教材,教师在使用时,也应该根据自身实际情况进行创造性地使用,用出风格和个性,而不是生搬硬套地教教材。这样,才能适应不同地区、不同学校的特点,以及不同学生的个性差异,真正做到为学生提供更多的选择性。

2. 教师课程资源意识和开发能力欠缺

课程资源意识是课程资源开发利用的基础,直接影响到课程资源开发利用的实际行动。长期以来,由于受应试教育的影响,也由于实行单一课程管理体制,全国采用统一的教学内容、统一的教参、统一的教学进度、统一的考试,课程资源大多是国家和地方规定好的,是现成的、固定不变的,并不需要思想政治(品德)教师去开发,缺少课程建设的空间,教师们考虑的是如何把这些内容教好。因此很难养成课程资源的开发意识,课程资源意识薄弱,没有意识到开发利用课程资源的重要性,不能自觉地进行课程资源开发活动,更谈不上去整合、开发、利用周围的课程资源,甚至在实践中对丰富的课程资源视而不见,听而不闻,使其成为过眼烟云,以至难以实现思想政治(品德)课的课程目标和课程功能。

同时,我国思想政治(品德)教师在职前培养和职后培训中,对课程资源重视不够,甚至是长期忽略,使得广大教师很少接触到课程资源的概念,缺乏对课程资源的识别、开发和运用能力。不少教师只知道有教科书,不知道有课程,甚至把教科书当作唯一的课程资源,把课程改革仅仅视为教科书的改编。由于教师课程资源意识和开发能力的缺乏,一方面,课程资源特别是作为课程实施条件的课程资源严重不足;另一方面,大量作为课程要素来源的课程资源被埋没,不能及时地进入实际的中小学教学中,造成许多有价值的课程资源的闲置和浪费。

二、课程资源开发利用客体方面存在的问题

随堂讨论 3-2

有一位教师讲了一堂初中思想品德课,课题是"创建新集体"。他按照习惯的教学思路和模式,采取平铺直叙的讲解法进行授课,20分钟就讲完了,剩下的时间只好让学生看课后练习,直到下课。课后评课时,该教师说自己原来是教数学的,后来改行教思想品德。这儿的学校条件差,没有多媒体教室,学生基础较差,对学习思想品德没有兴趣,所以他总觉得课改难,难课改。

1. 该教师在课程资源开发利用方面暴露出什么问题?
2. 请给这位教师提几点建议。

要开发利用哪些课程资源?课程资源开发利用的对象是什么?这就是课程资源开发利用的客体问题。在这方面,我们有一些缺陷和不足,主要表现在以下几个方面。

1. 课程资源结构单一

近年来,随着课程改革的发展,在课程资源的结构上力求突破单一化的现象,但这需要一个过程,至少在现在仍然存在偏重一些课程资源的开发与利用而忽视其他课程资源的情况,表现在:第一,在课程素材与内容上,偏重知识资源特别是学科知识资源的开发与利用,忽略学科知识的新进展和各学科知识之间的相互渗透与融合;第二,在课程资源的载体形式上,课程资源的开发与利用往往偏重于文本资料,甚至把教科书作为唯一的课程资源加以固化,而对于开发非文字性的资源如生态资源、文化景观等多样化的课程资源载体形式重视不够;第三,从课程资源的空间分布看,重校内课程资源的开发与利用,而对于校外课程资源的拓展和利用不够。

尤其值得注意的是,在传统的思想政治(品德)课教学中,教材一直是主要的甚至是唯一的课程资源。教师负责教教材,学生负责学教材,以教为中心,学围着教转。在这样的课堂上,学生是被教会,而不是自己学会,教师怎么教学生怎么学,教师教多少学生学多少;在这样的课堂上,通常是重结论轻过程,从而使得形成结论的生动过程变成了单调刻板的条文背诵,从源头上割裂了知识与智力的内在联系,剥夺了学生思考的权利,抹杀了学生的个性;在这样的课堂上,把学习建立在人的客体性、被动性、依赖性的一面上,导致学生的主体性、能动性、独立性不断消失,学生处于被动接受的学习状态之中。

我们倡导开发利用课程资源,并不是主张不用教材,也绝不是否认教材的重要性和严肃性。事实上,教材(主要是教科书)直到现在依然是课程资源的重要表现形式,尤其是国家课程需要以教材作为载体形式。但是,从课程资源以及时代发展的要求来看,教材非但不是唯一的课程资源,而且它在课程资源中的地位和作用还将呈相对下降的趋势,我们在认识上要打破把教材作为唯一课程资源的局限,实现课程资源载体形式的多元化。即使我们要用教材文本作为开发出来的课程资源的载体,这些教材也应该是多样化的,也不一定就是学生人手一本的课本,完全可以是教师的讲稿、讲义,也可以是供学生选择的资料,还可以是学生的操作材料,等等。

2. 课程资源的内容远离学生生活

课程资源是为学生学习、发展服务的,因此,我们开发出来的思想政治(品德)课程资源必须是有利于学生"自我建构"的学习材料,从内容到形式都要有利于学生的学习,能够指导和帮助学生建立起科学

的、适合自己特点的学习方式。然而,我国过去开发的课程资源(如教材)往往远离学生的生活实际,难以发挥其应有的功能。正因为如此,我国思想政治(品德)新课程、新教材强调从学生的兴趣与经验出发,根据学生的心理发展特点,精选那些对学生终身学习和做人所必备的基础知识和技能,及时反映社会的经济、政治、科技、哲学、法制、伦理、道德等诸多方面的发展,尝试以多样、有趣、富有探索性的素材来展示思想政治(品德)课程内容,并且增加了观察、实验、践行、操作、调查、讨论等方面的内容。

三、课程资源开发利用方式方面存在的问题

对课程资源如何开发利用?怎样使课程资源开发利用的效果更好、效率更高?这些就涉及课程资源开发利用的方式问题。在这方面,目前也存在不少问题。

1. 过分注重接受和掌握,忽视发现与探究

受应试教育和高考指挥棒的影响,长期以来,课程资源的开发利用存在着较为严重的学科本位和教师中心主义倾向。教师是主宰,是权威,教师更多的是关心应试资源。一方面,教师主要通过讲授的方式,采用"高超"的、学生喜欢的教法,把教材的内容传授给学生;另一方面,教师也在教学中一年又一年、一本又一本地引入许多"名家"的"高考大全",以便使学生在升学考试中取得成功。由此而来的结果,就是学生的学习过程仅仅成为直接接受书本知识结论的过程,把学科知识传授凌驾于育人之上,把生动、复杂的教学活动局限于固定的、狭窄的认知主义的框架之中,窒息了学生的思维和智力,摧残了学生的学习兴趣和热情,忽视学生在教学活动中的道德生成和人格养成,制约了学生综合素质的发展。

2. 对教材的利用缺乏创新与改造

教材是重要的课程资源。随着课程改革的实施,新教材越发显示出它的优越性,它在关注学科知识的同时,也在关注学生的情感体验,关注不同学生的学习需要。然而,毕竟教材具有普遍性,它不可能兼顾到所有的学生和学校。在尊重教材的基础上,教师可以根据学生的已有知识经验和教学条件对教材进行增添、删减、调整、置换,不被教材束缚手脚。但是,在教学实践中,很多时候教师都是在教教材,而不是用教材教,没有突破教材和既定物质资源,也没有很好地尝试从多种渠道的课程资源出发进行设计,并权衡、比较各种资源利用的可能性与必要性,使之更利于学生学习和理解。

3. 有些课程资源的价值未得到充分的挖掘与利用

课程资源只有进入课堂,进入师生活动过程,与学生发生互动,才能最终体现它的价值。但这并不意味着课程资源只要进入了课堂,就一定会充分发挥其应有的作用。事实上,有些课程资源的价值没有得到充分的挖掘与利用。例如,有些教师精心设计开发的课程资源,如卡片、图表、模型等,在被利用过一次后就被闲置或销毁了,很少考虑将使用过的资源重复使用;有些教师使用多媒体课件,仅仅是为了在开课之初激发学生的学习兴趣,达到此目的后就将课件丢弃在了一边。

四、课程资源利用空间方面存在的问题

从思想政治(品德)课程资源利用的空间来看,课堂是最主要的场所,难得有思想政治(品德)课的"专用教室""实验室"或"教育基地"。大多数学校对图书馆的使用并不充分,也没有建立"思想政治(品德)课程资源库"。迫于应试教育的压力,研究性学习在许多学校时兴过一段时间后已经偃旗息鼓。社区服务、社会实践等综合实践活动也因得不到重视或无人力、无财力、无基地等原因,发展过程异常艰难。

总之,我国思想政治(品德)课程资源开发与利用的现状不容乐观。课程资源观念缺乏,课程资源开发利用主体单一,课程资源结构不合理,不注重挖掘资源的教育价值,使得一方面对丰富的课程资

源视而不见,有限的资源得不到充分有效的利用;另一方面,又盲目地重复开发,特别是超现实地上条件、上设备,造成资源的浪费,社会也还没有形成广泛参与的课程资源开发与利用机制。因此,推进思想政治(品德)课程资源的合理开发和利用,探索思想政治(品德)课程资源开发利用的基本途径和策略,是思想政治(品德)课程改革值得关注的重要课题。

第四节 思想政治(品德)课程资源开发利用的基本策略和途径

一、思想政治(品德)课程资源开发和利用的基本策略

教师作为课程的组织者和实施者,要善于发现、挖掘思想政治(品德)课程资源的策略,使思想政治(品德)课植根于现实生活,具有长久不息的生命力。思想政治(品德)课程资源开发和利用的基本策略主要有以下几个方面。

1. 强化意识,把握课程资源开发利用的出发点

人们的行为总是受一定思想意识的支配,有什么样的意识,就会产生什么样的行动。在课程资源开发利用上也是一样,只有具有课程资源意识,才会努力地去实现课程资源的开发利用活动。因此,强化课程资源意识,是进行课程资源开发利用的出发点。尤其是教师,既是重要的课程资源,也是重要的课程资源开发利用主体,在课程资源开发利用中起着主导和决定性的作用,更需要强化课程资源意识。

首先,教师要转变角色,努力从课程的执行者转变为课程的开发者、建设者。课程资源不会自动进入教学领域,而需要能动地认识、选择、开发、利用。我国教师长期只是课程的被动执行者,缺乏主动开发课程资源的意识。适应新课程改革发展的要求,课程资源的开发和利用应该成为广大教师自觉的活动。

其次,教师要提高开发和利用课程资源的能力。可以说,教师的素质状况,决定了课程资源的识别范围、开发利用的程度以及发挥效益的水平。因此,国家、学校要为教师提供专业发展的机会,教师个人也要注重自我专业发展,能够有效地发挥在课程资源开发利用中的作用。

最后,教师要以积极的态度投身课程资源开发利用活动。要努力建立和完善学校思想政治(品德)课程资源库和教研网站或网页;要根据学校校本课程开发的需要,结合本学科的教学内容和学生实际,参加校本课程建设,满足学生的兴趣爱好和多样化发展需求;在教学过程中,要重视动态生成的课程资源,充分利用师生互动、生生互动中产生的经验、感受、问题、困惑、情感、态度等资源激活学生思维,提高学生的认知活动水平。

2. 挖掘教材,明确课程资源开发利用的基本点

教材不是唯一的课程资源,但无疑仍然是最重要的课程资源之一。教材中所涉及的内容和提示的活动案例,都力图体现新课程的目标和内容,是我们可利用的最基本的课程资源。教师作为课程资源开发的主体,要善于捕捉教材中那些为教师和学生所提供的思维和活动空间,将这些"空间"作为教学资源的开发利用点,引导学生深入理解,产生联想,达到培养学生思维能力和实践能力的目的。

同时,也可以对教材进行必要的拓展延伸,这样能够帮助学生更好地掌握与运用教材中的知识,为学生提供实践与创新的机会。在思想政治(品德)教学实践中,总结形成了课前引导学生收集整理资料,课中指导学生筛选运用资料,课后完成综合性、实践性作业等操作方式。在此基础上,课程资源的开发和利用应注意打破学科之间的界限,强化各学科资源的整合与利用。以校本教研为载体,组织思想政治(品德)课教师围绕学科教学目标、教材内容,探讨各种资源之间的共通点、互惠性,开展主题教学活动,提高思想政治(品德)课程资源利用率。当然,学校和教师也可以根据课程要求及本地、本

校、本班的具体情况自编乡土材料。

3. 立足生本，抓住课程资源开发利用的关键点

学生是学习的主体，所有的课程最终都要落实到学生的身上，开发出来的课程资源也是为他们服务的，是为了学生的发展。因此，坚持以生为本，这是课程资源开发利用的重要导向，是搞好课程资源开发利用的关键。在课程资源开发利用中，要把握以生为本的关键点，需要从以下几方面着手。

第一，了解学生的素质现状。对学生的各方面的素质现状进行调查分析，看看这些学生的素质到底达到了多高的水平，实际上是对学生接受和理解课程资源能力的一种把握。不同学校乃至不同班级学生的水平都是不一样的，在开发课程资源时，必须对此进行考虑，这不仅影响到课程资源的内容选择，还直接关系到开发的深度和广度。比如，同样是关于当地风土人情资源的开发，对于生源条件好的学校来说，可以在选择的量上和深度上超过一般的学校，让学生有一个比较深入的研究，甚至可以上升到文化层面进行思考；一般的学校可能更多地做一些通识性的介绍，让学生对家乡风貌有所了解，能热爱自己的家乡即可。

第二，关注学生的兴趣爱好。从学生的兴趣着眼开发出来的课程资源，是学生自己的课程资源，从某种程度上说也是最适合他们的课程资源，他们愿意参与进来，可以充分调动学生的积极性。所以，在开发利用课程资源时，我们要更多地从学生的角度来看待周围的一切。教师的视角和学生的视角是不一样的，我们要努力寻找学生的兴趣所在，力求开发利用"儿童化""学生化"的课程资源，这样，学生才感到亲切，才能更好地融入进去，因为开发出来的课程资源是提供给学生自我构建的，而不是简单地把教师眼中的课程资源倒进学生的脑袋里。

第三，贴近学生的现实生活。新课程强调教学要与学生的生活相联系，教师眼睛不能只看着课堂，看着书本，还要面对课堂以外，面对学生的全部生活。充分利用学校现有设施，有条件的地方可增设有关设施，努力把整个学校变成学生可参与的学习空间。教师通过了解和分析学生的生活经验，寻找学生的最近发展区，重视利用学生自身的兴趣、经验和活动中的发现、体验等作为思想政治（品德）课程的资源，激发学习兴趣，引导自主探究，帮助学生建构新知。

案例展示 3-1

"世界因生命而精彩"教学导入片段

师：为了解多彩的生命，让我们先从熟悉的校园环境开始寻找。同学们，你们知道在我们的校园里都有哪些生命吗？

生：（学生回答）

师：课前，一个小组的同学专门对我们校园里有关生命的信息进行了收集整理，我们请他们给大家展示一下。

生：（学生展示成果）

师：看来，我们校园里的生命还真不少。要是走进广袤的大自然，那生命就更加丰富多彩了。正是这些丰富多彩的生命构成了缤纷的世界，我们的世界因为各种生命的存在而变得如此生动和精彩。

……

4. 发挥优势，凸显课程资源开发利用的闪光点

在课程资源开发利用的过程中，我们要对校园内的资源进行认真的调查、分类，选择最恰当的资源加以利用,充分发挥学校的优势资源,努力创建学校特色。

师资条件是开发课程资源的一个基础要素,并直接制约着对课程资源的有效合理利用。有一些课程资源学生需求强烈,而且也非常感兴趣,但是限于师资的水平和特点,教师没有能力去开发,或是开发出来效果不好。从学校现有的师资情况出发,看看教师具备什么样的素质,他们在哪些方面有专长、特长,开发课程资源时教师们才能游刃有余,这是一种非常实际而有效的开发课程资源的做法。

学校的特色也就是学校的资源优势,这种优势既可以是精神文化等软件方面的,也可以是设施设备等硬件方面的。充分利用好学校课程资源的优势,这也是对学校进一步形成和深化学校办学特色的促进。不同的学校具有各自独特的课程资源,要从学校自身的特色出发,挖掘学校的特色资源。例如,有的学校是百年历史、声名显赫的老校,学校的文化积淀很深,培养出了一大批各行各业的拔尖人才,形成了学校与众不同的悠久人文传统,那么在课程资源的开发方面,就可以花力气向这个方向努力,通过各种文字、图片、影像以及校友们的讲述,让学生了解学校辉煌的过去,让学生在浓厚的学校文化氛围中生活和学习,被这种多年形成的文化所熏陶和感染。

5. 走出校园,激活课程资源开发利用的拓展点

(1) 开发利用乡土资源。乡土资源主要指学校所在"社区"的自然生态和文化生态方面的资源,包括地理、民风民俗、传统文化、生产和生活经验等。教师要充分认识学校周围环境的价值,明确乡土资源开发和利用对陶冶学生的情操、激发学生的学习兴趣、更好地培养学生热爱家乡的感情等具有重要意义。因此,要重视乡土资源的开发利用。既要激活已有的课程资源,如地处农村的学校的生产劳动资源、民俗资源,城市学校的社会、文化资源,少数民族地区的民族特色、风俗文化资源等,也要注意拓展课程资源,如有条件的地方可建立校外活动基地,或建立种植、养殖园等劳动基地,或与学校周围的工厂、部队、乡村建立联系等。

(2) 充分利用人力资源。思想政治(品德)课程的实施、学生的发展,不仅要靠教师,还需要学生的努力、家长的配合和社会各界人士的大力支持。第一,大力开发教师自身资源。教师是课程实施的组织者和促进者,要树立现代教育理念,改革教学方式方法,挖掘并发挥自身特长,重视对教学活动的总结和反思,提升自身素质。第二,充分挖掘学生资源。要利用学生已有的生活经验积累,开展教学活动,促进学生共同发展;要关注每个学生都有自身的独特性和差异性,要树立差异意识,尊重学生差异,实施差异教学,实现学生全面发展等。第三,努力利用家长资源。家长是学校教育活动的支持者和配合者,许多家长非常热心于学校的教育实践活动,乐于用自身具有的知识、特长,为学校的教育实践活动提供服务,成为我们可贵的资源。第四,积极开发利用有影响的各界社会人士。应通过多种途径和方式,与社区以及其他有关方面的有影响人士建立密切联系,充分利用这些人力资源,服务于课程和教学,服务于学生的发展。

资料卡片 3-2

家校合作在香港的发展[①]

一、成立家庭与学校合作事宜委员会

主要由家长担任,成员包括家长代表、教育工作者代表、教育专家及教育署代表。委员会的任务主要是推行一些工作。

---

① 狄志远.家校合作在香港的发展[J].中国家庭教育,2002(3).有改动.

二、家长教师会

家长教师会是以自愿组织的形式设立。为家长提供正式的途径参与学校的活动，透过会务活动，学校与家长保持紧密的接触，教师与家长互相增加了解，有助讨论共同关心的教育问题，使家庭与学校在教育方面的合作更见成效。

三、家长参与

在香港家长参与有几个层次，包括：
(1) 家长在家庭中教导子女；
(2) 家长参与学校教育工作；
(3) 家长参与家长教师会；
(4) 家长参与学校管理；
(5) 家长参与教育政策的制定。

四、家长教育

家长在子女成长过程中扮演着无可替代的角色，如果家长能有效地教导子女，子女就能健康成长；相反，如果家长未能发挥应有的作用，子女成长必然出现很多问题。

(3) 深入挖掘社会资源。首先，根据学生发展利用社会资源。新课程改革一个重要的理念就是关注学生的发展，强调以学生为本。然而学生的发展不仅仅是学校和教师的责任，而是整个社会的责任。社会是一个大课堂，蕴含着丰富的人力、物力等教育资源。为了实现学生的更好发展，思想政治(品德)课程和教学必须重视社会资源的开发利用。一方面，要充分利用大众传媒、青少年活动场所、社区活动中心、图书馆、科技馆、博物馆、示范农场、工厂、农村等各种社会资源，促进学生的学习；另一方面，要面向丰富多彩的社会生活，从社会生活的课程资源中，选取学生关注的话题，培养学生解决问题和分析问题的能力。

其次，根据社会需要挖掘社会资源。以学生为本并不排斥学校要为社会培养人才，毕竟学校的一个主要任务，就是要为社会输送合格的社会成员。从社会的需求的角度开发课程资源，培养学生在这些方面的素质，可以让学生将来较好地适应社会。例如，美国是当今受毒品肆虐最为严重的国家之一，青少年吸毒现象越来越普遍，这不仅影响青少年的身心健康，而且对整个社会持续发展与稳定产生了不良影响，社会需要教育对此作出回应。为此，从维护青少年健康成长和社会的良性发展出发，美国许多中小学校充分开发禁毒教育课程资源，甚至还编写了专门的教材，对学生进行有关禁毒方面的教育。我国在课程资源的建设中，也曾有许多类似的例子，比如环境恶化、人口膨胀等，在特定时期都对整个社会产生了负面作用，成为影响社会正常前进的阻碍因素，社会需要学生对这些问题有一定的了解，从而使环保教育、人口教育这些内容作为课程资源被开发并整合进学校的课程中来，这实际就是根据社会需求开发课程资源。

二、思想政治(品德)课程资源开发和利用的主要途径

大量的课程资源以不同的载体形式呈现出来，如何让这些课程资源得到及时开发，并发挥最大的资源效益，我们需要了解思想政治(品德)课程资源开发和利用的有效途径，为课程资源充分开发和课程改革的深入发展提供支撑。

1. 建立思想政治(品德)课程资源库

对繁杂的思想政治(品德)课程资源应该根据一定的分类标准，进行必要的梳理和归类，建设成思想政治(品德)课程资源库。资源库里不仅应有大量文本、文献类的资源，还要有一些超文本类的课

资源,保持库里资源的充足丰富,使资源的数量大、品种多、形式多样。建立思想政治(品德)课程资源库对于课程资源的开发利用具有重要意义:思想政治(品德)课教师需要什么样的课程资源,直接到资源库进行检索和点击,可以节约大量寻找资源的时间;同一资源可以为不同的教师反复使用,能提高其使用效益。

不仅每个学校需要建立这种课程资源库,并且各个学校应形成自己的特点,各级教育部门也应该建立课程资源库,这样便于学校之间、教师之间、教师与学生之间进行更广泛、更深层的探究和体验,有利于课程资源开发的深入发展。

资料卡片3-3

几个综合性的基础教育教学资源网站

1. 学科网(http://www.zxxk.com/)。国内知名的中小学教育资源门户网站,下设中学学科网、小学学科网。拥有海量、权威、专业的中小学教育资源,包括试题、试卷、课件、教案、教学视频、素材等,内容涵盖小学、初中、高中各个学科,为全国中小学教师和学生提供一站式全科教学服务。

2. 国家教育资源公共服务平台(http://www.eduyun.cn/)。由教育部主办、中央电化教育馆运行维护。平台充分依托现有公共基础设施,利用云计算等技术,为资源提供者和资源使用者搭建的网络交流、共享和应用环境。平台集中了各个学段、各种类型的优质教育教学资源,为全国师生提供个性化的服务。

3. 中国中小学教育教学网(www.k12.com.cn)。通过共建共享机制运作的基础教育网络资源平台,涵盖中小学教育教学多方面资源,包括教案、试题、素材、软件、论文等,为广大中小学教师、学生和家长提供教育教学服务。

4. 高考资源网(https://www.ks5u.com)。属于北京校园之星科技有限公司旗下教育资源网站之一,是面向高中一线教师,提供高考及备课类资源服务的专业资源网站。该网站以提供高考复习资源为核心,为广大教师提供最有价值的试题、最有思想的教案、最生动的教学课件、历年考试试题、教学方法技巧等考试资源。

5. 中考资源网(www.zk5u.com)。主要是面向广大的一线初中教师,为其提供优质的初中教学资源,内容包括同步备课、地方站专题、中考专题辅导、各科科目页、名校试题、教学论文等。

6. 中学思想政治教学网(http://www.zz6789.com)。提供初高中思想政治教学用的教学分析、教案精选、课堂学案、教学课件、训练试题、备课材料、精彩课堂等教学资源,以"资源共享、探索提高、服务教学"为宗旨,服务于中学教学。

2. 形成思想政治(品德)课程资源开发的网络

开发思想政治(品德)课程资源不仅要靠学校和教师,还需要教育行政部门、社区和家长的帮助与支持。学校应该通过多种途径和方式,与家长、社区以及其他相关部门建立密切的联系,形成纵向从基层学校到各级地方教育部门、教学科研部门、课程研究中心,横向从教育内部向教育外部的交错相连的课程资源开发网络,形成思想政治(品德)课程资源开发的整体效应和优势。

课程改革为教师实施新课程提供了创造的空间,这离不开课程资源的强大支持,需要大量课程资源进行有机填补,因此学校应该有一种强烈的资源开发意识。在各个学校各具特色、各自为战的同时,要加强校际间在资源开发方面的联系。一个学校开发出来的课程资源可以为大家共享,避免造成不必要的资源浪费,提高课程实施的整体水平。另外,各级地方教育部门、教学科研部门、其他相关部门及各方面的专家学者也要关注课程资源的开发,对课程资源的开发进行指导,从更高层面促进课程资源的开发利用。

3. 重视民族文化课程资源与实践活动资源

在建设思想政治(品德)课程资源的过程中,要以发展民族文化作为一项重要内容。首先,充分挖掘我国源远流长的传统文化课程资源,包括传统文化的文献典籍、文化精神,以及传统文化教育的内容、方式和方法。其次,充分挖掘地方文化课程资源,包括地方文化的传统、风俗习惯等。再次,还要研究我国文化发展的新动向,建设具有鲜明的民族特色和时代特点的社会主义文化课程。

思想政治(品德)是一门实践性很强的课程,必须建立"社会即课堂"的大课堂教学观。火热的社会生活、经济生活、政治生活、文化生活,为思想政治(品德)课程提供了极为丰富的课程资源。思想政治(品德)课程教师应引导学生把学习的范围扩大到课堂以外,通过安排学生从事课外实践活动,让学生"零距离"接触社会,参与相关的社会、政治、经济、文化生活,在活动中获得更加生动的知识,提高分析和解决问题的能力。

4. 利用网络信息资源

网络不仅是课程资源共享的手段,而且它本身就是一座具有巨大发展潜力的课程资源库,应该成为思想政治(品德)课程资源开发、利用、交流和共享的重要平台。现代信息技术与思想政治(品德)课程教学的整合,既是思想政治(品德)教师应当具备的基本能力,也是充分利用现代课程资源的重要途径。思想政治(品德)课教学过程中,可以开发利用的网络信息资源主要体现在两个方面。

第一,教师可以借助计算机、多媒体信息技术开发多媒体课件。多媒体课件能为思想政治(品德)教学提供并展示多种所需的资料,包括文字、声音、动画等;能模拟多种与思想政治内容相适应的情境,使学生乐意投入到体验性的、探索性的思想政治(品德)活动中去。教育软件资源类型除了课件,还有积件、包件、电子作品集等。在这些软件资源利用上,教师要转变观念,要从静态的"库"的概念发展到动态的"流"的概念,即软件资源并不是静态的封闭使用,而是动态的共享的过程,这样才能实现信息资源的充分利用。

第二,要充分利用互联网的信息资源进行思想政治(品德)教学。在互联网上可以找到很多国内外的思想政治(品德)教育网站、思想政治(品德)资源数据库。教师可以下载一些与课程有关的资料在教学中应用;同时,也要引导、鼓励学生通过互联网获取信息,丰富自己的学习生活经验。有了丰富的信息资源,教师与教师之间、教师与学生之间、学生与学生之间就可以进行充分的交流、探讨,可以提高学生对思想政治(品德)课程的学习兴趣和持续学习的热情,进而提高了教学的质量。当然,教师在利用网络资源为自己教育教学工作服务的同时,要积极参与网络资源的建设,让自己的经验和成果成为网络资源的一部分,与同行交流与分享。

5. 构建思想政治(品德)课程资源开发的激励机制

思想政治(品德)课程资源的开发对于大多数教师来说还是比较陌生的,由于很多教师往往是在旧有的被动接受的思维定式框架里思考问题,缺乏进行资源开发的信心和勇气,有的甚至不知道能从哪里找到自己需要的课程资源。我们应对教师开发课程资源进行鼓励,并建立相应的奖励和激励机制。尤其是在课程资源开发的初始阶段,这种机制应该尽早建立,促使学校和教师能尽快适应新课程,积极进行课程资源的开发,把第一步迈好。

思想政治(品德)课程资源开发激励机制的建设可以是体系化的。出台一个较为完善的课程资源开发奖惩办法,对教师开发课程资源进行全面的评估和调控;也可以先在局部做点尝试,比如,在一些评审、评奖、评选先进等活动中,甚至在教师的职称晋级时;还可以把课程资源的开发作为一项比较重要的成果指标。通过这些激励措施的建立,课程资源的开发一定会受到广大学校和教师的极大重视,也肯定会促进课程资源开发网络的建设和课程资源的充分合理开发。

本章小结

1. 课程资源是课程设计、编制、实施和评价等整个课程发展过程中可资利用的一切人力、物力以及自然资源的总和。思想政治(品德)课程资源具有德智共生性、多样性、开放性、发展性、交叉性等特点。

2. 思想政治(品德)课程资源多种多样,可以从不同的角度划分为多种类型。不过在思想政治(品德)教学实践中,常用的教学资源主要有文字与音像资源、人力资源、实践活动资源、信息化资源等。

3. 思想政治(品德)课程资源开发利用,有利于体现思想政治(品德)课的学科特点;有利于思想政治(品德)课程改革的发展;有利于思想政治(品德)课教学方式的转变;有利于促进学生更好地成长;有利于提升思想政治(品德)教师的素质。

4. 思想政治(品德)课程资源的开发利用应遵循目的性原则、综合性原则、时代性原则、实践性原则、优先性原则、主体性原则等。

5. 思想政治(品德)课程资源开发利用存在多方面问题。主要包括:课程资源开发的主体单一,教师课程资源意识和开发能力欠缺,课程资源结构单一,课程资源的内容远离学生生活,课程资源开发利用方式不当,课程资源利用空间狭小等。

6. 思想政治(品德)课程资源开发和利用,要强化意识,把握课程资源开发利用的出发点;挖掘教材,明确课程资源开发利用的基本点;立足生本,抓住课程资源开发利用的关键点;发挥优势,凸显课程资源开发利用的闪光点;走出校园,激活课程资源开发利用的拓展点。

7. 在思想政治(品德)课程资源开发和利用中,要建立思想政治(品德)课程资源库;形成思想政治(品德)课程资源开发的网络;重视民族文化课程资源与实践活动资源;利用网络信息资源;构建思想政治(品德)课程资源开发的激励机制。

本章思考题

1. 如何理解课程资源的含义?思想政治(品德)课程资源有什么特点?
2. 按照课程资源目前的可利用程度,思想政治(品德)课程资源可分为哪几类?
3. 开发利用思想政治(品德)课程资源有何意义?
4. 开发利用思想政治(品德)课程资源应遵循哪些原则?
5. 概述思想政治(品德)课程资源开发利用存在的问题。
6. 结合实际,谈谈如何可以更好地开发利用思想政治(品德)课程资源。

参考文献

[1] 中华人民共和国教育部.普通高中思想政治课程标准(2017年版)[M].北京:人民教育出版社,2018.
[2] 中华人民共和国教育部.义务教育思想品德课程标准(2011年版)[M].北京:北京师范大学出版社,2012.
[3] 教育部基础教育课程教材专家工作委员会.普通高中思想政治课程标准(2017年版)解读[M].北京:高等教育出版社,2018.
[4] 朱永新,袁振国.政治心理学[M].北京:知识出版社,1990.
[5] 吴永军.课程社会学[M].南京:南京师范大学出版社,1999.
[6] 钟启泉.现代课程论[M].上海:上海教育出版社,1998.

[7] 高德胜.知性德育及其超越——现代德育困境研究[M].北京:教育科学出版社,2003.
[8] 傅道春.教师的成长与发展[M].北京:教育科学出版社,2001.
[9] 范兆雄.课程资源论[M].北京:中国社会科学出版社,2002.
[10] 刘旭东,张宁娟,马丽.校本课程与课程资源开发[M].北京:中国人事出版社,2003.
[11] 徐继存,段兆兵,陈琼.论课程资源及其开发与利用[J].教育学报,2002(2).
[12] 范蔚.实施综合实践活动对课程资源的开发利用[J].教育教学研究,2002(3).
[13] 张廷凯.课程资源:观念重建与校本开发[J].教育科学研究,2003(5).
[14] 吴刚平.课程资源的开发与利用[J].全球教育展望,2001(8).

阅读视野

一、初中思想品德课程资源的利用与开发建议

课程资源既包括学校内的教育资源,也包括学校外的各类教育机构和各种教育渠道。在课程资源的开发与利用上,应建立融合、开放、发展的课程观,充分发挥课程资源的人文教育功能,优化教学资源组合,有效地实施课程目标。

(一) 主要的课程资源

文本资源:图书(包括教材)、报纸、杂志、照片、地图、图表。

音像资源:电影、电视节目录像、VCD、磁带、各类教育软件。

实物资源:图书馆、阅览室、实验室、视听教室、多媒体设备(网络、电视广播等)、博物馆、纪念馆、文化馆、自然和人文景观、机关、企业、事业单位等。

人力资源:学生与家庭成员、教师、邻居以及其他社会人士。

(二) 课程资源的开发与利用应遵循的原则

1. 目的性原则——根据教学目标的需要,选择课程资源。
2. 综合性原则——尽量组合不同类型的资源,加深学生对课程内容的理解。
3. 实效性原则——根据资源的不同特点,配合教学内容,充分发挥课程资源的效能。
4. 渐进性原则——教学资源的选择利用,应该由浅入深,循序渐进,逐步提高。
5. 实践性原则——有利于学生的探究性学习和实践能力的培养。

二、高中思想政治课程资源的开发与利用建议

课程资源是课程设计、编制、实施和评价等整个课程发展过程中可资利用的一切人力、物力以及自然资源的总和。

(一) 丰富、拓展课程资源

文字与音像资源。最主要的资源是思想政治教科书,其他涉及经济、政治、文化、哲学等各类社会科学,以及时事政治等方面的报刊、书籍、图片、录音、录像、影视作品等,也是思想政治课程的重要资源。

人力资源。思想政治课教师是最重要的人力课程资源,教师的素质状况决定了课程资源开发与利用的范围和程度。学生是学习的主体,同时也是重要的课程资源。人力资源还包括家长及其他社会各界人士。

实践活动资源。广义的实践活动包括课堂讨论、辩论、演示等;也包括课堂外的参观、调查、访谈等。博物馆、纪念馆、文化馆、自然和人文景观、教育基地等,都是实践活动课程资源的一部分。

信息化资源。利用信息技术和网络技术,收集网上资源,包括文字资料、多媒体资料、教学课件等。

（二）主动开发课程资源

自主开发。教师在课程资源的开发中要发挥主体作用，认真学习和领会课程的目标和内容；分析课程资源开发与课程目标实现的关系，评估课程资源的特点及其价值；根据实际情况选择和利用课程资源。

特色开发。学校要从具体的地域特点、学校特点、教师特点、学生特点出发，发挥各自的优势，使课程资源的开发呈现出多样性、丰富性、独特性，有效实现特色开发。

共同开发。教学活动是师生共同参与的过程，课程资源的开发与利用，要充分发挥全体师生的作用，鼓励他们积极参与，共同收集、处理、展示课程资源，有效利用。

三、怎样筛选课程资源？

从当前我国课程改革的趋势来看，凡是有助于创造出学生主动学习与和谐发展的资源都应该加以开发和利用。但究竟哪些资源才是具有开发和利用价值的课程资源，还必须通过筛选机制过滤才能确定。

从课程理论的角度来讲，至少要经过三个筛子的过滤筛选才能确定课程资源的开发价值。第一个筛子是教育哲学，即课程资源要有利于实现教育的理想和办学的宗旨，反映社会的发展需要和进步方向。第二个筛子是学习理论，即课程资源要与学生学习的内部条件相一致，符合学生身心发展的特点，满足学生的兴趣爱好和发展需求。第三个筛子是教学理论，即课程资源要与教师教育教学修养的现实水平相适应。所以，开发课程资源，特别是开发素材性课程资源，必须反映教育的理想和目的、社会发展需要、学生发展需求、学习内容的整合逻辑和师生的心理逻辑。只有通过利用每一种经验可能会产生的多重结果，才有可能使教学更加富有成效。

为使课程资源的筛选机制更好地发挥作用，必须注意两个重要原则：其一，优先性原则。学生需要的东西很多，远非学校教育所能包揽，因而必须在可能的课程资源范围内和在充分考虑课程成本的前提下突出重点，精选那些对学生终身发展具有决定意义的课程资源，使之优先得到运用。其二，适应性原则。课程的设计和课程资源的开发利用不仅要考虑典型或普通学生的共性情况，更要考虑特定学生的特殊情况。如果要为特定教育对象确定恰当的目标，那么仅仅考虑他们已经学过的内容还不够，还需要考虑他们现有的知识、技能和素质背景。

除了考虑学生群体的情况外，还要考虑教师群体的情况。只有这样，课程资源才能得到更加充分合理的开发与利用。

四、如何开发和利用课程资源？

一般课程资源的开发主要有六个方面的基本途径：第一，开展当代社会调查，不断地跟踪和预测社会需要的发展动向，以便确定或揭示有效参与社会生活和把握社会所给予的机遇而应具备的知识、技能和素质；第二，审查学生在日常活动中以及为实现自己目标的过程中能够从中获益的各种课程资源，包括知识与技能、生活经验与教学经验、教与学的方式和方法、情感态度和价值观等方面的各种课程素材；第三，一切可供课程实施的各种条件，包括图书馆、实验室、各种活动场馆、专用教室等的合理建设；第四，研究一般青少年以及特定受教学生的情况，以了解他们已经具备或尚需具备哪些知识、技能和素质，以确定制订课程教学计划的基础；第五，鉴别和利用校外课程资源，包括自然与人文环境，各种机构、各种生产和服务行业的专门人才等资源，不但可以而且应该加以利用，使之成为学生学习和发展的财富；第六，建立课程资源管理数据库，拓宽校内外课程资源及其研究成果的分享渠道，提高使用效率。

除此之外，课程资源的开发还要根据各地、各学校的实际情况，广开思路，发掘校内外的更加具有针对性和适应性的课程资源，从而更好地发挥它们的作用。[①]

---

① 朱慕菊.走进新课程——与课程实施者对话[M].北京：北京师范大学出版社，2002：220-222.

第四章 思想政治(品德)的教学过程

本章学习目标

1. 掌握思想政治(品德)教学过程的含义、特点,理解思想政治(品德)教学过程与思想政治教育过程、其他学科教学过程之间的关系。
2. 了解思想政治(品德)教学过程的要素,理解各个要素之间的关系。
3. 了解思想政治(品德)教学理念,学会把教学理念贯彻于教学过程中。
4. 明确思想政治(品德)教学最优化的含义、标准,把握教学最优化的方法,为以后在教学实践中实现教学最优化奠定基础。

问题序幕

从一个教学片段说起[①]

铃响后,学生走进课堂,首先映入眼帘的是一幅绚丽而又朝气蓬勃的"旭日初升"图,同时展示的还有这样一行令人振奋的激励语言:"你有一片灿烂的星空!你有一颗充满希望的心灵!你一定会成功!"一部分学生已经开始小声地念了起来,当《真心英雄》这首熟悉的歌曲出现在屏幕上,伴随着乐曲,很多学生就不由自主地唱了起来。

师:大家喜欢这首歌吗?

生:喜欢。

师:能讲讲喜欢这首歌的原因吗?

生:好听,歌词写得好,让人感动……(学生七嘴八舌地说)

师:能把让你特别感动的歌词说出来吗?

生:把握生命的每一分钟,全力以赴我们心中的梦;不经历风雨,怎么见彩虹……

师:和大家一样,我也有同感,谁能说说"风雨"与"彩虹"所代表的含义呢?

生:(抢着大声地回答)"风雨"是指困难,"彩虹"代表成功。

师:可见,要想成功不是那么容易的,需要克服许许多多的困难,而困难要用什么去克服呢?

生:要有坚强的意志……

师:那什么是意志呢?(屏幕上展示:"意志就是确定目的并选择手段以克服困难、达到预定目标的心理过程。")

师:说到意志,我想起了一部世界名著《钢铁是怎样炼成的》和它的作者奥斯特洛夫斯基,这部名著被译成多国文字,主人公保尔的事迹激励了许许多多青年人为理想而奋斗!可是,你知道作者是在怎样的条件下完成这部作品的吗?(指导学生看课本)

生:(通过阅读、思考)克服了许多常人难以想象的困难,在双目失明、全身瘫痪的情况下创作出来的。

---

① 莫长午,张军祥.激励·启发·创造——初一思想政治课"坚强意志的表现"教学片段[J].中小学教材教学,2004(17).

师：(点评)是的，顽强的意志不仅使他创造了有价值的人生，也给后人留下了一笔宝贵的精神财富。中国也有这样的人，大家能讲得出来吗？

生：张海迪。

师：对，张海迪被誉为中国当代保尔。还有如国家体操运动员桑兰。她俩面对厄运折磨，却仍然笑对人生。是不是只有像保尔、张海迪、桑兰这样少数身体有残疾的人才需要坚强的意志？

生：不是，是我们每个人都需要有坚强的意志……

师：那么，怎样才是意志坚强呢？(提示学生看书)

生：第一，遇事有主见；第二，处事能果断；第三，勇于克服困难；第四，善于约束自己。

师：同学们回答得很好。坚强的意志不是一朝一夕能培养出来的，它贯穿于我们生命的全过程。古今中外的成功者，几乎无一例外都是具有坚强意志的楷模。如李时珍写《本草纲目》用了27年，袁隆平用了几十年的心血才取得杂交水稻的成功，获得"杂交水稻之父"的誉称。下面再让我们一起来感受他们的心灵独白吧(屏幕展示出一些有关意志品质的名言警句)。

师：学习了这一框之后，我也写了一条格言，现拿出来和大家共勉：没有拼搏的精神，哪有丰硕的成果。你们能为自己创造一条有关意志的座右铭吗？

很快有七八个学生争先恐后来到黑板前，庄重地写下了一条条虽然稚嫩却闪着智慧火花的格言。例如：我要用坚强的意志，开辟出属于我自己的成功之路；坚强的意志是载我到达成功彼岸的轻舟；成功，永远属于拥有坚强意志的人；奇迹是什么？奇迹就是用意志在荆棘与灌木丛中开辟出来的小路。

这一教学片段体现了思想政治(品德)的教学过程。那么，教学过程是如何体现的？思想政治(品德)教学究竟是一个怎样的过程？它与其他学科的教学过程相比有什么特点？这一过程由哪些要素和环节构成？教学中要坚持什么样的教学理念？如何实现教学过程的最优化？要明确这些问题，我们需要走进思想政治(品德)教学过程，了解思想政治(品德)教学过程理论。

第一节 思想政治(品德)教学过程的本质和特征

一、思想政治(品德)教学过程的本质

从哲学的角度来看，人的活动过程可以分为认识过程和实践过程，无论认识还是实践，都离不开创造性活动。所以从总体上看，思想政治(品德)教学过程也无非是一种教师和学生的认识过程和实践过程，是教师和学生创造活动的过程。只不过这种认识和实践过程、创造性活动过程是在思想政治(品德)教学这个领域内进行的。

随堂讨论 4-1

思想政治(品德)教学过程中，教师的认识和实践过程与学生的认识和实践过程有何关系？

(一) 思想政治(品德)教学过程是教师和学生的认识过程

思想政治(品德)教学要使学生掌握人类长期积累下来的学科知识和技能，提高政治思想道德认识和水平，既然是认识过程，就要遵循人类认识过程的一般规律。不过这个认识过程与人类一般的认

识过程相比具有其特殊性：第一，这种认识活动是在教师的帮助之下进行的。由于学生的生活阅历、知识经验、能力水平、情意水平等不如教师丰富，学习能力也不如教师，所以学生在对思想政治（品德）课相关知识的认识过程中离不开教师的帮助。第二，学生的认识过程是一种主动的认识过程。虽然学生的认识过程离不开教师的帮助，但是教师不能代替学生的学习活动，反而需要调动学生的学习主动性，使学生认识到学习的意义和价值，使其能自主地使自己的思想品德达到社会要求的水平。前面教学片段中，教师利用多种手段调动学生的学习主动性，让学生在教师的引导下自主地学习，就体现了这一道理。

思想政治（品德）教学过程是教师的认识过程。在教学中，教师除了自身要有比较丰富的知识和职业修养，掌握自己所教学科的知识，以及教育学、心理学等知识之外，还必须研究教材，对教材进行再分析、再认识；还要认识学生，分析学生的特点，使教学贴近学生实际，符合学生的认识规律。就如上述教学片段中我们可以看到，教师对于相关内容的教学，并不是把书本上的内容照本宣科式地教给学生，而是运用了歌曲、著名人物的例子让学生自己去发现。当然，在教学过程中，教师的认识和学习不是目的，教师的认识只是为了让学生更好地认识与学习。

（二）思想政治（品德）教学过程是教师和学生的实践过程

从实践到认识，再从认识到实践，循环往复，以至无穷，是人类认识发展的一般规律。在思想政治（品德）教学中，学生不仅要认识马克思主义基本理论、观点，掌握有关社会科学的基本常识，以及社会生活的基本规范，而且要运用所学的学科知识分析各种社会现象和问题，指导自己的行动。显然，思想政治（品德）教学过程离不开学生的实践活动，是学生的实践过程。不过这种实践活动需要在教师的引导下围绕教学内容进行。

同时，教师在思想政治（品德）教学中，需要贯彻国家的教育方针，确立教学目标，设计教学策略，选择教学方法，表现自己的教学风格，还要对教材进行加工，使学生有效地接受教师传授的知识、信息、经验。这个过程事实上就包含了主体（教师）、客体（学生）、目的（教学目标）、手段、结果。这和实践所包含的要素是一致的，思想政治（品德）教学过程也是教师的实践过程。当然，这种实践过程有其特殊性：第一，从形式上看，这种实践活动是教师帮助学生求知和发展的过程；第二，从目的上看，这种实践活动是为了改变学生的知识结构和思想品质结构。

（三）思想政治（品德）教学过程是教师和学生创造性的活动过程

在现实教学中，不同的教师和学生，采用的教学方式、方法会不同，教学效果也有明显的差异。之所以如此，一个重要的原因在于教师和学生在教学过程的创造性活动不一样。

思想政治（品德）教学过程是教师的创造性活动过程。主要表现在以下两个方面：第一，教师在教学中对信息、知识、理论、观点、技能的"加工"过程就是再创造的过程。教师对教材的独特性认识，对理论的分析的角度、深度，阐释理论时的风格，灵活地运用教学方法，个性化地体现教学理念等都体现了思想政治教师教学过程的创造性。第二，教师的教学过程也是创造人的过程。从外部来看，思想政治（品德）教师需要创造良好的教学环境来为学生学习提供有利的条件；从内部来看，思想政治（品德）教师通过自己的活动，使学生的思想品德由不符合社会的需要提升到符合社会需要，从而使学生发生变化，这也体现出教师对学生的再创造过程。

思想政治（品德）教学过程也是学生的创造性活动过程。学生在学习思想政治（品德）课时，绝不是被动地、机械地接受前人的知识。他们接受知识和观点是要通过自己的头脑观察、判断、分析、综合、思维和选择。这就体现出学生学习的创造性。一方面，学生用自己的方式展现自己所学到的知识。比如，在以上教学片段中，学生就写出不同的座右铭来体现自己对于坚强意志的理解。另一方面，有时学生会不满足课堂上讲授的知识，甚至对其产生质疑等。这些现象都体现了学生创造意识、创造性思维,体现了学生对问题的敏感度、独创性、灵活性等创造能力。教师在教学过程中要启发、培养学生的个性、独立性,为学生创设新的情境,调动学生的创造性思维,重视学生的探索精神。

综上所述,思想政治(品德)教学过程是教师和学生双边的认识、实践和创造性活动过程,在这个过程中,学生通过教师的帮助获得知识、形成能力、修养品德和陶冶情操。

二、思想政治(品德)教学过程的特征

有比较才有区别,有区别才体现特征。教学过程、思想政治教育过程、思想政治(品德)教学过程是三个有着紧密联系的概念。思想政治(品德)教学过程的特征就是在与教学过程、思想政治教育过程的比较中体现出来的。

(一)思想政治(品德)教学过程是不同于其他学科教学的特殊教学过程

思想政治(品德)的教学过程同其他学科教学过程一样,具有一般教学过程的许多共同性,如必须以人类认识的一般规律为指导,遵循教学过程的一般要求,向学生传授知识,发展学生的智力和能力,要通过教学活动,遵循感知教材、理解教材、巩固知识、运用知识等几个相互联系、相互渗透的阶段完成教学任务。但思想政治(品德)的教学过程又不同于其他学科的教学过程,其特殊性主要表现在以下几个方面。

1. 教学内容的特定性和多变性

首先,任何学科都有其特定的教学内容。在思想政治(品德)教学过程中,教师和学生的认识、实践和创造活动是以马克思列宁主义、毛泽东思想、邓小平理论、"三个代表"重要思想、科学发展观、习近平新时代中国特色社会主义思想的基本常识、社会主义政治思想道德相关知识等为教学内容,这就构成了思想政治(品德)教学过程与一般的教学过程最明显的不同。

其次,思想政治(品德)教学内容相对于其他学科来说,变化较大。一方面,思想政治(品德)时代性很强,受形势发展的影响,其教学内容不像其他学科那样长期变化不大,而表现出更大的不稳定性;另一方面,马克思主义作为一种科学世界观和方法论,它不是一个凝固的、封闭的知识体系,而是指导人们认识世界、改造世界、探索真理的有效工具,这也要求在教学中必须把理论与实际结合起来,用马克思主义理论去研究、分析形势发展提出的新情况和新问题。因此,思想政治(品德)教材需要随形势的发展和社会的要求经常修改,政治教师的备课讲课更要在内容上不断充实,突出新意。

2. 教学任务的德育性

根据教学的教育性原则,任何学科的教学都有德育的任务。但思想政治(品德)课作为一门德育性质的课程,在教学过程中,德育任务更突出。其他学科的教学虽然也要结合教学内容开展思想教育,但主要任务还是学科知识的传授,使学生懂得学科范围内的有关理论。而在思想政治(品德)教学中,知识教学是基础,思想教育是主导和落脚点,是思想政治(品德)教学过程的根本任务所在。如果不注重思想教育任务,不将德育放在首位,思想政治(品德)教学将脱离正确轨道,偏离方向。

3. 所要解决的矛盾的复杂性

任何学科的教学都要解决知与不知的矛盾,使学生实现由不知到知、由知之不多到知之较多的转化。但思想政治(品德)不仅要解决知与不知的矛盾,更要解决信与不信、行与不行的矛盾,使学生实现知—信—行的转化。从实际教学过程来看,学生学习了马克思主义基本知识以后,往往并不一定就表示相信,更不一定就会用这些理论去分析解决问题,指导自己的行动,这是思想政治(品德)教学中一个不容忽视的现实问题。因此,思想政治(品德)教学过程所要解决的矛盾,不仅比其他学科更复杂,而且解决起来更困难。一般来说,知与不知、信与不信、行与不行的矛盾是相互联系、相互制约、相互促进的,其中知是基本前提,信是核心和内在动力,行是最终目的,这三个要素之间反复循环,相互

作用,使学生的思想水平不断得到提高。思想政治(品德)的教学过程正是要使学生的知、信、行等因素得到统一的培养和发展,使学生知、信、行方面的矛盾不断得到解决的教学过程。

(二)思想政治(品德)的教学过程是不同于一般思想政治教育的特殊教育过程

资料卡片4-1

思想政治教育过程

思想政治教育过程是教育者根据一定社会的思想品德要求和受教育者的思想品德形成和发展的规律,对受教育者施加有目的、有计划、有组织的教育影响,促使受教育者产生内在的思想矛盾运动,以形成一定社会所期望的思想品德的过程。

思想政治(品德)课是对学生系统进行公民思想品德教育和思想政治教育的课程,它要以马克思主义基本理论武装学生,教育学生具有坚定正确的政治方向,形成社会主义公民所应有的思想道德素质和思想政治素质,树立科学的世界观、人生观和价值观。这表明,思想政治(品德)课具有重要的思想性和思想政治教育功能,是学校思想政治教育的重要途径,其教学过程当然也是一种思想政治教育过程。但与学校日常的思想政治教育过程相比,它又有其特殊性,主要表现在以下三个方面。

1. 教育内容的系统性

学校思想政治教育的内容非常广泛,大体包括马克思主义常识教育、爱国主义与国际主义教育、理想教育、道德教育、劳动教育、社会主义民主法制教育、身心卫生与个性发展教育等。一般来说,日常的思想政治教育在内容上受时代影响大,主要围绕着现实问题和现实的需要来进行,缺乏系统性、稳定性。思想政治(品德)课是依据马克思主义及其中国化的基本理论,根据思想政治教育的需要,按照学生的年龄特征和知识水平,编写好教学大纲或课程标准及各年级的教材,构成了一个比较完整的体系。其教学内容虽然与日常思想政治教育的内容大致相容,也会随形势的变化有所变化,但总是以学科知识为本。教育内容具有系统性、理论性和相对稳定性。

2. 教育效果的持久性

日常的思想政治教育主要是就某些现实问题开展教育,以解决学生一些现实性的认识和思想问题。思想政治(品德)课则是依据教学大纲和教材,用系统的马克思主义及其中国化的基本理论武装学生,使学生懂得社会发展客观规律,把无产阶级立场和社会主义觉悟、人生观和道德观建立在科学理论基础上,并帮助学生确立科学的世界观和方法论,掌握认识世界和改造世界的武器,积极为社会主义建设服务。这是思想政治教育中的基本理论建设,这种教育性对学生来说是系统的、持久的和带根本性的,是帮助学生确立坚定的精神支柱的根本途径,与日常思想政治教育相比,它更具深刻性和说服力,其教育功能和教育效果也更为显著。

3. 教育途径的固定性

学校日常的思想政治教育主要通过班主任和共青团工作、劳动和社会实践、课外和校外活动等来实施,而思想政治(品德)的教学任务主要通过课堂教学和课外活动完成,相对而言,思想政治(品德)教学有比较固定的场所、制度,是有计划、有步骤进行的。

第二节 思想政治(品德)教学过程的基本结构

思想政治学科教学过程是一个纷繁复杂的过程,它不仅包括一些既相对独立,又相互联系的教学构成要素,还包括一系列组成教学过程逻辑历程的基本成分。因此,对教学过程结构的分析也应从两方面入手。

一、思想政治(品德)教学过程的要素结构

思想政治(品德)教学过程的要素结构是指教学过程的构成要素及这些要素相互联系和相互作用的方式。思想政治学科的教学过程是由多方面基本要素构成的,这些要素相互联系,相互作用,就构成了思想政治(品德)教学过程的运行结构。

(一)思想政治(品德)教学过程基本要素

思想政治(品德)教学过程究竟由哪些要素组成,学术界有多种不同的看法,从"三要素"到"六要素"不等。我们认为,从思想政治(品德)教学系统来说,其基本要素应主要包括思想政治(品德)教师、学生、教材、教学条件四个方面,它们组成了思想政治学科教学过程的空间结构,是这种教学过程得以实施的前提。

资料卡片4-2

关于教学过程基本要素的不同看法

"三要素"说:教师、学生、教学内容
"四要素"说:主体、客体、介体、环体
"六要素"说:教师、学生、教学内容、教学手段、教学环境、教学反馈

1. 思想政治(品德)教师

思想政治(品德)教师是教学过程的领导者和组织者,在教学过程中处于主导的地位,起主导作用,没有教师就无所谓思想政治(品德)教学。教师之所以可以在教学过程中充当这样的角色,是因为教师是经过专门训练、系统了解学科专业知识的从业者。教师对思想政治(品德)相关知识的理解和掌握要远高于学生,能够向学生系统地传授基本政治观点、基本道德、基本文明行为规范,培养学生良好的个性心理品质、品德能力,使学生成为一个有健全人格和社会责任心的良好公民。

2. 学生

教学是师生互动的过程,学生在教学过程中居于主体的地位,起主体作用。在思想政治(品德)教学过程中,学生是思想政治(品德)学科内容的受传者,是教师教育和培养的对象,教学效果最终也体现在学生身上。所以,学生的先天素质、知识基础、学习方法、学习能力、学习态度、身心素质等都会对思想政治(品德)教学过程发生影响。教学任务能否完成,教学目标能否实现,学生起关键作用。因此,在教学过程中,教师要注重学生的主体地位,运用各方面条件充分激发学生的"学习力"。

3. 教材

如果把教师和学生看作思想政治(品德)教学过程的两端,那么教材就是连接这两个要素的中介。一方面,教材是教师教的工具。教材规定了教学的内容,教学活动以教材为依据进行。所以,教师在教学过程中,教学资料、案例的选择,必须围绕教材所规定的教学内容展开。另一方面,教材是学生学的材料。教学过程的中心就是学生对教材内容的感知、理解、掌握和运用。

4. 教学条件

教学的具体实施,需要有一些必须具备的条件。教学条件多种多样,一般来说,主要有以下几方面:首先,要有基本的物质条件,有基本的教学场地和教学设备,如教室、黑板等。其次,要有明确的

教学目标。如果教学过程都是目的明确的、有意识的活动,都是围绕着教学目标的实现展开,那么教学目标就对教学过程起规范和指导作用。第三,教学方法和手段。教学的实施需要借助一定的方法和手段,教学方法和手段是教学过程有效实施的重要保证。第四,教学环境。教学总是在一定环境中进行,受教学环境的影响。教学环境包括硬环境和软环境。美丽的校园、整洁的教室、景物景观等看得见的环境,都属于硬环境;还有一些看不见的,如校风校纪、班风学风等,则属于软环境。很多研究表明,营造良好的教学环境,是提高教学效果的重要条件,成功的思想政治(品德)教学往往就是寓于优良的环境之中。

(二)思想政治(品德)教学过程各要素之间的关系

思想政治(品德)教学过程的四个要素共同构成了一个系统,在这个系统中它们相互联系、相互影响,共同影响着思想政治(品德)教学过程的效果。但思想政治(品德)教学过程从本质上看是教师和学生双边的认识、实践和创造性活动过程,在这个过程中,学生通过教师的帮助获得知识、形成能力、修养品德和陶冶情操。所以,教师和学生是教学过程的两个最主要的要素,教师和学生之间的关系是其中最主要的关系。

1. 思想政治(品德)教学过程中教师和学生之间的关系

教师和学生之间的关系问题又称为教学主体性问题。学术界对于这个问题的认识并不统一,有"教师主体说""双主体说""双向互动说""主体际说"等。我们认为,思想政治(品德)教学过程中教师是主导、学生是主体,他们共同参与思想政治(品德)教学过程。

 资料卡片4-3

> **关于教师和学生关系的不同观点**
>
> 1. 教师主体说:认为思想政治(品德)教师是思想政治(品德)教学过程中的主体,学生是客体,主要是教师对学生的单向作用。
> 2. 双主体说:教师和学生互为主客体,从施教的方面来说,教师是施教的主体,学生是客体;从接受过程来说,教师是接受教育的客体,学生是接受教育的主体,双方的影响是双向的,分别构成互为主客体的两个认识活动循环圈。
> 3. 双向互动说:教师的施教起主导作用,但是学生接受教育影响时,也不是消极、被动的,而是具有主动性、能动性。
> 4. 主体际说:主张思想政治(品德)教学过程是在教师和学生互动交往过程中,通过"主体—客体—主体"的转化过程实现的,在这个转化过程中,教师和学生结成"主体—主体"的关系,即一种主体际关系。

教师是思想政治(品德)教学过程的主导。学生由于其身心发展和认识水平的局限性,不可能自发地掌握马克思主义理论知识,也难于独立地建构、完善自我人格。所以,在思想政治(品德)教学过程中,无论是学生的认识、实践活动,还是创造活动都不可能离开教师的有效指导。教师由于经过专门训练,系统地了解了思想政治(品德)专业知识,掌握了教育教学的基本理论和方法,能够准确认识学生的身心状况和特点,恰当地选择教学内容和教学方法手段,合理地开发和利用教学资源,有效地推进着思想政治(品德)教学过程的实际进程。正如列宁所指出的那样,在任何学校里,最重要的是课程的思想政治方向。这个方向由什么来决定呢?完全只能由教学人员来决定。所以,教师作为思想政治(品德)教学过程的"领航员",其主导作用是不能否定的。

学生是思想政治(品德)教学过程的主体。思想政治(品德)教学中的"教"是为"学"服务的,教师是教学活动的主导,而学生则是学习活动的主体,学生的实际状况制约着教学活动的出发点和落脚点。首先,思想政治(品德)教学目标是为了培养学生符合社会要求的思想品德和思想政治素质。也就是说,思想政治(品德)教学效果最终还是得从学生的身上体现出来。其次,教师需要根据学生的具体情况选择教学内容和教学手段。最后,学生的主动参与程度决定着思想政治(品德)课教学运行的机制、方式、层次和水平,决定着思想政治(品德)课教学的实施效果。所以,在教学活动中应该把学生当作学习的主人,应当调动学生学习的积极性,让学生充分参与教学活动。

2. 教材、教学条件与教师、学生之间的关系

把教师和学生的关系置于思想政治(品德)教学过程整体中去考察,我们就会发现,教师和学生要建立起主导、主体间双向互动关系,必须与其他教学要素建立紧密的联系。因为教师和学生是根据教材、在一定的教学条件下形成主导与主体关系的。

首先,教材、教学条件是教师和学生联系的中介。教材是教学的基本材料,体现着教师教和学生学的基本内容,教材成为教师与学生、教师教与学生学的基本桥梁。同时,教学条件是教学进行的基础,是教师教和学生学的基本保证。例如,在教学环境方面,缺乏必要的硬环境(教室、教学设备)等,思想政治(品德)课教学便无法展开,没有良好的班风学风,教师教和学生学的效果会大受影响。可见,教师的"教"和学生的"学"是通过教材、教学条件实现的,教师是借助一定教学条件,引导学生学习教材。

其次,教师和学生能够合理地利用教材和教学条件。教师和学生作为教学的主体,具有主观能动性,无论是教师的教还是学生的学,都是有目的、有计划地进行的。在教学过程中,教师和学生能够根据教学的实际,灵活处理教材内容,创造性地运用教学条件,力求教学的最佳效果。

二、思想政治(品德)教学过程的逻辑结构

思想政治(品德)教学过程的逻辑结构是指教学过程运行的逻辑程序,它是教学过程在时间上的延续和展开。一般来说,教学过程的展开和进行都要经过一定的逻辑历程,在这一历程中,包含多方面的基本成分,这些成分相互联系,形成了教学过程运行的逻辑结构。逻辑结构与要素结构不同,要素结构属于空间结构,具有静态的特点,而逻辑结构是时间结构,是动态的。

按照怎样的逻辑程序组织教学过程,才能使教学过程取得最佳的效果,这一直是古今中外教育家们探讨的问题。我国古代《中庸》一书中就有了博学—审问—慎思—明辨—笃行的学习过程理论。德国教育家赫尔巴特把教学过程看作是新旧的观念联系和系统化的过程,他把教学过程分为明了—联合—系统—方法四个阶段。美国教育家杜威(J. Dewey)认为教学过程的程序是设置问题情境、确定问题、拟订解决问题方案、执行计划、总结与评价。苏联教育家凯洛夫第一次对教学过程作了辩证唯物主义的解释,提出教学过程的程序结构是感知教材—理解教材—巩固知识—应用知识。

上述观点无疑都有其合理因素,但这些观点都有明显的缺陷,主要有二:一是它们都以教或学某一方面的过程作为整个教学过程程序的基础,很少将教与学两种活动联系起来加以考察;二是它们更多是注重从课堂教学来分析教学过程程序,忽视了课外的教学过程。

苏联教育家巴班斯基克服了传统教学论在教学过程逻辑程序问题上的片面性,强调在描述教学过程诸环节时必须贯彻整体性的观点。他认为,教学目的、教学内容、教学方法、教学组织形式、教学结果的分析与自我分析这五个方面相互联系、相互制约,构成一个完整的教学过程逻辑结构。教学目的是根据国家和社会的要求制定的,它一经确立,便决定着教学内容的选择,并与教学内容一起对教

学方法和教学组织形式的选择产生重要影响;教学内容、教学方法、教学组织形式是教学目的转化为教学结果的手段和中介;教学目的要通过教学结果得到实现,而教学结果又是修正和完善教学目的的依据。

思想政治(品德)教学过程也有着与此基本一致的逻辑结构。不过从现实的教学活动展开和进行的历程看,我们更倾向于把这一过程的运行程序分为教学准备、教学实施、教学评价等几个阶段。

第一阶段:思想政治(品德)的教学准备。它包括教师的施教准备和学生的学习准备。教师的施教准备主要包括钻研课程标准和教材、了解学生和教学条件、确立教学目标、筹划教学手段、选择教学形式与方法、设计教学方案等;学生学习准备包括培养学习兴趣、激发学习动力、制订学习计划、进行课前预习等。

第二阶段:思想政治(品德)的教学实施。它包括课堂教学和课外教学,包括这两种教学组织形式中教师的教学影响和学生的所有学习认识活动。

第三阶段:思想政治(品德)的教学评价。它包括教的评价和学的评价。通过教学评价,对教学结果进行检测分析,总结成绩和经验,明确存在的问题与不足,以便调整教学的进程,更好地推进教学的发展。

第三节 思想政治(品德)的教学理念

教学理念就是人们对教学活动内在规律的认识的集中体现,同时也是人们对教学活动的看法和持有的基本的态度和观念,是人们从事教学活动的信念。教学理念是人们从事教学活动的指导思想和行动指南,可以这样说,有什么样的教学理念就会产生什么样的教学行为,教学行为受教学理念支配。思想政治(品德)的教学理念是在思想政治(品德)教学实践中形成的,用以指导思想政治(品德)教学的观念和信念。我们认为,思想政治(品德)教学应该遵循以人为本、理论联系实际、知识性与教育性相统一、开放性教学、教学生活化等理念。

一、以人为本的理念

案例分析 4-1

1. 某教师在人生价值问题教学时,列举了我国第一位遨游太空的航天员杨利伟的事例。有位同学当即举手提出:"我认为杨利伟极端不负责任,他对他的家人不负责。"假如你是这位老师,你如何看待这名学生和他提出的看法?

2. 有个学生在完成基础训练时,由于平时学习态度差,不能按时完成。当课代表找他收作业时,他只是在作业的问答题中写了"不知道、不会做、不爱做、不愿做"等答案。当你遇到这种学生时,你将怎么办?

以人为本,促进学生全面发展,是现代教育的主流。"以人为本"是相对于"以物为本"的思维模式和价值原则。"以物为本"往往突出某些外在的、可量化的东西,而"以人为本"则强调各种外在量化的指标对于人本身的意义。以往的思想政治(品德)教学比较多地表现出"以物为本",注重知识点的记忆、考试的分数等可量化、外在的指标,教师仅仅是传声筒,学生仅仅被当作教学的客体和改造对象,教学内容简单重复、缺乏变化,教学方法陈旧单一,整个教学过程被简化为"我说你听""我打你通"的说教。

"以人为本"的教学理念则是把学生看作是教学的主体和目的。在这种理念的指导下,教师要主动地研究学生,积极地研究时代发展和人的发展的新变化,科学预测发展趋势,适时提炼出反映时代和人的发展的最新要求的教学内容,并善于运用和创造灵活多样的教学方法,主动适应、选择和改造教学环境。同时,学生作为学习的主体,要能够主动地与教师进行互动,并实际影响教师的教学活动,对于教学内容有价值认同,并能自教自律,整个教学活动呈现出独立自主、积极主动和富有创造性的发展状态。

在思想政治(品德)教学中,坚持以人为本的教学理念,必须做好以下几点。

(一)确立学生的主体地位

(1)要尊重学生。其一,要激发学生的主体意识,充分调动学生主动学习的积极性。学生作为思想政治(品德)教学活动的主要行动者,随着他们自我意识的形成和不断增强,迫切需要得到教师的尊重。所以,教师和学生在思想政治(品德)教学过程中要进行互相交流,教师要让学生发表自己的看法和见解,表达出自己的思想和感情。其二,要尊重学生的个性差异,有针对性地开展教学。"十个指头不一般齐",学生是有差异的,要在了解学生的基础上,根据学生的思想实际和学习状况开展教学工作。

(2)要关心学生。思想政治(品德)教师教学班级多,面对的学生多。除了课堂教学生动、有趣,能打动每个学生外,还必须深入到学生中间去,了解每个学生的成长过程,用实际行动关心他们的全面发展和健康成长。

(3)要理解学生。理解学生的内涵和意义有两方面:一是理解学生的语言和非语言表现的类型,特别是了解他们行动的意义和情绪变化的原因。二是冷静地、客观地理解学生,发挥教师的主观能动性,去援助、指导学生的思想和行动。

(二)教学从学生的实际出发

一切从实际出发是马克思主义认识论的精髓,也是指导思想政治(品德)教学的方针。在教学过程中要体现"以人为本"的理念,就必须一切从学生的实际出发。

(1)从学生的思想实际出发。思想政治(品德)教学的重要目标之一,是要解决学生的思想认识问题,提高学生的思想品德和思想政治素质。如果思想政治(品德)教师不了解学生的思想实际,仅凭自己的主观臆断或者经验进行相关问题的教学,那必然难以引起学生的共鸣,更无法使学生将所学的理论知识内化为自己的思想观念,转化为自己的实际行动。所以,进行思想政治(品德)教学,教师要了解学生的思想实际。

(2)从学生的现实水平出发。学生的知识水平是有差异的,不考虑到这种差异性,结果可能是有的知识讲得过深过快,以致有的学生接受不了;有的知识学生已经掌握,却仍然还不厌其烦地教学,以致浪费了大量时间。因此,教师必须了解学生的差异性,进行针对性教学。

(3)从学生关注的问题出发。学生在学习、生活中有不少高度关注的热点、焦点问题,这些问题实际上是学生的兴奋点,也是思想政治(品德)教学中理论与实际的结合点。如果教师漠视这些问题,就会降低思想政治(品德)课的吸引力,不利于学生产生对思想政治(品德)课的价值认同。所以,教师要多参加学生的活动,多与学生交流,抓住学生关注的热点、焦点问题,这样才能解除学生的疑惑,促进学生发展。

(三)引导学生积极参与教学

(1)营造参与环境,吸引学生参与。首先,要努力形成平等、和谐的教学氛围。在教学中,教师要注意避免给学生留下一种"居高临下"的形象,而应该塑造一种能与学生平等交流的朋友形象。这样可以消除学生对教师的防范、敬畏的心理,打消其参与教学活动的种种顾虑。其次,要给学生参与教学的时间和空间。让学生参与教学活动,需要避免的一个误区就是给学生划太多的"条条框框",把学生的思想限定得过死。有的教师表面上是要学生参与教学活动,但是学生发言的内容、表现方式都必须按照教师的理解来,如有不同就马上干预,甚至是迫使其改正。这样,学生就会觉得自己只不过是教师的"录音机"而已。这必然会挫伤学生参与教学活动的积极性。所以,教师教学要给学生一个人格空间、思维空间、选择空间和展现空间,使学生能充分地发表自己的意见,教师要做一个认真的倾听者,尊重学生自己的意见。

(2) 激发参与热情,引导学生参与。首先,要巧设情境,激发学生兴趣。教师可以通过设计各种问题情境,激发学生参与教学的主动性。根据教材内容和教学需要,运用挂图、实物、录音、录像、投影、计算机和网络等辅助教学手段,使教学更形象直观、生动活泼。值得注意的是,激发学生兴趣的核心是为了学生的有效学习,而不是为趣味而趣味。所以,激发学生兴趣不能停留在讲讲故事,演演小品的层面,否则表面热热闹闹,实质空虚无物。其次,要引发认知冲突,启发学生思维。在教学中,要让学生产生学习的需要,成为学习主体,关键在于鼓励学生质疑问难,勇于发表不同意见,引导学生积极主动地思考和探求。需要注意的是,启发学生思维也是个全方位的任务。在授课前,要引导学生自学,提出问题;在授课中,要精心设计问题,引导学生理解知识,联系实际,运用自己所学的知识分析问题,分辨是非,提高能力;在授课后,要引导学生反思自我,提高综合素质。

(3) 提供参与途径,方便学生参与。首先,要设计吸引学生参与的教学形式。好的理念需要好的形式来实现。除了传统的课堂提问和讨论外,教师还可以在教学中借鉴一些学生喜闻乐见的形式,如角色扮演、问题探究、活动设计等,营造多向交互的空间。其次,要加强实践环节。思想政治(品德)教学除了课堂教学外,还必须重视课外教学活动。可以通过组织社会调查、参观访问等活动,使学生参与到思想政治(品德)教学过程中。在组织这些活动时,教师应该特别注意学生对活动的德育内容、道德价值的体验,以及参与活动能力的提高,避免那种"为了参与而参与"的走马观花式的课外教学活动。

案例分析 4-2

教学片段实录

什么是教条主义? 有一个中国古代笑话说有一位呆秀才下乡,一条水沟挡住了去路。他取出书来,仔细翻看,却怎么也找不到如何过沟的答案。一位农夫告诉他,不用翻书,跳过去就行了。秀才听了他的话,双脚一蹬,往上一跳,竟落到水中。农夫说,不是那么跳法。说罢,单脚起跳,一跃而过。秀才看了埋怨道:"单脚起步为跃,双脚起步为跳,你该说跃,不该说跳。"

听到秀才的话,我们都觉得他太迂腐了,拘泥于书本,从哲学上看,秀才就是犯了教条主义错误。教条主义的出发点是书本上的个别词句和结论、领导人的讲话、上级的指示等,不考虑实际情况,往往表现为不重视实际经验的重要性。中国历史上著名的赵括纸上谈兵、马谡失街亭,都是教条主义错误的典型例子。

那么什么是经验主义呢? 著名的《伊索寓言》里有个驴子过河的故事。一头驴子驮着两大包盐过河。重重的盐把它压得头昏眼花。恰好来到一条河边,过河的时候,它一不小心倒在了水里,使劲挣扎了半天,也没能站起来。它绝望了,索性躺在水里休息起来。过了一段时间,驴子感到背上那重重的盐越来越轻,最后,竟毫不费力地站了起来。驴子高兴极了,为自己获得了一个宝贵的经验而庆幸。后来,又有一次,它驮着两大包棉花走在路上。走到河边,突然想起了上次过河时的情景,它想,我何不使自己背上的棉花也变得轻一些呢?于是,它特意倒下身去,像上次那样躺在水里一动不动。过了一会儿,它想背上的棉花一定变轻了,便要站起来,但再也站不起来了。

这头驴子的悲剧就在于把过去的经验用于当前问题的解决,从哲学上看,驴子的错误就是经验主义。经验主义的出发点是狭隘的局部的经验,往往表现为不重视理论知识的指导作用。从认识论的角度看,教条主义夸大了书本知识、理性认识的作用,轻视感性经验,一切从本本出发,犯了类似于唯理论的错误;经验主义夸大感性经验,轻视科学理论,把局部经验当成普遍真理,犯了类似于经验论的错误。

◆ 该教学片段是否体现了以人为本的教学理念?为什么?
◆ 如果你来进行该内容的教学,就现有材料,你打算如何进行设计,使教学更符合以人为本的教学理念?

二、理论联系实际的理念

什么是理论联系实际?毛泽东曾经精辟地称之为"有的放矢"。"矢"就是箭,"的"就是靶。"有的放矢",意即放箭要对准靶子,也就是要用马克思主义之"箭"去射准中国革命之"的",要善于用马克思主义的立场、观点、方法,进一步从中国实际的认真分析中作出符合中国需要的理论性创造。可见,理论联系实际的基本含义应该包含两个方面:一是掌握理论,二是把理论同实际相联系、相对照,运用理论去分析解决实际问题。掌握理论是理论联系实际的前提,没有理论,就谈不上去联系实际,理论贫乏,也不容易抓住事物的本质,不可能真正做到理论联系实际。紧密地联系实际是理论联系实际的基本要求,因为学习理论的目的就在于指导实践,如果不与实际相结合,再好的理论也没有意义。

随堂讨论 4-2

理论联系实际作为思想政治(品德)教学理念,其中的"理论"主要是指哪些理论?所要联系的"实际"主要包括哪些方面的实际?

思想政治(品德)课教学要坚持理论联系实际,有多方面的原因。第一,它是由思想政治(品德)课的性质和任务决定的。思想政治(品德)课是对学生进行公民素质教育课程,要提高学生的思想政治素质和思想品德素质。这就要求在教学中坚持理论联系实际,引导学生将学科知识的学习与人生观、世界观、价值观的培养结合起来,与现实社会结合起来,使学生能运用马克思主义的立场、观点、方法观察分析社会现象,并指导自己的行动。第二,它是思想政治(品德)课教学内容的要求。由于受学生知识水平、生活阅历、思维方式、认识能力以及各种复杂社会因素的影响和制约,学生往往感到思想政治(品德)教学内容与实际存在差距,从而对学科理论产生疑问。要改变这种状况,必须在教学中坚持理论联系实际,针对社会现实和学生的思想、认识实际,进行有理有据的分析,帮助学生分清是非,明辨真伪。第三,它符合学生认识活动的特点。学生的学习是以书本知识为主,他们很少有亲身参加实践的机会,缺乏社会实践经验。要使缺乏实践经验的学生了解理论化了的学科知识,就必须把抽象的理论同它们所反映的事物和现象联系起来,把要学的概念和原理同学生已有的知识和经验结合起来,才会有好的收效。第四,它是我国长期教学实践经验的科学总结。新中国成立以来中学政治课教学的历史经验证明,在教学中能否贯彻理论联系实际的原则,直接关系到政治课教学的成效。

思想政治(品德)教学中坚持理论联系实际,需要遵循以下基本要求。

(1) 提高自觉性。在思想政治(品德)课教学中,能否真正坚持理论联系实际,最终取决于师生贯彻这一理念的自觉性。师生都应提高思想认识,力戒教条主义和经验主义,坚持科学性,突出实践性,反映时代性,认真探索,总结经验,提高理论联系实际的水平和能力。特别是思想政治(品德)教师,更要吃透教材,深入了解社会实际和学生实际,恰当选择理论联系实际的方式,积极解决学生思想和认识上的疑问,引导学生在生活和社会实践中运用理论分析现实问题,培养和提高学生分析问题和解决问题的能力。

(2) 坚持科学性。在思想政治(品德)课教学中,无论是用生动具体的材料去阐明理论,还是用理论去分析说明实际问题,都需要有科学理论作为基本前提。因此,坚持理论联系实际的方针,必须加强科学理论知识的教学,使学生懂得马克思主义基本理论。如果缺乏必要的理论知识,或理论不科学,就去联系实际,那不仅会导致联系实际的盲目性,而且可能将我们的认识引向歧途,给实际工作造成不应有的损失。

(3) 强化针对性。思想政治(品德)课的理论联系实际不只是简单的原理加例子,也不仅仅是为了学懂课本中的有关道理,而是要运用理论分析社会现象,解决学生的思想和认识问题。因此,理论联系实际必须强化针对性,要依据教材中的概念、原理或基本观点,针对学生关心而又存在一定疑惑的重大社会实际和学生中带普遍性和倾向性的思想认识问题,引导学生加以分析,真正解决学生的思想认识问题。

(4) 注重典型性。思想政治(品德)课教学中联系实际的方面很多,在有限的时间和空间里不可能面面俱到,这就要求联系实际要注重典型性,善于选用典型材料来充实教学。要做好这一点,首先要注意选用最能准确地反映理论实质的材料,使得通过典型分析,能自然揭示事物的本质,把握有关的基本概念和原理。其次,材料要力求生动形象,能唤起学生联想,形成正确的表象。再次,要注意联系学生比较熟悉和易于接受的实际,从而避免对事实或材料本身作冗长的介绍和论证,且学生喜闻乐见,有利于增强教学的趣味性。

(5) 要把理论联系实际贯穿于教学的全过程。思想政治(品德)课教学过程,包括许多环节和方面,如教师的备课、上课、辅导、批改作业、讲评,学生的预习、听课、作业、讨论、复习、考试等,这其中的每一环节都要贯彻理论联系实际的理念。在任何情况下都力求做到观点与材料的统一、书本知识与实际知识的统一、掌握知识与运用知识的统一。如在教学准备上,既要深钻教材,掌握基本理论,又要了解社会实际和学生实际,找准理论和实际的结合点;在教学实施上,既要坚持以课堂教学为主,又必须适当组织课外活动,坚持课内课外结合、校内校外结合;在学业成绩检测上,既要考查学生对知识的掌握,又要考查学生对知识的运用;等等。只有这样,才能做到教学与教育、教书与育人的统一。

三、知识性与教育性相统一的理念

知识性与教育性相统一的理念指的是,教师在思想政治(品德)教学过程中既要把思想政治理论知识传授给学生,又要注意对学生进行思想教育,把二者有机地结合起来。

思想政治(品德)教学要坚持知识性和教育性相统一,是因为:第一,它是思想政治(品德)课特性的要求。知识性和教育性是思想政治(品德)课的双重属性。一方面,通过思想政治(品德)课教学,学生要学习了解本学科的基本知识,这体现了该课程的知识性;另一方面,思想政治(品德)教学还肩负着使学生形成正确的世界观、人生观、价值观的任务,这又体现了思想政治(品德)教学的教育性。所以,知识性和教育性相统一的理念是思想政治(品德)课的内在要求。第二,它是贯彻党的教育方针的要求。党的教育方针,要求教育必须为社会主义现代化建设服务,必须同生产劳动相结合,培养德、智、体全面发展的建设者和接班人。根据这种要求,思想政治(品德)课教学不但要讲知识、讲学问,而且还要对学生进行道德教育、人格教育。如果思想政治(品德)课只讲知识、不进行思想教育,忽视对学生德性的培养,就违背了党的教育方针,是十分有害的。第三,它是由思想政治(品德)课的特殊矛盾决定的。思想政治(品德)课不仅要解决知与不知的矛盾,更要解决信与不信、行与不行的矛盾,使学生实现知—信—行的转化。解决知与不知的矛盾要求思想政治(品德)教学要有知识性,要把思想政治(品德)基本理论知识教授给学生;而信与不信、行与不行的矛盾,不是仅靠教授基本知识就能够解决的了,这些矛盾的解决要求教师要注意学生思想品质的培养,即注意思想政治(品德)教学的教育性。

在教学过程中贯彻知识性和教育性相统一的理念,我们应该注意以下几个方面。

第一,正确认识知识性与教育性的关系。一般而言,知识性是教育性的基础,不讲知识性,根本谈不上教育性;教育性又是知识性的灵魂,知识性要服从、服务于教育性。思想政治(品德)课以马克思主义为指导,以马克思主义理论教育、社会科学知识教育和社会行为规范教育等为基本内容,这本身就体现了知识性和教育性的统一。

第二,向学生传授正确系统的科学知识。在教学过程中,教师要用马克思主义的基本观点和方法来分析教材,选择和补充教学内容,传授给学生的知识和传授知识的方法、过程都应该是科学的、无误的、富有教益的。除此以外,近几年来马克思主义理论发展非常迅速,新的理论成果层出不穷,教师在向学生介绍这些理论成果时应该从学生的实际出发。为了扩大知识面,对于高中生,教师可以向他们介绍一些不同的观点和学说,但应该在讲清基本知识的基础上进行,以免造成思想混乱,妨碍基本概念和基本观念的建立。

第三,挖掘教材的思想教育因素。在教学过程中,如果教师脱离教学的具体内容,空泛地向学生进行道德说教或者节外生枝、生拉硬扯地进行思想教育,那不仅会打乱和削弱传授知识的系统性,而且往往会引起学生的反感。所以,我们不能为了教学的教育性而教育性,应该把教育性寓于知识教学之中。为此,一方面,要利用教材内容本身所具有的思想教育因素,寓思想教育于知识教学之中;另一方面,用学生喜闻乐见的形式进行知识教学,使学生的思想在不知不觉中得到提高。

四、开放性教学的理念

 随堂讨论 4-3

曾经有过一种说法,思想政治(品德)教学要"以纲为纲,以本为本"。"纲"指教学大纲,"本"指课本。如何看待这种说法?

长期以来,思想政治(品德)教学带有浓厚的封闭式、灌输式,这种教学方式的典型特点是以学科知识为中心,以学校课堂为中心,以学校教师为中心。教师按照预先确定的课程计划,对学生进行学科知识的传授,教学内容多限于理论知识,教学地点多集中在课堂,教学形式更多的是理论讲授。这种教学与学生实际和社会生活实际脱节,难以激发学生的学习热情,难以调动学生的学习积极性,针对性不强,难免效果差。

针对以前教学中的"唯本""唯教"的封闭式教学特点,新的思想政治(品德)课程强调课程实施的开放性,思想政治(品德)教学应该具有开放性教学的理念。

（一）教学内容开放

不可否认，思想政治（品德）课程有其基本的课程体系以及与之相应的课程内容，也有作为课程内容载体的教材，但这并不意味着教学内容就局限于此。随着社会的进步和时代的发展，思想政治（品德）教学内容必须反映本学科理论的新成果，体现时代发展的新要求。

首先，要不断吸收学科理论的新成果。思想政治（品德）教学有其特定的内容，而教材是教学内容的重要载体，是教学的基本材料。但教材具有相对稳定性，而客观实际则是不断变化的，这使得教材难免会经常滞后于时代的发展，不能及时反映学科理论发展的新思想和新观点。如果教师在教学中过分依赖教材，以教材为中心，照本宣科讲解，隔靴搔痒分析，照搬书本命题，三言两语讲评，把复杂的教学变成对书本的简单重复，不仅显得教学内容陈旧，而且也是对学生的不负责任。因此，我们应转变"唯本"观念，确立开放观念。一方面，要跟进社会和时代发展的步伐，及时调整教学内容；另一方面，要面向学科理论研究发展的实际，不断吸收新经验、新成果，充实思想政治（品德）教学内容。

其次，要把教学内容和实际结合起来。其一，教学内容要和中学生的实际情况相结合。当代中学生处在改革开放不断深化的环境中，他们有较强的自主意识和社会参与意识，对社会生活中的各种事物和现象有思想、有见解，好发表自己的观点，不仅注重书本知识的吸收掌握，而且特别关注社会问题，乐于探讨现实问题。所以，教师在组织教学内容时，除了教材的基本知识以外，还必须注意学生关注的社会热点、焦点问题，学生有所疑虑、感到困惑的问题等。其二，教学内容要与社会发展的实际相结合。要把社会作为大课堂，让学生带着课本，走出教室，接触社会，去形成新的观念，印证课本理论知识，提高自己认识问题、解决问题的能力。

（二）教学时间开放

"向45分钟要质量"，这是思想政治（品德）教学领域颇为流行的一个思想。然而，教学绝不仅仅只是45分钟的事情，教师和学生都需要在45分钟以外下功夫。一方面，课堂教学结束后，教师要加强课后指导，引导和帮助学生把所学知识与实际结合起来，正确认识和分析各种社会现象和实际问题。另一方面，新课程改革中，强调教学的"过程与方法"目标，意味着教学要关注获取知识的过程，使学生掌握获取知识的方法，为学生课后学习、终身学习奠定基础。

（三）教学空间开放

课堂教学是思想政治（品德）教学的基本组织形式，思想政治（品德）教学主要在课堂上进行。然而，思想政治（品德）教学资源是极其丰富的，社会是个大课堂，社会各个方面、各个领域，都可能对学生政治思想道德素质的发展产生影响。教师要善于利用、整合教学的有效资源，尤其要建立一批有代表性的教学实践基地，包括参观访问基地、社会调查基地、社会服务基地等，定期组织学生到基地进行教学活动，充分发挥各种教学资源的合力。

（四）教学形式开放

在教学中，坚持教师是倾听者、引导者、组织者、资源携带者，学生是教学的主体，教师引导、组织学生在活动中表现、体验、反思，使教师和学生在充分沟通的基础上建立平等的合作关系，搭建教师与学生合作对话的平台，实现教师与学生的合作与互动。这种学生积极参与、师生合作与互动的开放式教学方式多种多样，例如，进行问题探究，开展师生对话，尝试专题研讨，组织实践活动等，都是较好的方式。

五、教学生活化的理念

生活化是思想政治（品德）教学改革和发展的重要价值取向。生活，一般意义上指生物为生存、发展而进行的各种活动。对人来说，它包括满足基本生理需要的生活和有价值有意义的精神生活。

"化"本意为改变或使之改变之意,如"化险为夷""化悲痛为力量"等,延伸为转变成某种性质或状态、达到某种境界(如绿化、理想化、现代化、大众化、神化等)。思想政治(品德)教学生活化就是思想政治(品德)教学遵循学生生活逻辑,植根于生活世界,以人为本,引导学生了解现实生活,改善生存状态,提升生活质量,从而提高教学实效的教学状态。

值得注意的是,思想政治(品德)教学生活化,不是将思想政治(品德)教学简单地还原为学生的生活,更不是让思想政治(品德)教学一味地迎合学生,学生喜欢什么教师就干什么,学生想做什么就让他们做什么,学生想怎么做就怎么做。思想政治(品德)教学有其自身的科学性,生活化必须建构在科学化的基础上,不能离开科学化片面去谈生活化,更不能因生活化而牺牲科学化。思想政治(品德)教学生活化只是说要用学生所喜闻乐见的方式,让学生在潜移默化中受到教育和熏陶。

在思想政治(品德)教学中贯彻生活化的教学理念,必须注意以下几点。

(一) 确立生活化的教学目标

长期以来,我国思想政治(品德)教学在目标的确立上存在三方面的问题:一是政治化色彩太浓,过分注重社会需要,忽略了学生自身发展的要求;二是理想化成分太多,过分注重未来社会发展的要求,忽略了现实社会的特点;三是片面性太强,重知识和能力目标,轻情感态度价值观的养成。

适应生活化的要求,思想政治(品德)教学目标的确立必须坚持三点:第一,社会需要与学生自身发展需要并重。不可否认,思想政治(品德)教学承担着培养适应国家和社会所需要的人才的重任,必须根据国家和社会发展的需要确立教育目标。然而,思想政治(品德)教学也要促进学生自我完善和发展,教育目标的确立也必须考虑学生自身发展的需要。而且根据社会需要确立的教育目标,如果不符合学生的实际,不能为学生所理解和接受,不内化为学生自己的追求,就可能最终落空。第二,理想与现实结合。思想政治(品德)教学的目标要源于生活又高于生活。思想政治(品德)教学目标既要现实化,贴近学生、贴近实际、贴近生活,使学生感受到目标的可实现性;又要避免平庸化,体现目标的理想性、先进性,能够引导学生向更高的目标发展。第三,知识目标、能力目标、情感态度价值观目标兼顾。在关注知识和能力的基础上,要引导学生充分张扬个性,获得情感体验,养成强烈的社会责任感和勇于奉献的精神。

(二) 精选生活化的教学内容

传统的思想政治(品德)教学内容存在空泛化的现象,往往多关注学科理论的说教,热衷于从理论到理论的空谈,远离了生活的源泉,脱离了生活的大课堂,教学内容不仅没有走进学生的生活世界,更没有走进学生的心灵。适应教学生活化的要求,思想政治(品德)教学要精选生活化的教学内容。

首先,要精选符合学生生活需要、惠及学生终身发展的内容。思想政治(品德)教学的内容涉及经济、政治、哲学、道德、法律等多方面,其中每一方面都有严密的逻辑体系和丰富的知识内容。思想政治(品德)学科不可能严格按照这种学科的理论体系,对每一方面知识进行系统完整的教学,必须淡化学科的知识体系,根据学生的生活需要和未来发展,构建符合学生认识规律、对学生终身受益的思想政治(品德)教学内容体系。

其次,要充实反映社会生活、体现时代特点的内容。思想政治(品德)教学内容有很强的时代性。因此,教师在教学中要对教育内容进行充实和改造,随着社会的进步和时代的发展,不断剔除落后于时代的旧知识,把来自于社会生活中的新理论、新方法、新问题及时地纳入思想政治(品德)教学内容之中,让现实生活成为思想政治(品德)教学内容的重要源泉。

最后,要筛选贴近学生、贴近社会生活的典型事例。思想政治(品德)教学离不开典型事例。以往在事例的应用上往往过于理想化,多以伟人、英雄、模范等杰出人物为典型,不仅时效性比较差,学生缺乏新鲜感,也往往远离学生的现实生活,让他们觉得可信度不强,难以产生共鸣。因此,要整理、筛选来自现实社会生活和学生生活的典型,激发学生的兴趣,引发他们的思考,增强思想政治(品德)教学的吸引力。

(三)采用生活化的教学方式

生活化的思想政治(品德)教学方式多种多样。一般来说,以下几种方式值得研究和借鉴。第一,体验式。就是在教学中给学生提供或创设一定的生活情境,让学生在生活情境中进行感受和体验,获取生活经验,实现教学目标。第二,谈话式。即教师根据思想政治(品德)教学目标、内容和社会生活实际,设计真实、复杂、具有挑战性、开放性的思想政治(品德)教学话题,通过师生共同分析、共同探讨,实现教学目标。第三,活动式。生活知识和经验需要在课堂上的学习,更需要在实践中去领悟和应用。通过引导学生关心社会发展,关注社会热点,参加社会实践,可以打开他们的视野,增长他们的社会经验,实现思想政治(品德)教学的目标。因此,参观访问、社会调查、志愿服务、文体竞赛等实践活动也是思想政治(品德)教学生活化的重要选择。

(四)营造生活化的教学氛围

思想政治(品德)教学生活化要求尊重学生,把学生放在主体地位,顺应学生的认知特点,使教育在民主、融洽、和谐的氛围中进行。也只有在这种教育氛围中,才能更好地形成生活化的教育情境,实现思想政治(品德)教学的教学目标。

营造生活化的教育氛围,关键是要建立和谐、民主的师生关系。首先,要摆正教师和学生在思想政治(品德)教学中的位置。教学中教师必须是促进者、引导者,而不是权威者、教训者;学生必须是主动发展者,而不是被动接受者。其次,教师要充分尊重和高度信任学生。古人云:"势服人,心不然;理服人,方无言。"教师在教学中不能以势压人、以压代教,必须循循善诱,因势利导,以平等的姿态、平易近人的风格来教育人、引导人、感染人。最后,师生要平等交流。教师要尊重学生的意见和观点,与学生共同交换看法、沟通思想、培养感情;学生要从自身的生活经验出发,尊重事实,服从真理。

第四节 思想政治(品德)教学过程的最优化

随堂讨论 4-4

1. 长期以来,高考、中考为广大学校、教师、学生、家长所高度关注,甚至成为衡量学校办学质量、教师教学水平的根本标准。那么,是否高考、中考成绩优秀,教学过程就最优化?

2. 教学是为了学生的发展。那么,是否只要实现了学生更快更好地发展,就一定实现了教学过程的最优化?

一、思想政治(品德)教学过程最优化的含义和标准

教学过程最优化理论是苏联教育学家巴班斯基最早提出的。他认为要用辩证系统的方法,把教学过程置于系统的形式中加以考察,从整体与部分、部分与部分、整体与外部环境之间的相互关系中综合地研究对象,以期达到最优地处理教学过程问题,即在规定时间内以较少的精力达到当时条件下尽可能大的效果。根据这一理论,所谓思想政治(品德)教学过程的最优化,是指思想政治(品德)教师有目的地选择教学过程的最佳方案,争取在现有条件下,用最少的时间和精力去获得最大可能的结果。

思想政治(品德)教学过程最优化的基本标准有两条。

一是效果标准。即要根据教学任务,在教学过程中取得最大的教学效果。对这条标准要注意两点:第一,必须全面评价教学效果。教学效果的衡量,不能局限于学生的学习成绩,而应全面考虑学生的教养、教育和发展水平,全面衡量学生知识、能力、情感态度价值观方面的收获。第二,必须从每个学校、每个班级、每个教师、每个学生的具体条件和实际可能出发,提出不同的标准,使教学结果既符合社会客观要求的水准,又符合每个学生具体实际发挥最大可能性的程度,即学生"最近发展区"的发展程度。

二是时间标准。即教师和学生必须遵守学校卫生学及国家有关文件规定的课堂教学和家庭作业的时间定额。要防止学生的学习负担过重,保证在规定的时间内完成教学任务,并取得最佳效果。

二、思想政治(品德)教学过程最优化的方法体系

教学过程最优化的基本方法体系,指的是教学过程中相互联系着的、可以导致教学最优化的所有方法的总和。这一方法体系可以从两方面来认识和理解。

1. 努力实现各教学要素的最优化

思想政治(品德)的教学过程包括许多基本成分,如教师、学生、教材、教学条件等。要实现教学过程"整体的最优化",必须实现这些具体成分的"局部最优化"。例如从教师来说,要注意综合确定教学目标,在研究学生实际的基础上,使教学任务具体化;要明确教学内容及其重点;要选择最合理的教学形式和方法;要对教学效果进行恰当的检测与评价,看教学结果是否符合教学最优化的标准等。从学生来说,也相应地要接受任务,认清教学目标;集中注意力掌握重点教学内容;掌握和选用恰当的学习方法,尽力发挥自己的长处;合理支配学习时间,加快学习速度;对学习结果适时恰当地进行自我分析与评价等。只有实现了教师、学生、教材、教学条件的最优化,才能够为教学过程最优化提供前提和保证。

2. 积极推进教师教和学生学的最优化

思想政治(品德)的教学过程是师生双边活动的过程,因此,思想政治(品德)教学过程的最优化也有赖于教师施教的最优化和学生学习的最优化,只有这两部分最优地结合起来,做到教与学双方的有机统一,才能在不加重学习负担的前提下提高教学质量。实现这一点,以下两个方面尤其值得重视。

第一,教师要引导学生自主学习。传统教学的弊端之一,就是教育者实行单向传授,实行"我讲你听",其结果必然是"师劳而功半,又从而怨之也"。诚然,科学的世界观和高尚的道德情操不可能从学生身上自发产生,而是需要"灌输"的,但这种"灌输"毕竟不同于液体流入管道和容器中。学生的学习过程是一个认识过程,学生是认识的主体,其认识活动只能通过自己的实践和感知,在自己的头脑中进行,别人是代替不了的。因此,在思想政治(品德)教学中,要充分发挥学生的主体作用,把他们看成是主动的、生动活泼的、发展着的认识主体,引导他们自己探索、思考,使他们在"动态"中学习,克服在"静态"中的死记硬背。

第二,师生之间加强沟通,实行合作教学,提高学生课堂参与率。优化教学方法,不但要使师生之间情感得到交流,还要使师生之间产生合作关系,使一堂课不单由教师"唱独角戏"而由师生共同合作"唱好戏"。要做到这一点,教师应该注意:① 把感情带进政治课堂,溶进课本,打破中学思想政治(品德)课的单纯说理教育的传统讲授格局,把说理与情感熔为一炉,做到既以理服人,又以情动人,使学生既明道,又生情。② 给予学生充分的民主。平等看待每一位学生,不能有优等生、差生的偏见,善于应用鼓励、表扬的语言,即便是批评,也必须以尊重、关心、爱护的态度。师生之间只有保持心灵上的沟通,才能出现"亲师而信其道"的教学效应。③ 巧妙激起学生兴奋点。兴趣是最好的老师,当学

生对周围所发生的事情表现出浓厚的兴趣时,教师应善于抓住这一兴奋点,设计生动活泼的方式,如时政演讲、小组讨论、辩论、知识竞赛,多引用历史故事、名人典故等,使学生在轻松愉快的氛围中学习知识,发展智力能力,以求学生最大限度参与课堂教学,配合教师完成教学任务。

本章小结

1. 思想政治(品德)教学过程是教师和学生双边的认识、实践和创造性活动的过程,在这个过程中,学生通过教师的帮助获得知识、形成能力、修养品德和陶冶情操。思想政治(品德)教学过程具有教学内容的系统性、教育效果的持久性、教育途径的固定性等特点。

2. 思想政治(品德)教学过程的结构包括要素结构和逻辑结构两个方面。一方面,思想政治(品德)教学过程由思想政治(品德)教师、学生、教材、教学条件等基本要素构成;另一方面,思想政治(品德)教学过程包括教学准备、教学实施、教学评价三个基本阶段。

3. 思想政治(品德)教学应该遵循以人为本、理论联系实际、知识性与教育性相统一、开放性教学、教学生活化等理念。

4. 思想政治(品德)教学过程的最优化,是指思想政治(品德)教师有目的地选择教学过程的最佳方案,争取在现有条件下,用最少的时间和精力去获得最大可能的结果。教学过程最优化的基本标准有效果标准和时间标准。要实现思想政治(品德)教学过程最优化,必须努力实现各教学要素的最优化;积极推进教师教和学生学的最优化。

本章思考题

1. 思想政治(品德)教学过程的本质是什么?
2. 思想政治(品德)教学过程有什么特点?
3. 综合思想政治(品德)教学过程的要素结构和逻辑结构,谈谈自己对思想政治(品德)教学过程结构的认识。
4. 简要介绍思想政治(品德)的教学理念。
5. 什么是思想政治(品德)教学过程的最优化?怎样实现思想政治(品德)教学过程的最优化?

参 考 文 献

[1] 中华人民共和国教育部.普通高中思想政治课程标准(2017年版)[M].北京:人民教育出版社,2018.
[2] 中华人民共和国教育部.义务教育思想品德课程标准(2011年版)[M].北京:北京师范大学出版社,2012.
[3] 刘强.思想政治学科教学新论[M].北京:高等教育出版社,2003.
[4] 张耀灿,等.思想政治教育学前沿[M].北京:人民出版社,2006.
[5] 王道俊,王汉澜.教育学[M].北京:人民教育出版社,1989.
[6] 联合国教科文组织国际教育发展委员会.学会生存——教育世界的今天和明天[M].北京:教育科学出版社,1996.
[7] 张耀灿,等.现代思想政治教育学[M].北京:人民出版社,2006.
[8] 李秉德.教学论[M].北京:人民教育出版社,1991.

阅读视野

一、当代国外教学过程理论的几个主要流派

1. 赞科夫教学过程理论

苏联教育心理学家赞科夫主张教学应该推动发展前进,指出:"只有当教学走在发展前面的时候,这才是好的教学。"他根据维果茨基的"最近发展区"理论,把学生在教学过程中的发展分为两个水平:一个是现有发展水平,即学生已经达到的、能够独立解决问题的水平;另一个是最近发展区,即在教师的引导和帮助下能达到的解决问题的水平,它介于学生潜在发展水平和现有发展水平之间。他认为教学应该为学生发展创造"最近发展区",然后使学生的"最近发展区"转化为他的现有发展水平。

2. 布鲁纳(J. Bruner)的教学过程理论

美国教育心理学家布鲁纳主张学生通过发现法来掌握学科的基本结构,注意调动学生学习的主动性,通过发现、探索活动掌握知识,同时也注意发挥教师的作用,主张在发现和讲述两者之间取得恰当的平衡。他认为教学过程应该依据学生的智力发展过程,按照各年龄段学生观察事物的方式阐述学科结构。在学生学习知识的过程上,布鲁纳认为学习包括三个差不多同时发生的过程:第一个是新知识的获得。由于新知识往往同一个人以往的模糊或清晰的知识相违背或是它的替换,故新知识的获得是先前知识的重新提炼。第二个是转换,使所得的知识整理成另一种形式以适合新任务。第三个是评价,即检查与估计知识的正确性。

3. 巴班斯基的教学过程理论

苏联教育学家巴班斯基提出教学过程最优化理论。他认为要用辩证系统的方法,把教学过程置于系统的形式中加以考察,从整体与部分、部分与部分、整体与外部环境之间的相互关系中综合地研究对象,以期达到最优地处理教学过程问题,即在规定时间内以较少的精力达到当时条件下尽可能大的效果。

二、教学是教师教学生学的过程,还是师生交往、积极互动、共同发展的过程?[①]

教与学的关系问题是教学过程的本质问题,同时也是教学论中的重大理论问题。教学是教师的教与学生的学的统一,这种统一的实质是交往、互动。基于此,新课程把教学过程看成是师生交往、积极互动、共同发展的过程。没有交往、没有互动,就不存在或未发生教学,那些只有教学的形式表现而无实质性交往发生的"教学"是假教学。把教学本质定位为交往,是对教学过程的正本清源。它是对"把教学看成是教师有目的、有计划、有组织地向学生传授知识、训练技能、发展智力、培养能力、陶冶品德的过程"这一传统观点的重大突破。

在传统的教学中,教师负责教,学生负责学,教学就是教师对学生单向的"培养"活动,它表现为:一是以教为中心,学围绕教转。教师是知识的占有者和传授者,对于求知的学生来说,教师就是知识宝库,是活的教科书,是有学问的人,没有教师对知识的传授,学生就无法学到知识。所以教师是课堂的主宰者,所谓教学就是教师将自己拥有的知识传授给学生。教学关系成为:我讲,你听;我问,你答;我写,你抄;我给,你收。在这样的课堂上,"双边活动"变成了"单边活动",教代替了学,学生是被教会,而不是自己学会,更不用说会学了。二是以教为基础,先教后学。学生只能跟着教师学,复制教师讲授的内容。先教后学,教了再学;教多少,学多少;怎么教,怎么学;不教不学。教支配、控制学,学无条件地服从于教,教学由共同体变成了单一体,学的独立性、独立品格丧失了,教也走向了其反面,最终成为遏制学的"力量"。教师越教,学生越不会学、越不爱学。总之,传统教学只是教与学两方面

[①] 朱慕菊. 走进新课程——与课程实施者对话[M]. 北京:北京师范大学出版社,2002:115-116.

的机械叠加。

新课程强调,教学是教与学的交往、互动,师生双方相互交流、相互沟通、相互启发、相互补充,在这个过程中教师与学生分享彼此的思考、经验和知识,交流彼此的情感、体验与观念,丰富教学内容,求得新的发现,从而达到共识、共享、共进,实现教学相长和共同发展。交往昭示着教学不是教师教、学生学的机械相加,传统的严格意义上的教师教和学生学,将不断让位于师生互教互学,彼此将形成一个真正的"学习共同体"。在这个共同体当中,"学生的教师和教师的学生不复存在,代之而起的是新的术语:教师式学生和学生式教师。教师不再仅仅去教,而且也通过对话被教,学生在被教的同时,也同时在教。他们共同对整个成长负责"。对教学而言,交往意味着人人参与,意味着平等对话,意味着合作性意义建构,它不仅是一种认识活动过程,更是一种人与人之间平等的精神交流。对学生而言,交往意味着主体性的凸显、个性的表现、创造性的解放。对教师而言,交往意味着上课不仅是传授知识,而是一起分享理解,促进学习;上课不是单向的付出,而是生命活动、专业成长和自我实现的过程。交往还意味着教师角色定位的转换:教师由教学中的主角转向"平等中的首席",由传统的知识传授者转向现代的学生发展的促进者。可以说,创设基于师生交往的互动、互惠的教学关系,是本次教学改革的一项重要内容。

三、教学重结论还是重过程?①

结论与过程的关系是教学过程中一对十分重要的关系,与这一关系相关的还有:学习与思考、学会与会学、知识与智力、继承与创新等。从学科本身来讲,过程体现该学科的探究过程与探究方法,结论表征该学科的探究结果(概念原理的体系)。二者是相互作用、相互依存、相互转化的关系。什么样的探究过程和方法论必然对应着什么样的探究结论或结果,概念原理体系的获得依赖于特定的探究过程和方法论。如果说,概念原理体系是学科的"肌体",那么探究过程和探究方法就是学科的"灵魂"。二者有机结合才能体现一门学科的整体内涵和思想。当然,不同学科的概念原理体系不同,其探究过程和方法论也存在区别。但无论对哪一门学科而言,学科的探究过程和方法论都具有重要的教育价值,学科的概念原理体系只有和相应的探究过程及方法论结合起来,才能有助于学生形成一个既有肌体又有灵魂的活的学科认知结构,才能使学生的理智过程和精神世界获得实质性的发展与提升。

从教学角度来讲,所谓教学的结论,即教学所要达到的目的或所需获得的结果;所谓教学的过程,即达到教学目的或获得所需结论而必须经历的活动程序。毋庸置疑,教学的重要目的之一,就是使学生理解和掌握正确的结论,所以必须重结论。但是,如果不经过学生一系列的质疑、判断、比较、选择,以及相应的分析、综合、概括等认识活动,即如果没有多样化的思维过程和认知方式,没有多种观点的碰撞、论争和比较,结论就难以获得,也难以真正理解和巩固。更重要的是,没有以多样性、丰富性为前提的教学过程,学生的创新精神和创新思维就不可能培养起来。所以,不仅要重结论,更要重过程。基于此,新课程把过程方法本身作为课程目标的重要组成部分,从而从课程目标的高度突出了过程、方法的地位。

重结论、轻过程的传统教学只是一种形式上走捷径的教学,把形成结论的生动过程变成了单调刻板的条文背诵,一切都是现成的:现成的结论、现成的论证、现成的说明、现成的讲解,它从源头上剥离了知识与智力的内在联系。重结论、轻过程的传统教学排斥了学生的思考和个性,把教学过程庸俗化到无需智慧努力,只需听讲和记忆就能掌握知识的那种程度,于是便有了掌握知识却不思考知识、诘问知识、评判知识、创新知识的"好学生"。这实际上是对学生智慧的扼杀和个性的摧残。重结论、轻过程,从学习的角度讲,也即重学会、轻会学。学会,重在接受知识,积累知识,以提高解决当前问题的能力,是一种适应性学习;会学,重在掌握方法,主动探求知识,目的在于发现新知识、新信息以及提

---

① 朱慕菊.走进新课程——与课程实施者对话[M].北京:北京师范大学出版社,2002:116-118.

出新问题,是一种创新性学习。进入知识经济时代,学生在学校获得的知识到社会上已远远不够用。人们只有不断更新知识,才能跟上时代的步伐。因此,让学生从学会到会学,就显得尤为重要和迫切。

现代教育心理学研究指出,学生的学习过程不仅是一个接受知识的过程,而且也是一个发现问题、分析问题、解决问题的过程。这个过程一方面是暴露学生产生各种疑问、困难、障碍和矛盾的过程,另一方面是展示学生发展聪明才智、形成独特个性与创新成果的过程。正因为如此,新课程强调过程,强调学生探索新知的经历和获得新知的体验。当然,强调探索过程,意味着学生要面临问题和困惑、挫折和失败,这同时也意味着学生可能花了很多时间和精力结果表面上却一无所获,但是,这却是一个人的学习、生存、生长、发展、创造所必须经历的过程,也是一个人的能力、智慧发展的内在要求,它是一种不可量化的"长效"、一种难以言说的丰厚回报,而眼前耗费的时间和精力应该说是值得付出的代价。

第五章 思想政治(品德)的教学设计

本章学习目标

1. 了解思想政治(品德)教学设计的含义,明确思想政治(品德)课教学设计的内容、依据和准备工作。
2. 了解思想政治(品德)教学方案设计的意义、要求、方法,能够结合教学实际,科学合理地设计课程模块教学方案、课时教学方案、课外活动方案等。
3. 了解说课的含义、特点和基本要求;能够根据说课的主要内容和基本要求进行具体说课设计。

问题序幕

教学设计指导思想的转移

有一位教师,十分热爱自己的职业,既关怀备至地爱护全班孩子,又兢兢业业地工作。孩子们都清楚教师的为人,并发自内心地爱戴她。但对许多孩子来说,学校的时光有种度日如年之感。而这位教师有时能察觉到孩子们的这种感受,但经常浑然不觉。

孩子们都知道自己的老师教学非常认真。但有时,准确说应该是许多时候,看起来她只是在教课而已,而不是教学生。有时她似乎把全班学生当成一个人了。孩子们有时在想,学校学习就像为别人定做的鞋子,总是不合自己的脚。①

以上是发生在美国一所学校的故事。这一故事明确告诉我们,教师的教学要关注学生差异,因材施教。而教师教学活动的起点和基础是教学设计。在我国传统的教学中,教学设计也往往是以教师为中心的,教师凭借教学经验进行安排和策划。新课程改革的核心理念是以学生发展为本,这就使教师的教学设计面临一个指导思想的转变:由以教师为中心的教学设计转向以学生为中心的教学设计。那么如何实现这种转变?就思想政治(品德)教师来说,如何进行教学设计?如何使我们的教学设计符合教学改革发展的要求、符合学生发展的要求?要明确这些问题,我们需要对教学设计有一个系统的了解。

第一节 思想政治(品德)教学设计概述

一、思想政治(品德)教学设计的含义

教学设计也称教学系统设计。关于教学设计的含义,中外学者提出了很多不同的认识。美国教育心理学家加涅(R.M.Gagne)简捷明了地认为:"教学系统设计是计划教学系统的系统化过程。"②我国乌美娜认为:"教学设计是运用系统方法分析教学问题和确定教学目标、建立解决教学问题的策

---

① 〔美〕G.A.汤姆林森.多元能力课堂中的差异教学[M].刘颂,译.北京:中国轻工业出版社,2003:13-16.
② 〔美〕R.M.加涅,等.教学设计原理[M].皮连生,等译.上海:华东师范大学出版社,1999:11.

略方案、试行解决方案、评价试行结果和对方案进行修改的过程。它以优化教学效果为目的,以学习理论、教学理论和传播学为理论基础。"①何克抗教授认为:"教学设计是运用系统方法,将学习理论与教学理论的原理转换成对教学目标(或教学目的)、教学条件、教学方法、教学评价等教学环节进行具体计划的系统化过程。"②

上述关于教学设计的界定中,尽管有一定的差异,但一些相同的基本点。

第一,教学设计是运用系统方法对教学进行具体计划的过程,教学设计的方法论是基于系统科学的方法。

第二,教学设计是基于一定的理论基础,如传播理论、学习理论和教学理论等。

第三,教学设计是对教学系统的各个要素、结构和功能进行整体研究,从而揭示出教学要素之间必然的、规律性的联系,达到教学过程的优化控制。

第四,教学设计是为解决教学实际问题而创设一个有效的教学系统,以实现教学效果最优化、更好地培养人和造就人的根本目的。也就是说,教学设计是进行有效教学的必要条件。

第五,教学设计的过程是一个创造性活动过程,凝聚着设计者创造性的劳动。

基于以上认识,我们认为,思想政治(品德)教学设计就是思想政治(品德)教师在一定的教学理论和学习理论指导下,应用系统方法对思想政治(品德)教学过程的诸要素、环节及其相互关系进行科学的分析、描述、计划或规定,为教学活动制定具体可行、可操作性的程序或方案的过程。

二、思想政治(品德)教学设计的主要内容

随堂讨论 5-1

有人认为,思想政治(品德)教学设计就是思想政治(品德)教师编写教案。你如何看待这种观点,说说你的理由。

随着教学设计理论与实践的发展,教学设计如何展开,围绕哪些内容展开,出现了许多有关的观点和论述。

肯普的教学设计程序由八个部分组成:① 讨论目的。列出课题,陈述每一课题的教学目的。② 列出学生特点。③ 确定可以取得明显学习成果的学习目标。④ 列出每一学习目标的学科内容。⑤ 预估学生对有关课题的基础知识和表达水平。⑥ 选择教学活动和教学资源。⑦ 协调所提供的服务(如预算、设备、仪器、人员和时间表等)。⑧ 根据学生完成学习目标的情况,评价学生学习成绩,以便修改和再评价计划中需要改进的部分。③

李克东认为教学设计过程是:① 分析教学目标,即明确学生学习什么内容;② 确定教学策略,即选择要达到预期目标所需要的资源、程序和方法;③ 进行教学评价。④

麦曦等把教学设计的基本内容分为三大部分、八个基本要素(或基本环节)。三大部分是:教学目标设计、教学策略设计和教学评价设计。八个基本要素是:① 教学对象分析;② 教学内容分析;③ 学习目标编制;④ 教学内容、顺序设计;⑤ 教学方式、方法设计;⑥ 教学媒体组合选择;⑦ 形成性

---

① 乌美娜.教学设计[M].北京:高等教育出版社,1994:10.
② 何克抗.也论教学设计与教学论[J].电化教育研究,2001(4).
③ 郑庆昇.教学工作技能训练[M].上海:华东师范大学出版社,1997:71.
④ 邝丽湛.思想政治学科教学设计[M].广州:广东高等教育出版社,1999:155.

评价设计;⑧ 总结性评价设计。①

显然,针对不同的教学任务,教学设计的具体方法和步骤可能有所不同,但基本内容是一致的。归结起来,教学设计的内容无非以下三个方面。

第一,我们期望学生学会什么?或者说教师教什么和学生学什么?(教学目标)

第二,如何使学生达到预期目标?或者说教师如何教和学生如何学?(教学策略、教学媒体等)

第三,如何及时获得学生学习的反馈信息?或者说教师教得怎么样和学生学得怎么样?(教学评价)

由此出发,思想政治(品德)教学设计的内容包括很多方面,从大的方面说,包括教学目标设计、教学内容设计、教学过程设计、教学方法设计、教学手段设计等;从小的方面看,教学导入设计、教学板书设计、教学小结设计、教学提问设计等,也是教学设计的重要内容。然而,在实际的教学工作中,这些教学设计都基本汇聚在教师的教学方案中,都通过教学方案来体现和反映,因此,思想政治(品德)教学设计主要表现为教学方案的设计,包括课程模块教学方案、模块单元教学方案、模块主题教学方案、课时教学方案、学科课外活动方案等。

三、思想政治(品德)教学设计的依据

思想政治(品德)教学设计是一项复杂的工作,成功的教学设计必须综合考虑多方面的因素。一般来说,思想政治(品德)教学设计的依据主要有以下几个方面。

(一)现代教学理论

理论的指导是教学设计由经验层次上升到理性、科学层次的一个基本前提。科学的理论是对教学规律的客观总结和反映,依据科学的教学理论和学习原理设计教学活动,实际上就是要求教学设计的方案和措施要符合教学规律。在教学实践中我们不难发现,有些教师,特别是从事教学工作时间不久的教师,由于不懂得如何在教学理论的指导下对教学作出详细规划,因而在课堂教学中往往随意发挥,影响了课堂教学质量。即使是有些经验的教师,由于轻视系统的理论指导,教学时局限于经验化处理,因而教学效果也不理想。因此,思想政治(品德)课教师只有自觉运用科学的理论指导教学设计,才有可能使教学摆脱狭隘的经验主义窠臼,才有条件谈论追求教学效果的最优化问题。

(二)系统科学的原理与方法

系统科学的基本原理与方法要求研究者在研究事物的过程中,从系统观点出发,从系统和要素、要素和要素之间的相互联系和相互作用的关系中综合地、精确地考察对象,从而取得解决问题的最佳效果。教学系统是一个由教师、学生、教学内容、教学方法与手段等多种教学要素构成的复杂系统,各教学要素间存在着密切的联系和多种作用方式。运用系统方法分析教学系统中各因素的地位和作用,使各因素得到最紧密的、最佳的组合,从而优化教学效果,是教学设计的一个基本特征,同时也是教学设计成功与否的关键所在。因此,在实际的教学设计过程中,思想政治(品德)课教师应自觉遵循系统科学的基本原理,以系统方法指导自己的设计工作。

(三)思想政治(品德)课程的性质和特征

思想政治(品德)课程是对学生进行思想政治和思想品德素质教育的公民素质教育课程,与其他课程相比,具有思想性、人文性、实践性、综合性等多方面特征。思想政治(品德)教学设计应关注这些特征,体现这些特征。

例如,知识性与思想性是思想政治(品德)课的两种属性。知识性是向学生传授马克思主义基础

---

① 邝丽湛.思想政治学科教学设计[M].广州:广东高等教育出版社,1999:71.

知识的一种属性,这一属性强调使学生获得必要的思想政治(品德)知识。思想性是向学生进行政治思想教育的属性,这一属性强调加强对学生进行思想政治道德教育,使学生初步形成正确的世界观、人生观、价值观,为终身发展奠定思想政治素质基础。这两种属性中,起主导、决定作用的是思想性,思想性是思想政治(品德)课程的根本属性。这就要求我们在进行教学设计的过程中,要把设计的立足点放在思想性上,围绕思想性而展开,水乳交融地对学生进行思想教育和品德熏陶。

再例如,综合的课程形态是思想政治(品德)课程的构建方式。为此,在对某一课、某一框进行教学设计时,必须充分考虑到本课、本框题与其他课、框的联系,必须充分考虑本课、本框在整个思想政治(品德)课程中的地位,考虑到本课、本框与其他学科的联系。

(四)教学的实际需要

从根本上讲,教学设计的全部意义就在于满足教学活动的实际需要,在于为实现这种需要提供最优的行动方案。因此,教学设计最基本的依据就是教学活动的实际需要,离开了教学的现实需要,也就谈不上进行教学设计。在具体的教学过程中,教学活动的实际需要集中体现在教学的任务和目标中。教师在进行教学设计时,应首先明确教学任务和教学目标,并对它们进行认真的分析、分解,使之成为可操作的具体要求,在此基础上,综合考虑各种教学因素,选择设计必要的教学措施和评价手段,使教学设计方案在立足教学现实需要的基础上发挥出其应有的作用。

(五)学生的实际

教学是教师和学生双方共同活动的过程,在这个过程中存在着教师的"教",也存在着学生的"学"。教学的根本落脚点在于学生的发展,教是为了学,学是教的依据和出发点,教师的教必须通过学生的积极主动的学才能起到有效作用。大量的教学实践也表明,重教轻学,教学缺乏学生的积极性,是不可能收到好的教学效果的。因此,在教学设计的过程中,既要关心"教",更要关心"学"。教师除了从教的角度考虑问题外,还必须把学生身心发展的特点和规律作为教学设计的一个重要依据加以认真对待。也就是说,教师作为教学活动的设计者,在决定教什么和如何教时,必须从学生实际出发,全面考虑学生学习的需求、认识规律和学习兴趣,着眼于辅助、激发、促进学生的学习。

(六)教师的教学经验

从一定意义上说,教学设计的过程也是教师个体创造性劳动的过程,成功的教学设计中往往凝聚着教师个人的经验、智慧和风格。好的教学经验是教师在长期的教学实践中总结出的规律性东西,它们在教学中往往可以弥补教学理论的某些不足,帮助教师取得好的教学效果。因此,从这个意义上我们说,教师的教学经验也是教学设计的基本依据之一。在教学设计中,既不能完全依据经验行事,但也不能排斥教学经验的作用。只有将科学的理论和方法与好的教学经验结合起来,才能使教学设计既有共性,又有个性,并最终达到科学性和艺术性的有机统一。

四、思想政治(品德)教学设计的准备

思想政治(品德)教学设计要做多方面的准备工作,准备工作的充分与否,直接关系到教学方案的有效性和教学效果的好坏。一般来说,思想政治(品德)教学设计的基本准备主要包括以下几个方面。

(一)了解党和国家的有关精神和学校教育教学工作计划

这是由思想政治(品德)课的性质、任务决定的。只有认真了解研究党和国家的路线、方针、政策及有关教育工作的指示,并将其精神实质贯彻到教学计划和教学实践中去,才能保证思想政治(品德)课教学的正确政治方向,才能深刻理解课程标准和教材,从而才有可能全面地、出色地完成教学任务,充分体现思想政治(品德)课的功能,实现思想政治(品德)课的教育教学目标。

同样,中学德育是由思想政治(品德)课、学校日常思想政治教育、时事教育、班主任工作、团队工

作,以及其他各科中渗透的思想政治教育所组成的一个整体。它们既有分工,又要密切配合,共同完成德育任务。所以,必须把思想政治(品德)课的教学方案置于学校的整个教育教学工作计划之中,思想政治(品德)课必须与学校德育的其他方面协调一致,才能更好地发挥自己的作用。这就要求思想政治(品德)教师了解学校对教学和思想政治教育的基本要求和相关的工作计划,以及团队和班主任工作计划等,以便互相配合,形成思想政治教育的强大合力。

资料卡片 5-1

《普通高中思想政治课程标准(2017年版)》明确指出:高中思想政治课与初中道德与法治、高校思想政治理论等课程相互衔接,与时事政治教育相互补充,与高中其他学科教学和相关德育工作相互配合,共同承担思想政治教育立德树人的任务。

(二) 研究思想政治(品德)课的课程标准和教材

思想政治(品德)课程是国家课程,其课程标准体现的是国家意志,具有统一性、普遍性和强制性。所谓统一性,是说课程标准中所规定的公民素质的基本要求,是一种对未来公民素质的统一要求;所谓普遍性,是说这种标准适用于基础教育阶段就学的所有学生,适用于我国范围内、基础教育阶段内的所有开设这门课程的学校;所谓强制性,是指必须达到课程标准所规定的公民素质的基本要求。课程标准是课程的核心要素,规定了课程的性质、目标和内容框架,从而成为教材编写、教学实施和教学评价的基本依据。教师必须认真学习和研究思想政治(品德)课程标准,领会其精神实质,熟悉它所规定的课程理念、课程目标、内容标准、教学建议等。认真研究课程标准,明确教学的主旨,对于教学目标的合理制定、教学内容的选择取舍、教学过程的组织安排、教学手段的科学运用等都具有重要作用。

教材是课程标准的具体化,是教师进行教学的基本材料,也是学生学习的蓝本。教师在设计课程模块教学方案时,必须通读教材,把握全书的基本内容,初步地掌握这些内容之间的联系,明确各部分的重点、难点以及本学期的教学内容在思想政治(品德)课整体中的地位和作用等。这是制订教学计划时必须做好的又一项重要的基础工作。钻研教材是一项复杂、细致、艰辛和富有创造性的工作。钻研教材一般分三步进行。

第一步,通读教材,统揽全局。这是钻研教材的最低层次的要求,也是钻研教材的基础环节。它要求教师通读相关教材,对教材体系及特点等有一个较全面、系统的了解,建立对教材的完整印象,把握教材的整体结构,以便于在设计课时教学方案时,从整体出发,综合把握。

第二步,细读教材,把握精髓。它要求教师在"观其大略"的基础上,对教材进行细读深思,把握教材的重点、难点、思想点、理论与实际的结合点等,以便在设计课时教学方案时,从实际出发,突出重点,突破难点,突出思想点,抓住结合点,使教学体现出鲜明的个性特征。

第三步,精读教材,妥善处理。它要求教师通过精读教材,抓住主干,妥善处理教材。从广义上讲,处理教材也是钻研教材的一个必要环节。通读、细读教材是基础和准备,精读、处理教材是筛选和布局。教师组织处理教材的过程,实际上是对教材进行艺术创造的过程。组织处理教材要考虑的因素很多,以下几点尤其重要:① 围绕目标。教学目标是一节课的核心或灵魂,是贯穿教学全过程的主线,决定着教学内容的取舍。② 权衡轻重。教学必须突出重点,引导学生把握教材的主要内容。对于教学重点,要增补材料,详尽分析;或变换方法,烘托渲染。对于非重点内容,则可略讲或不讲。③ 琢磨深浅。教师组织处理教材,要琢磨教学内容的深浅程度,力求使教材知识结构的逻辑顺序与学生认知结构的发展顺序有机统一。为此,教师要注意深入浅出,把学科知识结构改造成为学生能够接受和理解的形式。④ 把握难易。教材的难与易是客观存在的。把握难易,不是教师的主观臆断;化难为易,更为艰辛。在组织处理教材时,面对难点,要善于分散或分解,以便各个击破。⑤ 注意取舍。教材内容不一定是教学内容,教材上有的不一定要讲,教材上没有的不一定就不讲。在组织处理教材时,教师应多联系社会生活实际以及学生的学习、生活实际,使我们的教学更符合时代要求,更适应社会需要,更贴近学生,更富有实效。

 资料卡片 5-2

钻研教材的常用策略①

(1) 整体把握以求全。通读教材,从整体和全局了解教材的性质、内容、编排意图、体例以及训练线索,有利于我们在教学过程中纵横联系,前后贯通,自如驾驭教材。

(2) 探幽发微以求深。针对教材的某个重点、难点、疑点和关键点,或教材的矛盾点、深化点、动情点等,认真揣摩,咀嚼玩味,精雕细刻,探幽发微,可求得对教材更深刻的理解。

(3) 辨别比较以求准。在钻研教材的过程中,将教材中字词使用、句子结构、事例列举、概念定义、原理表述等进行辨别比较,可以求得对教材更准确的理解。

(4) 变换角度以求新。在钻研教材之时,教师转换认识问题的视角,从新的角度和方位去理解教材,就可获得全新的感受和收获。

(5) 纵横联系以求活。教材知识有着内在的逻辑结构,教师钻研教材之时,若能横拓纵延,综合分析,呈现在师生面前的将不再是凝固不变的课文,而是一种新颖别致的结构和灵活多变的程序。

(三) 熟悉了解学生

学生既是教育的对象,又是教学过程的主体,熟悉学生,解决"谁学"和"为谁而教"是教学的出发点和归宿。因而,在设计教学方案时,要求教师了解学生的基本情况,使教学方案更具有针对性。

首先,要了解学生的思想实际。教育学和心理学告诉我们,在教育过程中,只有当外部的因素触及学生的内在精神要求时,才能使受教育者处于一种积极的接受状态,从而产生良性的内化过程。因此,思想政治(品德)教师应首先找出中学生的成长需要与思想政治(品德)课的结合点,并从这个结合点出发进行有针对性的教学。

其次,要了解学生的知识实际。包括了解学生的学习基础、学习态度以及学习兴趣、爱好和习惯等。通过对当前学习情况的把握,确定教学的起点,从而有针对性地设计教学。

最后,要了解学生的实际能力。包括了解学生的接受能力、理解能力、动手和应用能力等。了解学生学习方法以及学生的年龄、思维特点和个性差异等。

(四) 搜集整理资料

这里所讲的资料泛指一切与思想政治(品德)教学有关的文章、数据、故事、格言、典故、时事政治、试题等。思想政治(品德)课的内容属于社会科学范围,社会科学的一个突出特征是说理,而说理要凭事实,要占有翔实的资料。因此,思想政治(品德)教学设计,必须广泛地搜集与教学内容相关的事实

---

① 胡兴松.思想政治课教学艺术论[M].广州:广东教育出版社,2000:85-86.有删减。

和资料。这样,既可以扩大教师的知识领域,不断丰富和更新自己的知识,帮助教师加深对教材的理解,又可以大大丰富教学内容,不致将思想政治(品德)课讲成枯燥的教条,使学生感到索然无味而失去学习兴趣。广泛搜集资料是取得教学成功的一个重要条件。

搜集资料既是一项艰苦细致的工作,同时又是一项长期的工作。搜集资料必须坚持以下几条原则。第一,适用性原则。当今时代是一个信息大爆炸时代,各式各样的资料都非常丰富,但我们所要搜集的资料不能毫无选择,而应该根据思想政治(品德)课的性质、内容和特点,选择合适的资料。第二,时效性原则。要尽力搜集最新的资料,以适应教学内容不断变化的趋势和时代发展的要求。第三,广泛性原则。在资料搜集中,视野要开阔,渠道要拓宽,内容要广泛,形式要多样。视野要开阔,就是国内的、国际的、本地的、外地的、本学科的、其他学科的,凡是同思想政治(品德)课教学有关的资料,要经常关注,力求尽收眼底;渠道要拓宽,就是要立足于从书籍、报纸、杂志、广播、电视、网络等多种渠道采集;内容要广泛,就是资料的内容要涉及政治、经济、文化、军事、教育、体育、卫生、外交等各个领域;形式要多样,就是搜集的资料要不拘一格,文章、数据、格言、故事、成语、新闻、试题等均可。

在对资料的搜集过程告一段落后,要对已经搜集的资料进行去粗取精、去伪存真的处理和筛选。首先,要从内容上进行筛选。搜集的资料经过分类后,内容上大体都整齐划一,但还是轻重不分,主次不明,所以,必须把一些较典型和重要的资料抽取出来,放在每类资料的最前端,以充分发挥资料的最佳作用。其次,从时间上进行筛选。虽然在搜集资料时强调了时效性,但随着时间的推移和时代的变化,有些资料难免会过时和陈旧。因此,筛选资料时必须按时间顺序,逐步剔除那些陈旧过时的内容,以保持资料的时代感和新鲜感。

第二节 思想政治(品德)教学方案的设计

新的思想政治(品德)课程以模块来构建,教学内容以模块为整体,一个课程模块基本是一学期36学时的教学内容。每一课程模块可以分解为若干单元,每一单元又由若干生活主题内容构成,每一生活主题内容一般又需要若干课时进行教学。体现在思想政治(品德)教材中,就是课程模块—单元—课—框四个层次。因此,思想政治(品德)教学方案的设计,包括课程模块教学方案、模块单元教学方案、模块主题教学设计、课时教学方案。此外,课外活动也是思想政治(品德)教学的重要形式,学科课外活动方案设计自然也是教学方案设计的重要内容。根据思想政治(品德)教学实际,我们这里重点介绍课程模块教学方案、课时教学方案和课外活动方案的设计。

一、思想政治(品德)课程模块教学方案设计

(一)课程模块教学方案设计的意义

课程模块教学方案设计,实际上是开学前进行的课程教学设计工作。通过设计课程模块教学方案,明确整个学期的教学工作任务、范围和要求,以及完成教学任务的有效措施,使教学工作有序进行。

(1)设计课程模块教学方案是教学过程的要求。教学过程作为一个特殊的认识过程,其显著特点是在教师有目的、有计划的指导下进行,以完成预设的教学目标。虽然在进行教学设计时,教学目标的预设与生成二者之间,由于具体教学过程动态性的影响存在一些不确定因素,但有一点是确定无疑的,这就是没有教学方案的教学过程,必然是一个紊乱的过程,而紊乱的教学过程是不能保证教学质量的。

(2)设计课程模块教学方案是完成教学任务的一个重要保证。思想政治(品德)课同其他课程一样,每一学期、每一单元、每一课时均有其特定的教学任务。这些特定的教学任务是教师在有限的教学时间内必须完成的。这就要求教师在接受教学任务后,深思熟虑进行教学总体设计,合理安排好教

学内容和教学时间,把握教学重点、难点和要点。否则,将无法完成教学任务。

(3)设计课程模块教学方案是评估教学质量的一个重要依据。一般来说,教学是按教学方案进行的,在其他条件既定的情况下,教师原原本本地执行教学方案,并因此取得了理想的结果,那就证明这个方案是切实可行的、是有水平的;相反,如果没有取得良好的效果,那就说明这个教学计划还存在着问题。教学方案是由教师自己设计的,教师能否设计出符合课程标准要求、反映教材特点和任课班级学生实际情况的教学方案,无疑要取决于教师的教学经验、教学水平以及教书育人的自觉性。高质量、高水平的教学方案,乃是产生高质量、高水平教学效果的重要前提。正是从这个意义上,我们将教学方案视为评估教学质量的一个重要依据。

(二)课程模块教学方案设计的方法

如何设计课程模块教学方案,目前尚没有一个统一的规定。一般来说,课程模块教学方案主要由两个部分组成:总的说明和教学进度计划。

总的说明通常包括下列内容:授课班级、课程名称、教材版本、学期教学总时数、学生的基本情况、模块教学目标、重点难点分析、课外学习活动等。其中最核心的内容是确定教学目标。教学目标是根据课程标准所规定的教学任务,结合学校的教育教学要求和学生的实际情况,提出课程模块教学要达到的目标。教学是一种有目的有计划的活动,课程模块教学方案设计的全部意义就在于保证教学目标圆满实现。因此,尽管罗列了许多内容项目,但是所有这些内容项目都要以学期教学目标为中心,都是为实现教学目标服务的。

教学进度计划,即指教学进度或进程的具体安排。它是根据课程标准规定的授课时数,遵循循序渐进的原则,从教材内容和学校及学生实际出发,按学期周数而编制的。编制教学进度计划的目的在于合理分配教学内容和教学时间,使整个学期的教学活动都能严格地置于计划调控之中,防止和克服教学中的忙乱,保证教学任务、教学目标的圆满实现。教学进度计划通常是以表格的形式出现的,主要包括年月、周期、节次、教学内容和备注等项目。在教学内容栏目里,主要填写课、节和框的标题,以及单元复习、总复习和考试等内容。当然在执行计划的过程中,如出现意外情况,在征得领导同意后,可对教学进度做适当调整、修改、重新安排。

附:教学进度表范例(见表 5-1 和表 5-2)。

表 5-1　教学进度表(1)

科目		班级		学期总共_____周
教师		教材版本		_____学时
教学目标				其中: 课堂教学_____学时 课外活动_____学时 机　动_____学时
周次	教学内容		作业及其他	备注
1				
2				
3				
4				

表 5-2　教学进度表(2)

课程内容	时间安排	教学方法	学生活动设计	备注
第一课				
第二课				
第三课				
第四课				
……				

二、思想政治(品德)课时教学方案设计

课时教学方案,简称"教案",也称为"课时教学计划",它是教师备课的书面成果,是教师精心设计的教学活动方案,是教师上课的主要依据。

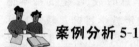

案例分析 5-1

"体味文化"教学设计①

【教学目标】

(1) 知识与技能：识记文化的概念,理解文化的内涵,分析文化的力量；通过观察日常生活环境,体察生活环境中的文化价值；通过全面、准确理解文化的内涵,培养全面分析问题的能力。

(2) 过程与方法：通过幻灯片及基本教具展示情景材料,让学生回归生活,充分发挥学生的主体作用,老师适时加以引导,采用讲授法、谈话法和讨论法相结合。

(3) 情感态度与价值观：引起学生对文化的兴趣；认同文化是人类社会特有的现象；认同广大人民的文化需求；懂得建设有中国特色社会主义文化的重要性；增强提高文化素养的意识和自觉性。

【教学重点、难点】

文化的含义；对文化内涵的理解。

【教学过程】

表 5-3　"体味文化"教学设计

	教学活动		设计意图
	教师活动	学生活动	
导入新课	多媒体展示： (1) "你不问我什么是文化的时候,我还知道文化是什么；你问我什么是文化,我反而不知道文化是什么了。" ——钱锺书 (2) 我们常说中学生要做"四有"新人,其中之一就是"有文化",那么我们是不是有文化的人？究竟什么是"文化"？	(1) 分析钱锺书的话,说明文化有什么特点。 (2) 有人认为文化是知识,有人认为文化是艺术。那么,你怎么看？	通过设问、对比,激发兴趣,导入正题。

---

① 范怀良,邓其桂.《体味文化》教学设计[EB/OL].[2009-02-01].高中政治网 http://www.zhengzhi.com.有改动。

续表

	教学活动		设计意图
	教师活动	学生活动	
文化万花筒	一、"看"文化 1. 以问题导入，激发学习兴趣：同学们，你们最爱看哪些电视节目？看电视是人的一种什么生活？ 2. 多媒体展示五花八门的文化现象：各种版本的"千手观音"、首届深圳国际文化产业博览会、别有风味的傣族泼水节、时尚的美丽之冠、南海海上观音开光大典…… 二、"说"文化 教师：播放"福娃"动画片 提问："五福娃"各代表什么？"福娃"的设计反映了什么样的理念？老师总结："五福娃"的设计以最富有中国特色的福文化作为整组吉祥物的阐释背景，以可爱的儿童作为标准化造型的基型，以外来的奥运圣火作为吉祥物的"老大"，以五个形象组合成一组吉祥物，这都体现出高贵典雅的东方文化与活力四射的现代奥运的完美融合。其设计既体现了奥运文化的精神，又凝聚了中华文化的风格。 可见，文化现象丰富多彩，无时不在、无处不有。	1. 学生讨论"看电视"是不是文化活动？ 2. 欣赏各种文化现象。介绍家乡有哪些有特色的文化活动。 3. 谈亲身参与的文化生活（学校文艺演出、演讲比赛、篮球比赛、上课、上网、交友、聊天……）。 4. 鱼（贝贝）、熊猫（晶晶）、奥运圣火（欢欢）、藏羚羊（迎迎）、京燕（妮妮）以拟人化的形象出现，被昵称为"五福娃"，它们以"北京欢迎您"的谐音命名。五环是奥运会的象征，"五福娃"的色彩与奥林匹克五环——对应，在全世界也具有极强的可视性和亲和力，充分体现了奥运文化。 5. 形成意念：文化形式多种多样；文化现象无时不在、无处不有；不同区域的文化各具特色。	通过"看"和"说"，让学生回归生活，充分发挥学生的主动性，让学生自己到生活中去体味丰富多彩的文化，用心去感受文化"万花筒"。
文化是什么	三、"问"文化 看到各具特色的文化现象，品尝不同文化生活的韵味，我们更想探究文化生活的意义，更加关注"文化到底是什么"。 1. 教师提供研究性学习的参照对象：相对于自然界而言；相对于动物的本能而言；相对于人的先天遗传而言；相对于人的其他活动而言；相对于社会经济、政治而言；相对于人们自身而言；相对于人的知识而言；相对于人类文明而言……（学生可从中选取，亦可自己拟定） 2. 教师引导学生从以下方面来讨论，共同归纳：① 相对于自然界而言，文化是人类社会特有的现象，是人们社会实践的产物；② 相对于经济、政治而言，文化指的是人类全部精神活动和产品；③ 相对于人们自身而言，文化是人的一种素养；④ 文化与文明：文化与自然相对，重点强调"化"的过程；文明与野蛮相对，主要指"明"的结果。文化发展中的积极成果就是文明。	1. 让学生写出从各种途径得到的文化的定义。 2. 让学生每四人组成一个学习小组，自主选择参照对象，探究文化的概念。 3. 学生汇报各自探究的结果。 4. 形成意念：文化是人类社会特有的现象。文化是由人所创造、为人所特有的。有了人类社会才有文化，文化是人们社会实践的产物。	通过"问"文化和分组讨论的方式，让学生自主学习，合作探究，从多角度区分文化，认识文化，突出文化是人类特有的现象。

续表

	教学活动		设计意图
	教师活动	学生活动	
文化是什么	四、"析"文化 文化的含义：是相对于经济、政治而言的人类全部精神活动及其产品。它既包括世界观、人生观、价值观等具有意识形态性质的部分，又包括科学技术、语言和文字等非意识形态的部分。 (1) 文化是一种精神现象(不是经济现象、政治现象)。 (2) 文化是一种社会现象(不是自然现象)。 (3) 文化是人们的一种素养。	1. 学生看书，分析"文化"有几层含义。 2. 简要比较文化现象与政治现象、经济现象的不同点。 3. 素养是怎样得来的？	以"析"的方式来比较文化，突出文化是人的一种素养，是一种社会现象。
文化是什么	五、"辩"文化 1. 质疑：文化作为人的一种精神活动和产品，是不是一种"纯"精神活动和"纯"精神产品？ 2. 多媒体播放北京故宫建筑等图片辅助教学。 3. 教师适时点拨："文化"并不是纯精神活动，也不是纯精神产品，"文化"传承离不开物质载体。 4. 正确理解文化的内涵。经过逐层分析后，得出最后的结论。"文化"一词在实际运用中具有多义性，把握"文化"的含义主要从以下三方面入手：(1) 广义的"文化"是对人类改造世界的一切活动及其创造的物质成果和精神成果的统称，以用来区分自然现象和社会现象、区分自然界的物质运动和人的活动。这种广义的"文化"概念与"文明"的含义相近。(2) 狭义的"文化"专指文学艺术和科学知识，或指人们受教育的程度。(3) 我们这里所讲的"文化"，是中国特色社会主义文化中的"文化"，它既不同于那种广义的"文化"，也不同于那种狭义的"文化"。	1. 学生各抒己见(略)。 2. 形成意念：① 文化素养的形成，离不开生活、实践和教育。② 人们的精神活动离不开物质活动。人们的文化素养总是通过他在日常生活中的言行、在社会实践活动中的表现等体现出来。我们通过观察人们的社会行为，就可以从中透视人们的精神世界和精神生活。③ 社会文化和精神产品离不开物质载体。一个时代的文化，必然表现在这一时代的文学作品、影视作品，甚至表现在这一时代的雕塑、建筑、时装等各种文化艺术形式中。	通过"辩"的方式阐述文化不是纯精神活动和纯精神产品，文化的形成，离不开生活、实践和教育以及物质载体。结合北京奥运会火炬进一步明确什么是中国特色社会主义文化，揭示文化的本质。
文化的力量	六、"议"文化 1. 文化的形式是多样的。 2. 思考：我们的生活是否可以离开文化？文化对我们的生活有哪些影响？文化对我们国家又有何深远的意义？ 3. 文化是一种社会精神力量。文化作为一种精神力量，能够在人们认识世界、改造世界的过程中转化为物质力量，对社会发展产生深刻的影响。这种影响，不仅表现在个人的成长历程中，而且表现在民族和国家的历史中。	1. 学生列举文化的形式，如神话文化、戏剧文化、影视文化、饮食文化等。 2. 合作探究：中学生为什么要做"有文化"的人？ 形成意念：文化作为一种精神力量，先进的、健康的文化是个人成长的催化剂，反动的、腐朽没落的文化则会把人们引向歧途。	结合于丹解读《论语》和中国春节来讨论文化的意义，认识文化的力量。

续表

教学活动		设计意图
教师活动	学生活动	
文化的力量 （1）文化对个人成长的影响。 （2）文化对社会发展的影响。 七、"探"文化 多媒体展示："超级女声" "超级女声"是近年兴起的中国文化产业中的一道风景线，借助电视直播和流行音乐的双引擎释放着无敌的青春。 "超级女声"的举办，吸引了全国观众的眼球，蒙牛集团抓住这个机遇，推出成功口号"酸酸甜甜就是我"，说出了大家的心声，贴近我们的生活！"超级女声"和蒙牛集团均取得了巨大的成功！	3. 合作探究：春节作为中国的传统文化活动对社会有何影响？ 形成意念：文化作为一种精神力量，对人类社会的发展产生着深刻的影响，先进的、健康的文化对社会的发展产生巨大的促进作用。 4. 综合探究：从"超级女声"到蒙牛集团的巨大成功，以文化为主题，结合当地实际，谈谈成功企业应该具有什么样的企业文化。	从学生身边最熟悉的事例出发，回归生活，留给学生一些空间和问题，自主学习、合作研究。

【板书设计】（略）

【课堂练习】（略）

【课堂总结】

如果说经济生活的主题是物质财富的创造，政治生活的主题是根本利益的保障，那么文化生活的主题就是精神家园的耕耘。提到"文化"一词，我们都很熟悉，但是它的真正内涵，我们却不一定懂得。本课主要讲述了文化的含义以及文化的力量，认识到文化是一种精神现象，而不是政治现象、经济现象，是一种社会现象，而不是自然现象。文化作为一种精神力量，对个人、民族、社会的发展有重大影响。我们要多角度、全方位地了解文化、体味文化、感受文化、理解文化。

- 从以上教学设计案例中，可以看到一个完整的教案大体包括哪些内容？
- 要设计完成教案，需要做哪些方面的准备工作？要经历哪些步骤？
- 教案设计的基本要求有哪些？

（一）课时教学方案设计的意义

（1）设计教学方案是实现向课堂教学过渡的必需环节。从教师的教授活动看，编写教案的目的是实施教师培养学生的实践活动，它要体现教学活动的整体功能，增长学生的知识，发展学生的能力和形成学生正确的情感、态度、价值观。从学生的学习活动来看，它是通过教师预先设计好的措施，激发起学生学习的动机，使学生主动地进行思维，从而很好地领会知识。

（2）设计教学方案是教师上好课的根本保证。教案是教师在钻研课程标准、教材、教学参考书和了解学生的基础上，经过充分准备，精心设计出来的成果。教案设计的质量如何，往往是一节课成败的关键。课堂教学要受时间限制，它要求教师对学生负责，要严格按照教学原则和教学规律办事。课堂教学时，概念表述务求准确，重点要突出，难点、要点要讲解清楚，联系实际要入情入理，整个教学内容必须具有条理性和严密的逻辑性，以吸引和感染学生。所有这些，仅凭大脑的记忆是不够的，必须手脑并用，必须编写教案。经验证明，即使经过大脑加工的材料，如概念的表述、重点难点的讲解，以及教学内容的安排等，也需要落到实处，见诸文字，并经过反复推敲与修改，方能达到准确、清晰、有条理性和逻辑性的程度。至于课堂教学内容与时间的安排，更需要付诸文字来把握。经验还证明，有教案和没有教案，认真编写的教案和马虎写完的教案，其教学效果是大不相同的。

（3）设计教学方案是提高教师教学和科研能力的主要途径。教案是教师辛勤劳动的结晶，是教学经验的积累，也是教师水平和教学能力的一种真实记载。任何一个教师，无论其资格多老，水平多高，能力多强，都不能说他穷尽了对这些客观对象的认识。恰好相反，教学水平越高、教学能力越强的教师，越重视对这些客观对象的认识和再认识，而他们的教学水平和教学能力，也正是基于这种不断深化认识过程的结果。这一过程当然包括教学经验总结和反思。教案乃是帮助教师总结教学经验的最宝贵的依据。因为教案中真实地记录了教师认识和驾驭教学过程的各种客观对象所达到的程度，在经过课堂教学实践检验之后，教师就可以发现自己在教学过程中的成功之处和差距之所在，从而有针对性地投放时间，着力去解决教学中存在的问题，修改和完善教案，将教学水平提高到一个新阶段。而且，教案可以积累起来，成为科研第一手材料。

（二）课时教学方案设计的基本方法

编写教案是教师在研究课程标准、钻研教材、熟悉学生、制定策略的基础上构建教学总体设想的文字表现形式，也是课时教学方案设计的最终成果。

教案编写的形式可多种多样，但一般应包括以下主要内容：教学课题及授课时间、班级；教学目标；教学的重点、难点；媒体、教具、学具；教学过程及时间分配；板书设计；课后分析等。其中教学过程是教案的核心部分，一般包括教学的主要环节和基本内容，如教学程序的安排、教学方法运用、课堂环境创设、知识结构、课堂练习、导入与结束、课外作业等。

编写教案没有固定模式。根据教案内容的详略，可以分为详案和简案。详案，即详细教案，类似于讲稿，是把教学过程中的具体内容都基本反映出来的教案；简案，即简单教案，类似于讲课提纲，其结构与详案大体相同，只是对教学过程部分的内容不予展开。根据教案的表现形式，可以分为文字式和表格式等。文字式主要用文字形式将备课的结果表达出来。运用这种方法既可以设计出讲稿式的详案，又可以设计出纲要式的简案，还可以设计出剪辑式的微型教案。图表式是将教案内容用图表的形式表达出来。这种教案一般设有教材分析、教学目标、教学内容、教学过程、教学后记等栏目。

附：常用的教案格式（见表5-4和表5-5）。

表5-4　常用的教案格式(1)

班　级		学　科		教　师	
课　题					
教学目标					
重点难点					
课　型			教学方法		
教学过程					
板书设计					
教学后记					

表5-5　常用的教案格式(2)

班　级		学　科		教　师	
课　题					
教学目标					
重点难点					
课　型			教学方法		
时　间		教学程序		板书设计	
教学后记					

教案的内容虽然涉及多方面,但主要内容是教学目标、重点难点、教学内容、教学方法、教学媒体、教学过程等。下面就这些主要内容的设计进行简要介绍。

1. 教学目标的设计

教学目标,是教师期望学生通过学习过程所要实现的行为变化,是一定教学阶段终结之时学生应达到的水平、程度或标准。教学目标是教学活动的出发点和归宿,对教学工作取得成功具有重要意义,而其作用的发挥必须以它的合理性和明确性为前提。合理、明确的教学目标,有助于教师选择和使用有效的教学策略,推进教学的有序进行,实现教学优质高效。具体来说,思想政治(品德)教学目标的设计要注意以下几点。

第一,教学目标要符合学校教育总目标,体现社会发展要求。把学生培养成为有理想、有道德、有文化、有纪律的公民,是我国中学教育的总目标,思想政治(品德)课程作为中学教育的一个方面,其教学目标必须以中学教育总目标为核心和基点来确定,为实现中学教育总目标服务。同时,思想政治(品德)课程具有很强的时代性和实践性,其教学内容深受社会经济、政治、文化发展的影响,因此,其教学目标也要体现不断变化发展的时代特色和社会要求。

第二,教学目标要全面,要做到知识、能力、情感态度价值观三方面目标的内在统一。现代教学论研究表明,学生的学习心理发展存在两个相互作用的过程:一方面是感觉—思维—知识、智慧过程,它是认知过程,是智力活动;另一方面是感受—情绪—意志、性格过程,它是情感过程,是非智力活动。两者密不可分,没有认知因素的参与,学习任务不可能完成;同样,没有情感因素的参与,学习活动也不能够长久维持。正鉴于此,思想政治(品德)新课程标准提出了知识、能力、情感态度价值观的三维课程目标体系。思想政治(品德)课教师在设计教学目标时,不能重知轻能,重智轻德,而必须知识、能力、情感态度价值观联成一体,认知、信念、行为融于其中。

第三,教学目标要符合学生实际,注重学生的发展阶段性和可接受性。教学目标是针对学生提出的,所以在设计教学目标之前,教师必须了解学生的能力基础、知识储备、兴趣爱好等方面的情况,把握学生的思维动向,对不同年龄、不同基础的学生提出不同的教学目标,使教学目标体现由浅入深、由低到高的渐进过程,力求教学目标设计落在学生的"最近发展区"中,从而激活"最近发展区",提高教学的效率,最大限度地促进学生的发展。

第四,教学目标设计要有弹性,给学生留下发挥主体性的空间与时间。教学的对象是活生生的人,而不是固定不变的机器;而且随着教学改革的发展,思想政治(品德)教学要求学生"动"起来,师生之间交流和对话,学生在自主、合作、探究中获取新知识。这就使得在教学过程中难免出现教师在进行教学设计时未能想到的新情况和新问题。因此,教学目标设计必须留一定的"余地",为教师自己的"教",更是为学生的"学"留一定的时间和空间。同时,从学生情况看,即使是同一年龄阶段的学生,学习基础和学习能力也存在差异,而教学活动又必须围绕一个统一的班集体进行。这也要求我们在设计教学目标时,必须反映这种教学要求的统一性和学生需要的差异性,使教学目标具有一定弹性,既体现最低标准,保证学生的学习质量,又提出较高要求,鼓励学有余力的学生发挥学习潜力。

第五,教学目标要明确具体,便于操作。教学目标要简洁、明确描述学生通过学习以后产生预期的行为变化,这些行为变化应是明确而严密的,而不是模棱两可或抽象笼统的。只有具体明确,才利教利学,便于教师操作,利于教学评价。要使教学目标具体明确,尤其要注意教学目标表述中行为动词的运用。以往我们大多使用一些表述内部心理过程的术语,如"掌握""理解""懂得""领会"等,这些术语无疑有助于我们对教学目标作出概括,也有助于师生对教学目标形成一般的、总体的了解。但这些术语缺乏质和量的规定性,可测性和可比性差,难以具体明确地表达学生的学习结果,不便于检测教学质量的高低。如何使行为动词明确、具体、可测,是我们需要进一步探讨的问题。

案例展示 5-1

"政治生活·前言"教学目标设计

1. 知识目标

(1) 了解政治活动,正确区分政治现象。

(2) 正确理解政治的科学含义。

(3) 简单了解本课程的主要框架内容。

2. 能力目标

(1) 培养学生学会透过现象看本质、运用基本原理分析现实问题的能力。

(2) 通过事例说明政治与经济的关系,能够运用"政治是经济的集中表现"理论分析现实生活中的政治现象。

(3) 提升学生参与政治生活的素养和能力。

3. 情感、态度、价值观目标

(1) 引导学生形成正确的政治立场、政治观点和方法,树立正确的政治方向。

(2) 促进学生明确公民参与政治生活的重要性,激发其参与热情。

2. 教学重点和难点的设计

所谓教学重点,是指在整个教学内容中最关键、最核心、最具现实意义的部分。思想政治(品德)的教学重点既可以是知识上的重点,如关键性的概念、观点和原理等,也可以是思想上的重点,是通过教学要使学生重点形成的情感态度价值观。由此出发,思想政治(品德)教学重点的确定应从以下两方面考虑:① 要根据课程目标的要求和教材的知识体系来确定,教材中关键性的知识,学生领会知识的关键点,应该成为教学的重点;② 学生中普遍存在的、带有倾向性的思想认识问题,也是思想政治(品德)的教学重点。

教学难点是一个相对概念,是相对于学生的认识水平而言的,是指由于学生认识水平的局限或者客观事物发展尚不充分,因而使他们难以理解的基础理论和难以接受的现实问题。教学难点是学生在接受知识、形成能力过程中遇到的主要障碍,以及情感、态度、价值观形成中碰到的困惑。教学难点的确定主要可以从以下几方面考虑:① 教材内容中学生最难接受、最难理解的知识或思想道德观点,特别是比较抽象的教学内容。② 在理论上容易理解,但在思想道德上难于接受的问题也可以作为教学难点。③ 容易混淆的知识也可以作为教学难点。

3. 教学内容的设计

所谓教学内容的设计,就是教师为实现教学目标对教材内容的取舍与安排。教学内容哪些该讲,哪些不该讲,哪些该详细讲,哪些该简略讲,具体应该怎样讲才能让学生学好,这其中颇具设计的艺术性。具体来说,教学内容设计主要是做好以下几方面的工作。

(1) 教材内容分析。教材是教学的基本材料,现行思想政治(品德)教材以单元、课、框、目的方式编排,课时的划分以框为标准,一框大体是一课时内容,但有时也会有例外的情况,这要根据教学实际情况来决定。设计教学内容首要对相关教材进行分析,了解教材内容的地位、容量、难度等,以恰当地选择和组织教学内容。

(2) 教学内容选择。教材内容是教学的基本内容,但教材内容不等于教学内容。教学内容是在教材内容的基础上经过选择和加工而确定的。教学内容的选择要注意以下几点：第一，围绕教学目标。任何教学设计都是为实现教学目标服务的，教学内容是教学目标的载体，更要体现教学目标。教师在教学内容选择中要围绕教学目标进行，看哪些内容最能体现教学目标。第二，强调学生需要。教学的根本目的是为了学生的发展，因此，教学内容的选择要从学生的发展着眼，选择对学生终身发展有益的知识、技能、方法等；同时，就教材内容而言，要从学生的知识基础和能力水平出发，重点关注学生还没有了解和掌握的内容，多数学生已经比较熟悉的知识、技能、方法，可以适当弱化。第三，突出重点难点。对于众多的教学内容，要分清主次、难易，把重点难点作为主要的教学内容，予以高度关注。第四，进行内容的调整。根据教学的需要和学生实际，对有些内容进行添加和补充，对有些内容进行删减。

资料卡片 5-3

教材内容和教学内容的联系和区别①

两者相联系的一面表现在：(1) 教材内容是教学内容的基本组成部分，没有教材内容，教学内容只是空中楼阁。(2) 教材内容是教师教什么和学生学什么的主要依据，教师选择教学内容总是依据教材进行的。(3) 教学内容是教材内容的反映，是教材内容的展开和具体化。

两者相区别的一面是：第一，两者是一种整体与部分的关系，教学内容涵盖了教材内容，教材内容只是教学内容的一个重要组成部分。第二，教材内容具有相对稳定性，而教学内容具有动态性。教材内容一旦确定，在一段时期内基本保持不变，而教学内容可以依据教学目标、教学实际情况对教材内容进行取舍或重新组织，具有相对的灵活性。

(3) 教学内容组织。教学内容的组织是指按一定的规则把选择的教学内容进行合理编排，形成系统化的教学内容体系。思想政治(品德)教学实践中总结出的教学内容组织编排的方式大体有三种：第一种是按教材自身的知识结构加以逻辑的、系列的排列组合；第二种是按学生的认知次序来排列组合；第三种是以重点为核心来安排组合。② 这三种方式各有自己的优点，也有各自的缺陷。在教学内容的组织编排中，可以以其中一种方式为主，兼顾其他。

随堂讨论 5-2

三种教学内容组织编排方式各有哪些优点？又各有哪些缺陷？

(4) 教学内容呈现。将选择、编排好的教学内容如何呈现出来，是教学内容设计的一个重要方面，也是将教学内容转化为学生知识的重要条件。适应教学改革发展的要求，在教学内容的呈现上，以下趋势值得关注：第一，教学内容情境化。即创设教学情境，寓教学内容于教学情境之中，通过引导学生对教学情境的感知、体验，领悟其中蕴含的道理。第二，教学内容生活化。即教学内容的呈现紧密联系学生生活和现实社会生活，关注学生的生活经验，使教学内容更突出体现为学生的生活需要，是学生生活必不可少的重要内容。第三，教学内容问题化。即以问题的方式呈现教学内容，让学生在问题情境中，通过对问题的不断思考、探究，获取学科知识和技能，养成情感态度价值观。第四，

---

① 邝丽湛.思想政治学科教学设计[M].广州：广东高等教育出版社，1999：155.
② 同上注，158.

教学内容活动化。即教学中设计多样的活动,以活动承载教学内容,通过引导学生参与相应的活动,去体会和把握教学内容。值得注意的是,以上四种教学内容呈现的情形并不是孤立的,而往往是相互联系、互为补充、同时并存的,如教学情境往往是生活化的情境和问题情境,随情境而来的往往是问题的提出和探究;活动设计也往往需要创设情境、关注生活、包含问题。因此,要注意研究各种呈现方式的特性,力求取长补短,综合运用。

案例展示 5-2

"我的角色我的责任"生活化、情境化、问题化教学设计片段

有一天,小浩兴冲冲地放学回家,丢下书包对爸爸说:"同学邀我明天下午参加他的生日聚会,您看我买什么礼物好?"

爸爸说:"爷爷生病了,明天我们得去看望他。"

小浩说:"我们明天上午去爷爷家吧,上午我有空。"

爸爸提醒他:"明天上午你要参加培训班,那不是上个星期报的名吗?"

小浩为难了:"那怎么办呢?我已经和同学说好了。"

爸爸:"这件事该由你自己来决定,而且你也应该为自己的决定负责。"

- 小浩面临的问题是什么?
- 你认为应该由谁来解决这个问题?为什么?
- 如果你是小浩,你会怎么决定?

4. 教学方法的设计

设计好教学方法是顺利完成教学目标的关键。进行教学设计的一个重要方面就是选择恰当的教学方法来实现教学目标。中小学教师常用的教学方法很多,主要有讲授法、谈话法、读书指导法、演示法、参观法、练习法、讨论法等。就这些方法本身来看,它们都有各自的特点、优越性和适用范围,同时也都有各自的局限性。在实际教学中,"教学有法,教无定法",不存在万能的或唯一好的教学方法,在某种教学情境下十分有效的教学方法,在其他教学情境下则可能效果不好。因此,用好教学方法的关键是根据需要合理选择、扬长避短、优化组合,而这一点也正是设计教学方法的根本目的所在。一般来说,选择教学方法应考虑以下几点:(1)根据具体的教学目标、教学内容、教学进度和教学时间选择教学方法。比如考虑所选的方法是否适宜于完成教学目标,解决教材内容,是否有时间应用等。(2)要符合学生实际,如学生年龄、能力、心理发展水平等是选择教学方法的重要基础。(3)要依据学校的办学条件和教师特长,力戒千篇一律。因为任何成功的教学方法都是有"个性特色"的,有的方法只适合于某类教师而不适合于其他教师。(4)要端正教学思想,体现新的教学理念,尽量让学生主动参与,乐于探究,合作互动,达到提高学生素质的教学目的。(5)要注意各种教学方法的特性。一方面,要尽可能广泛地了解有关的教学方法,以便自己考虑和选择;另一方面,要对各种可供选择的教学方法进行比较,主要比较各种教学方法的特点、适用范围、优越性和局限性等,这样才能更好地进行优化选择,合理组合。

5. 教学媒体的设计

教学媒体是教师在教学中向学生传递信息的工具和手段。合理运用各种教学媒体,有利于调动学生的多种感官对知识进行感知,实现信息传递的多渠道化,从而加强学生对知识的感知度,提高学生对知识的吸收率,促进由知识本位向能力本位的转化。

教学媒体多种多样,它既包括语言、文字、粉笔、黑板等传统媒体,也包括幻灯、录音、录像、电影、电视和电脑等各种现代教学媒体。各种媒体的适用范围、特点和要求不尽相同。因此,要想使教学媒体发挥出应有的作用,必须对教学媒体进行精心选择与设计。选择和设计教学媒体,主要要注意以下几点:第一,依据教学目标和教学内容。在选择教学媒体时,首先要考虑媒体的使用是否有利于达成特定的教学目标,是否符合具体教学任务的实际需要,是否切合教学内容的性质和特点。如果脱离开特定的教学目标和教学实际需要,媒体本身运用得再完美也毫无意义。第二,依据教学对象。不同年龄阶段的学生对事物的感知方式和接受水平是不完全一样的,选用教学媒体时必须考虑学生的年龄特点和学习的实际需要,以最充分地利用媒体的优势激发学生的学习兴趣,发展他们的学习潜能。第三,依据媒体的技术特性。各种媒体都有各自不同的技术特点和功能,如录音、录像、幻灯、电视等媒体的技术特性和具体功能是不尽相同的,究竟选用哪种或哪几种,需结合这些媒体的技术特点加以考虑。第四,依据教师的实际。要考虑教师对所选媒体能否熟练地操作,以及运用媒体是否有助于发挥自己教学的特长。第五,依据经济条件。媒体的选择也要本着经济有效、量力而行的原则行事,在尽可能满足教学需要的同时,也要注意节约,不要造成浪费。

6. 教学过程的设计

在确定了具体的教学目标、内容、方法和媒体后,如何将这些因素有效地组织起来,就需要从教学过程的角度加以设计。因此,设计教学过程,实际上也就是对各种教学因素、教学环节进行组装、统整的过程,主要是要解决一堂课的结构问题,以及各部分的衔接问题。具体来说,教学过程设计需要考虑以下几方面。

(1) 理清教学思路,设计教学环节。在教学中,先讲什么,后讲什么,先开展什么活动,接着进行什么活动,这样一条不间断的教学过程的安排,我们称之为教学思路。教学思路依据教学内容和学生实际,灵活设计。理清了教学思路就要合理划分教学环节。我们把教学过程中每一个步骤称作一个环节。一般的教学环节包括明确教学目标,阅读感知教材,教师讲授、解疑,学生讨论问题、演练、复习、小结等,但由于教学目标、教学任务等的差异,这些环节并不是每堂课都必须具备的。一堂课究竟应由哪些环节组成,需要教师根据学科特点和教学的实际需要来选取。在选取教学环节后,要具体设计课堂教学各环节的组织,即将各教学环节进行有机组合,安排各环节的先后顺序,使之前后相连,成为一个适于教学的整体结构。思想政治(品德)课堂教学的结构模式很多,如讲授式、探究式、案例式、情境式等,每一种模式都由若干环节构成。相关内容我们将在本教材第六章中具体论述。

(2) 安排教学时间。课堂教学是在特定的时间进行的,一般一节课40—45分钟,设计教学过程,还必须合理安排教学时间,提高教学效率。教学过程是由若干环节构成,每个教学环节大致需要用多少时间,应该事先设计好,做到胸中有数。

(3) 调整教学节奏。教学节奏是"教学要素相互渗透、相互作用所产生的有秩序、有规则、有节拍的合乎规律和富有美感的变化和运动"[1]。教学节奏有多种形态,最主要的有:第一,语言节奏。主要表现为语音的高低起伏、语调的抑扬顿挫、语速的快慢变化、语句的断连疏密等。教师要根据教学的实际情况,设计和调节教学语言节奏。例如,阐述概念原理,语速要适当放慢,使学生听得清楚;对一些结论性的东西,语音要高一些,以引起学生重视;情景描述要轻快生动;抒情要真实感人;过渡要适当停顿;论证要清晰明朗;等等。第二,内容节奏。一节课的内容也许很多,不能平均使用力量,要分清主次,区别重点与非重点。主要的、重点的内容,节奏可放慢;次要的、非重点的内容,节奏可加快。第三,思维节奏。教学中师生的思维要做到张弛有度,疏密相间。张而不弛,密而不疏,学生思维长期处于亢奋状态,容易疲劳;弛而不张,疏而不密,学生思维没有很好地激发,注意力难以集中。第四,情

---

[1] 胡兴松.思想政治课教学艺术论[M].广州:广东教育出版社,2000:245.

感节奏。一方面,情感强弱、浓淡要有变化;另一方面,各种不同情感要注意转换和变化,教师的喜怒哀乐等情感变化,会对学生的情感产生潜移默化的影响。

(三)课时教学方案设计的基本要求

第一,内容完整。如前所述,一份完整的教案包括多方面内容,设计教案时要全面顾及。有些教案只设计有教学过程,只是教学内容的组织编排,这显然是不够的。不仅如此,教案中的各个要素也要注意全面,如教学目标,不能只有知识或能力目标,应该是三维目标的统一。

第二,科学规范。应做到教学目标定位准确,内容准确无误,材料真实可靠,方案切实可行,书写工整规范。

第三,加工创造。课时教学方案设计要建立在加工创造的基础上。教案是在钻研教材、设立目标、制定策略等一系列操作后反复斟酌设计而成的。它既要忠实于整个设计的过程与结果,又要在行文时进行再思考、再创造。编写教案时决不可图简单而照抄别人的教案或照搬参考书上的教案。

第四,简明清晰。教案是供教学中使用的,因而,切实起到教学中的导向调控的作用。教学过程要条理清晰,重点突出。对关键、要点、警句等处可以"特写"的手法表现出来,以便一目了然,"特写"的方法如用彩笔标记、圈点、旁批等。这样才便于在教学中使用。

第五,因人而异。一方面不能强求形式上的统一,教案应各具特色,在追求高质量前提下可以各显神通。另一方面对不同的教师应有不同的要求,例如对于老教师,他们经验多,善于根据学生临场行为来进行教学决策,其教案可写得简要一些;而对于新教师,则要求写得详细一些。

第六,要有弹性。课堂教学不应当是一个封闭系统,也不应当拘泥于预先固定不变的程序,要鼓励师生互动中的即兴创造,超越预定的要求。教学是不断生成的,在师生互动、生生互动中不断生成新的教学资源、教学内容、教学程序乃至新的教学目标。所以,课堂不能再仅仅是教案的演绎舞台,而应该根据学生变化的学习需要,实现精心"预设"与即时"生成"相统一。课时教学设计的"预设"教案应以学生的学习和学生的发展为本位,从学生的实际现状出发,以粗线条的"静态教案"为基础,综合考虑教学过程中的各种不确定因素,注重教学策略,特别是多种教学思路的设计,为教学过程的动态生成创造条件,使其成为具有弹性化的教学"预设"方案。

三、思想政治(品德)课外活动方案的设计

案例展示 5-3

恩施市第二中学学生社会调查活动方案[①]

目的:感受新农村建设,加深对党和政府的各项支农惠农政策的理解;培养学生热爱家乡、热爱劳动、热爱人民、热爱社会主义的思想感情。

一、活动时间

××××年4月17日

二、活动组织机构(略)

三、活动地点

1. 芭蕉乡千亩茶园基地
2. 枫香坡民俗风情寨

---

① 来源:恩施市第二中学校园网。

四、活动内容
1. 了解芭蕉乡如何发挥资源优势,发展特色产业(茶叶产业);
2. 了解农户在当地党委、政府引导下,如何发展庭园经济、旅游经济;
3. 了解该乡在新农村建设中的独特经验。

五、活动形式
1. 听取当地党委、政府的情况介绍;
2. 实地参观侗乡千亩茶园基地;
3. 游山寨、访农家、品山茶、体验农事,感受侗乡民俗风情;
4. 了解农户对建设新农村的看法。

六、参加活动人员
1. 乡党委、政府及村委会相关领导;
2. 市二中师生代表共计48人。

七、活动要求
1. 政治学科组教师认真选好学生代表(注:高一、高二文科班各选派两名),精心组织好此次活动;
2. 所有政治教师必须参加,不得缺席;
3. 学校政教处、教科室、团委派专人组织好、协调好活动的开展;
4. 语言文明,举止大方,遵守纪律,统一行动;
5. 讲究卫生,爱护环境,在茶园基地和民俗风情寨礼貌采访,文明参观;
6. 上下车相互谦让,讲究秩序,确保他人和自身安全;
7. 4月10日,与乡党委、政府联系好相关事宜;
8. 乘坐车辆必须是车况好、手续齐全的客运公司车辆;
9. 活动方案报学校行政审批;
10. 学生代表回校以后上交采访手稿复印件并写一篇关于新农村建设的调查报告。

八、采访提纲
1. (采访乡、村干部)4月6日全国新闻联播专题报道了该乡新农村建设的成就,这不仅是恩施的荣耀,也是该乡党委、政府带领广大侗族人民团结一心、共同努力的结果,侗乡新农村建设走在了全州乃至全国的前列,不仅是恩施学习的典型,也是全国学习的典型。我想请×××领导谈谈:① 该乡是如何利用本地优势,调整经济结构,发展特色产业的? ② 该乡在新农村建设中取得了哪些成绩?

2. 我们知道,该乡在抓特色经济的同时,也很重视特色文化建设,取得了物质文明与精神文明双丰收。该乡是侗族少数民族聚居的地方,我想请×××领导谈谈:① 该乡如何挖掘、保护、推介民俗特色? ② 该乡如何将民风民俗融入精神文明建设之中,使精神文明建设与物质文明建设相得益彰? 建设新农村,农户享受到了哪些实实在在的好处? ③ 你们是如何建设生态家园的? 收入增加得益于哪些因素? ④ 农民的务工情况(外出与本地)怎样? ⑤ 农民收入变化情况如何? ⑥ 农民的文化程度和留守儿童的就读情况如何? ⑦ 农民的合作医疗情况如何? ⑧ 基层民主政治建设和党群干群关系如何? ⑨ 新农村建设取得了哪些经验,有没有教训? ⑩ 今后的设想。

3. 采访农户:① 对党的农村政策满意吗? ② 乡领导经常走访、关心、指导吗? ③ 近几年家庭收入增加大吗? ④ 经常看电视、听新闻吗? ⑤ 乡村干部的工作态度和能力如何?

课外活动,也是思想政治(品德)教学的重要组织形式。组织课外活动,要遵循一定的教育原则,讲究活动的艺术,协调好各方面的关系,同时应遵循一定的思路,有计划、有目的、有步骤地进行。因此,组织课外活动,必须精心设计活动方案。活动方案没有固定的模式,但其内容一般主要由以下几个方面组成。

第一,方案的标题。方案的标题是对活动主题的概括,要能一目了然地反映出活动内容的实质。设计标题是制订活动方案的开端,设计和酝酿好的主题是制订活动方案的关键。一般来说,标题设计要新颖巧妙,针对性强。确立的主题既要结合实际,又能符合学生年龄特征,既便于发动群众,又要有感召力,能使学生受到鼓舞、感染,吸引他们参加到活动中来。

第二,活动目的。活动目的是组织活动、制订计划及评价活动成果的主要依据,是开展任何一项活动的指导思想。学科课外教学活动是与课堂教学紧密结合、相辅相成的。因此,活动的目的应包括科学知识和技能、过程与方法、情感态度价值观等方面的要求。目的要简明、准确、具体、可操作性强。确定活动目的要做到实事求是,这样,才能在活动内容的取舍、活动过程的安排、活动深度广度的把握、活动形式和方法的选择等方面,有明确的依据和方向。

第三,活动内容和方式。一般来说,活动的内容不要太多,即含量要少,范围要小。活动的内容确定后,要注意选择新颖的活动方式与方法。总的来看,要尽量使整个活动过程成为学生自主学习和研究的过程,应充分发挥学生的主体作用,使学生真正成为活动的主体。

第四,活动程序安排。一般的活动程序分为准备阶段、实施阶段、总结阶段。每一阶段的任务要制定得具体明确、分工协作、职责分明,并预想到可能会出现的问题及解决方法。对活动的内容、活动的组织、活动每一阶段所需的时间,都要统筹安排。对于大型专题性活动,还要对每一个子活动制定出具体进度要求和活动议程,明确职责、范围、工作量,确定具体负责人。如果活动程序较复杂,活动场所要交叉使用,还要设计出活动的框架图表,由总指挥统一调度使用,以便于组织和指导。

第五,活动成果。对活动最后所要达到的结果进行具体的说明,同时应考虑到成果交流和发表的形式。

第三节　思想政治(品德)说课设计

案例分析 5-2

"树立正确的消费观"说课
河南省济源市第一中学　李留玉

一、教材分析

1. 本框题的地位和作用:本框题是人教版高一《经济常识》第七课第二节第二框的内容,与上一框家庭消费的内容一脉相承,着重向学生阐明怎样做一个理智的消费者,这是培养学生参与经济生活能力的一个亮点,是对学生进行情感、态度、价值观培养的一个典型。

2. 教学目标:基于我对教材的理解和分析,根据《课程标准》的要求和学生的实际,制定如下教学目标。

(1)知识目标:通过教学,让学生理解生产与消费的辩证关系;掌握正确消费观的标准;懂得发扬艰苦奋斗、勤俭节约精神的现实意义。

(2) 能力目标:《课程标准》强调创新精神与实践能力,本节课我主要培养学生观察和思考问题的能力、理论联系实际的能力以及分析和解决问题的能力。

(3) 情感、态度、价值观目标:通过教学,向学生进行勤俭节约、艰苦奋斗的思想教育,从而使学生树立起科学合理的消费观。

3. 教学重点:树立正确的消费观。这个问题是《课程标准》要求学生理解和运用的,又是对学生进行思想教育的主要内容,因此我把它确定为本课时的重点。

4. 教学难点:树立正确的消费观,必须发扬艰苦奋斗、勤俭节约的精神。现在一些中学生思想上存在着认识误区,认为"生活条件好了,艰苦奋斗、勤俭节约的精神已经过时了",因此在学生中盛行盲目攀比之风。针对这种情况,我把此问题确定为本课思想教育的难点。

二、教学方法

1. 直观演示法。选用直观演示法,通过展示图片和视频使教学更直观,有利于调动学生学习的积极性。

2. 活动探究法。为了真正发挥学生的主体作用,通过活动这个载体,让学生思维的火花相互碰撞,从而在活动中突破重点难点。

3. 启发式教学法。在教学中,通过循循善诱,变教为诱,变学为思,以诱达思,促进学生思维的发展。

三、教学过程

我准备通过以下四个环节,环环相扣,来完成整个教学过程。

环节一:【情境导入、生活实录】

先给学生播放一段我在校园中所做的现场采访,展示现在中学生的消费心理和消费观念。

用学生自己的事例导入,能引起学生的共鸣,目的是调动学生学习的兴趣和积极参与的热情。看完短片后设问:短片中学生的消费观是否正确?什么才是正确的消费观?我们为什么要树立正确的消费观?让学生带着这些问题来学习本节课,以增强学习的针对性。

环节二:【合作探究、突出重点】

本课时的重点是"树立正确的消费观",在突出这一重点之前,先让学生明白"为什么要树立正确的消费观",对于此问题我准备分两个层次来讲解。

(一)为什么要树立正确的消费观

1. 生产与消费的辩证关系。

教材中对于此关系的论述显得理论充分而材料不足,要让学生更深刻地理解其关系,需要补充一定的实际材料。因此,我先向学生展示一定的感性材料,让学生根据材料的内容和教材的论述分析讨论,自己概括出生产和消费的辩证关系。

材料1

(1) 关羽败走麦城,身首异处。他说:可恨我生不逢时,如果有手机,何至有今日。(学生总结:生产决定消费对象)

(2) 居民消费水平增长柱状图。(学生总结:生产决定消费水平)

(3) 今年过节不收礼,收礼只收脑白金。(学生总结:生产决定消费方式)

(4) 孩子说:妈妈,丹尼斯里又有新玩具了,我想买一件。(学生总结:生产为消费创造动力)

材料2

几年前,为适应人们对彩电、冰箱需求的增长,彩电业、冰箱业迅猛发展;近几年,由于人们对健康和休闲的需要,健美、体育、娱乐、旅游业随之兴旺发达起来;目前,住房和汽车已成为人们新的需求热点,房地产业、汽车制造业及相关产业正迅速发展。

由于是解决"为什么要树立正确消费观"的问题,在讲课时要让学生重点分析一下消费对生产的反作用,并让学生举例说明。

2. 正确消费观对国家和社会的意义

消费对生产具有反作用,那正确的消费观对国家和社会有什么重要的意义呢?让学生结合教材的论述得出:正确的消费观不仅关系到个人的生活质量和健康成长,也关系到国家和集体的利益,因而我们要树立正确的消费观,从而自然地过渡到本节课的重点。

环节三:【趁热打铁、循序渐进】

(二)怎样树立正确的消费观

1. 家庭生活消费必须与国情及家庭收入相适应,提倡适度消费,反对铺张浪费。

课件展示视频《大腕》片段:"都买最贵的,不买最好的。"

合作探究交流:影片中"成功人士"的消费观是不是正确的消费观?为什么?让学生分组讨论,明白影片中"成功人士"的消费观是严重超出我国国情的,教师从而引导得出第一种应该树立的正确消费观。

为了进一步让学生理解"适度消费"原则,我在此设计一个问题:"花明天的钱圆今天的梦"的信贷消费是否违反了适度消费原则?为了使学生加深理解,我给学生展示一幅漫画《卡奴》,让学生结合漫画和提出的问题分组讨论,充分发表意见后,教师引导归纳:这主要取决于"有无偿还能力",有则属于"适度消费",没有则属于"超前消费",从而使学生更为全面地理解了什么是"适度消费"原则。

2. 物质消费和精神消费要协调发展。

政治课的典型特点就是理论联系实际,因此,在讲第二种正确的消费观时,我给学生引入了两则材料。

材料1:"两会"期间,31名新闻出版界委员联名提交了一份提案,建议把每年4月22日确定为"全国读书节",确定2008年为"全国读书年",在全社会掀起"爱读书、读好书"的热潮。

让学生结合材料思考这样一个问题:上述材料反映出人们的消费观念发生了什么样的变化?学生根据上一课时的内容不难看出,读书学习属于精神文化消费,目的是让学生自己得出随着人们物质生活水平的提高,人们越来越重视精神文化消费的结论。然后再让学生结合苏东坡的一首词得出第二种应该树立的正确消费观。

材料2:苏东坡的词:"可使食无肉,不可居无竹。无肉令人瘦,无竹令人俗。人瘦尚可肥,俗士不可医。"

3. 改变落后的生活习惯,提高消费的科学性。

由于学生都喜欢贴近生活的事例,因此,在讲第三种正确消费观时,我选择了两则材料来引入。

材料1:漫画《风水》。让学生结合漫画思考这样一个问题:这是一种什么样的消费观?我们应该怎样看待这种现象?

材料2:一位15岁的中学生终日沉溺于网络,家庭并不富裕的她,却把大把大把的钱花在网吧里,终因网恋引发心理危机而轻生。

引入第二则材料是让学生明白不健康、不科学的消费观对人的危害性。

通过漫画和材料让学生分析总结出第三种应该树立的正确消费观。

4. 保护环境,绿色消费。

课件展示来自"两会"方面的关于"节约资源"的材料:3月8日,一位北京人民大会堂服务人员展示"两会"期间给代表、委员们提供的新型铅笔。这种铅笔全部用废报纸制成,上面刻有"资源节约、政府先行"的字样。通过这个材料,引出"保护环境,绿色消费"的消费观。

在授课时,要简单地向学生解释一下什么是"绿色消费"(绿色消费是以保护消费者健康和节约资源为主旨,符合人的健康和环境保护标准的各种消费行为的总称,核心是可持续性消费),从而让学生树立更为全面、科学的消费观,同时也与新教材接轨。

环节四:【比较反思、突破难点】

5. 树立正确的消费观,必须发扬艰苦奋斗、勤俭节约的精神。

本节课的难点是"树立正确的消费观必须发扬艰苦奋斗、勤俭节约的精神"。为了突破这一难点,我是这样来设计的:先以设问开头:有些人认为现在生活条件好,艰苦奋斗的精神已经过时了,这种说法对吗?为什么?

然后采用对比的方法启发学生反思。2007年4月7日,我们学校与日本奈良高校举行了一场篮球友谊赛,在赛前有这样一个细节:在比赛前的一次练习结束后,日本队员细心收拾起满地的纯净水瓶子,将没有喝完的水倒到一个瓶子里带走。我就抓住这样一个细节对学生进行思想教育:像日本这样一个如此发达的国家尚且具有强烈的节约意识,我们作为一个发展中国家就更应该具有节约意识。这可以使学生明白树立正确的消费观必须发扬艰苦奋斗、勤俭节约的精神,这种精神无论从传统美德、我国国情和个人成长方面来说永远都不会过时。

(1)从传统美德看,这是中华民族的传统美德,是我国人民的传家宝。

(2)从我国国情看,这是社会主义现代化建设的需要,是国家和民族精神的象征(展示温家宝总理的"乘除观")。

(3)从个人成长看,有利于锤炼青少年的意志,陶冶情操,成就事业。

最后,以胡锦涛总书记的"八荣八耻"和两会上强调的三种意识之一"节俭意识"作小结,既突破了本节课的难点,也达到了对学生进行思想教育的目的。

四、板书设计

遵循板书设计的实用性、直观性、艺术性的原则,根据本课的教材特点,我设计板书时做到在体系中表现知识点,帮助学生系统把握和理解知识点。

课题:树立正确的消费观

1. 为什么要树立正确的消费观 $\begin{cases} \text{生产与消费的辩证关系} \\ \text{树立正确的消费观的意义} \end{cases}$

2. 怎样树立正确的消费观 $\begin{cases} \text{量入为出,适度消费} \\ \text{物质消费与精神消费协调发展} \\ \text{改变落后的生活习惯,科学消费} \\ \text{保护环境,绿色消费} \\ \text{艰苦奋斗,勤俭节约} \end{cases}$

◆ 比较说课设计与教案设计,二者有什么区别?
◆ 说课设计的内容主要有哪些?
◆ 进行说课设计要遵循哪些基本要求?

说课,是教师教学活动的重要内容,是提高教师教学素质的重要手段,也是推动课堂教学改革的有效措施。说课可以把教学的成功建立在教师教学工作的规范化、合理化、有序化的基础上,使教师全面掌握教材,明确教学目标,不断改进教学方法,提高教学质量。更重要的是,说课可使教师自觉地运用教育教学理论来指导教学,使教师由普通的教书匠成长为学者型的教师,提高教师教学的整体素质。

一、说课的含义和特点

所谓说课,是指教师运用口头语言向其他教师或教研人员述说在课堂教学中如何以教育教学理论为指导,依据课程标准、教材和学生的实际情况,进行教学设计的一种教研活动形式。说课是对课程的理解、备课的解说、上课的反思。由于说课的目的不同,说课可以放在课前说,也可以放在课后说。

随堂讨论 5-3

课前说课与课后说课有没有区别?如果有区别,表现何在?

说课和备课是相互关联又区别明显的两个概念。备课是说课的基础和条件,说课前,教师必须进行充分的备课,没有备课为基础,或者没有认真备课,说课无法进行,也不可能取得成功。但是说课和备课有明显不同,至少有三点区别:其一,备课重在教师行为的外化,如写教案只要求写出"教什么"、"怎样教";说课不仅要求说出教学内容的具体安排,还要着重说清这些行为的内在支持,即"这样做"的理论根据。其二,备课的对象是学生,其教案使用者为教师,因此,要把教学过程一步一步写清楚;说课的对象是教师、领导和教研人员,因此,有关教学程序的具体内容不必作详细介绍,只要听者听清"怎样教"即可,而对"为什么这样教"则要作有理有据的陈述、论证、说明。其三,备课以教师个体活动为主,靠自己独立思考,独立创造;说课是群体行为,述说者用口语表述备课的思维过程后,听评者要展开群体研讨和论辩。

说课有如下特点。

(1)简单易操作。说课可以随时随地进行,不受时间、空间的限制,也不需要以学生为对象,操作比较简单,运用比较方便。

(2)理论性与科学性。说课是在教师备课的基础上进行的。备课是教师对教材初步的分析和认识,是一种浅层次的认识。而说课则是从理性的角度审视教材,能发现备课中的疏漏,继而修改补充完善。从这点上看,说课能帮助教师从更高的角度把握教材。另外,说课不仅要说明怎么教,还要说明为什么要这样教,这就促使教师认真学习教育学、心理学等有关理论,从教育学、心理学的理论层面去把握教学规律。

(3)交流性与示范性。说课是一项集思广益的活动,说课教师实际上是在进行一种十分有益的交流,针对这一范例,广大参与说课活动的教师和教学研究人员,都能从中交流经验,切磋教艺,受到启迪。

二、思想政治(品德)说课设计的基本内容

说课设计没有一个统一固定的模式,内容也存在差异,但一般包含以下内容。

第一,说教材。包括本节内容在整个教材体系中的地位、作用,本节内容编排的顺序及原因,教材有哪些教学资源等,这是确定教学目标的依据。教师不仅要从微观上弄清楚各知识点的内涵和外延,更重要的是要从宏观上正确把握教材在本学科的地位、作用以及本课程的内容及其知识点的结构体系,深刻理解各知识点之间的联系。

第二，说学情。学情分析要客观、准确，符合实际。说课中，教师要从学生学习本课的原有基础和现有困难两个方面分层次地、客观地、准确地分析学情，为采取相应的教学对策提供可靠的依据。

第三，说教学目标。要用清晰、准确的语言说明本课的教学目标。教学目标的说明，主要围绕两个问题：一是阐释教学目标确定的依据，如课程目标、教材地位、单元提示、教学对象、教育理论的依据；二是将教学目标细化，通常包括三维目标，即知识目标、能力目标、情感态度价值观目标，这里要特别注重对能力目标和情感态度价值观目标的分析。

第四，说教学重点难点。要根据教学内容和学生实际，紧抓教学重点和难点，说清楚教学的重点、难点是什么，确定教学重点、难点的依据是什么，解决重点、难点的关键是什么。

第五，说教学方法和手段。教师教学方法的选择，教学手段的运用，直接关系着教学质量的提高。教师在说课中要阐述清楚教学中要运用哪些方法和手段，在什么地方用，为什么要使用这些教学方法和手段，要有理论依据，要分析对教学目标的达成度有多高。

第六，说教学过程。说教学过程是"说课"的重头戏，主要分析教学的课堂结构。课堂结构要有过渡自然的教学环节，有清晰的教学思路，有一脉相承的线索，有逐步推进的层次。说课时应该将每个知识点、每个环节教一些什么，怎样教，为什么这样教等问题作简明扼要的交代。同时还要说清内容讲解中突破教学重点的主要环节设计，化解教学难点的具体步骤，说清师生双边活动的具体安排及学情依据，说清板书设计和设计意图，说清课后作业的布置和训练意图等。

三、思想政治（品德）说课设计的基本要求

1. 思路清晰，结构清楚

说课设计要能够展现教师讲课中的思维过程，不仅层次清楚地说明这节课怎样教，而且简练精辟说清楚为什么这样教。要把教学过程设计的总体框架展现在听者面前，教学内容的详略安排、教学板块的时间安排、教学环节之间的联系与过渡、重点难点如何突破等问题，都能够一一展现，以便在说课中能够使听者听得清楚，听得有趣，听得心动。

2. 教学程序的科学性、深刻性

说课的显著特点在于说理，即内容与说理的有机融合体现在整个说课设计中。教学程序的设计，要有充分的理论和实践依据，有比较深刻的理论基础和理性思考，能够给听者以知识素养的厚重感。

3. 主次分明，详略得当，虚实有别

主次分明，即以能实现知识目标、能力目标、情感态度价值观目标的内容为主，强化主干，删减枝叶，主干明确，不要面面俱到。详略得当，即说课内容设计要有详有略，目标的确定及依据应详讲，教学程序的设计及依据应详讲，其他可略讲。虚实有别，即在说课过程中，应做到内容充实、具体，不能泛泛而谈。"教什么"，要一条一款说清楚；"怎样教"，教与学的双向活动要明确具体；"为什么这样教"，既不要无理论指导的实践活动，也不能无针对性地空谈理论，要做到理论联系实际，虚实结合，相得益彰。

本章小结

1. 思想政治（品德）教学设计就是思想政治（品德）教师在一定的教学理论和学习理论指导下，应用系统方法对思想政治（品德）教学过程的诸要素、环节及其相互关系进行科学的分析、描述、计划或规定，为教学活动制定具体可行、可操作性的程序或方案的过程。思想政治（品德）教学设计的内容包括很多方面，主要表现为教学方案的设计，包括课程模块教学方案、课时教学方案、课外活动方案等的设计。

2. 思想政治（品德）教学设计的依据主要有现代教学理论、系统科学的原理与方法、思想政治（品德）课程的

性质和特征、教学的实际需要、学生的实际、教师的教学经验等。

3. 思想政治(品德)教学设计的准备工作主要有：了解党和国家的有关精神和学校教育教学工作计划、研究思想政治(品德)课的课程标准和教材、熟悉了解学生、搜集整理资料等。

4. 思想政治(品德)课程模块教学方案设计，是开学前的主要准备工作。通过设计课程模块教学方案，明确整个学期(学年)的教学工作任务、范围和要求，以及完成教学任务的有效措施，使教学工作有序进行。课程模块教学方案一般由总的说明和教学进度计划两个部分组成。总的说明通常包括下列内容：授课班级、课程名称、教材版本、学期教学总时数、学生的基本情况、模块教学目标、重点难点分析、课外学习活动等；教学进度计划，即指教学进度或进程的具体安排。

5. 课时教学方案，简称"教案"。设计教学方案是实现向课堂教学过渡的必需环节，是教师上好课的根本保证，是提高教师教学和科研能力的主要途径。教案编写的形式可多种多样，一般应包括教学课题及授课班级、教学目标、教学的重点难点、教具学具、教学过程及时间分配、板书设计、课后分析等。对教案具体内容的设计有各自不同的要求。

6. 课外活动方案一般由以下几个方面组成：方案的标题、活动目的、活动内容和方式、活动程序安排、活动成果等。

7. 说课，是指教师运用口头语言向其他教师或教研人员述说在课堂教学中如何以教育教学理论为指导，依据课程标准、教材和学生的实际情况，进行教学设计的一种教研活动形式。说课具有简单易操作、理论性与科学性、交流性与示范性等特点。

8. 思想政治(品德)说课设计一般包含以下内容：说教材；说学情；说教学目标；说教学重点难点；说教学方法和手段；说教学过程。思想政治(品德)说课设计必须思路清晰，结构清楚；教学程序具有科学性、深刻性；主次分明，详略得当，虚实有别。

本章思考题

1. 如何理解思想政治(品德)教学设计的含义和内容？
2. 思想政治(品德)课教学设计的依据有哪些？这些依据在具体教学设计中应该如何体现出来？
3. 思想政治(品德)课教学设计有什么重要性？
4. 思想政治(品德)教学方案设计的基本步骤和要求是什么？
5. 思想政治(品德)课程模块教学方案主要由哪些部分构成？试结合思想政治(品德)教学实际设计一个课程模块教学方案。
6. 思想政治(品德)课时教学方案由哪些内容构成？选择思想政治(品德)某一个课时内容，设计一个课时教学方案。
7. 如何设计思想政治(品德)课外活动方案？结合思想政治(品德)教学内容，设计一个思想政治(品德)课外活动方案。
8. 什么是说课？说课有什么特点？
9. 思想政治(品德)说课设计的基本要求有哪些？
10. 根据说课的主要内容和基本要求，选择思想政治(品德)某一教学内容，进行说课设计。

参 考 文 献

[1] 〔美〕R. M. 加涅,等. 教学设计原理[M]. 皮连生,等译. 上海：华东师范大学出版社,1999.
[2] 乌美娜. 教学设计[M]. 北京：高等教育出版社,1994.
[3] 邝丽湛. 思想政治学科教学设计[M]. 广州：广东高等教育出版社,1999.
[4] 胡兴松. 思想政治课教学艺术论[M]. 广州：广东教育出版社,2000.

[5] 刘强.思想政治学科教学新论[M].北京：高等教育出版社,2003.
[6] 谢树平,等.新编思想政治(品德)教学论[M].上海：华东师范大学出版社,2006.
[7] 胡田庚.中学思想政治教学设计与案例研究[M].北京：科学出版社,2012.
[8] 齐佩芳,等.高中思想政治课程实施与案例分析[M].桂林：广西师范大学出版社,2007.
[9] 徐贵权.走进高中新课改·政治教师必读[M].南京：南京师范大学出版社,2005.
[10] 冯晓林.教师教学基本功全书[M].北京：中国三峡出版社,1997.

阅读视野

一、教学设计的理论基础[①]

1. 学习理论基础

当代学习理论分化为两大学派：行为主义学派和认知学派。行为主义特别强调外部刺激的设计，主张在教学中采用小步子呈现教学信息，学生出现正确的反应时应及时以强化。随着脑科学的发展，人们对心理认知的研究逐渐增多，认知学派占据了主导地位。认知学派认为学习是个体积极的信息加工过程，教学应该按照信息的心理加工顺序准备教学活动。

总的来说，认知学派对教学设计的主要启示是，学习过程是一个学习者主动接受刺激、积极参与意义建构和积极思维的过程。

学习受学习者原有知识结构的影响，新的信息只有被原有知识结构所容纳（通过同化和顺应过程）才能被学习者所学习。

要重视学科结构与学习者认知结构，以保证发生有效的学习。

教学活动的组织要符合学习者信息加工模型。

因此，教学设计过程要特别重视学习者分析、学习内容的分析，确保学习内容和学习者的认知结构的协调性，按照信息加工模型来组织教学活动。

2. 教学理论基础

要进行教学设计，不但要有正确的学习观，还要对教学规律有清楚的认识。教学设计离不开教学理论的指导，同时教学设计这门学科的产生也是教学理论发展的需要，教学设计理论的发展反过来也会为教学理论的发展提供科学依据。从这一点来看，教学设计研究者应特别重视教学系统的实效研究。

3. 传播理论基础

传播理论的研究内容范围很广，它探讨的是一切信息传播活动的共同规律。我们知道，师生之间的有效交流是教学成功的必要条件之一。在师生交流过程中，信息的传播会受到这样那样的干扰。比如说，在课堂教学过程中，如果教师口齿不清或周围存在噪声，就会使学生很难准确接受教师所讲述的内容；如果教师的语言组织不当或媒体设计不当，就有可能造成词不达意、传播不准确甚至错误的信息；如果学生的阅读能力不够强，那么将很难从语言材料中获取有效信息。从传播的角度来看，教学设计者要能够预见到可能的干扰，并利用有效的手段消除传播过程中的干扰。

4. 系统理论基础

系统理论作为一种科学的方法论对教学设计产生了举足轻重的影响。目前，教学系统设计（ISD）甚至已成为"教学设计"这个术语的同义语。

任何系统都包括五个要素：人、物、过程、外部限制因素和可用资源。我们在教学设计中运用系

[①] 齐佩芳,等.高中思想政治课程实施与案例分析[M].桂林：广西师范大学出版社,2007：336-338.有删减.

统思想,正是由于把教学看成一个由教师、学生、教学内容、教学条件等因素组成的系统。这是一个输入(建立目标)——过程(导向目标)——输出(评价目标)的完整过程。它要求人们从系统整体观出发,以环境分析入手制定教学目标,发展教学计划,进行教学传递、评价,并有效运用系统反馈进行教学设计修正,从而达到教学系统的整体优化。

二、这样的教学设计才更有价值①

教学设计在研究教材的同时,更要重视对学生的分析研究。一个班学生的学习水平和能力总是有差异的。在教学中,要调动全体学生的学习积极性就需要教师对他们进行全面分析、正确对待,并落实到备课、教学各个环节中去。

通过家访、个别访谈、分析作业和试卷等多种渠道,尽快掌握每个学生原有的基础,从而通盘考虑,研究分类指导的目标和措施,这是教学中正确对待学生的前提。在各单元及每节课的教学设计中,注意面向多数,兼顾两头。让优等生的求知欲得到满足,让成绩差的学生跳一跳能够得到,这是教学中正确对待学生的关键。

因材施教对提高教学设计质量和教学水平尤为重要。因此,教学设计时不仅要考虑优、中、差不同层次学生的不同要求,还应该在课堂上根据学生的特点个别指导。对习惯于记忆方式学习的学生侧重于调动他们从不同角度理解知识的积极性,发展其思维的灵活性;对好动脑筋理解能力较强的学生则应防止其忽视基础知识贮存的倾向,引导他们运用知识发展创造性思维;对成绩较差的学生先给他们简单的知识,让他们从获取简单知识中增强信心,然后再逐渐加大问题的难度,这样根据各人的实际,通过指导启迪,让他们得到乐趣,奋发向上。

---

① 吴效锋.新课程怎样教[M].沈阳:沈阳出版社,2003:92.

第六章 思想政治(品德)的教学实施

本章学习目标

1. 明确思想政治(品德)教学主要通过课堂教学和课外活动来实施。
2. 认识课堂教学在思想政治(品德)教学中的地位,了解思想政治(品德)课堂教学的类型;了解课堂教学模式的特点、构成要素、演变发展,掌握思想政治(品德)常见教学模式的基本程序和运用方法;明确思想政治(品德)课堂教学的基本要求。
3. 认识课外活动在思想政治(品德)教学中的重要性;了解思想政治(品德)课外活动的主要形式和方法;明确思想政治(品德)课外活动的基本要求。
4. 认识教学反思的含义和特点;了解思想政治(品德)教学反思的内容;掌握思想政治(品德)教学反思的方式方法;能够开展教学反思活动。

问题序幕

走出教学实施中的困惑

随着基础课程改革的发展,思想政治(品德)教学实施关注学生的现实世界,重视学生创新精神和实践能力培养,引导学生亲身体验、主动参与、积极实践、合作探究,教学方式灵活多样,课堂呈现勃勃生机。但同时这也给不少教师带来了很多困惑。

困惑1:新课程内容多、难度大,课时紧张,如何在有限的课时完成教学任务?

困惑2:新教材在教学实施中注重学生的参与,尤其是一些活动设计和问题探究,更离不开学生的参与。但在现实的教学活动中,学生的参与度低,参与不均衡。怎样才能使学生积极主动地参与到教学活动中来?

困惑3:为了发挥学生的主体作用,教师常常在课堂中设计一些活动,课堂呈现一片"生机勃勃""热闹繁荣"的景象:学生忙于活动材料的搜集整理,小组忙于热热闹闹的问题讨论,教师忙于一个一个活动的组织展开。然而其中有不少活动有形式化的倾向,且局限于表层,缺乏明确的活动目的。如何优化课堂中学生的活动?

困惑4:新课程强调以学生为本,学生多动,教师少讲。这是否就意味着要让学生开口,请教师闭嘴?

困惑5:适应教学生活化的要求,教师们不惜花费大量时间"冥思苦想"地创设生活情境,似乎不创设情境就没有贯彻新课程的理念。是不是每节课都能够创设情境、都需要创设情境?思想政治(品德)教学需要怎样的情境?

困惑6:新课程重视活动教学,不仅课堂上有各种活动设计,课外也有多样的活动要求。在现行升学制度下,怎样处理开展活动教学与提高中考、高考政治课成绩的关系?怎样处理好开展活动教学与课时短缺的关系?

……

在思想政治(品德)实施中,为什么会产生这样的困惑?怎样走出这些困惑?应该说,这些困惑都是思想政治(品德)教学实施中的困惑,解决这些困惑,当然就需要对思想政治(品德)教学实施有系统的了解。

思想政治(品德)课的教学实施是一个由多要素构成的综合复杂系统。这个系统是在一定教学思想指导下,通过教师对系统内部各要素的科学组织而有目的、有规则地运行,并以一定的组织形式体现出来。这种组织形式,从其空间形态来考察,主要有课堂教学和课外活动。

第一节 思想政治(品德)的课堂教学

一、课堂教学在思想政治(品德)教学中的地位

课堂教学是班级授课制的具体方式,是教师按照规定的教学计划和教学大纲,在规定的时间内,对一定数目的学生进行教学。从历史上看,自从班级授课制产生以后,由于其特定的优点和特点,使它很快成为世界各国教学的基本形式或途径,我们应该肯定课堂教学在教学中的地位,重视对课堂教学的研究,积极改革课堂教学方法,提高课堂教学质量。

理论探讨 6-1

> 班级授课制产生于16—17世纪资本主义兴起时代。17世纪,以捷克教育家夸美纽斯为代表,总结了16世纪兄弟会学校的经验和教学实践,对班级授课制从理论上加以总结和论证,使它作为一种基本的教学组织形式确定下来。班级授课制由此盛行,至今依然是学校的基本教学组织形式。
> ◆ 你认为班级授课制盛行百年之久的原因是什么?
> ◆ 试析班级授课制未来发展趋势。

同样,课堂教学也是思想政治(品德)教学的基本形式和途径。从世界范围看,设置有类似的学校德育课程(如宗教课、公民课等)的国家,一般都注重课堂教学的作用。在课堂教学形成之初,宗教课是欧洲各国对学生进行思想教育的主要课程,曾经长期在学校处于一统天下的地位,在教学中主要是教师在课堂上宣讲宗教教义,学生背诵宗教教条。"填鸭式"的"灌输"和囫囵吞枣式的"背诵"是这时课堂教学的典型特点,也成为后来长期困扰课堂教学的两大突出问题。随着资本主义的发展,宗教课受到了巨大的冲击,许多国家公立学校的宗教课逐渐向世俗的公民教育课转化。但这种冲击主要表现在观念形态和内容方面,教学形式受到的冲击并不大,课堂教学仍然受到高度重视,赫尔巴特教师中心、课堂中心、课本中心的"三中心"教学理论和思想的提出,就充分说明了这点。进入20世纪以后,适应社会发展对人才要求的变化,课堂教学越来越关注对学生创新精神和实践能力的培养,重视学生个性的发展和综合素质的全面提高,课堂教学改革不断深入,传统的强制灌输的教学方式被否定,但也并没有影响到课堂教学的地位和作用。

从我国来看,新中国成立以来,我国一直把思想政治(品德)课作为必修课程列入学校的教学计划,把课堂教学作为思想政治(品德)课教学的基本形式,努力改进和提高思想政治(品德)课课堂教学质量。课堂教学在思想政治(品德)教学中的地位和作用主要表现在以下几个方面。

(1) 课堂教学是实现思想政治(品德)教学目标的基本途径。思想政治(品德)教学目标,就是要

通过传授马列主义基础知识,培养学生能力,提高学生的政治思想道德素质,并养成良好的行为习惯。而课堂教学的计划性强,教学时数比重大,教学效率高,能保证这些教学目标的圆满实现。离开了课堂教学这块主阵地,教学目标根本无法实现。

(2) 课堂教学是发挥教师主导作用和学生主体作用的基本形式。教学是师生的双边活动。在教学过程中,只有发挥教师的主导作用和学生的主体作用,才能获得最佳的教学效果。而教师的"教"和学生的"学",绝大部分是在课堂教学中进行的,课堂教学就自然成了充分发挥教师的主导作用和学生主体作用的基本形式。在课堂教学过程中,教师不仅要在传授基础知识方面起着指导作用,在培养学生能力方面起诱导作用,在政治思想道德素质教育方面起疏导作用,而且还要注意激发学生的学习动机,强化学生的主体意识,帮助他们掌握科学的学习方法,以充分发挥学生的主体作用,使教与学、主导与主体达到和谐统一。

(3) 课堂教学是提高思想政治(品德)教学质量的基本保证。思想政治(品德)课程的教学活动是由许多环节构成的。其中课堂教学是中心环节,其他环节在很大程度上都是围绕课堂教学这个中心环节而进行的。课堂教学在教师精心准备的前提下,能根据思想政治(品德)课程特定的教学目标与任务,选择科学的教学方法进行教学,使教学质量得到提高。

(4) 课堂教学是思想政治(品德)课外活动的基本前提。课堂教学与课外活动都是教学的组织形式,它们是互相配合、相辅相成的。课堂教学是课外活动的基础和前提,课外活动是课堂教学的发展和延伸。课堂教学质量的好坏,直接影响着课外活动的开展。

二、思想政治(品德)课堂教学的类型

课堂教学的类型,又称课型,是依据一定的标准把课堂教学划分为若干种类。课堂教学的分类问题相当复杂,至今还没有形成统一的分类和公认的分类方法。在教学实践中,我国比较常见的课的分类法主要有两种:一是以课堂教学完成教学任务的不同为依据,将课分为单一课和综合课,单一课是一节课完成一项教学任务的课,如授新课、复习课、考查课、评讲课等;综合课是一节课完成多项教学任务的课。二是以课堂教学运用的教学方法的不同为依据,将课分为单一课和综合课,单一课是一节课运用一种教学方法的课,如自学课、讲授课、讨论课、练习课、演练课等;综合课是一节课运用多种教学方法的课,综合课是思想政治(品德)教学中最常见的课型。

 随堂讨论 6-1

单一课和综合课各有什么特点?为什么综合课会成为思想政治(品德)教学中最常见的课型?

(一) 单一课类型

单一课是指在一堂课内主要完成一项教学任务或运用一种教学方法的课。从完成教学任务的角度看,主要包括绪论课、授新课、复习课、考查课、评讲课等课型。

1. 绪论课

绪论课是学期或课程之始,为使学生了解本学期或本学科的学习目的、学习内容和学习方法而进行的课。绪论课是一门学科入门的"先行",它具有以后任何一节课都不能替代的独特作用。

一般而言,绪论课的教学主要解决"学什么""为什么学""怎样学"的问题。在论及"学什么"的问题时,要立足启蒙,以趣激学。思想政治(品德)课各年级所学理论都有其产生、发展的历史。起始课

上，教师不妨追根溯源，予以通俗、生动的讲述，以激发学生强烈的学习欲望。在分析"为什么学"的问题时，既要阐明学习本学科的理论意义，更要让学生切身体验到学习本学科的好处。在指导"怎样学"时，既要从大处着眼，讲明学习的根本方法，又要从小处着手，重视对学生进行具体方法的指导。

2. 授新课

授新课以教师传授新知识、学生学习新知识为主要目的，努力使学生掌握新的概念、原理，形成新的观点的课型。它是思想政治（品德）课的主要课型。按照这种课型组织教学，关键是要突出一个"新"字。对新的教学内容，要运用新的教学方法，创设新的教学情境，使学生构建新的政治思想道德观念。

在思想政治（品德）课教学过程中，教师对新知识的传授，一是要做到内容科学，观点正确；二是新知识的导入要自然，新知识的讲授要精当，新知识的巩固要及时；三是要根据学生的认知结构，考虑学生的实际接受能力，掌握知识传授的深浅程度，做到循序渐进；四是不能仅单纯传授新知识，应同时重视以知识为基础的能力培养和政治思想品德教育；五是在教学中切忌从抽象到抽象而忽略了学生的认识规律，也不要急于把结论讲出而忽略学生的思维过程；六是要注意贯彻启发式教学，通过设计的问题循循善诱，或利用多种直观教学手段，帮助学生理解和加深印象。

随堂讨论 6-2

授新课和讲授课都是思想政治（品德）课教学的主要课型，这两种课型有什么联系？又有哪些区别？

3. 复习课

复习课是将已学过的知识巩固、深化，并进行概括和系统化的课型。这种课型往往是在一课或某一单元结束，期中或期末考试之前进行。复习课的目的不仅仅在于巩固所学知识，更重要的在于通过查漏补缺，深化学生对知识的理解，并在此基础上提高学生分析和解决问题的能力，理论联系实际地对学生进行政治思想道德教育。

在复习课上，教师要注意知识的整理，按照一定的标准和目的要求对所学知识进行总结，并使之条理化和系统化。这样，有助于使学生将所学的知识系统化，形成一个有内在联系的较为完整的内容体系，也有助于培养和提高学生分析和解决问题的能力。做好知识整理要有明确的目的性，要把思想政治（品德）教材的基本观点和方法贯彻应用于知识整理的过程中去，恰当地运用分类比较、总结归纳、分析综合等方法，引导学生动脑动手，充分发挥思维的积极性，使知识得以深化，能力得以提高。

4. 考查课

考查课是考查学生学习质量和教师教学效果的课。作为一种课型的考查，不同于日常教学过程中的随时考查，它要求有明确的目的、相对集中的教学时间。我们平常所说的测验、考试均属这种课型。课堂提问、课后作业是教学环节中不可缺少的部分，尽管它们也是对学生学习情况的考查，但毕竟未形成一种课型。考查一般可在某一课、某一单元、期中或期末进行。思想政治课的考查，在注意考查知识的同时，要加强对学生分析和解决问题能力的考查。

5. 评讲课

评讲课是在对学生学习情况进行考查之后，对考查情况进行评讲的课。评讲的内容主要有：考查题的分析、学生答卷情况分析和成绩分析等。评讲课起着承上启下的作用，它既是对前段学习情况的总结，又是对今后学习的动员和指导。一堂好的评讲课应做到：（1）要坚持启发式教学，评讲不能只是教师单方面的活动，应是师生共同评讲。对于重点题目，应在教师的引导下，让学生自己动脑辨别正误，分析原因。(2)在评讲中,除了要给学生一个正确的答案外,更重要的是要使其知其所以然,懂得学习的方法。(3)评讲不应只是评讲试卷,而应把与试题有关或相近易混的问题进行比较分析,使学生学会举一反三、触类旁通。(4)评讲课应以鼓励为主,充分肯定学生的成绩和进步。对于成绩差的学生,不能动则斥责、讽刺、挖苦,要热情地帮助他们分析原因,坚定信心,并制定弥补的措施。

(二)综合课类型

综合课是指在一节课内同时完成多项教学任务或运用多种教学方法的课。就完成教学任务看,在一节课中包括复习检查旧知识和学习新知识两项任务;也可以包括复习检查旧知识、学习新教材、巩固新知识、进行练习等多项任务。就运用教学方法看,一堂课也可以运用讲授、讨论、演示、比较等多种教学方法。我们经常提到的读读、议议、讲讲、练练教学,六课型单元教学等,都是综合课的典型表现。

 资料卡片6-1

六课型单元教学

六课型单元教学是教师依据教材的内在逻辑体系及不同特点,考虑学生的实际水平和学习规律,把教材划分成若干单元,以单元为单位,依次按六种课型进行教学。它的一般运用步骤如下。

(1)自学课。根据教师的指导和要求,学生在课堂上自学教材。

(2)启发课。对教材的重点问题、学生自学中提出的疑难问题,教师进行重点讲解,引导学生全面理解教学内容。

(3)复习课。学生在课堂上独立复习,巩固和加深对所学知识的理解和记忆。

(4)作业课。教师指导学生在课堂上独立完成作业。

(5)改错课。师生结合,共同批改作业,对作业中的错误认真分析原因并加以改正。

(6)小结课。学生在教师指导下,对所学知识进一步系统化、概括化,使所掌握的技能进一步综合化、熟练化。

综合课的基本特点是:(1)突出的综合性。它体现在多项教学任务的综合、多种教学方法的综合,以及教学过程中各组成部分的综合。这多方面的综合,使课堂教学形成了一个完整而协调的整体。(2)明显的层次性。一是教学目标、教学方式的层次性;二是教学内容的安排上体现出要求与组合的层次性;三是教学阶段与步骤及教学时间分配的层次性。(3)多维的立体性。它不仅体现在多方面调动学生的学习机能,使学生的多种感官能协同作用,提高学习效率,而且还体现在教与学的有机协调,课堂教学的纵向过程与横向结构相互交织构成网络,整个课堂教学形成了立体化。(4)运用的灵活性。它体现在综合课的基本结构是灵活多变的。在教学中,教师完全可以根据教学的实际需要进行取舍、组合,形成一种新的综合结构。

三、思想政治(品德)课堂教学模式

(一)教学模式及其特点

关于教学模式,国内外学者有多种不同的看法和表述。一般来说,教学模式是在一定教学思想或教学理论指导下,在教学实践基础上形成的比较稳定、简明的教学结构、活动程序及其实施的方法论体系。作为结构框架,突出了教学模式从宏观上把握教学活动整体及各要素之间内部的关系和功能;

作为活动程序,突出了教学模式的有序性;作为方法论体系,突出了教学模式的可操作性。

 资料卡片 6-2

> "模式"一词是英文 model 的汉译名词。model 还译为"模型""范式""典型"等。将"模式"一词最先引入到教学领域并加以系统研究的,当推美国的乔伊斯(B. Joyce)和韦尔(M. Weil)。乔伊斯和韦尔在《教学模式》一书中认为:"教学模式是构成课程和作业、选择教材、提示教师活动的一种范式或计划。"

教学模式具有以下基本特点。

1. 操作性

教学模式是教学理论的具体化,同时又直接面向和指导教学实践,具有可操作性,它是教学理论与教学实践之间的桥梁。它以直观的形态或图表象征性地揭示教学过程的本质特征,把某种教学理论或活动方式中最核心的部分用简化的形式反映出来,为人们提供了一个比较具体的教学行为框架,具体地规定了教师的教学行为,使得教师在课堂上有章可循,便于教师理解、把握和运用。

2. 整体性

教学模式作为教学理论与教学实践的中介,既有理论原理、功能目标,又有基本结构和操作要领,有一套完整的结构和一系列的运行要求。教学模式是对教学活动的各个方面进行综合考虑、整体安排的结果,是对教学活动的完整反映。这一特征决定了在运用教学模式时,要整体把握,不能无视原理,单取方法。

3. 针对性

任何一种教学模式都是围绕着一定的教学目标设计的,都有其特定的作用。而且每种教学模式都具有各自不同的特点和性能,具有各自不同的适用条件。因此,不存在对任何教学过程都普遍适用的万能教学模式。

4. 稳定性

教学模式是大量教学实践活动的理论概括,在一定程度上揭示了教学活动带有的普遍性规律,对教学有着普遍的参考作用。教学模式一旦形成,会具有一定的稳定性。但这并不意味着教学模式就固定不变,随着社会政治、经济、科学、文化的发展,随着教育教学改革的深入,教学模式也会不断完善和发展。

5. 灵活性

教学模式是能用来指导教师行动的"范型或方案",教师在具体的教学实践中可以用来指导教学,可以进行具体操作,但不能把它看作束缚教师手脚的固定不变的框框而生搬硬套。对教学模式,不能生硬地搬用,而要从不同的实际出发,灵活运用。教学模式的运用,必须考虑到学科的特点、教学的内容、现有的教学条件和师生的具体情况,与这些因素相适应。

6. 有效性

教学模式的产生发展根源于教学实践,是某种教学方式发展的稳定化、系统化和规范化,是一种优化了的操作范式。尤其是优化了的教学模式,如果运用得好,能够形成很好的教学效益。我们研究教学模式的一个目的,就是要更好地发挥教学模式的有效性。

(二)教学模式的构成要素

一定的教学模式总是以一定的理论或思想为指导,确立特定的教学目标,通过相对稳定的结构程序来协调各教学要素的关系,并提出适当的操作要领,以保证教学活动有序进行和教学目标如期实现。显然,一个完整的教学模式一般应该包含以下基本因素。

(1) 理论基础。即教学模式所依据的教学理论或教学思想。任何教学模式都是以一定的教学理论或教学思想为指导的,是一定教学理论和教学思想的反映。在不同教学理论和思想的指导下,必然会出现各种不同的教学模式。例如,程序教学模式是以行为主义心理学为理论基础,罗杰斯(C. Rogers)的非指导性教学模式是以人本主义教育心理学为依据,布鲁纳的发现教学模式是以学习结构迁移原理和学习者是认知主体的思想为依据。

(2) 教学目标。即教学模式所能达到的教学结果,或能够在学生身上产生何种效果。任何教学模式都是指向和完成一定的教学目标,不同的教学模式总是为某种教学目标而设计,为完成一定的教学目标服务。例如,凯洛夫的"传授式"教学模式,其教学目标侧重于使学生系统地掌握基本知识和基本技能;布鲁纳的发现教学模式,其教学目标则侧重于教学的智能发展功能,即引导学生通过对问题或知识体系循序渐进的学习来提高学生的理解、转换和迁移能力。教学目标是教学模式的核心因素,它制约着构成教学模式的其他因素,决定着教学模式的操作程序和师生在教学活动中的组合关系。正是由于教学模式与教学目标的这种极强的内在统一性,决定了不同教学模式的个性。

(3) 操作程序。即教学模式的环节步骤以及每个步骤的具体操作方法。每一种教学模式都有其特定的逻辑步骤和操作程序,它规定了在教学活动中师生先做什么、后做什么,各步骤应当完成的任务,做的过程中要注意什么问题等。当然,这种操作程序不可能像机械工艺流程那样精密,那么不能改变。在实际操作过程中,我们要重点领会教学模式的基本思想和意图,总体上遵循教学模式的基本程序、步骤和环节,大体把握模式提供的策略、方法。这样,教学模式才能得到推广和运用,也才能取得可靠的效果。

(4) 实现条件。即能使教学模式发挥效力的各种条件因素,如教师、学生、教学内容、教学手段、教学环境、教学时间等等。例如,布卢姆(B. Bloom)掌握学习模式就将决定学习结果性质的三大变量作为模式的实现条件,即认知前提行为、情感前提特性、教学的质量。因此,为了发挥教学模式的效力,教师在运用教学模式时必须对各种教学条件进行优化组合,要遵循一定的原则,采用一定的方法和技巧。

(5) 教学评价。即各种教学模式所特有的完成教学任务、达到教学目标的评价方法和标准等。由于每种模式有自己适用的条件和教学目标,因此,其评价的标准和方法也会有所不同。严格来说,每一种教学模式都应该有一套适合自己特点的评价体系。但是受研究水平不高的限制,目前除了一些比较成熟的教学模式已形成了一套相应的评价方法和评价标准以外,大部分教学模式还没有形成自己特有的评价方法和评价标准,还有待于进一步研究和实践。

(三) 教学模式的演变和发展

教学模式的最早提出可以追溯到17世纪,捷克教育家夸美纽斯以认识论原理为指导,从"感觉先于理解"和"适应自然"的思想出发,提出了以"观察—记忆—理解—练习"为基本程序的教学模式,定下了传统教育组织教学活动的基调。近代教学论权威德国人赫尔巴特则基于他的统觉理论提出了由"明了—联想—系统—方法"四个连续的阶段构成的教学模式。以后他的学生莱因又将其改造为"预备—提示—联合—总结—应用"的五阶段教学模式。以上这些教学模式都有一个共性,它们都忽视了学生在学习中的主体性,片面强调灌输方式,在不同程度上压抑和阻碍了学生的个性发展。

20世纪初,随着资本主义大工业的发展,强调个性发展的思想普遍深入与流行,以赫尔巴特为代表的传统的教学模式受到了挑战。

杜威以实用主义教学理论为指导,提出了"创设情境—确定问题—占有资料—提出假设—检验假设"实用主义教学模式,这种教学模式打破了以往教学模式单一化的倾向,弥补了赫尔巴特教学模式的不足,强调以儿童的社会活动为中心,提倡从"做中学",重视学生的能动性和创造性的发挥。但它把教学过程和科学研究过程等同起来,贬低了教师在教学过程中的指导作用,片面强调直接经验的重要性,忽视知识系统性的学习,影响了教学质量,因此在20世纪50年代受到了强烈批评。

理论探讨 6-2

比较赫尔巴特的传统的教学模式和杜威的实用主义教学模式,它们各有什么特点?如何对它们进行恰当的评价?

20世纪50年代以来,随着科学技术的发展,出现了许多新的教学理论和教学思想。各国教育家们相应地对教学模式进行了大量的研究和探索,涌现出了许多新的教学模式。我国自20世纪80年代以来,广大教育工作者在吸收借鉴国外教学模式研究成果和总结我国教学实践经验的基础上,也提出了多种多样的教学模式,对于改进基础教育阶段的教学,提高教学质量,无疑有着重要的积极意义。

资料卡片 6-3

中外教学模式的差异①

从中外教学模式的形式和比较看,存在着不同的差异。

外国教学模式,是从成熟的教育理论中演绎出各种类型的教学模式,而成熟的教育理论是在实证和研究中产生的,具有科学性、代表性、理论性。外国教学模式比较注重教学目的,关心学生的个性发展,即人的潜能的发掘。

中国教学模式,试图在成功的教学范例中归纳出教学模式,是教学经验的科学总结。中国教学模式比较注重教学形式,关心学生的教学质量,即人的知识的获得。

纵观中外教学模式的发展,我们可以看出其呈现出下面几种基本趋势。

1. 多样化趋势

教学模式的多样化首先表现在教学模式的种类上。20世纪50年代以前,教学模式种类很少,赫尔巴特的"传统"教学模式和杜威的"现代"教学模式长期占主导地位,各自为政,互相排斥。20世纪50年代以后,由于新的教学思想层出不穷,再加上新的科学技术革命使教学产生了很大的变化,各种教学模式相继产生,在它们的形成和发展过程中,相互借鉴,相互融合,出现了多样化和综合化的发展趋势。各种教学模式都有自己特定的理论基础、特定的体系结构、特定的适用范围和条件,发挥着各自特有的功能。

教学模式的多样化趋势还体现在其理论基础的多元化上。随着现代心理学的迅猛发展,教学模式与心理学的联系日益密切,教学模式中的心理学色彩越来越浓。而且除了心理学外,当代教学模式在形成和发展的过程中,还吸取了系统论、信息论、社会学、管理学、工艺学等理论养分。

---

① 闫承利.教学最优化实施通论(中)[M].北京:光明日报出版社,1998:64.

2. 演绎化趋势

在教学模式的形成上,过去主要是归纳式。它以经验为起点,从教学经验中总结、归纳,形成教学模式。而现在主要是演绎式,以一定的理论基础,从一种科学理论假设出发,推演出教学模式,然后用严密的实验来验证其效用。

3. 合作化趋势

传统教学模式都是从"教师如何去教"这个角度来进行阐述,忽视了"学生如何学"这个问题。杜威的"反传统"教学模式,使人们认识到学生应当是学习的主体,但又忽视了教师的教。20世纪下半叶出现的教学模式,总体上克服了教师中心论和学生中心论的偏颇,在师生关系和角色定位上,呈现合作化趋势,既摆脱了传统教学模式过分强调教师的权威作用,强调学生学习的内部动机和积极性,又充分肯定了教师在整个教学过程中的引导作用。例如,在发现学习教学模式中,学生是发现的主体,学生发现活动的引起、维持和教学目标的达成都有赖于教师的有力指导。

4. 综合化趋势

全面推进素质教育,培养学生的创新意识和实践能力,是当今基础教育改革的一个重大和迫切的任务。新型教学模式的建构要为全面提高学生的整体素质服务,立足于让学生全面发展、全体发展和个性发展。因此,现代教学模式的构建更关注知识形成过程、思想方法、创新意识及个人潜能的开发,注重学习方法、实际应用能力的培养,在教学目标上具有综合化趋势。

5. 现代化趋势

现代教学模式越来越重视引进现代科学技术的新理论、新成果。一方面,教学模式的理论基础越来越现代化,大量教育学、心理学、教育心理学等方面的新理论、新成果被运用于指导教学模式的构建;另一方面,现代化教学手段也越来越多地运用于教学模式,教学条件的科学含量越来越高。

(四)思想政治(品德)常见教学模式简介

1. 讲授式教学模式

这是一种长期以来在教学实践中普遍采用、广为人知的教学模式,主要运用于系统知识、技能的传授和学习。它的基本程序是:激发动机,导入新课—理解教材,讲授新课—总结归纳,巩固新课—检查运用,及时反馈。这种模式由教师直接控制着教学过程,通过教师的传授使学生对所学习的内容由感知到理解,达到领会,然后再组织学生练习,巩固运用所学的内容,最后检查或组织学生自我检查学习的效果。当然,这只是一个基本的程序结构,教师在教学实践中不可机械地照搬,可以根据实际情况进行调整和取舍。

这种模式的基本特点是:教师直接控制着教学过程,能够充分发挥教师的主导作用;也能使学习者比较迅速有效地在单位时间内掌握较多的信息,比较突出地体现了教学作为一种简约的认识过程的特性。讲授式教学模式在教学实践中能够长盛不衰,原因就在于此。但在这种模式中,学习者客观上处于接受教师所提供信息的地位,不利于学生积极性、主动性的充分发挥,因此多年来一直受到各方面的批评和指责。其实接受学习不一定都是机械被动的,关键是教师传授的内容是否为具有潜在意义的语言材料,能否同学生原有的认知结构建立实质性的联系;教师能否激发学生的积极性,使他们主动地从自己原有的知识结构中提取最有联系的旧知识来类化新知识。如果能实现上述两点,这种模式在帮助学生掌握思想政治(品德)学科知识和技能,提高学生的政治思想道德素质方面,具有独特的不可忽视的作用。

2. 学导式教学模式

这是一种学生自学与教师指导相结合的教学模式。它着眼于学生自学,注重学生主体地位的落实;同时学生的自学又在教师指导下进行,强调教师的主导作用。学导式教学模式的基本程序是:自学—讨论—精讲—演练—小结。

（1）自学。这是该模式中最核心的部分。它包括课前预习和课堂上的自学，目的在于学生独立阅读教材，发现疑难，提出问题，为进一步学习做好准备，也为教师教学提供客观依据。在学生自学中，教师要根据学生的学习情况进行指导。

（2）讨论。对自学中提出的问题，尤其是一些共同存在的问题，组织学生开展讨论。经过相互探讨，集思广益，取长补短，提高对有关问题的认识。

（3）精讲。在讨论交流基础上，教师对其中的难点、关键点，以及一些学生无法弄清的问题进行重点讲解，或通过示范、演示等进行重点启发、指点，引导学生自己得出结论。

（4）演练。通过完成各种类型的作业活动，使学生将所学内容能纳入已有的知识体系中，学会举一反三，能够灵活运用所学知识分析社会现象，解决实际问题。

（5）小结。学生通过总结归纳，把所学的知识系统化，形成知识体系，进一步达到对知识的牢固掌握和熟练运用。教师也可以通过小结检查，总结教学情况，提出课后学习要求。

学导式教学模式与传统教学相比，具有特定的优点：第一，有利于学生自学能力和习惯的培养。而自学能力是加速学生创造性思维发展、提高学生学习主动性和主体意识的必要条件。第二，有利于适应学生的个别差异。教师通过学生在自学时对他们的个别辅导，加深了对各个学生基础水平、理解能力、性格特征等方面的理解，从而可根据不同学生的特点来进行指导。

3. 参与式教学模式

这是一种着眼于引导学生参与教学过程和活动的教学模式。所谓"参与"，有两层意思：一是指师生均以平等身份共同讨论、协商，共同提出学习内容、方法，共同解决问题等。二是指参与到社会生活和社会活动，让学生自己围绕着某个课题去找资料、做课题，进行参观访问，开展社会调查。这种教学模式的基本程序是：确立目标—参与活动—总结提高。

（1）确立目标。不仅教师要明确教学活动要达到的目标，而且学生要明确参与活动的预期目标。这样，学生参与教学活动才有明确的方向，并在教师的指导下适时地调控发展方向。

（2）参与活动。这是该模式的核心部分。教师要激发学生的参与意识，引导学生参与教学活动和教学过程。这既可以是引导学生参与课堂教学中的讨论、演练等，也可以是引导学生参与课外教学中的参观访问、社会调查等。

（3）总结提高。在学生参与教学活动和教学过程后，教师不仅要对学生在活动中的表现和活动的成效进行总结，更要指导学生进行自我总结。

参与式教学模式有利于提高学生学习的自主精神，培养他们自我控制、自我调节和自我评价的能力，有利于推进思想政治（品德）教学中信息交流的多向化和开放化。近年来，随着教学改革的深入，这类教学模式受到了广泛关注，新课程改革所倡导的"主动、探索、合作"学习，各个学校开展的研究性学习等，都是在这一模式的基础上发展而来的。

案例展示 6-1

《青春的误读——"他为什么找不到友谊"》教学设计①

设计目的：通过短剧的表演，揭示同学间存在的乱叫绰号等不尊重人的现象，引导学生相互尊重，建立真挚的友谊，共享青春的美好。

---

① 张四保，等.初中政史课堂教学课型[M].长春：吉林大学出版社，2008：7-8.

一、设置情境

(1)教师事先针对本班的人际关系实际,编制相关的实例或故事(组织学生编写也可)。

(2)教师事先挑选几个有表演才能的同学,做好短剧排练。

(3)课前组织同学布置教室,提供活动空间。

二、扮演角色

学生甲:(身背书包,漫不经心地上场)李清,"猪头"呢?

学生乙:你叫谁呢?

学生甲:胖子李珍呗!

学生乙:昨天叫人家"肥肥",今儿又叫人家"猪头",你也太欺负人了。

学生甲:闹着玩,你别小题大做嘛!

学生乙:你真无聊(下场)。

学生丙:(正在看书,抬起头来)你又胡说啦,把同学又气走了。

学生甲:活该。谁叫他不让我抄作业,被老师发现了,还训了我一通呢,我跟他没完。

(学生丙:无可奈何地摇摇头,下场。)

学生甲:哎,别走啊!陪我聊聊吧……

三、设问引导

(1)为什么学生甲惹人讨厌,找不到友情呢?

(2)这种现象在同学们当中是否存在?你如何看待这种现象?

(3)如何克服这种现象?怎样才能建立真正的友谊?

四、讨论评价(略)

4. 情境教学模式

情境教学模式是教师教学中有意识有目的地创设反映生活特点和生活状态情境,引起学生的情感体验,激发学生的学习积极性和求知欲望,使学生在轻松愉快的情况下理解和掌握知识、提高分析和解决问题的能力、提升情感态度价值观的教学模式。情境教学的运用方法多种多样,不同的教师、不同的情况下会体现出不同的特点。

一般来看,情境教学实施的基本程序是:情境创设—情境分析—情境回归。

(1)情境创设。情境教学的基础是情境的创设,创设生活化情境在情境教学中具有重要意义。教师可以通过语言描绘、实物演示、音乐渲染、活动表演等方式创设生动形象的教学情境,使学生融入情境,激发学生学习思想政治(品德)课的学习兴趣。

(2)情境分析。在情境创设的基础上,教师要组织学生运用辨析、评估、讨论、辩论、辨认等多种有效手段,对情境进行主动思索与分析,感悟其中所蕴含的道理。思想政治(品德)课教学中的情境分析方法很多,主要有对比分析、问题引导、讨论辩论、思维推理等。

(3)情境回归。情境回归在情境教学中有着画龙点睛的作用。情境创设是情境分析的前提和基础,情境分析是进行情境创设的必然要求,无论是情境创设还是情境分析,都要最终落脚到情境回归。思想政治(品德)课教学中情境回归的方式多种多样,主要有知识整理、能力提升、情感升华、行为要求等。

案例分析 6-1

以下是教学中的几段情境创设,试分析:它们属于什么样的创设方式?这些创设方式各有什么优点和特点?

(1)进行"我国的人民代表大会制度"教学时,播放全国人民代表大会召开的电视录像片。

(2)进行"我国对外开放的格局"教学时,展示自制的标有我国的经济特区、沿海开放城市、经济开放区、沿边和内陆开放城市的中国地图。

(3)进行"企业经营者的素质"教学时,让学生开展"假如我是厂长"的演讲活动。

情境创设的方式很多,总结相关教学经验,比较典型的有以下几种。

第一,用语言描绘情境。即教师或教师引导学生用生动形象、富于情趣的语言,叙述生活中的事情,描述生活的场景,勾画生活中的人物等。语言是教学的基本手段,用语言来描绘情境,自然成为生活化教学情境创设的最基本途径。

第二,用教具触发情境。即用一定的实物、图画、表格等展现现实生活的画面,使学生看到"真实"的情境。在思想政治(品德)课教学中,可以借用各种实物材料、图片、表格等教具创设情境,使学生了解一定的生活背景材料和场面,触发学生的联想,形成对相关知识的感性认识。

第三,用现代化教学手段再现情境。即用音乐、电影、电视等艺术手段,把现实生活中的人物、事件、场景再现在学生面前,使学生从中受到感染。现代化教学手段以直观形象的特点备受学生欢迎。

第四,用活动表现情境。即教师结合教材内容,设计某种典型的生活情境或剪取某个生活片段,组织一定的模拟活动让学生积极参与,使学生进入一定的情境,并从中受到感染和教育。在思想政治(品德)课教学中,可以采用角色扮演、社会调查、讨论辩论、小制作等活动形式来表现情境。

第五,以幽默夸张情境。幽默具有形象、生动、夸张等特点,蕴含着深刻的哲理,极富趣味性,借助幽默可以夸张地展现生活情境,引发学生的思考和联想。幽默可以通过漫画、数字、比喻、夸张、谚语等来制造。

第六,用思维推理情境。即通过对事物和现象进行分析、综合、判断、推理,形成教学情境。例如,讲消费者权益时,列举某地的热水器市场调查情况,其中抽查电热水器20种,竟无一种合格。大家试想,这些不合格的产品流入市场会造成什么后果?要杜绝这些现象,保护消费者的权益,应怎样做呢?

5. 案例教学模式

所谓案例教学模式,是教师在教学过程中以社会或身边发生的事例为题材,激发学生学习兴趣,引导学生运用所学知识进行分析和讨论,从而激励学生主动参与学习活动的一种教学模式。在思想政治(品德)教学中运用案例教学模式,对于激发学生的学习兴趣,加深对所学知识的理解,促进学生主动学习、学会学习,培养学生的创新能力和分析问题、解决问题的能力,具有重要意义。

随堂讨论 6-3

在思想政治(品德)教学中,教师为了讲解知识,论证观点,经常会进行举例。那么案例教学与思想政治(品德)教学中的举例是否是一回事?如果不是,它们的区别表现在哪些方面?

案例教学模式的基本操作程序是:选择和呈现案例—分析讨论案例—总结和评价。

（1）选择和呈现案例。根据教学内容和学生实际,精心选择恰当的案例,并通过一定的方式呈现给学生。呈现案例的方式多种多样,可以是教师直接用生动形象的语言对案例进行描述来呈现;也可以是教师将案例复印好,上课时给学生每人发一份,以文字的形式来呈现;还可以借助投影仪、多媒体等现代化教学手段来呈现案例。

（2）分析讨论案例。案例呈现给学生以后,就要引导学生对案例及设置的问题进行分析和讨论。组织案例分析讨论的方式灵活多样,在实际的教学中,通常是在小组讨论的基础上,进行全班交流。全班交流先由一位准备得比较充分的同学代表自己或小组进行发言,然后由其他同学或小组针对这个发言提出补充意见或反对意见,也可以从其他方面另行分析。在分析讨论案例过程中,教师要加强对学生的引导,以防止学生讨论偏离主题。

（3）总结和评价。对学生案例分析讨论的情况要进行总结和评价。在总结和评价中,要肯定成绩,也指出问题和不足;要以鼓励为主,保护学生的积极性;要尊重学生,也许学生有不同的看法,不要将自己的观点强加给学生。

案例教学模式以案例为核心,所以,案例的选择尤为关键。精选恰当的案例,是实施案例教学的基础,也是案例教学取得成功的关键。一般来说,案例的选择要注意以下几个方面。

第一,案例的典型性。案例教学是要引导学生通过案例分析来学习和掌握相关理论知识。因此,案例所提供的信息和资料,必须最大限度地蕴含相关的知识和道理,能够通过对案例的分析,理解和掌握教学内容,完成教学任务,实现教学目标。

第二,案例的针对性。案例要针对学生,贴近学生生活,符合学生的身心特点、知识基础、能力水平和认识规律。这样,案例才容易引起学生的注意,引发学生积极思维和探索,积极主动地分析研究其中所蕴含的理论知识和基本观点,并使学生对学习的理论知识有认同感。

第三,案例的真实性。只有真实的案例才最具有说服力,才能更有效地提高学生的兴趣,充分调动学生的积极性,让学生在良好的状态下完成学习任务。为此,在案例教学中所选用的案例要尽可能真实、具体,让学生信服。即使出于某种原因,我们对案例进行虚构,也要源于生活和实际,与真实的情况相接近,在现实生活中有类似的现象发生,甚至是比较常见的现象。

第四,案例的新颖性。选用的案例要尽量源于现实生活,是现实生活中新发生的情景和事件。所选用的案例离现实越近,离学生时间距离越近,学生越觉得真实可靠,参与讨论的积极性就越高,收到的教学效果自然也就越好。即使选用的是旧案例,也要注意赋予新的含义,从新的角度提出问题,引导学生从新的角度去分析讨论。

第五,案例的可探讨性。案例是用来让学生在问题的发现和解决过程中建构知识的,所以,案例应具备适度的复杂性和对不同观点的包容性,能够让学生在认知上产生冲突,具有分析探讨的价值。当然,面对相对复杂的案例,为了让学生能够迅速地抓住案例主题,减轻学习负担,教师在案例后面最好能给学生提供可以研究的问题或方向。

6. 探究式教学模式

探究式教学是一种以问题解决为中心,引导学生探求问题的答案,着重培养学生创造性思维能力和意志力的教学模式。

这种模式的基本程序是：提出问题—形成假设—验证假设—总结提高。

（1）提出问题。以问题解决为中心的教学,首要的就是要提出问题。教师要注意在教学中为学生创设问题情境,使学生形成问题,产生探究的欲望和要求。这一阶段中所提出的问题既要新颖有趣,能够激发学生探究的积极性,又要难易适度,有探究的价值和意义。

（2）形成假设。针对提出的问题,学生在教师引导下提出各种解决问题的可能方案,即能进行假设。教师应尽量在诱发性的问题情境中引导学生通过分析、综合、比较、类推等不断产生假设,并围绕假设进行推理,引导他们将原有的各种片段知识从各个不同的角度加以改组,从中发现必然的联系,逐步形成比较确切的概念和原理。

(3) 验证假设。教师通过进一步提供具体事例,要求学生运用获得的学科概念和原理去分析和辨认,或由学生自己提出事实来说明所获得的学科概念和基本原理。

(4) 总结提高。引导学生在验证假设的基础上,分析自己的思维过程和思维方法。

探究式教学最主要的功能在于使学习者学会如何学习。如怎样发现问题,怎样加工信息,对提出的假设如何推理验证等,因而有利于培养学生的探索、创造能力。但这种模式也有其局限性,它花费的时间比较长,而且要求学习者具有一定的先行经验储备,这样才能发现和提出问题,并找到解决问题的线索和方法。因此,对该模式的运用要根据具体的课题和学习者的情况而定。

总之,思想政治(品德)课堂教学模式很多,而且每种模式都可以有许多变式。因此,教师在教学中既要根据教学的具体情况,灵活选择和运用教学模式,也要对各种教学模式的运用效果进行比较研究,充分发挥各种教学模式的特有功能。

四、思想政治(品德)课堂教学的基本要求

随堂讨论 6-4

1. 有思想政治教师提出课堂教学的"三胡理论":在课堂上要鼓励学生胡思乱想,提倡学生胡说八道,允许学生胡作非为。你如何看待这种观点?

2. 有教师认为,随着教学改革的发展,在课堂教学中要突出学生的主体地位。为此,教师要少讲,学生要多动。甚至有教师提出,一节课教师讲超过15分钟,就不会是一堂好课。对这种观点你是怎么看的?课堂教学中教师是否讲得越少越好?评价一堂好课的标准是什么?

一堂好课的客观标准是什么?这是每一个教师都关注的问题。我们认为,思想政治(品德)课堂教学是由多个教学要素(如教师、学生、教材、教学手段、教学气氛等)构成的一个复杂系统,因此,衡量课堂教学的好坏,涉及多方面的因素。一般来说,好的思想政治(品德)课堂教学,既要符合课堂教学的一般要求,也要符合思想政治(品德)课堂教学的特殊要求。归结起来,主要包括以下几个方面。

(一) 激发学生的学习兴趣,增强教学吸引力

兴趣是引起学生学习动机最为活跃的因素,特别是思想政治(品德)课,由于种种原因,学生对思想政治(品德)课的学习兴趣不浓,学习动力不足,这就需要教师不断地去激发学习兴趣,以提高学生学习思想政治(品德)的积极性。

激发学生学习思想政治(品德)的兴趣,方法是多种多样的,其中以下几个方面值得注意:第一,内容生活化、现实化。思想政治(品德)课堂教学要贴近生活,贴近实际,加强书本知识与生活实际的联系,捕捉生活中的热点问题,使书本知识活起来,引发学生的学习兴趣和学习积极性。第二,观点材料化、形象化。思想政治(品德)的很多知识和观点都比较抽象,学生学习中容易产生空洞乏味的感觉。因此,课堂教学中要注意使抽象的道理具体化、形象化。做到观点与材料的结合,观点从材料中来,回到材料中去,寓道理于材料之中;多用贴近学生日常生活和学生身边的事例形象地说明道理;注意语言的形象性、生动性;能够借助各种形象化的直观教学手段辅助教学。第三,教学方法多样化、灵

活化。可以是讲授、讨论、谈话,也可以是小品表演、角色模拟活动等,尤其要重视多种教学方法的恰当组合。中学生的注意力集中时间短,多样的教学方法容易引起学生的新鲜感,调节和集中学生的注意力。同时,中学生喜欢参与,喜欢活动体验,喜欢音乐、小品、故事和竞赛,根据教学需要和学生的实际,在课中适当穿插一些活动,有利于激发学生的兴趣。

(二)体现课堂教学的价值,全面落实教学目标

注重综合素质的发展,强调创新精神和实践能力的培养,是现代人才培养的基本要求。课堂是培养人才的主要阵地,有必要在素质教育观的支持下重新审视思想政治(品德)课堂教学的价值。

思想政治(品德)课堂教学不仅是传授知识的过程,而且更应该是师生共同建构知识的过程;不仅是对学生进行训练的行为,而且是使学生形成健康人格的行为;不是教师单极表演的过程,而是师生交流互动的过程。强调以学生的发展为本是现代课程观的核心。思想政治(品德)课堂教学的根本任务是在现有条件下,在规定的教学时间内,师生以最少的劳动消耗,有效促进学生的思想政治道德素质和社会科学文化素质全面发展,全面提升学生的生命质量,实现思想政治课的教学目标。这不仅是指知识与技能教学目标的实现,更指过程与方法、情感态度价值观教学目标的实现。

传统的思想政治(品德)课堂教学常常把课堂当成教师表演的舞台,单纯传授知识和机械训练学生的解题技能。因此,思想政治(品德)课堂教学必须实现一系列的转向:由单一关注学科知识转向关注学生综合素质的全面发展;由关注书本转向关注学生的生活和体验;由教师讲授灌输转向重视引导学生自主探究、合作交流、积极实践等。在教学中重点关注教学与学生的生活、社会生活的联系,引导学生积极参与,启发学生思考,促进学生学习方式的转变和对知识进行有意义的建构,让学生在生生、师生之间的多维互动和丰富多样的教学活动中综合素质得到全面提升。

(三)关注课程性质,坚持科学性与思想性的统一

思想政治(品德)课程兼有知识性和思想性,既要向学生传授学科知识,又要对学生进行政治思想道德教育,培养和提高学生的政治思想道德素质。因此,思想政治(品德)课堂教学要加强科学性和思想性,谋求人文与科学、智力与人格的协调发展。

首先,思想政治(品德)课堂教学要讲求科学性。基本概念、原理、观点的表述和解析要准确,无科学性错误。论证材料的运用要真实、充分,既要有实例和数据的证明,又要有理论论证;既要有事实论证,又要有价值论证。论证材料只有真实才会可信,只有充分才能有说服力。

其次,思想政治(品德)课堂教学要突出思想性。思想政治(品德)课以提高学生的思想道德素质和思想政治素质为根本目的,要为学生形成科学的世界观、人生观、价值观奠定基础,其政治思想道德教育功能非常明确。因此,思想政治(品德)课堂教学必须在深入调查研究,摸准学生思想脉搏,充分挖掘教材思想教育因素的基础上,结合教材基本原理和观点的教学,针对学生的思想认识问题和社会实际,对学生进行有的放矢的思想教育。在思想教育中,要注意如下三点:一是加强课堂教学的情感性,坚持情理互动、以情感人。二是加强课堂教学的实践性和生活性,坚持科学世界与生活世界、认知与体验的结合,注意活动育人。三是分层次要求、区别对待。根据教材和初高中学生的不同特点,初中侧重于思想道德教育,高中侧重于思想政治教育。

(四)加强学法指导,实现教法与学法的统一

在课堂教学中,教学方法是否得当,直接关系到课堂教学效果的好坏和教学质量的高低。因此,在思想政治(品德)课堂教学中,必须重视教学方法的选择和运用。

首先,要灵活选择和运用教师教的方法。在课堂教学中,教师要根据教学目标、教学内容、学生实际、教学条件等,灵活选用教学方法;同时,要注意多种教学方法的交替和组合使用,根据实际情况充分发挥各种教学方法的特有作用。

其次，要关注学生的学习方法，加强学习方法的指导。教师教给学生最宝贵的东西不是知识本身，而是学习的方法。我们常说"授人以鱼"不如"教人以渔"。教师应把学习方法的指导当作自己的义务和责任。陶行知先生曾经指出："我以为好的先生不是教书，不是教学生，乃是教学生学，就是把教和学联络起来。""尝谓教师教各种学科，其最终目的在达到不复需教，而学生能自为研索，自求解决。"显然，在思想政治（品德）课堂教学中，教师应树立教为学服务的观点，以学为本，以学定教，教师教法的选择有利于学法的形成，教师的教学艺术不仅应体现在如何教上，更重要的是要体现在引导学生如何学上。

最后，教法与学法相适应，并有利于促进学习方式优化。传统的思想政治（品德）课堂教学，教师主要采用传授性教学，从而导致学生学习方式主要是接受性的。适应教学改革发展，以"体验、探究、合作"为特征的学习方式成为新的发展趋向。因此，教师在课堂教学中要努力使自己的教学方法与学生的学习方法相适应，把教师的目标引领、引趣激情与学生感知教材、自主学习结合起来，把教师设疑、质疑、启发引导与学生独立思考、积极解疑结合起来，把教师精讲与学生动脑、动眼、动口、动手结合起来，把教师鼓励创新与学生积极探索有机结合起来，使师生双方始终保持较高的积极性和密切配合的动态平衡状态，达到目标同向、信息输出输入同步、思维共振、情感共鸣，并有意识地促使学生运用有意义的接受性学习、有理性启迪的体验学习和有指导的研究性学习等多种学习方式。

（五）教学组织严密，有效地调控教学结构

思想政治（品德）课堂教学是一个复杂的立体结构。一方面，它是由教师、学生、教学内容、教学条件等多方面要素构成的复杂系统，要力求使这些构成要素处于最佳工作状态，如教师的语言表达准确、清晰、形象、生动、流畅，富有启发性和感染力，讲解简明、易懂，安全措施得力、有效，突发事件处理及时；学生学习的积极性高，主动性强，学习方法得当等。另一方面，它也是由若干教学环节和步骤组成，具有一定的逻辑顺序和结构，要努力使这些环节、步骤的时间和顺序安排科学合理，保证教学程序流畅，也有利于突出重点，突破难点。

调控课堂教学结构，实现课堂教学结构和谐优美，应力求做到展与收、断与续、动与静、张与弛、师与生的和谐统一。① 展与收。展即开头，收即结尾。课堂教学应该龙头豹尾，开讲引人入胜，结尾回味无穷，使教学前后呼应，逻辑严密，联成一体。② 断与续。课堂教学是分课时进行，但同属思想政治（品德）课程的课堂教学，在教学目标、内容等方面，各课时之间有着密切的联系。因此，课堂教学应既能断得开，又能续得上，既独立成篇，又连成一线，使新旧知识融为一体。③ 动与静。课堂教学要强调课堂纪律，要保持课堂的严肃，但绝不意味着课堂就只追求课堂的"静"，以至于课堂死气沉沉。在保持良好课堂纪律的同时，要提倡动静结合，既要学生静静地自学和听讲，又要引导学生积极动脑、动口、动眼、动手，鼓励学生大胆地想象与猜测，发表个人的独特见解，开展激烈的争论，使课堂教学达到动与静的和谐统一。④ 张与弛。课堂教学应该有张有弛。张而不弛，容易使学生疲劳，弛而不张，容易使学生养成拖沓、懒散的习惯。只有张与弛和谐统一，才能形成良好的教学节奏，提高课堂教学的效率。⑤ 师与生。在课堂教学中，师与生之间应该是心理相融，关系和谐，目标一致，配合默契，互相启发，平等探讨，情感共鸣，思想沟通，教学相长，共同发展。

（六）协调师生关系，营造民主、和谐的教学氛围

创建民主、自由、和谐的课堂教学氛围，是调动学生积极性，促进学生参与教学的基础。教学实践证明，适宜的课堂气氛既能使学生情绪高昂，又会使学生得到一种愉快、成功的体验，保持积极的学习心态。因此，营造民主、和谐的教学氛围，是思想政治（品德）课堂教学的重要要求。创建良好的课堂氛围，关键是要协调好师生关系。

首先，要转变教师的角色。适应教学改革发展的要求，教师要淡化授予者的角色，强化服务者的

角色;淡化管理者的角色,强化引导者的角色;淡化权威者的角色,强化合作者的角色。要以平等的态度对待学生,以民主的态度宽容学生,平易近人,与学生友好相处;要尊重和信任学生,围绕教材提供的话题,结合学生的生活和社会现实问题,与学生一起进行讨论和交流;要鼓励学生积极思维,大胆发表自己的思想和见解,善待学生的"新""异"想法和观点;要教态自然,情绪饱满,态度诚恳,和蔼可亲,使学生能够在愉快、宽松的环境中学习。

其次,要搭建师生、生生互动平台,包括合作平台、对话平台、展示平台、交流平台。合作平台,就是组织学生对学习中的各种问题和疑难进行共同探讨,寻求科学有效的解决办法;对话平台,就是引导和组织学生就学习中的各种不同观点、不同意见,进行思维碰撞,思想交锋,求同存异,提高认识;展示平台,就是把学生学习中的新思路、新方法、新发现等加以公开,让所有学生都能听得见,从中得到启迪;交流平台,就是通过汇报、座谈、经验交流等,探讨不同的学习方法,交流学习的心得体会。有了这些平台,学生的学习积极性可以得到有效调动,聪明才智可以得到充分发挥。

实践反思 6-1

新课程改革要求努力调动学生参与教学过程,营造活跃的课堂气氛。这使得一些教师在现实的课堂教学中千方百计地运用各种手段,引入各种活动,调节课堂气氛,甚至一味地追求课堂的活跃。

那么,是否课堂气氛越活跃越好?如何认识和处理课堂教学的目标与手段、内容与形式之间的关系?

第二节 思想政治(品德)的课外活动

在思想政治(品德)教学中,课堂教学的地位和作用不可替代,但仅仅依靠课堂教学这一组织形式是远远不够的。在我国,自从开设政治课以来,课外活动作为课堂教学的辅助或补充形式就存在着。尤其是随着基础教育新课程改革的发展,关注学生的情感态度价值观的养成和学生的行为表现,倡导开放互动的教学方式与合作探究的学习方式,使学生在充满教学民主的过程中,提高主动学习和发展的能力。这就要求在教学中要强化实践性和开放性,在教学组织形式上,要真正建立起以课堂教学为基础、课内外相结合的教学体制。

一、课外活动在思想政治(品德)教学中的重要性

思想政治(品德)课的课外活动,是指在课堂教学之外,在思想政治(品德)教师有目的、有计划地组织和指导下,学生自觉参加的各种课外教育、教学活动。它是思想政治(品德)课教学不可缺少的重要组织形式。

课外活动由来已久。我国古代的《学记》中记载:"时教必有正业,退息必有居学。"说明古代学校就既有正课学习,又有课余活动。所谓"正业"就是指的课堂教学,"居学"就是指课堂教学以外的教学活动。学生在正式学习时间,固然应当有正常课业,在课外也要有相应的作业。随着社会的发展,个别教学被以班级授课制为基础的课堂教学代替。课堂教学能够大规模地培养人才,适应社会和生产发展的要求。但是它又具有一定的局限性,不利于因材施教,不利于受教育者个人天性的充分发展。因此,作为课堂教学这一组织形式的必要补充形式,课外活动便应运而生,并在长期的发展和实践中,不断地完善和积累经验,日趋成熟。

现代教育理论和实践都十分重视学生课余的校内校外活动。苏联著名教育家苏霍姆林斯基认为课外活动是学生"智力生活的策源地",是学生"个性发展的一个重要条件",通过课外活动使"青少年迈上了科学思维的道路"。同样,思想政治(品德)教学也必须重视课外活动。思想政治(品德)课外活动与课堂教学相互作用,相辅相成,在思想政治(品德)教学中占有重要的地位,起着重要的作用。

理论探讨 6-3

一般来说,活动课程是以班级为单位,在教师指导下,通过学生的自主活动,以获取直接经验为主,锻炼、培养学生的动手能力、创造能力、社交能力等实践性很强的活动,是向全体学生进行多种素质教育的正规课程。

查阅有关资料,分析课外活动与活动课程之间有哪些联系,存在哪些区别。

(一)课外活动是完成教学任务、实现教学目标的重要形式

思想政治(品德)课的教学目标,概括地说包括知识目标、能力目标、情感态度价值观目标三个方面。通过教学,要使学生掌握学科知识,发展学科能力,养成一定的情感态度价值观。课外活动在这三个方面均具有不可忽视的作用。

第一,课外活动可以帮助学生理解和牢固掌握课堂教学中所学的学科知识。学生通过课堂教学,可以迅速快捷地掌握学科知识,但这些知识都是书本知识,是间接经验,学生缺乏感性认识,所学的不是完全的知识。课外活动的开展,则可弥补这一缺陷。学生在课堂上学习了理论知识之后,可以通过课外活动把所学到的理论知识加以运用,实现间接知识向直接知识的转化,加深对理论知识的理解。同时,在课外活动中,学生通过课外阅读、兴趣小组活动,以及各种讨论会、演讲会等,可以吸收新知识、新信息,开阔视野,扩大知识面。

第二,课外活动可以培养和提高学生运用马克思主义的立场、观点和方法分析和解决问题的能力以及参加社会实践的能力。能力是在活动中培养、在运用知识的过程中提高的。课外活动的开展,为学生提供了广阔的学习与发展的环境,为学生创造了增长才干的机会。在课外活动中,学生能够发挥自身的创造性和探索精神,独立思考,发现问题,并运用马克思主义的立场、观点和方法来分析和解决问题。这样,学生分析和解决问题的能力及参加社会实践活动的能力都会得到提高。

第三,课外活动可以提高学生的政治思想道德素质,促进学生情感态度价值观的养成。课外活动,尤其是校外活动的开展,可以使学生走进社会,体验生活,通过自己的耳闻目睹观察社会、了解社会、思考社会;可以使他们真正感受到时代发展的气息,增强社会公民的责任感和使命感;可以排除理论上、思想上的障碍,纠正错误认识,净化心灵,陶冶情操,坚定信念,培养和锻炼意志、性格,提高综合素质。

(二)课外活动是深化思想政治(品德)课教学改革的重要领域

传统教学只偏重于知识传授,不重视知识的运用,学生由知转化为用,是通过完成一定量的练习来实现的,缺乏通过独立的实践性活动去综合运用。从政治思想品德形成过程来看,传统的课堂教学一般偏重于思想、观点的教育,也就是讲得多,做得少,知与行、理论与实践往往是脱节的。

思想政治(品德)课教学改革涉及方方面面,其中一个极其重要的方面就是坚决贯彻执行理论联系实际的方针。近些年来,随着我国思想政治(品德)教学改革的发展,许多学校在深入进行课堂教学改革的同时,积极开展各种各样的课外活动,把课内外结合起来,探索出了一种新的教学体制,即以课堂教学为基础、课内外结合的教学体制。在课外活动中,学生走向社会,将课堂所学的知识在丰富多彩的社会实践中进行验证和运用,学生能成为理论联系实际的主体,自觉运用马克思主义理论来解决实际问题,

寻求理论与实际的结合点,从而为思想政治(品德)课教学理论联系实际开辟了广阔的领域。

(三)课外活动是发挥学生主体作用的重要场所

课外活动使学生真正成为认识的主体和学习的主人。在课外活动中,学生根据自己的兴趣、爱好、特长选择内容,参加活动,掌握了更多的学习和活动的主动权,可以自主地探索自己感兴趣的问题,独立地参加自己乐意参加的活动。这就有利于激发学生的学习兴趣,调动学生学习的积极性、主动性和创造性,使学生的主体作用得到更好的发挥。

二、思想政治(品德)课外教学的主要形式和方法

思想政治(品德)课课外活动的形式多种多样,依据不同的标准,可以进行不同的分类。

从课外活动的主要内容来看,课外活动可分为教学的活动和教育的活动两大类。教学的活动是学科教学的有机组成部分,以获得一定知识技能为基础,从而发展学生的能力,培养和提高学生的政治思想道德素质,如学科兴趣小组活动、学科社会调查、课外阅读等。教育的活动是以进行政治思想道德教育为主要内容的活动。

从课外活动的参与人数来看,课外活动可分为个别活动、小组活动、群众性活动三大类。个别活动是在教师的指导下,学生单独进行的活动。个别活动是课外活动的基础,是培养学生独立研究能力的重要途径。小组活动是学生分小组开展的课外活动。活动小组有的称为小组,也有的称为兴趣小组、研究小组或某某协会、某某社团等。小组以自愿结合为主,人数不宜过多。群众性的课外活动有全校性的、年级的、班级的,也有校际间的,如时事报告会、小论文竞赛等。

从活动地点来看,课外活动有校内活动和校外活动。校内活动是在学校进行的课外活动;校外活动则是学生走出学校,走进社会,在学校以外进行的课外活动。

总之,思想政治(品德)的课外活动多种多样。下面我们介绍几种常见的课外活动形式。

(一)课外阅读

课外阅读是根据思想政治(品德)课教学的需要,组织学生在课外阅读有关政治理论读物的活动形式。课外阅读可以单独进行,也可成立有关阅读小组进行,如马列原著阅读小组。课外阅读有利于巩固和扩大课堂教学的成果,也可以开阔学生视野,使学生了解更多的信息。

对学生的课外阅读,教师要加强指导,主要包括:帮助学生选择阅读书目;培养学生的阅读兴趣,养成良好的阅读习惯;指导学生掌握科学的阅读方法,提高阅读能力。

(二)学科讲座

学科讲座是根据本学科教学及学校思想政治教育工作的需要,通过组织学科专题讲座来实施的课外活动形式。学科讲座在思想政治(品德)课教学中的运用要注意以下几点。

首先,要明确学科讲座的必要性。思想政治(品德)学科讲座,不是耽误学生的宝贵时间,要充分认识到学科讲座在开阔学生视野,输送"即时信息",解决思想疑虑,宣传党的大政方针等方面的重要作用。

其次,要合理选题。可结合教材的基本原理选题,或结合国内外的重大事件选题,或结合学生思想上的兴奋点选题,或结合现实生活中的热点选题。

最后,要突出思想政治(品德)学科的特色。学科讲座要依据本学科教学的实际,不能搞成一般的思想政治教育活动。只有这样,才能充分发挥学科讲座的作用,达到扩大学生视野、陶冶学生情操、开拓学生智能、升华学生思想的目的。

(三)知识竞赛

知识竞赛是根据思想政治(品德)课教学任务的需要,选择学生所关心的理论知识和生活知识,通过组织竞赛来实施的课外活动形式。如为了加强对学生的爱国主义教育,可组织"国情知识竞赛";为

了引导学生关心国内外重大时事政治,可进行"时事政治知识竞赛"。这类课外活动,符合学生的心理和年龄特点,有利于激发学生的学习兴趣和热情,使他们的个性和特长都能得到充分发挥。

(四)参观访问

参观访问是根据学校所在地的情况,组织学生进行社会实践活动的重要形式。参观主要是指带领学生去接触社会有关单位,观看、了解有关情况。可供参观的地方很多,如企业、街道、村镇、军营、各类场馆、各种青少年德育教育基地、爱国主义教育基地等等。访问的对象是那些对中学生的健康成长有教育意义的比较典型的人物。

案例展示 6-2

参观施洋烈士陵园活动计划

一、活动目的
1. 让同学更多地了解革命历史,了解革命先烈不怕牺牲、敢于斗争的精神。
2. 懂得民族解放和今日的自由幸福生活是用烈士先辈的鲜血换来的,是来之不易的。
3. 纪念革命烈士的丰功伟绩,继承和发扬先辈们的光荣传统和革命精神。

二、活动时间
××××年4月5日下午。

三、活动地点
施洋烈士陵园。

四、活动内容安排
1. 全体学生向革命烈士行礼鞠躬并献花。
2. 学生代表介绍施洋烈士的生平及功绩。
3. 进行烈士陵园的扫墓活动。

五、活动要求
1. 全体同学要按时参加,有事需请假。
2. 要求戴好校徽。
3. 向烈士行礼鞠躬时,需严肃、庄重。
4. 在扫墓过程中,大家应积极主动,不怕苦,不怕累。
5. 参观活动期间,要严格遵守纪律,听从指挥,注意安全。

××中学高一(1)班团支部
××××年4月3日

参观访问是在校外开展的活动,教师要注意充分准备、精心组织、认真总结。首先,参观访问前,要充分准备。要联系好参观地点和访问对象,确定参观访问的项目和具体内容,拟定参观提纲,进行纪律和安全教育,并力求取得班主任及学校有关政工干部的支持和配合。其次,参观访问过程中,要精心组织。要指出参观访问时的注意事项,指导学生按照参观访问提纲有序进行参观访问,要求学生做好参观访问记录。另外,还要注意安全,加强组织纪律性。最后,参观访问后,要及时总结。既要总结学生在这次活动中的表现,又要总结收获和存在的问题。

案例展示 6-3

关于增加农民收入调查访谈提纲

（一）访谈对象：村长

1. 2004年开始实行的粮食直接补贴和2006年开始实行的农资综合直补给农民的收入带来了哪些变化？
2. 当前农民收入的主要来源有哪些？
3. 目前村办企业对于拉动农民增收还可以从哪些方面进一步发挥作用？
4. 能源、消费品、农业生产资料价格上涨等对农民收入的影响有哪些？
5. 本村打算再从哪些方面进一步增加农民的收入？
6. 您打算如何提高村办企业（家庭工业、园艺业、特种养殖业或乡村旅游业）的发展水平？
7. 村政府是如何引导农民合理地支配收入的？在家庭增收的前提下是如何培养农民的理财能力的？
8. 本村在减轻农民负担方面做了哪些工作？在进一步让农民得到实惠方面有何建议？

（二）访谈对象：农户

1. 村民家的主要收入来源有哪些？
2. 2004年开始实行的粮食直接补贴和2006年开始实行的农资综合直补有没有拿到？如果拿到，对农民的收入产生了哪些影响？
3. 目前农民直接获得的补贴有哪些？
4. 您认为，目前村办企业对于增加农民收入还可以从哪些方面发挥作用？
5. 能源、消费品、农业生产资料价格等上涨对农民收入的影响有哪些？
6. 目前农民负担主要集中在哪些方面？产生这些负担的主要原因是什么？如何才能真正减轻负担？
7. 您对如何增加收入有些什么想法？

（五）社会调查

社会调查是一种组织学生走出课堂、走出学校，深入社会，调查、了解社会，并对社会的很多现象和问题进行理论分析和研究的课外活动形式。通过社会调查，学生可以获得许多丰富的社会实际知识，能够加深对所学理论的理解，培养独立观察问题、分析问题和解决问题的能力。同时，社会调查还能解决一些平时在课堂上不易解决的思想认识问题。

开展社会调查活动一般要经过三个阶段。

(1) 调查准备阶段。主要做好以下工作：第一，确定社会调查的课题。课题的确定一般要从现行思想政治(品德)课教材出发，从学生的思想实际出发，从学习、理解、贯彻、执行党的路线、方针和政策出发。第二，选择社会调查的地点。调查地点的选择，一要尽量方便就近；二要调查单位能够积极支持和配合；三要调查对象具有典型性、代表性。第三，拟定社会调查计划和调查提纲。社会调查计划主要包括调查的题目、调查的目的、调查的范围、调查对象和地点、调查的类型、方式和步骤等；调查提纲主要是调查的内容、范围、问题等。第四，进行社会调查动员。主要帮助学生明确调查的目的和意义，调动他们参与社会调查的自觉性和积极性，交代调查的具体任务和注意事项，提供必要的资料和知识等。

（2）调查实施阶段。这一步是整个社会调查活动中最关键性的一步,主要任务是广泛接触调查对象,了解情况,占有材料。了解情况和占有材料可以采用多种方法,如问卷法、访谈法、座谈会等。这一阶段要求学生根据调查提纲逐项进行,认真做好调查记录,掌握真实的第一手材料。参加调查的学生,一般以三五人一组为宜,要围绕调查目的,团结协作。

（3）分析总结阶段。这一阶段的主要工作是：第一,对调查所得的材料进行整理,分析比较,综合归纳,撰写调查报告。报告可以个人写,也可以小组集体完成。第二,对社会调查的效果进行检验,对社会调查活动进行总结。效果检验有两个层次：调查报告的质量高低；学生的实际能力、政治思想道德素质及其行为表现。对前者可通过调查报告的交流、评比等活动来实现；对后者则要进行认真分析、综合考核。活动总结既要关注社会调查活动的结果,也要关注社会调查活动的过程,及时总结成绩,表彰先进,巩固社会调查的效果。

案例展示6-4

中学生消费观调查活动计划

一、活动目的

1. 配合"树立正确的消费观"这一内容的学习,深化对课文内容的理解。
2. 学会收集、分析、归纳、整理资料,培养创新精神和实践能力。
3. 在调查中学会与人打交道,培养团结协作的团队精神。
4. 使中学生了解自己的消费心理和消费行为,做理智的消费者：量入为出,适度消费；避免盲从,理性消费；保护环境,绿色消费；勤俭节约,艰苦奋斗。

二、活动时间

××××年×月。

三、活动成员

调查小组成员：×××等高一学生。

指导教师：×××。

四、调查方法

问卷调查。

五、活动过程

1. 第一周：成立调查小组,确定调查内容,设计调查问卷。
2. 第二周：实施调查活动,并对调查问卷进行统计分析。
3. 第三周：撰写调查报告。
4. 第四周：进行课堂交流、总结,并回归课本。

（六）社会服务

社会服务是结合思想政治(品德)课程教学的特点和要求,让学生走进社会,尽其所能地为社会提供服务的课外活动形式。通过社会服务,可以使学生了解社会、服务社会,提高学生的公民意识,养成良好的道德情操和道德行为。社会服务的内容和范围十分广泛,例如：到社会有关单位、场所参加义务劳动、进行法律宣传、帮助有困难的人、做好事等等。

组织社会服务,首先要注意社会服务活动与思想政治(品德)学科教学内容联系起来,使学科知识与社会服务活动有机结合,加深学生对学科知识的理解,并将所学的书本知识转化为行动。同时,组织社会服务活动要尽量与国家的一些重要节日、当地的一些重要活动结合起来,这样,能使活动更有意义,社会效果也会更好。

三、思想政治(品德)课外活动的基本要求

课外活动是思想政治(品德)教学的重要组织形式。组织课外活动,要注意坚持以下基本原则。

(1) 自愿性原则。课外活动是学生自觉自愿参加的活动。青少年存在着个性差异,不同的学生有不同的兴趣、爱好和特长。课外活动就是根据他们的个性差异,本着自愿的原则,每个学生可按照自己的兴趣、爱好和特长,自愿地参加各种课外活动,不能强迫学生参加或不参加某项课外活动。

(2) 实践性原则。活动性、实践性是课外活动的基本特点。要引导学生在活动中把理论和实践结合起来,把学与用结合起来,在其亲自参与、组织、设计的各项实践中,加深对知识的理解,提高能力,升华觉悟。

(3) 自主性原则。课外活动是以学生为主体,由学生独立自主地进行的。它虽然也需要有教师的指导和帮助,但教师处于辅助地位,强调活动要由学生自己设计、自己组织、自己动手操作,充分做到自主、自治和自理。因此,在组织课外活动时,要注意发挥学生的积极性和主动性,放手让学生去做,让学生动脑又动手,独立自主地进行活动,成为活动的主人。

(4) 探索性原则。在课外活动中,要鼓励学生大胆质疑,使他们既尊重科学,又不满足于现有的结论,而是运用马克思主义立场、观点、方法,去探求现实问题的正确答案。这样,学生才能真正做到"课内打基础,课外求发展"。

(5) 灵活性原则。课堂教学在教学内容、要求、方法、时间、进度等方面强调标准化、同步化和统一化,而课外教育活动在形式上则表现出灵活多样性。课外活动的开展,要根据学校的实际情况、学科特点、学生情况等来确定。不固守一定的模式,活动规模的大小、活动时间的长短、活动内容的选择等都可以灵活掌握,力求生动活泼,灵活多样。

第三节 思想政治(品德)的教学反思

案例展示 6-5

同一教案不同教学效果的反思①

在教学质量月,我的同一课题的公开课《集体主义是正确的价值取向》在学校和区里先后进行。本课的教学设计是以师生、生生互动为出发点,用问题贯穿知识点,在教师的提问和学生的交流、回答中完成教学任务。在区公开课上,学生对教师的提问反应积极,课堂气氛活跃,教师也一直保持较好的心境,根据学生的回答循循善诱,较好地在师生交流中完成整节课的教学。在校公开课上,情况却不尽如人意,学生反应不够积极,这也影响到教师的情绪,最后将教学内容呈现给学生后草草了事。

---

① 刘秀芹.同一教案不同教学效果.广州教研网(www.guangztr.edu.cn).有改动。

> 同一教学设计,同一教师,学生的素质也相当,教学效果却相去甚远。为什么会出现这种现象?通过对两个公开课的比较分析,本人认为应该有以下几个方面的原因。
>
> 首先,教学硬件环境的差异。校公开课在电教室进行,该教室设备先进,但教室太大,讲台、控制台和学生之间的距离过远,造成师生心理距离增大。而区公开课在物理实验室进行,实验室的设备和学生平时上课的教室基本一样,学生没有环境陌生感,再加上教室小,学生回答问题不需要使用麦克风,可以随时表达自己的观点。
>
> 其次,课前引入设计上的差异。在校公开课上,为了保证课堂结构的完整,我有意将平时课前都有的一个环节省略了。这一举动无意中向学生传递了一个信息——公开课,不要像平时那么随便,使得许多平时敢于表达不同意见的同学悄然无声。在区公开课中,课堂引入完全按平时上课的方式进行,这种平常的心态在师生互动中也同样得到了加强,使教学取得了非常圆满的效果。
>
> 最后,教师的情绪变化。校公开课上,由于学生配合不积极,我有些急躁,并不由自主地通过表情、言语、动作等表现出来。这无形中加剧了学生的紧张感和挫折感,也造成了教师与学生之间的隔阂。而在区公开课中,学生也有答错的时候,但这时我有耐心,积极引导,很好地控制了课堂教学。
>
> 综合以上分析,可以得出这样一个结论,一个优秀的教学设计,并不一定会产生良好的教学效果,关键在于教师如何去掌握,尤其是课堂中教师的心理调节和控制。

以上是一位教师在上了两节同一课题的公开课后所写的教学反思。思考过去的事情,从中总结经验教训,是人们获取经验的重要途径。什么是教学反思?为什么教师要进行教学反思?如何进行教学反思?这是我们需要关注的问题。

一、教学反思的含义和特点

所谓反思,就是以自己过去的事情为思考对象,对自己的思想、观念、行动、决策以及由此产生的结果进行审视和分析。反思本质上是对自己过去的事情的一种反省认知活动,目的在于总结经验教训,实现自己思想、观念、行为的变革和完善。

教学反思是指教师用批判和审视的眼光看待自己的教学思想、观念,以及参与的教学活动,对其中的成败得失及其原因进行思考,获得一定的有关教学的新认识,从而不断提升教学的合理性,并使自己更好地成长的一种方式和途径。

教学反思具有以下基本特点。

第一,教学反思以解决教学问题为基本点。教学反思不是简单地回顾教师自己的教学情况,而主要是针对教学存在的问题进行理性思考,分析存在问题的原因,寻求解决问题的对策,以进一步提高教学质量。

第二,教学反思以提高教学的合理性为目标。通过教学反思,可以不断改进教学,使教学进一步趋向合理。这种合理性的涵盖面很广,如教学目标确定合理,教学过程设计合理,教学方法运用合理,教学策略实施合理,等等。

第三,教学反思是教师发展的重要途径。美国学者波斯纳(G. J. Posner)十分简洁地提出了教师成长的规律:"经验+反思=成长",并指出,没有反思的经验是狭隘的经验,至多只能形成肤浅的知识,教师如果仅仅满足于获得经验而不对经验进行深入的思考,其发展将大受限制。教师通过自觉的反思,可以积累好的教学经验,并对不良的教学行为、方法和策略进行改善和优化,提高教学能力和水平;也可以对自己教学实践的分析和研究,形成一定的教学理论思考,提高教学理论水平。

二、思想政治(品德)教学反思的内容

教学反思的内容多种多样,可以说,任何与教学相关的问题都可以成为反思的对象和内容。为了比较系统地把握教学反思的内容,我们可以从不同的角度,按照不同的标准,对教学反思的内容进行系统分析。

(一)从教学活动的顺序看教学反思内容

按照教学活动的顺序,教学反思主要包括教学设计的反思、教学进程的反思、教学效果的反思。

教学设计的反思是对课前所进行的教学设计与教学的实际进程是否具有适切性进行比较和反思。教学设计是课堂教学的蓝本,是对课堂教学的整体规划和预设,对教学的发展起规范和引导作用。在教学设计中,教师对教学内容及其地位,学生已有知识经验,教学目标、重点、难点,如何依据学生已有认知水平和知识的逻辑过程设计教学过程,如何突出重点和突破难点,如何评价学生的学习效果等,都有一定的思考和预设。这种思考和预设是否符合实际,是否在教学实际中得到落实等,成为教学反思的重要内容。

教学进程的反思是对教学实际开展情况的反思。在教学进程中,涉及很多方面的内容,如各教学环节及时间的安排情况、教学重点和难点的处理情况、教学内容的安排情况、教学方法和技能的运用情况等,这些内容自然也是教学反思的对象。

教学效果的反思,是指在教学活动结束后,教师对整个活动所取得的成效的价值判断,包括学生所获得的发展和教师自己的感受两个方面。其中,教学是否达到了预期的目标,学生行为是否产生了预期的变化,是教学效果反思的重点。

(二)从教学涉及的要素看教学反思内容

教学由多方面要素构成,每一要素都在教学中发挥着自己不可替代的作用。从这一角度看,教学反思包括教师教的反思、学生学的反思、教学内容的反思等。

教师教的反思主要是对教师在与教学相关的活动中的行为表现及其效果进行反思,具体包括教学目标的定位是否准确,教学内容及重点难点的处理是否恰当,教学方法的选择与组合是否合理,教学组织形式的运用是否恰当等。

学生学的反思主要是对学生在教学中的行为表现进行反思,分析存在的问题及其原因,并据此提出教学改进建议,具体包括对学生认知水平的分析和把握状况,学生对学科知识、思想方法的理解状况,学生对教学中某些关键性问题的认识状况,教学中学生思维活动状况,学生学习方法的运用状况等。

教学内容的反思主要是对教学内容合理性进行反思。教学内容是组成教学的重要方面,教学内容是否具有科学性和思想性,是否符合学生特点和要求,是否蕴含着一定的思想方法和价值观念等,都是值得反思的内容。

教学反思的内容多种多样,这些内容都值得我们去反思。但在具体的教学反思活动中,我们不一定要求这些内容面面俱到,可以选择若干自己感受深刻的内容,有侧重地进行思考。

三、思想政治(品德)教学反思的方式

思想政治(品德)教师如何进行教学反思呢?根据国内外研究的相关经验,主要有以下几种反思的方法值得我们借鉴。

（一）写教学后记

教学后记是教师积极、主动地对自己教学活动进行批判性的理解和认识，并予以书面记录和描写。教师课后及时把教学中新生成的问题、满意与否的环节和片段、成功的感悟和失败的体会记录下来，进行初步思考和简要分析，有利于改进教学工作，促进自身专业发展。尤其是青年教师，通过对教学的不断自我反省，可以更快地使自己从教学生手变为教学熟手，促进自身素质的提高。

教学后记没有固定的格式和要求，教师可按自己喜欢的方式及感兴趣的内容予以记录，自由展示自己的撰写风格和特色。一般来说，教学后记主要写以下几个方面内容：第一，写成功之处。将教学过程中达到预先设计的教学目标的好的做法、课堂教学中临时应变得当的措施、某些教学思想方法的渗透与应用的过程、教学方法上的改革与创新等等，在教学后记中记录下来，供以后教学时参考使用，并在此基础上不断地改进、完善。第二，写不足之处。对教学中的不足和失误之处，进行系统的回顾、梳理，剖析原因，总结教训。第三，写学生的感受。在教学过程中，学生是学习的主体，学生在教学中的感受，提出的一些独特见解，形成的一些好的思路和方法等，可以拓宽教师的教学思路，将其记录下来，可以为今后的教学丰富材料。第四，写改进措施。在进行上述记录的基础上，对教学得失，进行必要的归类与取舍，提出改进教学的思路，使今后的教学能够扬长避短、精益求精。

写教学后记，贵在及时，贵在坚持，贵在执着地追求。一有所得，及时写下，有话则长，无话则短，以写促思，以思促教，长期积累，必然会有所收获。当然，对于我国大多数中小学教师来说，普遍存在教学工作量大的问题，很难抽出时间来写教学后记。因此，可以考虑在每课教案之后附以简要表格，既填写简便，也有一定的督促作用。

（二）做案例分析

具体进行教学反思时，我们常常应该不求全面，但求深刻，这时收集典型教学现象，以案例的形式分析与研究，以揭示其内在的规律，就是一种很好的反思方式。通过编写和研究案例可以促使教师反思自己的教学，同时还可以分享同伴的经验。做案例分析通常可以按照如下步骤进行。

（1）选取教学案例及相关的教学设计。从自己的实际出发，选择自己感兴趣的、一个完整的教学案例；同时事先对教学设计进行深入分析，从中理出自己感兴趣的问题，并在听课过程中有目的、有计划、有系统地对课堂中师生之间的相互作用过程进行仔细观察，对活动的形式、内容和结果等进行详细记录。有必要时，课后还可以通过各种方式进一步搜集相关信息。

（2）提炼反思的问题。提炼问题是做案例分析的关键。案例分析主要围绕问题展开，因此，对提炼的反思问题有较高的要求。一般来说，提炼的问题要符合以下基本要求：第一，是广大教师普遍关注的，教师能够参与讨论、愿意参与讨论的问题；第二，是教学改革中的疑难问题；第三，是有一定的理论背景，能够与一定的理论相衔接的问题；第四，是具有启发性、能够引发大家思考和讨论的问题。

（3）个人围绕自己感兴趣的反思问题，撰写反思材料。可以通过分析教师的教学和学生的课堂反映，考察其中的利弊、得失，并进行原因分析，探讨改进的方案。

（4）组织集体交流。相对来说，自我反思具有一定的封闭性和局限性，毕竟单纯的内省反思活动，往往是比较模糊、难以深入的。因此，在个人反思的基础上，还应该组织集体交流。交流中要注意形成民主平等的交流氛围，各种意见应当得到充分表达，不同观点应当注意相互包容。

（三）教学观摩

每个教师的教学都各有特点和风格，都会有自己的长处和不足。教师之间，尤其是同行教师之间相互观摩彼此的教学，并就有关问题进行讨论分析，是反思教学、促进教师发展的重要方法。通过教学观摩，对听课者来说，可以吸收他人之长补自己之短，特别是精心准备的公开课、优质课，优秀教师的示范课,更是对听课教师有很大的启迪和收获。对讲课者来说,课后同行中肯的评价,特别是中肯地指出的不足和建议,有利于他们看到自己的教学不足,推动他们改进和完善教学。

同时,教师也可以借助现代教育技术,录制并观看自己的教学录像,对自己的教学进行观察,分析其中的成败得失。如果有条件,可以找一位(或几位)同事和自己一起观看教学录像,共同进行教学交流和探讨,对教学现象或问题进行比较深入的分析和思考。

(四)交流研讨

教学反思活动不仅仅是一种个体行为,它也需要群体的支持。和同事进行教学交流研讨,不仅可以使自己的思维更加清晰,而且来自同事的信息反馈往往也会激起自己更深入的思考,激发自己更多的创意和思路。

交流研讨的方式多种多样。可以常用中心发言人方式,中心发言人将自己对某一问题的思考与解决过程介绍给大家,在充分交流的基础上,进一步加深对自己的认识,并了解和借鉴其他人的不同观点;也可采用主题或专题的形式,教师们就教学中共同感兴趣的主题(问题)进行交流,并从各自教学的角度提供有效的改善建议。

(五)教学反馈

我国两千多年以前的《学记》就曾明确写道:"是故学然后知不足,教然后知困。知不足,然后能自反也;知困,然后能自强也。故曰:教学相长也。"教学过程是教学相长的过程,也是师生互动对话的过程。教师要善于及时与学生沟通,听取学生对课堂的感受和认识。它会使教师更容易发现教学过程的不足,及时地调整教学策略,改进教学。

教学反馈的方式也很多,其中重要的一种是直接向学生征求意见。征求学生意见可以围绕一定的主题进行,也可以要求学生不加限制地提出对自己的教学意见,对收集起来的意见整理归类。对学生提出的合情合理的教学意见,教师要真诚接受,并告知学生可以在自己以后的教学中监督,即使暂时还难以改进的教学意见,也要做出真诚的说明。

本章小结

1. 课堂教学在思想政治(品德)教学中占有重要地位。它是实现思想政治(品德)教学目标的基本途径;是发挥教师主导作用和学生主体作用的基本形式;是提高思想政治(品德)教学质量的基本保证;是思想政治(品德)课外活动的基本前提。

2. 根据思想政治(品德)课堂教学完成教学任务的不同、运用的教学方法的不同,可以分为单一课和综合课。

3. 教学模式具有操作性、整体性、针对性、稳定性、灵活性、有效性等特点;教学模式由理论基础、教学目标、操作程序、实现条件、教学评价等因素构成;教学模式有一个演变和发展的过程,它的发展呈现多样化、演绎化、合作化、综合化、现代化趋势;思想政治(品德)教学模式多种多样,常见的有讲授式教学模式、学导式教学模式、参与式教学模式、情境教学模式、案例教学模式、探究式教学模式等。

4. 思想政治(品德)课堂教学要注意激发学生的学习兴趣,增强教学吸引力;体现课堂教学的价值,全面落实教学目标;关注课程性质,坚持科学性与思想性的统一;加强学法指导,实现教法与学法的统一;教学组织严密,有效地调控教学结构;协调师生关系,营造民主、和谐的教学氛围。

5. 在思想政治(品德)教学中,课外活动是完成教学任务、实现教学目标的重要形式;是深化思想政治(品德)课教学改革的重要领域;是发挥学生主体作用的重要场所。

6. 思想政治(品德)课外教学的主要形式和方法有课外阅读、学科讲座、知识竞赛、参观访问、社会调查、社会服务等。

7. 组织思想政治(品德)课外活动,要注意自愿性原则、实践性原则、自主性原则、探索性原则、灵活性原则。

8. 教学反思是教师成长的重要方式和途径。思想政治(品德)教学反思的内容多种多样,可以说,任何与教学相关的问题都可以成为反思的对象和内容;思想政治(品德)教学反思的方式主要有写教学后记、做案例分析、教学观摩、交流研讨、教学反馈等。

本章思考题

1. 什么是课堂教学?课堂教学在思想政治(品德)教学中占有怎样的地位?
2. 简要介绍思想政治(品德)课堂教学的类型。
3. 什么是教学模式?教学模式有什么特点?教学模式演变发展的趋势是什么?
4. 结合实例分析思想政治(品德)主要教学模式的运用方法。
5. 什么是课外活动?课外活动在思想政治(品德)教学中占有怎样的地位?
6. 思想政治(品德)课外活动的形式有哪些?如何组织这些课外活动?
7. 什么是教学反思?思想政治(品德)教学反思的内容和方式有哪些?
8. 结合模拟教学实践,写一份教学后记。

参考文献

[1] 朱慕菊.走进新课程——与课程实施者对话[M].北京:北京师范大学出版社,2002.
[2] 教育部基础教育司,教育部师范教育司.新课程的教学实施[M].北京:高等教育出版社,2004.
[3] 吴铎.德育课程与教学论[M].杭州:浙江教育出版社,2003.
[4] 胡田庚,等.中学思想政治课堂教学实施策略[M].北京:科学出版社,2016.
[5] 张四保,等.初中政史课堂教学课型[M].长春:吉林大学出版社,2008.
[6] 闫承利.教学最优化实施通论[M].北京:光明日报出版社,1998.
[7] 张天宝.新课程与课堂教学改革[M].北京:人民教育出版社,2003.
[8] 周小山,严先元.新课程的教学策略与方法[M].成都:四川大学出版社,2003.
[9] 郑金洲.基于新课程的课堂教学改革[M].福州:福建教育出版社,2003.
[10] 李彦花.教学反思——促进教师专业发展的一种有效途径[J].中小学教材教学,2003(12).

阅读视野

一、传统课堂教学的弊端分析[①]

正确认识传统课堂教学的特征及弊端对于新课程实施具有重要意义。有学者认为传统课堂教学的弊端表现在以下三个方面。

1. 传统课堂教学以书本知识为本位

书本知识的学习(或曰学习间接经验)能促进学生认知发展。但是,不能因此忽视直接经验的作用,这是因为,没有一定的直接经验,就难以理解和掌握间接经验。传统课堂教学没有给予直接经验应有的重视,实际上使之成为可有可无的东西。这样,在课堂上,教师教学就等同于教书,学生学习就等同于读书。这种以书本为本位的教学必然导致以下弊端。

(1) 重理论、轻实践

传统课堂教学中学生只记住一大堆干巴巴的文字符号,而没有理解其中的实际内容,这样的学习便是机械的学习,即记忆性的学习。重理论、轻实践亦即是重文字符号、轻实际内容,这种教学过早、

[①] 吕世虎,肖鸿民.中国基础教育课程与教学研究[M].北京:中国人事出版社,2002:101-106.有删减。

过分地符号化、抽象化、狭窄化,直至陷入语言文字的魔圈难以自拔,变成文字游戏。

(2) 重理性、轻感性

重理性、轻感性,从认识角度讲,即是重理性认识、轻感性认识。在传统课堂教学中,感性认识被认为是低级的、粗糙的、不可靠的,它只能提供认识的具体材料,唯有理性认识才是高级的、精确的、牢靠的,才能把握事物的本质。这样,感性认识与理性认识之间被人为地设置一道鸿沟。这种重理性、轻感性的观念导致教学凭空追求理论化、抽象化,不利于学生对知识的掌握。

(3) 重结论、轻过程

结论与过程的关系是学生求知过程的一个十分重要的关系。与此有关的还有形式与内容、学习与思考、接受与发现、掌握与感悟、学会与会学、知识与智力、继承与创新等关系。把知识看成是认识的结果和经验的系统,抑或是认识的过程和求知的方法,这是传统静态知识观与现代动态知识观的对立。重结论、轻过程正是传统静态知识观的反映和体现。

重理论、轻实践,重理性、轻感性,重结论、轻过程,使以书本知识为本位的课堂教学丧失了素质教育的功能。

2. 传统课堂教学以教师为本位

教师与学生、教与学,这是贯穿整个教学过程中的最基本的一对关系。它包括教师与学生之间的人际关系(师生关系)和教与学双方的工作关系(教学关系)。在对待这对关系上,传统教学片面强调教师和教师的教,形成了以教师为本位的师生关系和教学关系。

以教师为本位的教学关系,其表现为:一是以教为中心,学围绕教转。教学关系就是:我讲,你听;我问,你答;我写,你抄;我给,你收。在这样的课堂上,"双边活动"变成了"单边活动",教代替了学。二是以教为基础,先教后学。这一观念更是根深蒂固,它源于我国封建教育中的师法和家法,学生只能跟随教师学,复制教师讲授的内容。先教后学,教了再学,教多少、学多少,怎么教、怎么学,不教不学。"教与学"本末倒置、越俎代庖的种种片面性,导致学生亦步亦趋,囫囵吞枣,最后摧残了学生学习的主动性、自主性和创造性。

3. 传统课堂教学以教案为本位

以教案为本位,是传统计划教学的需要。在传统教学看来,课堂教学是按计划进行的,每节课无一例外地必须完成规定的教学进度(课时任务),这样一课时跟着一课时循序渐进地完成所有的教学任务。怎样做到这一点呢?那就是按教案上课!每节课的内容任务和进程都具体地甚至按时间顺序分解在教案里,课堂教学就像计算机输出规定程序一样,是教案的展开过程。从教师的角度说,按照教案里设定的教学目标,在课堂上"培养""引导""发展"了学生,教学任务就算完成了,教学目的就算达到了,至于学生是否改变了、进步了、提高了,则是不重要的。所以,以教案为本位实际上也就是以教师为本位,教案反映的是教师的教学过程(设计),而不是学生的学习过程(创造)。

以教案为本位的教学是一种封闭性的教学,封闭性使"课堂教学变得机械、沉闷和程式化,缺乏生气和乐趣,缺乏对智慧的挑战和对好奇心的刺激,使师生的生命力在课堂中得不到充分发挥"。封闭必然导致僵化,只有开放,才有可能搞活。

针对传统课堂教学强调以书本知识为本位、以教师教为本位、以教案为本位,以提高学生整体素质为目的的课堂教学改革,要以学生发展为本位、以学生学为本位、以开放生成为本位。强调发展,强调学,强调开放,这是当前课堂教学改革的三大基本特征或三大基本走向。

二、新课程中教师的教学行为将发生哪些变化?[①]

新课程要求教师提高素质、更新观念、转变角色,必然也要求教师的教学行为产生相应的变化。

1. 在对待师生关系上,新课程强调尊重、赞赏

"为了每一位学生的发展"是新课程的核心理念。为了实现这一理念,教师必须尊重每一位学生做人的尊严和价值,尤其要尊重以下六种学生:① 智力发育迟缓的学生;② 学业成绩不良的学生;③ 被孤立和拒绝的学生;④ 有过错的学生;⑤ 有严重缺点和缺陷的学生;⑥ 和自己意见不一致的学生。

尊重学生意味着不伤害学生的自尊心:① 不体罚学生;② 不辱骂学生;③ 不大声训斥学生;④ 不冷落学生;⑤ 不羞辱、嘲笑学生;⑥ 不随意当众批评学生。

教师不仅要尊重每一位学生,还要学会赞赏每一位学生:① 赞赏每一位学生的独特性、兴趣、爱好、专长;② 赞赏每一位学生所取得的哪怕是极其微小的成绩;③ 赞赏每一位学生所付出的努力和所表现出来的善意;④ 赞赏每一位学生对教科书的质疑和对自己的超越。

2. 在对待教学关系上,新课程强调帮助、引导

教怎样促进学呢?教的职责在于帮助:① 帮助学生检视和反思自我,明了自己想要学习什么和获得什么,确立能够达成的目标;② 帮助学生寻找、搜集和利用学习资源;③ 帮助学生设计恰当的学习活动和形成有效的学习方式;④ 帮助学生发现他们所学东西的个人意义和社会价值;⑤ 帮助学生营造和维持学习过程中积极的心理氛围;⑥ 帮助学生对学习过程和结果进行评价,并促进评价的内在化;⑦ 帮助学生发现自己的潜能。

教的本质在于引导,引导的特点是含而不露,指而不明,开而不达,引而不发;引导的内容不仅包括方法和思维,同时也包括价值和做人。引导可以表现为一种启迪:当学生迷路的时候,教师不是轻易告诉方向,而是引导他怎样去辨明方向;引导可以表现为一种激励:当学生登山畏惧了的时候,教师不是拖着他走,而是唤起他内在的精神动力,鼓励他不断向上攀登。

3. 在对待自我上,新课程强调反思

反思是教师以自己的职业活动为思考对象,对自己在职业中所做出的行为以及由此所产生的结果进行审视和分析的过程。教学反思被认为是"教师专业发展和自我成长的核心因素"。新课程非常强调教师的教学反思,按教学的进程,教学反思分为教学前、教学中、教学后三个阶段。在教学前进行反思,这种反思能使教学成为一种自觉的实践;在教学中进行反思,即及时、自动地在行动过程中反思,这种反思能使教学高质高效地进行;教学后的反思——有批判地在行动结束后进行反思,这种反思能使教学经验理论化。教学反思会促使教师形成自我反思的意识和自我监控的能力。

4. 在对待与其他教育者的关系上,新课程强调合作

在教育教学过程中,教师除了面对学生外,还要与周围其他教师发生联系,要与学生家长进行沟通与配合。课程的综合化趋势特别需要教师之间的合作,不同年级、不同学科的教师要相互配合,齐心协力地培养学生。每个教师不仅要教好自己的学科,还要主动关心和积极配合其他教师的教学,从而使各学科、各年级的教学有机融合、相互促进。教师之间一定要相互尊重、相互学习、团结互助,这不仅具有教学的意义,而且还具有教育的功能。

家庭教育的重要性是不言而喻的,教师必须处理好与家长的关系,加强与家长的联系与合作,共同促进学生的健康成长。首先,要尊重学生家长,虚心倾听学生家长的教育意见;其次,要与学生家长保持经常的、密切的联系;最后,要在教育要求与方法上与家长保持一致。

[①] 朱慕菊.走进新课程——与课程实施者对话[M].北京:北京师范大学出版社,2002:128-129.

第七章　思想政治(品德)的教学评价

本章学习目标

1. 明确新课程理念下的思想政治(品德)教学评价含义、特点以及教学评价的基本原则和要求；
2. 了解实施思想政治(品德)教学评价的基本程序；
3. 了解思想政治(品德)课学生学业评价的依据和重要性，掌握思想政治(品德)学生学业评价的内容和方法；
4. 了解思想政治(品德)课教师课堂教学评价的内容和标准，建立教师评价指标体系，了解多主体教师教学评价的意义和方法。

问题序幕

中美教师对同一个孩子的不同评价

《中国青年报》曾刊登了题为《我以性命担保她行》的一篇文章。文中所涉及的关于教师如何评价学生的问题，引人深思——

中国父亲端木，拿着赴美读高中的女儿寄来的美国各科老师的评语，大跌眼镜：这真的是我的女儿吗?！她"有语言天赋"，她"乐观积极"，她"优雅"而"有创造性"，她有"人格的力量"，她是"宝贵的财富"！

其中一位美国老师，在推荐女儿上大学的信中说"我以性命担保她行"。这句话深深震撼了一个父亲的心。

而仅仅在4个月前，端木送走的那个女儿，是一个被老师批评为"没有数学脑子"、垂头丧气地对着父亲说"我厌学了"的孩子。

4个月，并不足以让一个学生本身的素质发生翻天覆地的变化，不同的可能是她所处的教育环境，以及她得到的评价与激励。女儿的美国老师说："她在任何校园都会受到珍视。"当一个学生受到"珍视"的时候，和不被珍视甚至被忽略、被歧视的时候，所表现出来的样子，是会有所不同的吧。

为什么中美教师对同一个孩子会有如此不同的评价？不同的评价会带来怎样不同的结果？作者端木的文章与这段同样刊登在2001年4月2日《中国青年报》上的评论，反映出我国的基础教育教学评价中存在的问题。自新课程改革实施以来，我们在改进教学评价方面做出了许多尝试和努力，也取得了一些成果。然而，过分重视评价的甄别与选拔功能、评价方式简单生硬、以终结性评价为主等与新课程理念不相符合的评价方式依然存在。究竟如何理解教学评价、思想政治(品德)教学评价的基本追求是什么、怎样有效地开展教学评价等，仍然是我们需要高度关注和深入探讨的问题。

第一节 思想政治(品德)教学评价概述

一、思想政治(品德)教学评价的含义

思想政治(品德)课作为一门为学生思想品德健康发展和思想政治素质全面提高奠定基础的课程,其课程性质决定了思想政治(品德)教学评价既有教学评价的共性,又有区别于其他学科教学评价的特点。

"教学评价"一词在20世纪80年代才开始被人们广泛运用。在课程改革过程中,评价的概念运用得比较混乱,对教育评价、教学评价、课程评价等概念的界定十分模糊。对教学评价的含义,也没有形成一致的见解。我们认为,教学评价是根据一定教学目的和教学原理,运用切实可行的评价方法和手段,对整体或局部的教学系统进行全面考查和价值判断。教学评价涉及教学目标、教学过程、教学方法、教学内容、教师的授课质量、学生的学习情况等各个领域。这一定义体现了新课程改革的评价理念和要求。

专家点评 7-1

"评价过程实质上是一个确定课程与教学计划实际达到教育目标的程度的过程。然而,由于教育目标实质上是指人的行为变化,也就是说,力求达到目标是要使学生行为方式产生所期望的某种变化,因此,评价是一个确定实际发生的行为变化的程度的过程。"①

思想政治(品德)教学评价是指根据思想政治(品德)课程标准和教学目标,运用切实可行的评价方法和手段,对思想政治(品德)教学活动及其效果进行全面考查和价值判断。思想政治(品德)教学评价的种类很多,我们可以从不同的角度对它作不同的划分。

从评价对象来看,可分为对教师教的评价和对学生学的评价。对教师教的评价主要是指对教师的课堂教学和教师在教学中体现出的综合素质的评价,如对教师的科学文化素质、教育教学能力素质、思想品德素质的评价;对学生学的评价包括对学生的日常考察和考试评价。

从评价的基准来看,可分为相对评价、绝对评价和个体内差异评价。相对评价是指以评价对象的整体水平为参照系数,由评价对象的集体情况来确定评价标准,然后利用这个标准来评定每个评价对象在整体中的相对位置的评价方式。绝对评价是指以一定教育目标为基准,在评价对象群体之外确定一个客观标准,然后将每一个评价对象的发展状况与这一客观标准相比较,以判断其达到程度,评价不受评价对象群体状况和水平的影响。个体内差异评价是以评价对象自身状况为基准,就自身的发展情况进行纵向或横向比较而做出价值判断的过程。个体内差异评价比较充分地照顾到了学生的个别差异,有利于减轻学生的心理负担和压力,增强自信心,强化学习动机。

从评价功能来看,可分为诊断性评价、形成性评价和总结性评价。诊断性评价是指对学生学习中的障碍和问题进行分析,以了解学生在认知、能力和情感态度价值观方面的情况而进行的评估。形成性评价是对学生日常学习过程中的表现、所取得的成绩以及所反映出的情感、态度、策略等方面的发

---

① 〔美〕拉尔夫·泰勒.课程与教学的基本原理[M].施良方,译.北京:人民教育出版社,1994:85.

展做出的及时评价,是基于对学生学习全过程的持续观察、记录、反思而做出的发展性评价。总结性评价一般是在教学活动告一段落后,为了解教学活动的最终效果而进行的评价,其目的是检验学生的学业是否最终达到了各科教学目标的要求。总结性评价重视的是结果,借以对被评价者做出全面鉴定,区分出等级,并对整个教学活动的效果做出评定。

从评价方法来看,可分为定性评价和定量评价。定性评价是指运用逻辑思维的方法对教学过程和结果的性质进行分析和评判,一般以经验为基础,得出的结果能逼真地反映教育现实,从而弥补量化评价方法的不足。定量评价是运用一定的数学方法对教学过程各要素所进行的数量分析和评判,统计分析的结果比较客观、精确、可靠,但它不能测量许多难以量化的丰富内容。

从评价主体来看,可分为自我评价和他人评价。自我评价是指被评价者自己参照评价指标体系对自己的活动状况或发展状况进行的评价,它实质上是评价对象自我认识、自我分析、自我提高的过程。他人评价是指由其他有关方面的人员对评价对象所实施的评价。在他人评价中,能否在评价主体之间建立和谐的关系,是决定他人评价成效的关键。

二、思想政治(品德)教学评价的基本追求

实践反思 7-1

据媒体报道,我国某省会城市连续几年高考成绩落在了省内兄弟城市的后面,考生平均分、本科上线率、高分率等主要指标居于全省下游。面对高考压力,一些家长主动为孩子找补习教师,一时家教市场办得红红火火;也有不少中学生到省内其他地区的学校,采取保留学籍的方式"借读"。为了抓升学率,不少学校更换校长,市教育局向市属和各区县的高中下达了升学指标,大有高考不翻身誓不罢休的架势。显然,升学率是学校无法回避的评价指标,也是各科教学无法回避的评价指标。

以升学率为基本标准来进行教学评价的做法存在什么问题?对思想政治(品德)教学会产生什么样的影响?我们应该如何对传统的教学评价进行改革?

受中国延续千余年的考试评价制度的影响,以及教学评价研究滞后、评价指标物化等因素的制约,传统的教学评价存在许多误区。在思想政治(品德)教学评价中主要表现为:评价功能过分注重甄别与选拔,忽视了评价的发展性功能,忽视了被评价者在各个时期的进步状况和努力程度;评价目的功利化倾向严重,把评价看作证明学校、考核教师和控制学生的手段;评价内容上主要侧重于课本知识的考查,忽视了对学生能力目标与情感、态度和价值观目标的评价;评价方法上主要是量化评价,以纸笔测验为主,导致评价目标唯量化、简单化,缺少体现最新评价思想的质性评价方法;评价主体单一,多是教师评价学生,学生是被动接受评价的客体。

"为了中华民族的复兴,为了每位学生的发展"是新课程改革的核心理念。改变过分注重知识性和单一的纸笔测验的评价方式,立足思想品德和思想政治素质的提高,建立能够激励学生不断进步的评价机制;既要考查学生掌握和运用相关知识的水平和能力,更要考查他们的思想发生积极变化的过程,采用多种方式,全面反映学生思想政治素质的发展状况,是思想政治(品德)课程改革的基本要求。思想政治(品德)的教学评价必须立足于新课程改革的基本理念,把"建立发展性评价体系,促进每位学生的发展"作为教学评价的基本追求。具体来说,我们应注意以下几个方面。

（一）从"甄别选拔"转向"促进发展"，实现评价目的的转化

以往的"应试教育"是淘汰式的"精英教育"，评价的主要目的是为了选拔少数尖子，淘汰绝大多数。这种评价大多是终结性的，评价在无形中成了一种甄别，结果是选拔出少数学生，而制造出了一大批失败者。

教育部《关于全面深化课程改革 落实立德树人根本任务的意见》指出，要"加强考试招生和评价的育人导向。加快推进考试招生制度改革，注重综合考查学生发展情况，引导学校实施素质教育，科学选拔人才"，"加强发展性评价，发挥评价促进学生成长、教师发展和改进教学实践的功能。各地要组织实施中小学教育质量综合评价改革，鼓励学校积极探索，完善科学多元的评价指标体系，引导树立科学的教育质量观"。考试具有检测功能，但我们不能将这种功能无限夸大。对于考试和其他评价手段所得到的结果，我们可以有很多用途，比如发现问题、发现人才、发现特长等，从而实现教学评价促进人的全面发展的目的。

案例展示 7-1

> 一位国内读者给我来信，谈到她儿子的离奇经历：小峻（化名）上幼儿园，很爱玩，是个快乐的男孩。妈妈也没逼孩子学数学、认字什么的。她想让孩子在幼儿园时多玩一些，等到小学再开始学习。
>
> 谁知到了上小学时，学校要求孩子参加"入学考试"。内容从两位数的加减法，到笔画繁多的生字。小峻不懂两位数加减法，也不认字，连什么是考试都不知道。天真的孩子在"试卷"上随意涂鸦一番，没交"白"卷。结果，学校拒绝录取小峻，理由是成绩没上线。
>
> 另一个小朋友矿矿到美国不久就进了学前班，上小学前，也经历过一次"入学考试"。那应该是矿矿经历的第一次"统考"。
>
> 关于这个"入学考试"，我们一无所知。直到开家长会老师拿出矿矿考试的成绩表时，我们才知道。老师还给我们分析了矿矿在语言方面所表现的长处和短处。矿矿当时刚来美国不到一年，说梦话还是汉语，一切尚处在适应阶段。
>
> 然而根据这个考试成绩分析报告，学校专门派了一个英语老师给矿矿一个人上小课。一年后，矿矿的英语突飞猛进。一年级的老师特米尔太太给矿矿的评价是"非常漂亮的书写，优异的发音和阅读"。同样的"入学考试"，一个把孩子拒之门外，一个帮孩子找到不足，并设法帮助孩子进步。
>
> 这两个小小的故事反映出中美教育观念和考试观念的不同。中国学校对孩子进行"考试"，目的是为了发现问题，淘汰之。美国学校对孩子进行"考试"，目的是为了发现问题，改善之。
>
> ——摘自黄全愈《近看美国高考》

（二）从"唯智育"转向"五育"并举，实现评价指标的多元化

在"应试教育"影响下，我们的评价指标形成"重智、轻德、弱体、无美、缺劳"的偏差，"五育"并举的教育目的没有得到很好的贯彻。新课程改革要求实现评价指标的多元化，即从过分关注学业成绩逐步转向对综合素质的考查，关注学生的全面发展。这就要求我们的评价内容应包括德、智、体、美、劳各个方面，促进学生个性全面发展和综合素质的提高。

适应这种要求，思想政治（品德）教学评价，必须建立多元评价指标体系，既重视对知识目标的评

价,又重视对学生能力和情感态度价值观的考评。

(三)从定性与定量的"分离"走向有机结合,实现评价方法的多样化

随着科学技术的发展,人们把科学的量化分析法运用到教学评价中,使客观化、量化成为各国教学评价发展的一个重要趋势。但是对于教学而言,教学对象是有生命的个体,评价主体是成长中的人,量化的评价往往把复杂的教学现象简单化或者只评价了简单的教学现象。近三十年来,质性评价方法以其全面深入、真实再现评价对象的特点和发展趋势的优点,成为各国课程改革所倡导的评价方法。

就思想政治(品德)课程来说,具有知识、能力、情感态度价值观的三维教学目标。其中尤其是对能力、情感态度价值观的考核,仅通过传统的纸笔测验和量化评价往往很难实现。因此,追求定性与定量评价的有机结合,是思想政治(品德)教学评价的必然追求。

(四)从单一的管理者评价走向多方面评价,实现评价主体的多元化

长期以来,评价是以管理者为主的自上而下的活动,学生被排斥在评价主体之外,处于被评价者的地位。发展性学生评价提倡改变单独由教师评价学生的状态,重视学生在教学评价中的主体地位,让学生、同伴、家长都参与到评价中,使评价成为多主体共同参与和协商的活动,成为学生主动参与、自我反思、自我教育、自我发展的过程。

实践探究 7-1

思想政治(品德)课倡导学生自我评价,在实践中教师应考虑一些关于学生自我评价的细节问题,例如:
1. 自我评价是否需要结合具体的任务(如一次小组合作学习或综合实践探究活动)进行?
2. 教师要求学生自我评价时,有没有必要提供具体的、可操作的评价标准和自我评价考核反思表?
3. 自我评价的过程和结果应以一种什么样的方式呈现?
4. 当学生的自我评价意见与教师的意见出现不一致时怎么办?

(五)从重终结性评价走向重形成性评价,实现评价重点的转移

终结性评价是面向"过去"的评价,只关注结果;形成性评价则是面向"未来"的评价,关注过程,注重发展。缺少对过程的评价就会导致学生只重结果,忽视过程,就无法促使学生注重学习探究的过程,不利于学生良好的学习习惯、思维品质和道德品质的形成,限制学生的创造性,减少学生对思想政治(品德)课的学习兴趣。因此,思想政治(品德)教学评价应更多地采用形成性评价,关注对过程的评价。

三、思想政治(品德)教学评价的主要原则

思想政治(品德)教学评价原则是该课程的理念在教学评价环节上的具体化,为实现思想政治(品德)教学评价的基本追求提供了方法论指导。我们可以说这些原则是指导思想政治(品德)教学评价的法则和操作规范。在思想政治(品德)教学评价中,我们主要应遵循以下原则。

(一)发展性原则

发展性原则是指思想政治(品德)教学评价要立足于学生的全面发展,强调评价不是目的,而是思

想政治(品德)教学过程的一个重要环节,是改进教学、促进学生发展的手段。发展性原则可以说是思想政治(品德)教学评价中最重要的原则,它体现了思想政治(品德)教学评价目的的根本要求和新课程背景下思想政治(品德)教学评价的本质特征。具体来说,发展性原则有以下要求。

第一,通过评价对学生的思想政治(品德)课学习和政治思想道德素质的发展从宏观上给予方向性的引导。评价在很大程度上起着"指挥棒"的作用,用什么标准来衡量学生直接影响着学生努力的方向。在"应试教育"的考试"指挥棒"下,我们培育出了一大批"重智轻德""高分低能"、片面发展的学生。要实现学生的全面发展,我们的教学评价必须以发展性原则为指导,坚持知识、能力、情感态度价值观"三维一体"的评价。

第二,通过形成性评价和诊断性评价,对学生思想政治(品德)课学习和政治思想道德素质的发展给予微观上的指导。通过对学生的学习过程、实践能力、创造能力和素质发展进行价值判断,使学生及时把握自己的学习情况和品德发展状况,并且通过将自身实际情况与发展目标的对比分析,在评价中不断认识自我,发展自我,完善自我,优化自我素质结构,自觉地发自内心地克服缺点,发扬优点,逐步实现不同层次发展目标。

第三,通过教学评价激发学生内在的发展需要。发展性原则要求注重"过程"与"未来",并充分关注不同学生个性发展。因此,在确定目标时,要针对不同学生及不同发展阶段制定不同的阶段性目标,从生理特点、心理特征、兴趣爱好等各个方面确定进程性目标,正确地判断每个被评价者的不同特点和发展潜力,为被评价者提出适合其发展的具体的有针对性的建议,从而激发学生的内在需要和发展动力。

发展性原则还要求我们在评价中要防止两种倾向:一是把评价当作单纯的管理手段和对学生进行管理、压制的工具,不仅没有实现促进学生发展的目的,反而束缚了学生的发展;二是把评价看成甄别、选拔学生的方法,忽视学生政治思想道德素质的提高和人格的全面发展。新课程改革的理念要求切实把评价过程变成教育过程,充分发挥评价的导向、诊断、激励与发展功能。

(二)科学性原则

科学性原则就是指思想政治(品德)教学评价要科学化,不仅要求评价目标、标准的科学化,而且要求评价程序、评价手段和对评价信息处理的科学化。思想政治(品德)教学评价的科学性原则要求:第一,坚持实事求是的科学态度。在认识评价对象时要坚持其行为表现和发展的事实依据,不主观臆断和弄虚作假。第二,确立科学的评价目标。要根据学生全面发展、全员发展的教育目的制定出具体的教学目标,并给予科学的顺序排列,使评价目标系列化。第三,制定科学的评价体系。要从教与学统一的角度出发,经过调查研究,以教学目标体系为依据,确立综合衡量教与学的统一评价指标体系。第四,设计科学的评价程序。从制订评价计划、进行调查了解、收集资料、分析整理资料到作出评价结论和进行信息反馈,都应精心安排与设计。第五,选用科学的评价方法。对学生的学习评价不仅关注结果,更要重视过程,把形成性评价与终结性评价、定量评价与定性评价结合起来;既要结合学生原有的基础,又要关注学生的现实发展水平;既要看学生的发展结果,又要看其主观努力程度和过程。第六,要全面、系统、科学地分析教学质量。

(三)客观性原则

客观性原则是指思想政治(品德)课教学评价必须采取客观的实事求是的态度,做到公正、公平,能够给教师的教和学生的学以客观的价值判断,而不能凭主观臆断或掺杂个人的感情色彩。教学评价如果缺乏客观性,就失去了评价的意义,还会提供虚假的信息,导致教学决策的失误。思想政治(品德)教学评价的客观性原则要求:首先,评价标准客观,不带随意性;其次,评价方法客观,不带偶然性;第三,评价态度客观,不带主观性。这就要求教学评价要坚持实事求是的科学态度,以科学可靠的检测技术和方法,取得真实可靠的数据资料,以客观存在的事实为基础,实事求是、公正严肃地进行评定。

(四)全面性原则

全面性原则是指在进行教学评价时,要对组成教学活动的各个方面进行多角度、全方位的评价,而不能以点代面,以偏概全。教学过程由多方面因素构成,教学效果是多种因素综合作用的结果。因此,进行教学评价,必须树立全面的观点,从全面考查教学工作出发,进行多方面的检查评定。思想政治(品德)教学评价贯彻全面性原则,主要有以下要求:第一,评价标准要全面,使评价的指标体系包括教学目标的各项内容。例如对学生的评价,不仅要看知识的掌握情况,也要关注学生的能力发展、情感态度价值观的养成情况;对教师课堂教学的评价,要通过教学目标、教学内容、教学方法、教学过程、教学效果等的考查进行整体评价。第二,收集的评价信息要全面,做到听取多方面意见,收集各方面的信息,为分析判断和作出正确结论提供充足的依据。第三,评价手段要全面,要把定性评价与定量评价结合起来,把分数评价、等级评价和语言评价结合起来。

(五)可行性原则

可行性原则是指思想政治(品德)教学评价既能促进发展,又要具有可操作性,切实可行。思想政治(品德)教学评价贯彻可行性原则,主要有以下具体要求:第一,评价标准和指标体系的制定要从实际出发,既要符合思想政治(品德)课程标准的统一要求,又要充分体现本校、本班学生的学业和思想品德发展的实际情况。第二,评价标准的水平要求要适中,不能过高或过低,这样才能发挥评价的激励作用,达到以评价促发展的目的。第三,评价指标体系既要全面完整,又要简明具体,实用易行,使评价项目能看得见、想得到、抓得住,容易为评价对象理解和接受。第四,评价的组织实施力求简单高效,不搞繁文缛节。否则,烦琐的评价组织实施方式将使人感到疲劳厌倦。

第二节 思想政治(品德)教学评价的基本程序

一、确定评价的目的

评价作为一种有目的的活动,确定评价目的是实施思想政治(品德)教学评价的首要环节。

传统的思想政治(品德)教学评价主要是为了鉴定水平,为了对评价对象与评价指标的适应程度做出区分和认定。思想政治(品德)新课程评价的根本目的是促进学生思想品德和思想政治素质的提高,即通过评价为思想政治(品德)教学提供有效的诊断和反馈,改进教学策略,以促进学生更好地发展。不同的评价活动具有不同的目的,在实际的教学评价中,评价的目的可能是一个也可能是多个。评价目的的确定直接影响着评价方案的设计,决定着在评价过程中评价指标体系的设计和评价方法、手段的采用,以及评价者应该收集和获取哪些评价信息,用什么技术和手段来处理评价信息,等等。因此,在实施评价活动之前,确定评价目的是一个十分重要的步骤。

二、设计评价指标体系

思想政治(品德)教学评价指标体系是指对所确定的思想政治(品德)教学评价目的进行分析,将目的分解成若干个可测量的、行为化的评价指标,并形成一个有机联系的系统。如果说确定评价目的是解决为什么而评价的问题,那么确立评价的指标体系就是要解决评价什么的问题。设计评价指标体系必须明确其设计依据和基本要求。

(一)设计评价指标体系的依据

设计思想政治(品德)教学评价指标体系,应依据思想政治(品德)课的课程性质、课程理念、内容标准、教学评价的基本追求和基本原则,结合不同评价目的和评价对象的实际情况来进行。如果评价目的是为了促进学生发展,评价指标体系的设计就应该以质性指标为主,用质性指标统整量化指标;如果评价的目的是为了鉴定水平或者选拔淘汰,评价指标的设计就应该以量化指标为主,以确保其客观性、公正性。另外,评价对象不同,评价的内容和指标体系也会不相同,比如教学评价和学生评价就要设计不同的评价指标体系。

（二）设计评价指标体系的基本要求

思想政治(品德)教学评价指标体系的设计,应遵循以下基本要求:第一,指标应具有代表性、关键性特征,能够起到标志和区分教学水平和教学效果的作用;第二,指标应尽可能具体化、现象化、可观测,从而减少评价中可能出现的主观臆断,提高评价的信度;第三,各指标应相对独立,既不能重叠,又要有一定的内在相关性;第四,指标权重得当,根据各个评价指标在学科知识体系、生活实践以及学生思想品德素质发展中的地位和作用赋予适当的权重。

实践活动 7-1

根据思想政治(品德)课程与教学的基本理念和基本要求,尝试设计思想政治(品德)课堂教学的评价指标体系。

三、收集和获取评价信息

明确了思想政治(品德)教学评价的目的,设计了评价的指标体系之后,紧接着就要收集和获取相关评价信息。对照评价指标体系,全面收集和获取有关信息是做出科学的评价结论的必不可少的条件。

对学生的学业评价,一般应收集两部分资料:一是表明学生思想政治(品德)课学习状况和思想品德素质的相关资料,如学生的作业、测验、研究性学习报告、小论文、问卷调查表、综合探究活动过程记录等;二是来自各方面的对上述指标的评价,如教师给学生的等级、分数、评语、改进意见,学生的自我评价记录,同伴的观察记录与评价,来自家长或其他社会成员的评价或能说明学生发展状况的信息。

对思想政治(品德)教师的教学评价,则主要收集体现教师的教育思想、业务素质、教学态度、教学方法和效果、教学成绩、是否爱护和尊重学生、能否对学生的学习给予有效指导等方面的相关信息,以及教师自评和来自同行评议、学生评价、领导与家长等相关人员的评价信息。

随堂讨论 7-1

学生的平时表现具有很大的不确定性。那么我们在评价中应如何处理非正规的日常信息和正规的考试之间的关系?二者的比例如何确定?

为保证评价信息的全面性、可靠性、有效性,评价实施者在收集资料时应注意以下几点:第一,尽量多渠道收集信息,扩大信息的来源;第二,结合评价目的和内容有针对性地收集信息;第三,注意质性评价信息的收集,往往带有评语的原始资料比单纯的分数、等级更重要;第四,收集的信息不仅要涵盖评价对象发展的优势领域,也要涵盖被认为是评价对象发展的不足领域。

四、汇集整理和评议评分

汇集整理信息是联系收集获取评价信息阶段和分析处理评价信息阶段的一个过渡环节,直接影响着对评价结果的分析与处理。在这一环节,我们要按照一定的评价指标对前一阶段所获得的各种评价信息进行分析、编码和归类。对学生评价信息的归类,可以按照思想政治(品德)课程标准中的分类目标进行编码和归类。教师评价可以按照职业道德、教师知识结构、能力结构等方面进行编码和分类。能否对评价资料进行科学的归类,直接影响评价结果的信度和效度,所以评价资料的汇集整理既要迅速又要准确。

评议评分主要是指对定性评价资料的评议和对定量测评资料的评分。这是思想政治(品德)教学评价各阶段中一项具有关键性意义的工作。在对定性资料进行评议时,要理清资料的时间顺序,并尽可能再现当时情景,能全面客观地反映评价对象当时的状态、水平和发展状况,力求符合其个性特征。对定量测评资料进行评分,则必须严格按照已设计好的评价指标体系进行客观、准确的评分。在某种意义上,评议评分可以说是思想政治(品德)教学评价的核心所在。因为它对评价对象的评判是否科学合理,将影响到评价对象今后的学习或工作和未来的长期发展。所以我们要十分重视评价的科学性,对评价对象予以客观、全面、公正、公平的评价。

五、分析和处理评价结果

分析和处理评价结果是思想政治(品德)教学评价活动的最后一个阶段,它将直接关系到评价作用能否充分发挥和发挥得如何。这一阶段主要有以下几个任务。

(一) 形成综合判断

形成综合判断就是从总体上对教师或学生的教学或学习情况形成定性或定量的综合评价意见。在形成综合判断时,要将定性描述和定量描述有机结合起来,评价语言多采用激励性的,从而使评价对象真切地感受到评价是一种真实的、人性化的关怀。

(二) 分析诊断原因

为了更好地帮助评价对象认识发展中的问题并提出改进策略,在形成综合判断的基础上还需要细致分析评价过程中得到的信息,全面系统地评议评价对象的教学上的优缺点及其形成原因,以帮助他们更清楚地认识自身所存在的问题并找出问题的症结所在,从而有针对性地加以改正,促进评价对象更好地发展。

(三) 估计评价质量

全部评价工作结束以后,评价者有必要根据评价中所遇到的问题和评价结果来对本次评价活动的质量进行估计。通过对评价活动的质量的评估,有利于我们发现评价方案中尚存的问题,为进一步修改评价方案提供科学依据。

(四) 反馈评价信息

对于思想政治(品德)教学评价活动所获得的信息需要及时进行反馈,一般需要进行多方面的反馈:一是将评价信息反馈给学生,帮助他们有针对性地改进学习和品德发展中存在的不足,促进学生各方面的良性发展;二是反馈给教师,引导教师自身发展以及教师同行之间相互借鉴、相互促进、共同发展;三是反馈给有关领导部门,为上级做出科学决策提供重要依据;四是在必要的时候反馈给家长和有关社会人士,让他们对我们的教学工作有更多的了解,并给予更多的关注、支持和配合。

第三节 思想政治(品德)学生学业评价

案例分析 7-1

　　除了小学一、二年级外,矿矿每一年都在学校的安排下,参加一次全国性或全州性的"统考"。每一次矿矿参加统考,我们都会收到一份成绩报告单。对于中国家长来说,看成绩单,当然是看分数。第一次接到成绩表时,我在表的上下左右、正面背面找来找去,就是没找到总分。仔细一读,才发现这个成绩表大有文章。

　　以矿矿小学三年级的一个成绩报告单为例:共两页,第一页有3个表格,第一个表格是各项考试的成绩及同全国同类学生、全州同类学生相比较的信息。表格的右方是一个图例,从1‰到100‰,每10个数1个阶梯,孩子的成绩则在相应的区域用黑线标识出来。

　　矿矿的数学几乎满分,就不去说它了;英语阅读在142个题目中答对了135个,成绩是694分,这个成绩同全国同类学生相比为98.9%(这个百分比的含义为:你的成绩属于最好的1.1%群体),与当地同类学生相比是98.9%,分析结果的标识范围是"高"。右边图表上,在99%的阶梯上画了一条黑线。在阅读的大栏目下,还有词汇学习技巧、词汇量、阅读总评等分类。矿矿的词汇量一般,40题答对了35题,成绩是658分。这个成绩同全国同类学生相比为88.7%,与当地同类学生相比是80.7%,分析评价范围是"中"。右边图表上,在90%的阶梯上画了一条黑线。用不着细看成绩,只要看看右手边的图表,表上的黑线把孩子的长处和短处都标得一清二楚。

　　下面的两个表格是对孩子学习能力的测试分析。这个测试分得更细,大大小小有30多项,包括孩子对反义词、同义词的掌握,从对词义的掌握,对文章的理解,到阅读时的创造性思维,从对整数、分数的认识,到对各种计算方式的掌握,还有学习方式、听力水平等,全都做出分析,并在"低于平均水平""平均水平""高于平均水平"这三项上标出孩子的实际水平。

　　成绩报告单的最后一部分,还为矿矿写了一个全面的总评。从阅读、数学、语言三方面,对长处和短处一一概括。值得一提的是,成绩报告单强调:"这个成绩只能从一个方面说明孩子在学校的学习情况。在孩子考试时,很可能会有某些不确定的因素影响其成绩。因此,也应该考虑到其他来源的信息。学校应该有关于这个学生的更详细的材料。"

——摘自黄全愈《近看美国高考》

　　◎ 你认为案例中的成绩报告单和我们平时使用的成绩单有何不同?相比之下有哪些优点?这一成绩报告单给我们评价学生的学习提供了什么样的启示?

　　学生学业成绩的评价,是指根据一定的标准对学生的学习结果进行价值判断的活动,也是测定或诊断学生是否达到教学目标及其达到目标的程度。学生学习思想政治(品德)课程的结果主要通过日常表现和学科考试成绩体现出来。因此,对学生学习思想政治(品德)课的评价,主要通过日常考察和学科考试来进行。

一、思想政治(品德)学习的日常考察

　　思想政治(品德)的日常考察是教学活动的一个重要组成部分,也是新课程所倡导的学生学业评价

的重要内容。

思想政治(品德)日常考察的方法多种多样。根据思想政治(品德)学生学业评价的标准和要求,在具体实施过程中,对学生思想政治(品德)课学习的日常考察可采用以下具体操作方法。

(一)观察法

观察法是获得学生思想品德发展状况的感性认识的基本方法,主要是指评价者在自然状态下有目的、有计划地观察学生在日常学习和生活中所表现出来的能反映学生学习结果及运用情况的行为表现,并记录下来作为对学生进行评价和引导的依据。观察法主要适合用于对学生能力和情感态度价值观的评价。运用观察法要求:一是观察要有目的、有计划、长期地进行,保证观察材料的真实性、可靠性;二是要坚持观察的客观性、全面性,采取多种方式和方法对学生的思想品德状况进行全方位的观察。

(二)测验法

测验法主要是在学生学习的基础上,通过一定的测验题,考查学生的学习情况。测验的形式和方法很多,常用的测验法主要有书面测验、情境测验、投射测验。书面测验是以书面解题的形式检查学生的学习情况,它主要用于学生学习一课或几课内容之后,在课堂上随堂进行。情境测验就是为学生设置日常生活中司空见惯的问题情境,通过对被试学生的观察、谈话或问卷,了解其情感态度价值观状况。投射测验是向学生提供模糊而不确定的测验刺激,以引起学生的幻想,从而了解学生价值观、理想、动机、情绪、焦虑、冲突等的测验方法。

 资料卡片 7-1

投射测验是以弗洛伊德心理分析的人格理论为依据。该理论强调人的行为由无意识的内驱力所推动。这些内驱力受到压抑,不为人们觉察,但却影响着人们的行为。根据这种理解,人们难以通过问题直接了解一个人的情感和欲望,进而对他的人格做出评定。但是,如果给被试一些模棱两可的问题,那么他的无意识欲望可能通过这些问题投射出来。投射测验一般是由若干个模棱两可的刺激所组成,被试者可任加解释,使自己的动机、态度、感情以及性格等在不知不觉中反映出来,然后由主试者将其反映加以分析,就可以推出若干人格特性。

一般比较通用的投射测验法有以下几种。

① 联想法:通常要求被试说出某种刺激(如字词、墨迹)所引起的联想,一般指首先引起的联想。
② 构造法:要求被试编造或创造一些东西,如故事、图画等。
③ 完成法:要求被试完成某种材料,如语句完成法。
④ 选择或排列法:要求被试依据某种原则对刺激材料进行选择或予以排列。
⑤ 表露法:要求被试利用某种媒介自由地表露他的心理状态。

(三)描述性评语

描述性评语是指教师在与学生充分交流的基础上,用描述性的语言就学生在政治思想道德方面的表现写成评语。该评价方法有利于拉近师生间的距离,让学生在赏识的氛围中认识自己的长处和不足,从而提高学习质量。教师在使用描述性评语时应注意以下几点:第一,用语要准确。避免用一些概括性较高的语言文字,少一些大话空话,多一些形象具体的描述。第二,评价要符合学生的特点。客观认识每位学生的优缺点,对"问题学生"多一些宽容和理解,充分挖掘他们的闪光点。第三,评语多采用激励性语言。评语中应既包含教师的殷切期望,又包含教师善意的批评,从而帮助学生勇敢地正视自己,不断调整和完善自己。

(四)项目评价

项目评价主要是指按照不同的项目将学生分成若干小组,由学生自主设计活动计划,围绕真实的社会生活问题进行活动。要求学生收集、组织、解释或表达信息,如提交调查报告或小论文等,据此对学生进行引导和评价。

(五)调查法

调查法指运用座谈、访问、问卷调查等方式,有计划地、系统地从评价对象或者与评价对象共同学习、生活的第三者搜集资料,对资料进行整理分析,了解评价对象的情感态度和思想行为表现,然后对其进行评价。测量中学生的思想品德和思想政治状况,常用的调查法是谈话法和问卷调查法。

谈话法是指教师通过与学生进行的各种形式的对话,观察学生的特征,获得学生的性格和思想行为方面的信息,从而了解学生的思想品德状况并据此对学生进行引导和评价。谈话法可以说是一种最经济、最直接、最常用的评价方法。问卷调查法是运用统一的有问有答的规范性问卷作为资料搜集工具,向学生了解有关情况和意见的一种方法。它虽然比较复杂,对结果的处理也需要一定技术,但能获得更为丰富和准确的信息。

(六)"成长记录袋"评价

"成长记录袋"是当前引起广泛关注的一种评价方法。"成长记录袋"评价是指通过收集、记录学生、教师、同伴和家长做出评价的有关材料,来评价学生的思想政治(品德)课学习情况和政治思想道德素质发展状况。收集的材料主要包括学生的作品样品及其对作品的解释说明,学生完成作品过程中的表现、体验和反思,学生的日常行为记录以及来自各方面的评价,其他能说明学生学习状况和政治思想道德发展状况的资料。

随堂讨论 7-2

(1)"成长记录袋"评价法有哪些优点,有哪些不足?
(2)"成长记录袋"评价法在当前是否可行?
(3)"学生应是所提交作品之质量和价值的最终仲裁者",你同意这一观点吗?

"成长记录袋"的形成一般包括以下步骤。

(1)明确使用"成长记录袋"的目的。即展示学生最佳成果、描述学生学习与发展的过程、评估学生的学习发展水平。

(2)明确学生在创建和使用"成长记录袋"中的角色。学生是"成长记录袋"的使用和评价主体,收录什么内容主要由学生自己决定。

(3)确定收集材料和评价内容。并非所有与学生思想政治(品德)课学习有关的资料我们都要收集,收集的材料要具有代表性,能反映学生在某一阶段的学习状况和思想品德发展过程。在思想政治(品德)学科中,可以收入学生的典型试卷、小论文稿、研究性课题及小制作、活动体验与反思、师生家长的评价记录等。

(4)引导学生完善"成长记录袋"。除了收集作品和评价信息外,"记录袋"还应包括含有学生详细信息的封面和一张用作"成长记录袋"内容指南的目录。

（5）师生共同讨论,确立评估"成长记录袋"作品样品的标准。主要的评估标准必须是相互独立的,否则学生很难评估他们的努力和进步。

（6）及时安排和举行"成长记录袋"会议。在评估学生作品的同时,还要帮助学生提高自我评估能力。为了提高效率,师生都应在会前作充分的准备。

（7）调动家长参与"成长记录袋"评价的积极性,让家长了解其评价过程的性质与重要性,体现评价的多元化与开放性。

（七）同伴评价与自我报告

传统的思想政治(品德)学生评价中,学生往往处于被动地位。同伴评价与自我报告正是新课程教学评价中强调学生的评价主体地位的理念的体现。同伴评价在这里主要指同学之间的相互评价。其重要价值在于能使教师了解学生的情绪、态度,这些信息往往在直接观察中无法发现。自我报告则可以通过个人访谈、问卷调查、自我小结、自我展示等方式获得学生的态度、兴趣、个人感觉等方面的无法通过其他方式获得的信息。其运用的前提是学生不仅愿意而且能够提供准确的报告。

案例展示 7-2

表 7-1　学生自我报告样表①

报告内容	等级内容	自我报告
1. 课堂表现方面	(1) 不迟到,不交头接耳;(2) 认真听讲;(3) 积极思考;(4) 踊跃发言	
2. 友爱同学,帮助他人方面	(1) 经常使用礼貌用语;(2) 对同学友善,互帮互助;(3) 主动关心、帮助有困难的同学;(4) 帮助同学认识并改正缺点	
3. 与同学合作方面	(1) 乐于与同学交往;(2) 能与同学友好相处;(3) 喜欢与同学沟通;(4) 能主动化解同学间的纠纷	
4. 诚实守信方面	(1) 不说谎话;(2) 答应别人的事情要努力办好;(3) 不隐瞒自己和他人的错误;(4) 为人正直,不弄虚作假	
5. 勤俭节约方面	(1) 节约水电;(2) 不乱花零用钱;(3) 不相互攀比	
6. 参加活动方面	(1) 积极参加班级或学校组织的活动;(2) 乐于参加社会公益活动;(3) 不参加不健康活动或危险活动	
7. 讲究卫生和爱护公物方面	(1) 穿戴整洁,讲究个人卫生;(2) 爱护公物;(3) 爱护花草树木;(4) 自觉维护公共场所环境	
概括性问题	(1) 你有哪些兴趣爱好,特长是什么?(2) 请结合一个具体事例,说说在遇到困难和失败时,你是如何应对的。(3) 说说自己有哪些优点和不足,谈谈以后应如何发扬优点、改正不足	

说明:在"等级内容"中做到的项目上打"√"。如做到"等级内容"中的4项,在"自我报告"栏内填"优";如做到"等级内容"中的3项,填"良";如做到"等级内容"中的2项,填"合格";如做到"等级内容"中的1项或都没做到,填"继续努力"。

---

① 张辉华,雷顺利.我区小学生思想品德评价标准[J].中小学管理,2002(8).有改动.

以上各种评价方法分别有其各自的特点和独特功能。思想政治(品德)的日常考察,及时对学生学科学习情况的考察,也是对学生进行思想品德评价和提升思想品德素质的重要途径。由于学生是一个个发展变化着的个体,其思想品德也具有内隐性、复杂性、离散性、难测性等特点,所以单纯运用某一种方法往往很难得到圆满的结果。这就需要在评价的过程中根据实际需要选择恰当的方法,并综合运用多种方法,从而获得学生的学科学习和思想品德发展方面的全面、真实的信息,更好地评价学生,促进学生的发展。

二、思想政治(品德)的考试

案例分析 7-2

"差生"的成绩[①]

我是差生行列中的一员,经受着和其他差生一样的遭遇。然而我并不想当差生,我也曾努力过,刻苦过,但最后却被一盆盆冷水浇得心灰意冷。就拿一次英语考试来说吧。我学英语觉得比上青天还难,每次考试成绩不是个位数就是十几分,一次老师骂我是蠢猪,我一生气下决心下次一定考好。于是,我起早摸黑,加倍努力,牺牲了多少休息时间已经记不住了。好在功夫不负有心人,期末预考时,真的拿了个英语第一名。当时我心里的高兴劲儿就别提了,心想老师这次一定会表扬我了吧!可是出乎意料,老师一进教室就当着全班同学的面问我:你这次考这么好,不是抄来的吧?听了这话,我一下子从头凉到脚,心里感到一阵刺痛,那种心情真是比死还难受一百倍。难道我们差生一辈子都翻不了身吗?

阅读以上内容,分析以下问题:

1. 我国传统的教学评价存在什么样的弊病?
2. 如何使考试更好地促进学生的发展?应该如何评定和对待考试成绩?
3. 如果考试不再只关注学生的知识和技能,还要考察学生的学习过程、发现和解决问题的方法、情感态度与价值观等,考试涉及的内容和项目多了,最后还要不要给学生一个总成绩?怎么给?

新课程改革中,思想政治(品德)的教学评价是否还需要对学生进行考试?是否还有必要把考试作为学生学业评价的重要方式?回答是肯定的。问题在于我们应如何根据评价的新理念和新要求来重新确立考试评价原则,改革考试评价的命题方式和考试形式。思想政治(品德)的学科考试应考查学生对所学知识的理解程度、接受程度和运用能力,在考查学生的知识和能力的同时渗透情感态度价值观的考查,在改革原有考试评价的基础上建构以学科考试为主体,笔试、口试、综合能力测试、表现性评价和研究性学习评价相结合的评价体系。

(一) 考试的基本原则

考试作为学生学业评价的重要组成部分,适应基础教育改革发展的要求,思想政治(品德)课程的考试,要改变以往过分注重书本知识检测,过分突出考试的甄别选拔功能的倾向,形成促进学生发展的考试评价。为此,思想政治(品德)考试应遵循以下基本原则。[②]

---

① 贾晓波.心理健康教育与教师心理素质[M].北京:中国和平出版社,2000.
② 万伟,等.新课程教学评价方法与设计[M].北京:教育科学出版社,2004:87-88.

（1）关注学生学业的原则。学业的含义包括知识与技能、过程与方法、情感态度价值观。考试评价应关注学生各个方面的发展情况，要防止以往考试评价中以点代面、以偏概全的情况再次发生。

（2）发掘学生潜能的原则。学生的潜能是多方面的，考试评价要采取多种形式，使学生在考试过程中充分发挥自己的各种潜能。要通过考试来发现、发展学生的潜能，使潜能逐渐转化成现实的学习能力、分析问题和解决问题的能力，从而更好地促进学生发展。

（3）满足学生需求的原则。经过一个阶段的学习之后，不同学生需要提升的学业方面是不一样的。例如有的学生需要加强自己的基础知识和基本技能，有的学生需要改进自己的学习过程和学习方法，有的需要提升自己的学习态度和学习情感。所以通过考试可以使学生对自己的"可持续发展"需求做到心中有数。

（4）建立学生自信的原则。通过考试，教师要帮助学生认识自己的长处和需要改进的方面，帮助学生建立起"我可以学好""我能学得更好"的自信心。以往通过考试将学生划分为三六九等、可能打击学生的自信心的行为必须根除。

（5）推动师生发展的原则。通过考试使学生能主动投入以后的学习并且更喜欢学习，使教师在命题、总结、反思中提升教学技能和教学素养，创造性地投入以后的教学工作。

（二）考试的类型与方法

思想政治（品德）学科考试是指根据一定的评价目的，让学生在规定时间内，按照规定的方式和要求来解答思想政治（品德）试题，并根据解答结果对学生的学科知识掌握、学科能力发展以及政治思想道德素质形成发展等方面评出分数或等级。考试是教学过程的一个重要环节，是整个教学系统的有机组成部分。

（1）考试的类型。有时我们将思想政治（品德）的平时考查中的测验也称为考试。但这里所指的考试主要是区别于日常考查的定期考试。定期考试是带有总结性的一种考核，不同类型的考试具有不同的评价目的。按照评价目的的不同，可以将考试分为达标性考试、诊断性考试和选拔性考试。达标性考试主要用于检查学生是否达到规定的标准，例如毕业考试；诊断性考试是用来检查学生在一定阶段的学习中的优点和不足，发现学生学习中存在的问题并予以帮助和改进，例如期中、期末考试等；选拔性考试是用以选拔合格或优秀人才的考试，例如中考、高考。

（2）考试的方法。思想政治（品德）的考试方法分口试和笔试两种。口试是学生口头回答考试问题的一种考试方式。口试中通过学生的回答和教师的追问，能够比较深入、准确地考查学生对知识的理解程度和运用水平，还有利于提高学生的口头表达能力。但口试工作量大、费时费力，在实际运用中往往受到很多条件的制约。笔试是指学生用笔回答考试问题，又包括开卷和闭卷两种形式。就其功用来看，闭卷考试有利于考查学生对基本概念和原理的记忆程度、理解水平和运用能力；开卷考试对于考查学生综合运用基本理论分析现实问题的能力方面则具有优势。

实践反思 7-2

近年来，很多地区初中思想品德实行开卷考试，它作为新课改的一种尝试有许多优点，但在实践中也遇到一些问题，比如一些仍以应试教育为主的学校不重视思想品德课教学，开卷考试的命题方式与题型与以往闭卷考试区别不大，缺乏创新等，结果导致考试不能达到考查学生的综合能力，促进学生发展和思想品德素质提升的目的。

请根据你所掌握的相关情况，谈谈思想品德开卷考试的利与弊，并分析实行开卷考试，我们还需要在哪些方面进行改革。

(三)考试的命题

1. 考试命题的基本要求

命题是考试评价的一个重要环节,是思想政治(品德)课考试与综合能力测试的关键。教师在命题过程中要把握各题型的特点、功能和适用范围,在遵循考试评价基本原则的基础上,注意以下几个方面的要求。

第一,以基础性考查为主。我们在弘扬以人的发展为本的教育的同时,不能忽视"基础",基础性与发展性应具有逻辑意义上的一致性。新课改理念中的基础不仅局限于以往的"双基",而是一个从人的发展角度出发的多方位的、全面的基础框架。这个框架不仅包括知识与技能基础,还包括过程与方法基础、情感态度价值观基础。那么,这就要求思想政治(品德)的考试命题准确、全面地反映思想政治(品德)课程标准的要求,命题的范围和难度要与课程标准和教材的要求相适应。要正确处理知识、能力与情感态度价值观目标的关系。

第二,突出对综合能力的考查。思想政治(品德)教学要密切联系学生生活实际和社会实际,而社会生活是复杂多样、广泛联系的,这就要求我们在解决问题时必须综合运用各方面的知识。因此,命题不仅要注意思想政治(品德)学科内部的综合,还要兼顾学科之间内容的综合;不仅要关注知识间的联系,还要强化学生综合运用所学知识来观察、分析、解决现实问题的能力。

第三,密切联系现实生活。理论联系实际是思想政治(品德)课教学的基本原则和生命力所在。思想政治(品德)教学的生活化原则要求密切联系学生的生活实际,还要联系不同地区、不同学校的实际情况,那么考试命题也要从不同的层面、角度反映现实生活,紧扣时代热点及中学生的生活。同时,思想政治(品德)作为一门十分重视培养学生正确的世界观、人生观、价值观的课程,考试命题也不能脱离国家和社会生活实际,通过考试引导学生关注时事,学会运用所学的基本理论和马克思主义的基本立场、观点、方法来分析问题。

第四,重视开放性试题的设置。所谓开放性试题,是指答案不唯一或者没有标准答案的试题。这种试题对于促进学生综合素质发展、主动发展和可持续发展具有十分重要的意义。思想政治(品德)的考试题型总的来说有客观题和主观题两类,客观题答案确定,评分准确快速,但难以测量学生分析和解决问题的能力,无法体现学生的创新意识,而主观题刚好具有这方面的优势。但以往的主观题命题也多侧重考查学生对书本知识的掌握情况,新课程下的思想政治(品德)课考试命题应在体现综合性和现实性的基础上,尤其注重开放性试题的设置,以达到通过考试促进学生发展的目的。

案例分析 7-3

初一"思想品德"试卷中的一道材料分析题①

王平又和同学打架了,事后他非常后悔。他向老师和同学承认了错误后,又向老师诉说了自己的苦恼:"一有点事就爱发怒,一发怒就管不住自己。"

(1)如果你是老师,你会给他提出一些什么建议呢?

(2)如果你是王平,你今后该怎么办?

评析:这一题目从学生生活的事例出发,带有共性,既有对学生"情绪"课程内容的学习诊断,又关注了学生对现实问题的判断、处理能力。同时,从教师角度和学生角度提问题,能考查学生多方面的认知水平。而答案是开放性的,有利于学生自我认识、自主学习态度的培养。

---

① 吴一凡.初中思想品德新课程教学法[M].北京:首都师范大学出版社,2004:141.

2. 考试的题型

思想政治（品德）课考试的题型有很多，每一种题型既有其优势也有一定的局限。一般情况下，教师可以利用题型的不同组合检测学生，查找出学生在学习过程中存在的问题，并且教师可以根据反馈的信息给予学生有针对性的指导。表7-2是几种思想政治（品德）课选用率比较高的题型。

表7-2 思想政治（品德）课选用率比较高的题型

题 型		题型特点	优 点	缺 点
客观题	单项选择题	从所给选项中选取一个最佳答案	使用广泛，有效测量不同类型的知识和复杂的学习结果；信度高；似是而非的干扰选项，使测验结果具有诊断性	不能测量学生在真实情境中的行为；不适合测量组织能力和观点陈述；难以找到足够多的似是而非的干扰选项
	多项选择题	被选答案中最少有两个或两个以上的正确答案		
	不定项选择题	被选答案中有一个或一个以上的正确答案		
主观题	简答题	围绕提出的问题作答，不需要展开分析、论述	学生必须提供答案，减少学生通过猜测获得正确答案的可能性	只能测量学生对书本知识的掌握情况；不适合测量复杂的学习结果
	辨析题	对题目的观点进行辨别、分析，陈述自己观点	综合测量学习结果；强调思维能力和问题解决能力的整合	评分不可靠；评分耗时；题目的设计和参考答案的制定有一定难度。除了上述题型外，还有判断、匹配、填空题等。但这几种题型在现在的思想政治（品德）课考试中用得比较少
	分析题	针对题目的材料进行分析，陈述自己的观点		
	论述题	根据问题展开观点的论述		

（四）考试质量分析

考试结束以后，要对考试质量进行分析和评价，看考试是否具备科学性、是否真实地反映了学生的实际情况，由考核得到的反馈信息是否有实用价值，等等。考试质量分析的内容主要分析以下几个方面。

首先，分析试题的内容和命题特点。看试题是否体现了新课程的理念要求和时代特征，是否做到了思想性、人文性和科学性的有机统一。通过对试题内容和特点的分析，有利于借鉴试卷的优点，发现命题的缺点和不足，使考试命题能更好地贯彻课改精神，提高考试评价的质量。

其次，对考试情况的统计分析。通过计算及格率、平均分和标准差，分析试题的难度和区分度，衡量考试的信度和效度，对考试结果进行定性和定量分析，并对考试水平进行评价。

最后，对整个考试评价过程进行总结分析，吸取经验教训，为今后的改进提供指导。

第四节 思想政治（品德）教师教学评价

要建立促进教师不断提高的评价体系，强调教师对自己教学行为的分析与反思，建立以教师自评为主,校长、教师、学生、家长共同参与的评价制度,使教师从多种渠道获得信息,不断提高教学水平。课堂教学评价是教师评价的最重要的组成部分。《义务教育思想品德课程标准(2011年版)》和《普通高中思想政治课程标准(2017年版)》都指出,要对教师的教学评价采取开放的、多元的评价方式,十分重视教师的自我评价与反思,希望通过评价提升教师的业务水平和思想道德素质。

一、教师课堂教学评价

(一) 课堂教学评价标准

"以学论教,教为了促进学"是新课程的课堂教学评价观。它给发展性教师评价带来了一些新变化,评价更加关注教师教学的方式和学生学习的方式,更关注教师的课前备课方式,更关注教师的教学能力等。同时,它还给教师评价标准提出了一些新要求。从发展性教师评价的角度,一堂好课应具备以下特征。

(1) 教学目标全面具体。教学目标是课堂教学质量评价的重要指标。以往人们主要把教学目标定位在对基础知识和基本技能的把握,而新课改要求教学应以促进学生发展为根本宗旨。由此出发,教学目标应包含三个方面的内容:① 课程标准规定的学生必须掌握的基础知识与基本技能、学习过程与方法、情感态度价值观;② 学生的主体性发展,即学生对学习的选择性和对社会的适应性以及创造性思维能力的发展;③ 各个层次的学生都能获得创造或成功的心理体验,感受到课堂生活的乐趣和愉悦。①

(2) 教学内容科学合理。课堂教学过程应该是一个教师对教材二度开发的过程,教师应改变以往将教材视为"圣经"的做法,使教学基于教材而不拘泥于教材。好的课堂教学内容应具备以下特征:① 正确理解并根据学生的实际水平和特点创造性地使用教材,合理确定重难点,让学生掌握扎实的基础知识和学科基本结构,并反映现代科学技术和学术新成果;② 教学内容具有挑战性,能激发学生的学习兴趣和求知欲望,能引导学生积极参与、积极思考;③ 重视教学内容的文化内涵,体现科学性和人文性的融合;④ 关注和体现教学的实践性,培养学生理论联系实际的能力。②

(3) 形成学生主动参与的课堂秩序。课堂教学要形成学生主动参与学习的氛围,不仅要有教师的讲授、提问,学生的听讲、回答问题,而且要求教师在教学策略和方法上注重以下几个方面:① 学生主动参与。课堂教学中教师要努力为学生创设各种机会和条件,让学生积极主动地参与教学。② 合作学习。好的课堂教学应该是师生共同建构学习的过程,在教师的引导下,学生以小组合作学习的形式建构知识,培养学生倾听、交流、协作、分享的合作意识和交往能力。③ 自主学习与差异发展相统一。好的课堂教学应该关注学生自主学习能力的培养。同时应该承认学生发展的差异性,让每个学生在原有的基础上获得发展。还要善于发现学生的闪光点,挖掘学生的潜在优势,让每个学生的个性得到发展。④ 鼓励创新。在教学过程中鼓励学生质疑问难,挖掘学生的创造潜能,培养学生的创新能力。

(4) 较高的专业素养。教师在教学实践中必须具有较好的专业素养,这是进行高质量的课堂教学的必备条件。教师的专业素养主要表现在:① 课堂驾驭能力。能较好地对课堂教学进行组织、管理和监控,根据课堂上不同的情况调节课堂教学节奏,调整课堂教学内容与教学结构,合理分配教学时间等。② 实践操作能力。主要表现在教师能够灵活运用现代教学技术手段,对与教学有关的材料运用适时适度。③ 语言表达能力。教学语言规范、精练、简明、生动,板书设计合理,字迹清楚规范。

---

① 吴一凡. 初中思想品德新课程教学法[M]. 北京:首都师范大学出版社,2004:148.
② 同上.

④ 人格特征。教师应具有热情、真诚、民主、平等以及换位思考等品质。①

（二）听课与评课

1. 听课

听课是教师或研究者凭借自身的感官及有关辅助工具（记录本、调查表、录音录像设备等），直接地或间接地从课堂情景中获取相关的信息资料，对教师的课堂教学进行学习、研究、评价的手段。听课是评课的前提和准备。

听课是教学的常规工作之一，经常听课，有利于教师之间相互学习，相互取长补短，共同提高，共同前进；有利于青年教师学习优秀教师的先进教学经验，使自己能更快地成为一名合格的教师；有利于良好教学风气的形成，促进教学改革的深入，提高教学水平，提高教学质量。

对于听课，往往有不同的目的，例如为熟悉本学科的教学实践经验和教学技能进行听课；为帮助教师提高业务水平进行听课；为观摩典型的教学组织形式进行听课；教育领导者为调查研究和检查工作进行听课；教师之间为切磋教学技艺互相听课；等等。不论是为了何种目的，听课都要注意以下几点。

（1）听课前要做必要的准备。主要包括：明确听课的目的；了解所听这节课的教学目的、教学内容，以及相关的教学信息；适当了解所在班级及学生的情况；了解先进的教学方法、教学理念；准备好听课所需要的物质材料，带好听课笔记、教科书、参考书等。

（2）听课过程中，听课者应集中精力，做好听课记录。做好听课记录是听课者基本素质的体现，它反映了听课者的品德、态度、能力、水平等各个方面的基本素质。听课记录一般记听课时听到的、看到的、想到的主要内容。主要包括：听课的日期、节次、班级、学科、执教者、课题、课型；教学的主要过程，如教学环节、教学内容、学生活动情况、教学方法、板书设计等；对这堂课的简要分析。

（3）听课后要交换意见。听课后要抱着虚心、诚恳的态度，热情主动地与授课教师交流。交换意见时应抓住重点，多谈优点和经验。做到明确的问题不含糊，吃不住的问题不急于下结论，学术上的问题不武断，有创新的要肯定与鼓励，存在的问题不回避，但要注意可接受性。一般来说，对经验不足的青年教师，要尽可能挖掘他们教学中的闪光点，让他们多一些成功的感觉，有重点地指出存在的突出问题，并以建议的形式提出；对有经验的教师，要实事求是地指出存在的问题和需要改进的地方，提出更新更高的要求，使他们认识到还有改进的地方和提高的空间。

2. 评课

案例分析 7-4

"做诚信的人"评课实录②

科组长：李老师，请你先说说本节课的设计思路。

李老师：本节课主要是通过我的引导帮助学生理清本课的知识重点，理解不诚实的危害，并让学生掌握相关知识。

科组长：请你谈谈本课设计的特点。

---

① 钟启泉,崔允漷.新课程的理念与创新——师范生读本[M].北京:高等教育出版社,2003:141-142.
② 吴一凡.初中思想品德新课程教学法[M].北京:首都师范大学出版社,2004:145-146.有改动.

李老师：这节课的特点是通过"兔子不吃窝边草新编"的漫画投影引出新课，用直观教学手段激发学生的兴趣，帮助学生理解掌握知识，采用的教学方法是谈话法和讲解法。

听课教师1：本节课的教学仍然没有摆脱灌输式的束缚，教师只注意了自己教的优化，而忽视了学生学的优化，教师没有引导学生进行积极主动的自主学习。

听课教师2：学生对知识的掌握，是在教师一步一步引导下，通过教师的讲解而实现的，而没有让学生自己去主动发现本课知识与现实的联系。在这种基础上的课堂教学只能是学生较好地掌握了所学知识，而实践能力和创新精神得不到很好的培养。

李老师：您刚才提到了创新精神和实践能力培养问题，我也认为应当把创新教育落实在课堂教学中，那么就本节课来说应如何设计呢？

听课教师3：在讲"做诚信的人"时，可以学生自由讨论。通过交流形成对不诚实的危害的认识，进而形成总的结论。而在分析"做生意一定要讲诚信、讲信誉，不能出售假冒伪劣产品坑害顾客"时，出示问题：① 如果父亲听从儿子的劝告将会出现什么结果呢？② 如果父亲没有听从儿子的劝告又会出现什么结果呢？经过教师点拨、学生分析，得出两种现象的不同结果。当学生发现两种情况的结果不同时，就会像发现新大陆一样感到非常欣慰。学生的这个发现，对学生个体来说，对其认识发展有很大作用，这就是创新。

李老师：谢谢你。你这种理论和实践相结合的评课，使我受益匪浅。

听课教师3：这节课没有让学生合作完成某一学习任务，缺乏对学生合作能力的培养，而合作学习是新课程倡导的学习方式之一。

……

（在整个评课过程中，评课者都是鲜明、宽容而又无私地向授课者提出问题，在提出问题、解决问题的过程中，授课者几次发现自己在备课时没有考虑到的问题，大家共同探讨，气氛非常融洽，授课教师感到收获很大。）

李老师：通过刚才的讨论和交流，我觉得这节课最大的不足是没能充分体现新课程的理念，依然是以教师为主的做法，而新课程要求以学生自主学习为主。

在评课的基础上，大家一起提出改进建议：① 让学生自主地去学习，掌握学习知识的方法；② 应该让学生把学到的知识和现实社会中遇到的类似现象联系起来；③ 应注意学生合作能力的培养。

1. 结合这一评课实录，谈谈与传统的评课方式相比，这种评课中评价者与授课者的角色分别有什么变化？这种评课方式有哪些好处？

2. 总结这一评课方式的特点并把这种评课方式运用到评课实践中，使其在实践中得到进一步完善和发展。

评课就是对照课堂教学目标，对教师课堂教学过程和教学质量的分析和评价。通过评课，可以帮助和指导教师不断总结教学经验，提高教育教学水平；可以转变教师的教育观念，促使教师生动活泼地进行教学，在教学过程中逐渐形成自己独特的教学风格。

评课涉及的内容很多，一般主要有以下方面：第一，评教学目标。教学目标是否全面、具体、适宜，并明确地体现在每一教学环节中。第二，评教材处理。知识教学得是否准确、科学，是否突出了重点，突破了难点，抓住了关键点。第三，评教学程序。教学思路设计是否符合教学内容和学生实际，是否有一定的独创性，能不能给学生以新鲜的感受，是否层次分明、脉络清晰；教学环节或步骤是否结构严谨、环环相扣,过渡自然,时间分配合理,密度适中,效率高。第四,评教学方法和手段。教学方法、教学手段的选择和运用是否合理,是否都紧密地围绕目标,为实现目标服务。第五,评教学技能。如教学语言、教学板书、教学导入、教学提问、教学小结等技能的运用。第六,评学法指导。是否帮助学生认识学习规律,端正学习动机,激发学习兴趣,掌握科学的学习方法,养成良好的学习习惯,逐步提高学习能力,有效地提高学习效率。第七,评师生关系。是否突出了学生的主体地位,是否形成了宽松、民主的课堂教学氛围。第八,评教学效果。是否完成了教学任务,实现了教学目标。

评课应把握以下几条原则:第一,客观公正原则,即在评课的过程中要从实际出发,结合讲课的实际情况实事求是地、科学合理地进行评课。第二,科学性原则,即评课要以科学的教学理论为依据,依据新课改的要求评价、分析教学现象,不能固执己见、不懂装懂。第三,重点性原则,即评课要突出重点,评出特色,不要面面俱到、泛泛而谈。第四,整体性原则,即评价要从整体教学效果出发进行综合评价。第五,理解性原则,即评价者与被评价者要相互理解、相互尊重。

课堂教学评价表见表7-3。

表7-3 课堂教学评价表[①]

执教者:_____ 年级(班级):_____ 评价人:_____(请在相应的等级处打√)

评价维度	具体指标框架	等级		
		A	B	C
教学目标	教学目标明确而具体,重点突出			
	让学生知道这节课要做什么(目标)			
教学策略	所有课堂活动都围绕目标展开,具有科学性、趣味性			
	内容正确,由简入繁,知识点讲解清楚			
	联系学生经验或已有知识,设计多样化的活动			
	教学步骤清楚,活动转换自如			
	阻止不当行为,鼓励正确行为,驾驭课堂能力			
教师素养	语言、板书、教态等基本功扎实,适当使用其他媒体			
	具有真诚、热情、民主、公平等专业品质,善于沟通			
学生学习	目标达成度高,合作与互动气氛浓			
	学生有兴趣,注意力集中			
总体印象	A		B	C
改进意见				

二、教师教学工作综合评价

思想政治(品德)教师的教学工作表现在多方面,其教学质量也受多方面因素的影响和制约。因

[①] 钟启泉,崔允漷.新课程的理念与创新——师范生读本[M].北京:高等教育出版社,2003:143.

此,要真正做到全面、公正、准确地进行教师教学评价,还必须对教师的教学质量进行综合评价。对思想政治(品德)教师的教学质量进行综合评价的基本前提,是要确定评价指标、评价要素、权重及评价等级分数。一般来说,思想政治(品德)教师教学工作综合评价指标包括教学水平、教学态度、教学准备、教学组织、对学生的辅导、教学效果等几个方面。按照新课程改革中教师评价主体多元化的要求,我们可以根据不同的评价主体,从不同的角度对教师教学工作进行综合评价。

(一)教师自我评价

在教学评价中一定要让教师以评价主体的地位参与其中,重视教师自身对教学过程的总结与反思,在自我评价与反思中梳理得失,不断改进与提高。教师可以参照前面提到的相关标准进行自我评价,也可以从教学方面和素质方面进行周期性自我反思,教师还可以结合自身素质、职责履行状况、教学绩效等方面来进行自我评价(见表7-4)。

表7-4 教师周期性自查量表[①]

评价项目		评价内容	优势	不足
教学方面	教学目标	教学目标科学、合理、全面		
		学习过程围绕教学目标展开		
	角色把握	注意信息反馈,及时进行激励性评价		
		能组织有效的学习活动,与学生合作并适时提供帮助		
	环境营造	创设新情境,丰富学习资源,激发学习兴趣		
		营造宽松、平等、互动、开放的学习氛围		
	技术应用	教学设计新颖,教学过程流畅		
		科学设计,合理运用各种现代媒体		
素质方面	职业素质	职业道德		
		学科知识		
	教学素质	能准确把握课程标准,恰当处理教材,教学思路清晰		
		语言准确、生动、有感染力,教态亲切、自然		
		板书工整、合理,多媒体操作技术熟练		
	综合素质	文化素养		
		参与和共事能力		
		反省与计划性		

教师自评要注意两个问题:一是明确评价的内容和标准,从而能够有针对性地收集评价信息,更好地发挥评价的导向作用;二是教师自评结果不宜与教师奖惩挂钩,避免教师由于压力或追求功利的目的而不能客观地评价自己,过分抬高自己或隐瞒自己的不足,影响评价促进发展的功能的发挥。

(二)教师互评

教师互评是指由同行利用各种信息对某个教师的教学行为和表现进行评价。所谓当局者迷,旁观者清,教师互评是促进教师反思能力提高和教师发展的有效途径。

[①] 吴一凡.初中思想品德新课程教学法[M].北京:首都师范大学出版社,2004:149.

在教师互评过程中,要努力使教师互评成为一个相互学习、共同提高的过程。评价者应抱着对教师负责的态度,结合新课程的理念和要求客观公正地评价教师;被评价者则要正确对待别人对自己的评价,充分认识同行评价对自己改进教学的作用,虚心接纳别人的意见。

(三)学生和家长评价

新课程理念倡导学生、家长参与教学评价。学生评价可以从其独特的角度发现教师的外在特征,从学习者的角度对教师的教学态度、教学方式方法、教学内容和教学效果进行评价,并提出意见和想法,使教师能及时调整自己的教育教学管理策略和教学行为,使教学更有利于促进学生发展和教师提高。学生评价可以参考表7-5。

表7-5 学生评教表

评价项目	评价内容	评价等级			
		A	B	C	D
职业道德	爱岗敬业,关心学生;尊重学生,与学生平等交流;为人师表,教书育人;严谨笃学,与时俱进;积极上进,乐于奉献				
专业水平	对所教的学科知识掌握熟练,理解透彻;知识传授准确,内容科学;能够灵活地把与学科内容相关的新信息、新思想、新观点引入教学内容				
教学态度	课前准备充分,教学认真严谨,作业布置、批改有质有量,能虚心听取学生意见,教学相长				
教学能力	教学目的明确、层次分明;教学方法灵活、多样;教学思路清晰、重点突出;教学气氛活跃,师生互动好;教学语言准确清晰、形象生动;教学手段运用合理				
教学效果	学生掌握了必要的基础知识和基本技能;体验了获取知识的过程与方法,学会了有关的学习方法和解决问题的方法;学生的学习习惯和学习态度有所好转,政治思想道德水准有所提高				
综合评价	评定等级: 主要优缺点: 建议:				

注:A 为优秀,B 为良好,C 为一般,D 为有待改进。

家长对教师的教学评价也具有重要的参考价值。我们可以通过座谈、问卷调查来了解家长对教师教学工作的满意度;可以通过"家长开放日",让家长了解和反映教师的教学情况;还可以通过设置家长信箱等途径,征求家长的意见。下面是一则学校通过调查问卷引导家长参与家长开放日的评课实例。[1]

亲爱的家长,欢迎您参加我校"家长开放日"的评课活动,相信这将是一次我们彼此之间加强沟通、增强了解的机会。希望借此机会,对我们的教育教学提出您宝贵的意见,共同为孩子创造出健康成长的学校环境。欢迎您从以下几个方面参加这次评课活动。

一、对教师教学的评价

这堂课的教学重点是:_____。

---

[1] 吴一凡. 初中思想品德新课程教学法[M]. 北京:首都师范大学出版社,2004:155-156.

教师对教学改革的尝试有：
1._____；
2._____；
3._____。
通过听课，您认为教师在哪些方面比较成功：_____
_____
在哪些方面还需要改进：_____
_____。

二、对孩子学习状况的评价

通过听课，您观察到您孩子学习的特点是：（可列举举手情况、回答问题情况、小组活动参与情况等具体指标）
_____。

您认为孩子亟须改进的方面是：_____
_____。

三、通过参加这堂课的教学活动，对您在家辅导孩子学习有哪些启示和帮助：_____
_____。

本章小结

1. 思想政治（品德）教学评价是指根据思想政治（品德）课程标准和教学目标，运用切实可行的评价方法和手段，对思想政治（品德）教学活动及其效果进行全面考查和价值判断。思想政治（品德）教学评价的种类很多，从评价对象来看，可分为对教师教的评价和对学生学的评价；从评价的基准来看，可分为相对评价、绝对评价和个体内差异评价；从评价功能来看，可分为诊断性评价、形成性评价和总结性评价；从评价方法来看，可分为定性评价和定量评价；从评价主体来看，可分为自我评价和他人评价。

2. 思想政治（品德）的教学评价必须强调建立发展性评价体系。从"甄别选拔"转向"促进发展"，实现评价目的的转化；从"唯智育"转向"五育"并举，实现评价指标的多元化；从定性与定量的"分离"走向有机结合，实现评价方法的多样化；从单一的管理者评价走向多方面评价，实现评价主体的多元化；从重终结性评价走向重形成性评价，实现评价重点的转移。

3. 思想政治（品德）教学评价要坚持发展性原则、科学性原则、客观性原则、全面性原则、可行性原则。

4. 思想政治（品德）教学评价的基本程序包括：确定评价的目的；设计评价指标体系；收集和获取评价信息；汇集整理和评议评分；分析和处理评价结果。

5. 学生学业成绩的评价，是指根据一定的标准对学生的学习结果进行价值判断的活动，也是测定或诊断学生是否达到教学目标及其达到目标的程度。学生学习思想政治（品德）课程的结果主要通过日常表现和学科考试成绩体现出来。

6. 对学生思想政治（品德）课学习进行日常考察的方法主要有观察法、测验法、描述性评语、项目评价、调查法、成长记录袋、同伴评价与自我报告等。

7. 思想政治（品德）课程的考试，要遵循关注学生学业、发掘学生潜能、满足学生需求、建立学生自信、推动师生发展等原则。考试的类型和方法多种多样，不同的考试类型和考试方法有不同的特点和要求。考试命题要以基础性考查为主，突出对综合能力的考查，密切联系现实生活，重视开放性试题的设置。考试的题型也多种多样，不同的题型有不同的特点，每一种题型也各具自身的优点和缺陷。考试结束以后，要对考试质量进行分析和评价，考试质量分析重点要分析试题的内容和命题特点，对考试情况的统计分析，对整个考试评价过程进行总结分析。

8. 对教师的教学进行评价,主要包括教师课堂教学评价和教师教学工作综合评价。教师课堂教学评价,要坚持以学评教,关注教学目标是否全面具体、教学内容是否科学合理、学生是否主动参与、教师是否具有较高的专业素养等。教师教学工作综合评价重点关注教学水平、教学态度、教学准备、教学组织、对学生的辅导、教学效果等几个方面。

本章思考题

1. 以往的思想政治(品德)教学评价存在哪些不足?新课程理念下的教学评价具有哪些特点?
2. 思想政治(品德)教学评价应遵循哪些基本原则?评价的基本程序如何?
3. 学生学业评价的主要内容有哪些?评价者应如何处理学生的平时评价和学科考试之间的关系?
4. 在高考大环境不变的情况下,我们应如何推进思想政治(品德)教学评价改革?
5. 尝试建立思想政治(品德)课教师课堂教学评价体系。

参 考 文 献

[1] 中华人民共和国教育部.普通高中思想政治课程标准(2017年版)[M].北京:人民教育出版社,2018.
[2] 中华人民共和国教育部.义务教育思想品德课程标准(2011年版)[M].北京:北京师范大学出版社,2012.
[3] 中华人民共和国教育部.关于全面深化课程改革 落实立德树人根本任务的意见[S]教基二[2014]4号.
[4] 钟启泉,崔允漷.新课程的理念与创新——师范生读本[M].北京:高等教育出版社,2003.
[5] 万伟,等.新课程教学评价方法与设计[M].北京:教育科学出版社,2004.
[6] 张奇才.思想政治(品德)教学论[M].合肥:安徽人民出版社,2007.
[7] 吴一凡.初中思想品德新课程教学法[M].北京:首都师范大学出版社,2004.
[8] 吴维宁.新课程学生学业评价的理论与实践[M].广州:广东教育出版社,2004.

阅读视野

一、高中思想政治学业质量[①]

(一)学业质量内涵

学业质量是学生在完成本学科课程学习后的学业成就表现。学业质量标准是以本学科核心素养及其表现水平为主要维度,结合课程内容,对学生学业成就表现的总体刻画。依据不同水平学业成就表现的关键特征,学业质量标准明确将学业质量划分为不同水平,并描述了不同水平学习结果的具体表现。思想政治学科学业质量是阶段性评价、学业水平合格性考试和学业水平等级性考试命题的重要依据。

(二)学业质量水平

思想政治学科学业质量水平分为4级(见表7-6)。

---

① 中华人民共和国教育部.普通高中思想政治课程标准(2017年版)[M].北京:人民教育出版社,2018:35-39.

表 7-6　思想政治学科学业质量水平

水平	质量描述
1	1-1 引用典型事例,证实选择中国特色社会主义道路的正确性;回顾改革开放的发展历程,表明中国特色社会主义理论体系是指导党和人民沿着中国特色社会主义道路实现中华民族伟大复兴的正确理论,习近平新时代中国特色社会主义思想是马克思主义中国化最新成果;引述宪法对我国根本制度的规定,了解社会主义制度的特征;结合典型事例,说明中国共产党是中国特色社会主义事业的领导核心;描绘全面建成小康社会的图景,解释国家富强民主文明和谐美丽的价值目标,表达中国特色社会主义是全国各族人民的共同理想。 1-2 依据马克思主义哲学基本原理,观察并解释经济、政治、文化、社会和生态等现象,阐释创新、协调、绿色、开放、共享的新发展理念;运用相关学科方法,表述相关体制运行的意义,在实践中识别决策目标和主要限制性条件,确认合理的选择方案;面对各种矛盾争端,把握个人在社会生活中的角色,评价既遵守规范、遵循程序,又不盲从、敢于质疑的行为;识别当前各种文化现象,理解存在于区域、民族和国家间的文化差异,表明认同中华文化、尊重域外文化、选择先进文化的态度。 1-3 讲述法治使国家更强大的典型事例,表明法治是先进的国家治理方式;列举科学立法、严格执法、公正司法、全民守法的事例,描绘社会主义法治国家的图景;列举实例,说明任何组织或者个人都没有超越宪法和法律的特权;秉持自由、平等、公正、法治的价值取向,解释公民依法行使权利、依法履行义务的行为;引用自身的经验,推荐依法办事、依法维权、依法解决纠纷的案例,表明法治让社会更和谐。 1-4 引用主流媒体的报道,确认公民参与国家立法、政府决策、社会治理、公共服务的途径、方式和规则;引用经过核实的报道,解释公民参与民主决策、民主管理、民主监督的必要条件和重要意义;阐述爱国、敬业、诚信、友善的价值准则,表明参加公益活动、践行公共道德的积极态度;结合各层面、各领域公民参与的情境,表明公共参与是体现人民主体地位的应有之义。
2	2-1 通过对中国近现代史的回顾,依历史逻辑证实走中国特色社会主义道路是历史和人民的选择;叙述马克思主义"一脉相承、与时俱进"的发展,明确习近平新时代中国特色社会主义思想是对马克思列宁主义、毛泽东思想、邓小平理论、"三个代表"重要思想、科学发展观的继承和发展,是马克思主义中国化最新成果;分析具体事例,归纳中国特色社会主义政治制度、经济制度的特点和优点;运用具体事例,展示中国共产党依法执政的方式,说明加强和改善党的领导的意义;结合为实现中华民族伟大复兴中国梦而奋斗的历程,解释社会主义核心价值观是中国特色社会主义道路、理论、制度和文化的价值表达。 2-2 运用辩证唯物主义基本观点和方法,回应当前经济、政治、文化、社会和生态文明建设中的突出问题,并对相关信息或推理进行检验和评价;运用相关学科的方法,在实践中反思各领域既有政策和体制、机制方面的限制性条件,解放思想,评估其对国家和社会发展的影响;关注当前热点问题和事件,科学论证选择方案,既表达担当社会责任的态度,又表现促进社会和谐的智慧;辨析继承中华优秀传统文化、不同文化交流互鉴、践行与传播先进文化的行为,表达文化创新的意义,揭示事物的文化价值以及各种文化现象背后的重要影响因素。 2-3 描述法治国家、法治政府、法治社会的基本表征,说明依法治国是党领导人民治理国家的基本方式;归纳违法犯罪的主要种类及其成因,阐明宪法法律至上、法律面前人人平等的法治理念;剖析实例,比较不同的涉法行为,预测其后果,阐释权利与义务的关系;联系依法治理的实际,证实依法办事、依法维权、依法解决纠纷的好处,表达法治让生活更美好的感悟。 2-4 举例说明各领域、各层级公共机构与公民生活的关系,并表达对这些机构的工作方式和规则的期望;针对人们当前关注的公共事务,评议政府履行职责的行为;解释基层群众自治的价值,阐述公民有序参与、直接行使民主权利的意义;分享公共参与的体验,表达参与公益事业的幸福感和成就感;评析公共参与的实例,展现我国人民的主人翁意识和社会责任感。
3	3-1 选择恰当论据,在全球视野中比较各国发展道路,论证只有中国特色社会主义才能发展中国;结合改革开放的实践,阐述习近平新时代中国特色社会主义思想的精神实质;对照西方主要国家的政治制度,阐述人民代表大会制度的组织和活动原则,说明绝不能照搬西方政治制度模式的道理;阐明党的执政理念和全面从严治党的意志,阐述中国共产党永远保持先进性和纯洁性的意义;论证社会主义核心价值观既体现了社会主义本质要求,继承了中华优秀传统文化,也吸收了世界文明有益成果,体现了时代精神。

续表

水平	质量描述
3	3-2 运用历史唯物主义基本观点和方法,阐释社会发展的基本规律和趋势,用历史思维评价不同信息和观点,辨明事实真伪;针对经济、政治、社会活动中的重要议题,运用相关学科原理辨识各种选择方案,预测未来发展的走向,作出恰当的研判;针对生活实践中各种不确定的具体问题,用矛盾分析的方法权衡利弊,作出正确的价值判断和行为选择;在积极开展国际文化交往的过程中,对如何继承中华优秀传统文化和革命文化、发展中国特色社会主义文化等议题,发表持之有故、言之成理的见解,并提出可行的建议。 3-3 列举生活中立法、执法、司法和守法的实例,阐述全面依法治国的总目标;基于法律的本质和功能,选择恰当的论据和论证方式,阐释宪法法律至上、法律面前人人平等的含义;针对民事活动与公共参与过程中的不当行为,解释相关权利和义务的法律意义,明辨依法行使权利、履行义务的正确方式;针对经济、政治、文化、社会生活中的行为误区,辨析法律与自由的关系,阐明法治保障对提高生活品质的作用。 3-4 剖析公共机构制定公共政策的实例,阐释公民有序参与不同领域、不同层级公共事务的意义和价值;列举公共利益与私人利益发生矛盾的实例,阐述协商民主的意义和价值,评估合理解决矛盾的方案;列举不同情境下的各种冷漠表现和议论,剖析导致冷漠的思想根源,彰显践行公共道德的勇气;抨击漠视、损害公共利益的行为,表达公共参与的强烈意愿,提出率先垂范的行动方案。
4	4-1 综合运用各种论据,辨析各种错误思潮,有创见地批驳封闭僵化或改旗易帜的主张,阐明走中国特色社会主义道路的坚定信念;阐述习近平新时代中国特色社会主义思想的丰富内涵,表达坚守本色、保持特色、锐意进取的意志;跟进全面深化改革的进程,论证坚持中国特色社会主义制度不动摇的理由;引用全面从严治党的各种数据,评析中国共产党领导全国各族人民长期奋斗、不忘初心、继续前进的业绩;论证中国特色社会主义文化源自于中华优秀传统文化,熔铸于革命文化和社会主义先进文化,植根于中国特色社会主义伟大实践,阐明道路自信、理论自信、制度自信都是文化自信的表现。 4-2 运用辩证唯物主义和历史唯物主义原理,揭示社会变革的原因,把握历史发展的阶段性特征,论述因势而谋、应势而动、顺势而为的意义;直面经济、政治、文化、社会和生态文明建设中的各种问题和挑战,秉持建设性批判的态度,解放思想、实事求是,采用相关学科的探究方法进行正确判断和选择;应对成长过程中遭遇的复杂情境和突发事件,运用辩证思维,掌控分歧及各种不确定性,澄清有关信息和观点的误导,提出有创见的解决方案;响应各种思想文化交流交融交锋的态势,在全球视野下表现文化理解力和传播力,对创造性转化与创新性发展中华优秀传统文化、坚持中国特色社会主义文化发展道路发表见解。 4-3 反思历史经验。立足于发展中国特色社会主义的实践,阐释全面依法治国对推进国家治理体系和治理能力现代化的意义;选用立法、执法、司法和守法中体现法律面前人人平等的实例,阐述运用法治思维的意义,论证尊崇宪法和法律在治国理政中的作用和价值;了解生活中主要民事法律规范,列举解决纠纷的有效途径和方式,论证依法行使权利、依法履行义务、依法办事的意义;描绘法治中国的蓝图,阐述法治信仰的价值,提出维护公平正义和法律尊严的行动方案。 4-4 评析各种指向公共机构的质疑,解释公民在公共参与过程中与各领域、各层级公共机构的互动关系,系统归纳参与国家立法、政府决策、社会治理的途径和方式;列举不同群体间利益冲突的实例,揭示其历史和现实根源,并提出管控冲突、化解矛盾的方法;评述有序政治参与的过程,既解释公民行使权利、履行义务的意义,又强调人民主体地位的保障;全面阐述公共参与对公民直接行使民主权利的意义,论证公共参与是人民当家做主的必然表现和重要标志,是当代中国公民责任担当的宝贵品格和关键能力。

(三)学业质量水平与考试评价的关系

学业质量水平二是高中毕业生在本学科应该达到的合格要求。

学业质量水平三是学业水平等级性考试的命题依据。

学生达到水平四的相关表现可纳入综合素质档案中予以呈现,作为普通高等学校招生录取、自主招生的参考。

二、学业水平考试命题建议

1. 把握学业水平考试的目标和要求

学业水平考试坚持以学生的思想政治学科核心素养发展水平为考查对象,考查学生能否综合运用相关学科内容,参与社会实际生活,在真实情境中提出问题、分析问题和解决问题;重点关注能否坚持正确的思想政治方向,形成正确的世界观、人生观、价值观,是否展现出了适应当代社会发展和终身发展所需要的、必备的思想政治学科核心素养。要实现这一目标,在命题中应把握以下几点。

● **根据完成任务的表现评价学科核心素养发展水平。** 测试思想政治学科核心素养发展水平,需要把握每个水平等级的素养表现特征。核心素养作为人的内在品质和能力,不可直接观测和度量,但它会通过各种具体任务的执行,外显为行为表现特征,从而借助这些行为表现评价思想政治学科核心素养发展水平。思想政治学科核心素养的行为表现与具体任务类型并非一一对应:同一项任务的完成,可以反映多个学科核心素养要素的发展水平;同一个学科核心素养要素的发展水平,也可以通过不同类型的任务执行体现出来。

● **注重情境对展示学科核心素养发展水平的价值。** 考查学生的核心素养发展水平,需要以具体的真实情境作为执行特定任务和运用学科内容的背景与依托。思想政治学科核心素养就是看学生能否运用学科内容应对各种复杂社会生活情境的问题和挑战。学科内容也只有与具体的问题情境相融合,才能体现出它的素养意义,反映学生真实的价值观念、品格和能力。思想政治学科核心素养的行为表现与情境之间的关系是复杂的:同一个情境,可以展现出不同学科核心素养要素或同一个学科核心素养要素的不同水平;同一个学科核心素养要素及其水平,也可以通过不同的情境表现出来。

● **注重学科内容的整合性对评价学科核心素养的意义。** 学科核心素养强调对学科内容的整体理解与把握。考查学科核心素养发展水平,需要学生整合相关学科内容以应对特定问题情境,执行特定任务,由此提供确认水平的证据。评价思想政治学科核心素养时,要明确这些素养是思想政治课程所包含的各学科内容的结晶,每个课程模块内容都有助于培育学科核心素养。

总之,准确把握思想政治学科核心素养与任务、情境、学科内容之间的关系,是依据学业质量标准测试学科核心素养发展水平的前提。其中,执行任务是将内在的学科核心素养外显为可观测行为表现的媒介,情境是运用学科内容、执行任务、展现学科核心素养发展水平的平台,学科内容是印证与考查学科核心素养发展水平的依托。

2. 制定学科任务导向型的学业水平考试命题框架

思想政治学业水平考试命题框架,以学科任务导向为标志,由关键行为表现、学科任务、评价情境和学科内容等四个基本维度构成,目的在于有效测试思想政治学科核心素养的真实发展水平。

● **构建评价学科核心素养发展水平的关键行为表现指标体系。** 展现核心素养及其发展水平的行为表现是丰富多样的,但受众多因素的影响,这些行为表现与学科核心素养各要素之间的内在关联程度并不相同。为保证素养水平测试的准确与便捷,应根据敏感性强、随机性小两个要求,兼顾纸笔测试,筛选与每个学科核心素养要素有关、可纸笔测试的关键行为表现构成指标体系,以此作为推断学科核心素养发展水平的基础。

● **界定学科任务的类别及影响任务难度的因素。** 行为表现是在任务完成过程中展现出来的。为了在测试中获得预期的关键行为表现,应该基于思想政治学科性质和育人价值,界定基本的学科任务类别,如描述与分类、解释与论证、预测与选择、辨析与评价等,并逐一分析影响其任务难度的基本因素,作为设计不同类型试题的参考。

● **确定复杂程度不同的典型情境。** 核心素养要应对的是带有典型性、普遍性的问题和挑战。根据思想政治课程目标和内容,筛选典型情境用于命题,需要综合考虑各种因素。在确定情境的复杂程度时,可从多角度考虑。一般来说,情境涉及的行为主体越多,主体之间的相互作用越强烈,决策要实现的相互竞争的目标越多,影响决策及其结果的因素越多,情境的不确定性越大,立场观点或价值观、利益越多样且相互冲突越大,情境所蕴含的价值、功能、作用越丰富多样,情境的复杂程度越高。

● **明确要考查的学科内容及其结构**。核心素养并不见之于孤立的、碎片式的学科知识和技能的习得,而是见之于能否综合地、系统地运用学科知识和技能应对来自真实生活的问题。命题要有效地引发学生在测试中预期的行为表现,就必须根据学科内容之间的内在关联,按照课程内容要求与学业质量标准,梳理相关学科的基本概念、基本原理、基本方法,明确它们之间的内在结构,据此确定学科内容的考查范围和形式。

总之,能够有效测试思想政治学科核心素养发展水平的试题,必定是指向核心素养及其关键行为表现,实现学科任务、评价情境、学科内容三者有机融合的试题。

3. 测试学科核心素养发展水平的命题要求

● **恰当选择学科任务,任务指向要明确**。不同学科核心素养要素的关键行为表现与不同学科任务之间的相关程度不同。获取预期的关键行为表现,既要根据不同核心素养要素的测试目标,恰当选择学科任务类型,又要综合各种学科任务中的关键行为表现,判断某个核心素养要素的表现水平。为此,测试中要求学生完成的具体任务的含义和指向应该确定明晰,不能引起歧义,以提高推断的准确性。

● **创设评价情境,情境设置要结构化**。高质量的学业水平考试,能够使学生的应答展现真实的素养水平,这在很大程度上取决于评价情境的创设是否巧妙,能否使每个学生在该情境中均愿意或必须用真话表现自己的素养发展水平。为此,应该对源于真实生活的情境进行有针对性的建构,保留关键性的事实与特征,剔除无关紧要的细枝末节,创设信息支持充分的评价情境。

● **确保试题的科学性、公平性和难度适宜**。命题既要符合课程标准的要求,符合思想政治课程考试的命题框架,也要符合教育测量科学性、公平性和难度适宜的一般要求。例如,试题创设的情境,应该是高中学生能够理解的;要兼顾地区和城乡差异;要尽量避免使用学生不熟悉的术语;要充分考虑试题难度分布和区分度;等等。

4. 制定基于学科任务完成质量的试题评分标准

根据题型的不同,学业水平考试既要有答案唯一的试题,又要有答案开放的试题;既要有只需呈现最终答案的试题,又要有需要解释答案理由与展现解题过程的试题。

根据思想政治学科核心素养评价的特点,学业水平考试应该有相当数量的开放性试题。制定这种试题的评分标准,要兼顾共同性与差异性。共同性体现为有共同的基本立场、观点和价值观,有共同的评价尺度。在共同评价尺度的框架中体现差异性,例如,采用不同视角,运用不同素材,采取不同思路,表达不同见解,提出不同的问题解决方案,等等。透过这种有差异的解题过程与思维过程,划分评价等级,判断学生在特定情境中学科任务完成的不同质量,推断其学科核心素养发展水平。

针对不同类型的学科任务制定试题评分标准,要根据划分思想政治学科核心素养水平的基本原则,建立评价不同学科任务完成质量的具体指标体系,以提高评价的科学性、公正性和可操作性。

第八章　思想政治(品德)的教学方法和手段

本章学习目标

1. 了解思想政治(品德)教学方法及其类型；明确思想政治(品德)教学方法选择的依据和组合的必要性，能够综合考虑各方面因素，选择恰当的教学方法，合理地组合运用。

2. 了解启发式教学的含义和特点；明确启发式教学在思想政治(品德)教学中运用的必要性和基本要求；掌握启发式教学在思想政治(品德)教学中运用的方法，能够将其合理地运用于思想政治(品德)教学中。

3. 了解思想政治(品德)教学的常用方法及运用的基本要求，掌握这些教学方法的操作要领。

4. 了解思想政治(品德)教学手段的主要类型；正确认识传统教学手段与现代化教学手段的关系；掌握现代化教学手段在思想政治(品德)教学中运用的方法和基本要求，能够将各种教学手段恰当地运用于教学实践。

5. 了解信息技术与思想政治(品德)课程的整合的含义、方式和基本要求，能够进行信息技术与思想政治(品德)课程的整合的实践。

问题序幕

欣喜与顾虑：教学方法变革中的两难心态

新课程改革的发展，必然要求教学方法的相应变革。《普通高中思想政治课程标准(2017年版)》就明确指出："本课程针对高中学生思想活动和行为方式的多样性、可塑性，着力改进教学方式和学习方式。在课程实施中，要充分利用现代信息技术，拓展教育资源和教育空间；要通过议题的引入、引导和讨论，推动教师转变教学方式，使教学在师生互动、开放民主的氛围中进行；要通过问题情境的创设和社会实践活动的参与，促进学生转变学习方式，在合作学习和探究学习的过程中，培养创新精神，提高实践能力。"《义务教育思想品德课程标准(2011年版)》也指出："充分发挥教师的主导作用，积极引导学生自主学习、合作学习和探究学习，通过调查、参观、讨论、访谈、项目研究、情境分析等方式，主动探索社会现实与自我成长的问题，在合作和分享中扩展自己的经验，在自主探究和切身体验的过程中增强道德学习的能力。"

面对这种教学方法改革的形势和要求，不少中学思想政治(品德)教师在欣喜之余，也存在不少顾虑：

——新课程倡导开放互动的教学方式与合作探究的学习方式，传统的讲授还有没有用武之地？原来的教法是不是要推倒重来？

——新课程提倡在教学中学生多"动"，教师少"讲"，这是否意味着越能够使学生"动"的教学方法就越是好方法？热热闹闹的课堂教学就越是好课吗？

——注重学生的自主探索和体验，强调学生经历观察、操作、讨论、质疑、探究的过程，这是否会忽视基础知识的教学？

——如果采取开放互动的教学方式与合作探究的学习方式，教学内容能否按时完成？教学内容和教学时间的矛盾如何解决？

——在新的教学方法运用中,教师如何发挥指导作用?如何做好教学的引导者和组织者?

——探究式教学、研究性教学等新课程所倡导的教学方式的确有利于培养学生的创新精神和实践能力,但在目前我国这种升学制度下,对提高学生的高考成绩有没有意义?能不能带来高考成绩的提升?

诸如此类的问题,是广大思想政治(品德)教师所默默追寻、苦苦思考的问题,都是教学方法改革中出现的新问题。要正确认识和科学对待这些问题,我们必须首先对思想政治(品德)教学方法有基本的了解。教学方法包括教师教的方法和学生学的方法,本章主要研究思想政治(品德)教师教的方法。

第一节　思想政治(品德)教学方法及其优选

随堂讨论 8-1

常言道:教学有法,教无定法,贵在得法。如何理解这一说法?

一、思想政治(品德)教学方法及其分类

关于教学方法,有多种不同的理解。一般来说,教学方法是教师和学生为了实现共同的教学目标,完成共同的教学任务,在教学过程中运用的方式与手段的总称。思想政治(品德)教学方法就是思想政治(品德)教师和学生为了实现思想政治(品德)课程教学目标,完成教学任务,在教学过程中运用的方式与手段。

资料卡片 8-1

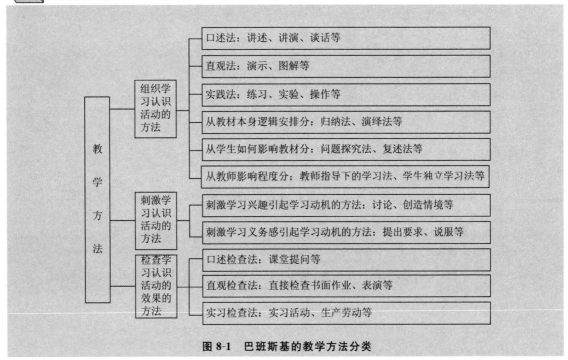

图 8-1　巴班斯基的教学方法分类

思想政治(品德)教学方法多种多样,可以从不同的角度进行不同的分类。

按照思想政治(品德)教学方法的含义来划分,教学方法包括教师教的方法和学生学的方法两大类,是教法与学法的统一。属于教法的有讲授法、演示法、谈话法等;属于学法的有听课方法、练习方法、复习方法等。教法与学法是密切联系的,教法必须依据学法,否则便会因缺乏针对性和可行性而不能有效地达到预期的目的。但由于教师在教学过程中处于主导地位,所以在教法与学法中,教法处于主导地位。

按照思想政治(品德)教学方法的形态来划分,可以分为四类:第一,以语言传递为主的教学方法,如讲授法、谈话法、讨论法、读书指导法等。第二,直观演示的教学方法,如演示法、参观访问法等。第三,实际训练的教学方法,如练习法、实习法、实验法等。第四,情境陶冶的教学方法,如体验式教学法、情境教学法等。

按照完成思想政治(品德)教学任务来划分,教学方法可以分为三类:第一,知识传授方法。既包括基本概念的教学方法,如定义解析法、追根溯源法等,也包括基本原理的教学方法,如归纳与演绎法、层次分析法、典型例证法等。第二,能力培养方法,如观察法、实践活动法等。第三,情感态度价值观培养方法,如形象教育法、体验式教学法等。

二、思想政治(品德)常用教学方法简介

思想政治(品德)的教学方法多种多样,每一种方法都有其不同的特点和操作方式,对它们的运用也有特定的要求。

案例分析 8-1

《公民依法享有选举权和被选举权》教学设计[①]

1. 情境导入,激起质疑

播放录像,十届人大三次会议开幕式,思考:

(1) 人大代表是如何产生的?

(2) 你为什么不参加选举?

学生带着疑问去学习。

2. 学习质疑

(1) 自主质疑

读课本内容,找出主要问题,并记录下来。

(2) 讨论释疑

分组讨论交流,4 人一组,交流发现的问题以及自己的疑惑,小组解决不了,由小组长写到所发放的投影片上在班上交流。

(3) 老师质疑,学生解疑

疑问 1. 多媒体展示 4 人,让学生判断他们是否有选举权。

疑问 2. 想一想,在我国,人民当家做主,是不是人人都可以直接行使管理国家的权利?

---

① 冯淑辉.《公民依法享有选举权和被选举权》教学设计[J].思想政治课教学,2005(4).

3．模拟选举

先请一位同学说一说选举的基本程序，然后开始进行模拟选举。

4．畅想未来

将来有一天，你荣幸地当上全国人大代表，你将如何行使你的选举权和被选举权？

学生畅所欲言。

5．总结收获

让学生谈一下通过这一节课的学习，懂得了哪些知识，能力上有什么提高，觉悟是否有提高。

6．社会调查

让学生在课下调查本村的选举情况，看一下选举中存在哪些问题？分析存在问题的原因，应采取哪些方法解决？把调查的情况写成调查报告。

◆ 分析上述教学片段，这一教学片段中组合运用了哪些教学方法？为什么选用这些方法？这些教学方法各有什么特点？运用中有什么要求？

（一）讲授法

讲授法是教师通过口头语言向学生系统地传授知识、发展学生智力的教学方法。它是思想政治（品德）课程教学最主要、最常用的教学方法。其他教学方法的运用，几乎都要与讲授法相结合。

在实际的教学过程中，讲授法又有讲述、讲解、讲演、讲读等不同的形式。讲述是以叙述或描述的方式向学生传授知识的方法，它侧重于生动形象地叙述事实材料，描述实践和问题的产生发展过程。讲解主要是对一些较复杂的问题进行分析和论证，常用于分析有关事实，揭示事物本质，帮助学生形成和理解概念，解释和论证原理，剖析解决问题的途径和方法等比较复杂内容的教学。讲演是教师用较长时间连贯地对某一专题进行系统的介绍和严密的分析、论证，它要求有分析、有概括，有理论、有实际，有据有理。讲读是朗读课文和讲解交替进行，用于帮助学生领会、掌握课文中重要的字、词、句或者重要段落。

运用讲授法必须注意以下几点：第一，讲授内容既要科学、系统、完整，又要抓住重点、难点和关键点；第二，讲授过程要思路清晰、层次分明，富有逻辑性；第三，讲授语言要准确、精练、生动，能听清听懂，有吸引力和感染力，能引起和保持学生的注意；第四，恰当地运用板书、板画以及表情、手势等体态语言配合讲授；第五，注重启发引导，启发学生思考，启迪学生智慧，激发学生学习的积极性和主动性，使师生活动协调、同步。

运用讲授法，教师可以通过合乎逻辑的分析论证和生动形象的描绘，使学生在较短的时间内获得较为全面系统的知识，并把知识教学、思想教育和发展智力三者有效地结合起来，使之融为一体，相互促进。但这种方法如果运用不当，很容易导致注入式，形成满堂灌的僵死局面。

（二）谈话法

谈话法又叫问答法，是教师根据学生已有的知识经验提出问题，通过师生间的问答对话的方式进行教学的一种方法。谈话要在学生具有较多知识、经验的基础上进行，有时还要以观察演示实验和练习等活动来配合，要避免用机械的一问一答方式。谈话法的特点是教师问，学生答。

谈话法有多种形式，从实现教学任务来说，有引导性的谈话、传授新知识的谈话、复习巩固知识的谈话和总结性谈话。无论哪种形式的谈话，都要设计不同类型的问题，开展不同形式的谈话活动，调动学生的积极性。

运用谈话法的基本要求是：第一，谈话前教师要精心设计谈话提纲，使谈话能够有目的、有计划地展开。第二,谈话要紧扣中心,层层深入,环环相扣,切忌漫无边际的谈话和随意性的谈话。第三,要保证谈话涉及的问题的质量:要有价值,包括重要性、启发性、实效性等;要明确具体,有针对性;要权衡难易,有适度性;要力求新颖,能引起学生的兴趣和注意,激发他们探求的欲望。第四,谈话要形式多样,生动活泼。第五,谈话要面向全体学生,以引起全体学生的关注和思考。

(三) 讨论法

讨论法是在教师指导下,学生以全班或小组为单位,围绕一定理论问题或实际问题各抒己见,通过讨论,提高认识、解决问题、获得知识的方法。讨论法的主要特点是:每一个学生都有参与的机会,可以培养合作精神,集思广益、互相启发、互相学习、取长补短,共同提高;可以激发学生的学习兴趣,提高学习情绪,培养学生钻研问题的能力,提高学生学习的独立性;可以启发学生独立思考,培养他们独立分析问题、解决问题的能力和口头表达能力。

运用讨论法的基本要求是:第一,选好讨论的课题。讨论题难易要适度,且有针对性和新异感。一般来说,讨论题应该是学科知识的重点、难点,或现实生活中的热点,或学生思想上的疑点等。第二,明确讨论的时间和发言的具体要求,指导学生围绕讨论题收集有关资料,认真准备发言提纲。第三,加强对讨论的控制和引导。讨论中,教师要鼓励学生各抒己见,充分发表意见,同时要善于把握讨论的焦点,引导讨论围绕中心议题展开,以保证讨论高质、有效地进行。第四,做好讨论后的总结工作。总结中要对学生的准备情况、发言情况进行客观评价;对学生在讨论中表现出来的探索精神、独到见解及创造性思维要充分肯定和赞扬;对讨论中学生发表的意见和看法要进行归纳,使之系统化,帮助学生提高认识;对某些有争议、意见不统一的问题,要允许学生保留意见等。

(四) 演示法

演示法是教师在课堂上通过展示各种事物、直观教具,进行示范性实验,或通过现代化教学手段,帮助学生认识事物、获得知识和技能的一种教学方法。它是一种辅助性教学方法,要和讲授法、谈话法等教学方法结合起来使用。演示法的最大特点在于它的直观性。它能够使抽象的理论具体化、形象化,极大地提高学生的学习兴趣,发展学生的观察能力和抽象思维能力。

在思想政治(品德)教学中运用演示法,必须注意以下几点:第一,演示要有明确的目的,要符合教学的需要和学生的需要,为实现教学目标、完成教学任务服务。第二,要加强对学生的引导,引导学生注意观察演示对象的主要特征或重要部位,防止学生被一些与教学关系不大的形象和情节所吸引。第三,要结合演示进行适当讲解和谈话,使演示的事物与学科知识的学习密切结合。第四,演示要面向全体学生,使学生都能够清晰地看到所演示的对象。第五,演示要适时。如果过早地把演示的对象呈现出来,就会分散学生注意力,淡化学生对演示对象的兴趣,降低演示效果。

(五) 比较法

比较法是教师依据一定的要求和标准,对不同事物进行比较,剖析其异同,揭示事物特性和本质的教学方法。比较是人类认识过程中常用的一种方法,也是思想政治(品德)课程教学的一种基本方法。现行的思想政治(品德)教学内容涉及大量对称、相似和容易混淆的概念,也有很多用于分析复杂现实问题的抽象原理,都适合用比较的方法来进行教学。

思想政治(品德)课程教学运用比较法,必须注意以下几点:第一,要恰当选择比较的对象和角度,使事物具有可比性。第二,在比较中运用的有关材料要真实可靠,只有这样,才能得出正确的结论。第三,要力求比较形式的多样化,如纵比、横比、正反比、相似比、异同比等,使比较更全面、灵活,效果更佳。

（六）参观访问与社会调查

参观访问与社会调查是教师根据教学目的和要求，有目的、有计划地组织学生走出校门，接触实际，了解社会，促进学生素质发展的教学方法。这种方法的特点在于理论联系实际。它既有利于学生丰富感性经验，加深对书本知识的理解，有利于培养学生分析问题、解决问题、参加社会实践等多方面能力，也有利于学生养成情感态度价值观，增强社会责任感。

组织参观访问与社会调查要注意：第一，坚持参观访问、社会调查与课堂教学相结合，使之具有明确的目的和要求；第二，要做好参观访问与社会调查前的联系、组织等准备工作；第三，加强参观访问与社会调查中的具体指导，以保证活动顺利进行，并使学生确有收获；第四，要及时做好总结。

近些年来，随着教学改革的不断深入，人们从不同角度、不同方面对教学方法进行了大量的创新和实验，形成了很多新的教学方法。尤其是在新课程改革中，一些集中体现新课程教学理念的教学方法得到大力倡导，如情境教学法、案例教学法、活动教学法、探究式教学法等。对这些方法，思想政治（品德）教师应该努力掌握并在教学中大胆运用。关于这些方法的基本特点和操作程序，我们在教材的第六章第一节的"思想政治（品德）课堂教学模式"部分已有介绍，在此不再赘述。

三、思想政治（品德）教学方法的选择与组合

教学的成败在很大程度上取决于教师能否恰当地选择和运用教学方法。思想政治（品德）课程的教学方法多种多样，教师只有综合考虑各方面因素，选择恰当的教学方法，合理地组合运用，才能实现教学的最优化。

（一）思想政治（品德）教学方法的选择

选择教学方法，首要的是要明确选择的依据。思想政治（品德）教学方法与教学目标、组成教学的构成要素（学生、教师、教学内容）、教学的外部条件等因素有密切关系，选择教学方法时要以这些要素为基本依据。

（1）依据教学目标。任何教学方法，都是为实现教学目标服务的。每堂课都有每堂课的教学目标，目标不同，就需要选择不同的教学方法。要选择与教学目标相适应的、能够实现教学目标的教学方法。例如，传授新知识，可用讲授法、演示法；巩固所学知识，可用谈话法；加强培养能力，可用讨论法、辩论法；印证所学书本知识，可用参观访问、社会调查方法；等等。

（2）依据教学内容。教学目标是通过具体内容的教学实现的，教学方法要符合教学内容的特点。不同学科的教学内容有不同学科常用的教学方法，不同学科的不同的具体的教材内容，也要求采取与完成某种教材内容传授任务相适应的教学方法。就思想政治（品德）教学内容来说，时代性、思想性、实践性强，贴近学生和社会实际，这就要求教师运用的教学方法要与之相适应。从具体教学内容看，不同的内容也适宜于不同的方法。如基本概念、基本原理等理论知识的教学，宜选用讲解法、谈话法、讨论法等；基本材料的教学，宜选用讲述法、读书指导法等；具有可比性的内容的教学，可以采取比较分析法。

（3）依据教学对象。教师的教，是为学生的学，教学方法要对学生具有适用性，符合学生的特点，教学方法的选择要考虑学生的年龄特征、生理和心理特点、知识水平、班级状况。不同年龄阶段的学生，学习的心理过程不同，教学方法的选择应该有所不同，如初中学生形象思维强，可多用直观演示的方法；高中学生抽象思维能力较强，可以多采用谈话或讨论法等。同一年龄阶段的学生，知识基础、能力水平也各不相同，教学方法也要有所区别。对知识基础较好、学习能力较强的学生，可选用在学生自学的基础上，针对学生学习中可能遇到的疑难问题，运用讲解法、讨论法、探究教学法等；如果学生的学习水平较低、学习能力较弱，则应多采用谈话、讲解、讲述、演示、归纳等方法。

（4）依据教师自身的条件。不同的教师，素养条件会有差别。从自身的学识基础、能力水平、兴趣爱好、个人特长等出发，扬长避短，发挥个人的优势，采取与自己条件相适应的教学方法，形成自己独特的教学风格，应该是教学方法选择的重要依据。例如，口头表达能力强、感情丰富的教师，可以多选用讲述、讲演、谈话等教学方法；思维敏捷、组织能力强的，可多用谈话法、讨论法；擅长绘画、摄影，或长期收集各种图片、幻灯、录像资料的教师，可充分利用自己的特长多采用直观教学的方法；精通计算机的教师，则可采用多媒体教学，充分运用好计算机辅助教学；等等。总之，教师选择教学方法时，必须根据自身的素养条件，扬长避短，将教学方法和教师本人融为一体，使采用的各种教学方法都具有自己的特色，而切忌"邯郸学步"，不顾能否胜任，照搬照抄别人的做法，从而达不到理想的教学效果，甚至会出现适得其反的情况。

（5）依据教学条件。有些教学方法的运用必须具有一定的客观条件，例如，多媒体教学的运用需要有多媒体设备，参观访问法的运用需要有符合要求的参观对象和场所，研究性教学的运用需要教师和学生投入大量的人力物力财力等。因此，对这些教学方法的运用，要考虑学校、社区所能够提供的客观条件，根据客观条件，选择适宜的教学方法。

实践活动 8-1

教学方法设计

以下是高中《经济与社会》教材节选。如果你来进行教学，会选择什么样的教学方法？为什么选择这些方法？

毫不动摇鼓励、支持、引导非公有制经济发展

探究与分享

近年来，某地出台了多项政策措施，扶持、鼓励非公有制企业发展。
● 运用法律手段严厉打击侵犯非公有制企业合法权益的行为；放开一批投资领域，允许非公有制企业进入。
● 免收与企业注册登记及其证照有关的各种行政性收费，推进"多证合一"登记制度改革，简化审批手续。
● 对进入制造业、现代农业、服务业等领域的小微企业实施税收减免和贷款优惠，对从事高新技术产品研发的中小企业给予研发资金补贴，对守法经营、信誉良好的中小企业提供多渠道资金支持。

除了这些政策措施，你还知道哪些促进非公有制经济发展的政策措施？它们是怎样促进非公有制经济发展的？

改革开放以来，我国非公有制经济是在坚持公有制主体地位和发挥国有经济主导作用的前提下，在党和国家方针政策的鼓励和支持下发展起来的，是推动经济社会发展的重要力量。坚持基本经济制度不动摇，必须毫不动摇鼓励、支持、引导非公有制经济发展。

鼓励、支持、引导非公有制经济发展，要保证各种所有制经济依法平等使用生产要素、公开公平公正参与市场竞争、同等受到法律保护和依法监管；要贯彻落实包括市场准入、企业融资等在内的促进非公有制经济健康发展的各项政策措施,形成促进非公有制经济发展的良好环境和社会氛围。

相关链接

"两个不可犯"
公有制经济财产权不可侵犯。
非公有制经济财产权同样不可侵犯。

支持非公有制经济发展

"三个平等"
· 权利平等。
· 机会平等。
· 规则平等。

探究与分享

我国某著名电子工业"专业镇"拥有一百多家电子企业。这些企业普遍存在规模小、缺乏研发资金与人才等问题。为了助推它们持续发展,镇政府除了引导企业进行兼并、合并,还牵头组建了公共研发平台,并提供资助,研发成果由企业免费或付费使用。在镇政府支持下,该镇的电子工业焕发出勃勃生机,一直是该镇的支柱产业。

结合材料,谈谈非公有制企业在发展过程中会面临哪些困难。

查阅资料,谈谈政府应该怎样支持和引导非公有制企业克服这些困难。

鼓励、支持、引导非公有制经济发展,要支持和帮助非公有制企业提高企业管理水平,完善管理体制机制,提高生产技术水平和研发能力,从而不断提高企业的效率和市场竞争力。

鼓励、支持、引导非公有制经济发展,要推动非公有制经济人士做合格的中国特色社会主义事业建设者。非公有制经济人士要坚持爱国敬业,坚持守法经营、诚信经营,坚持回报社会、积极承担社会责任,树立企业的良好社会形象。

相关链接

无论公有制企业还是非公有制企业,都必须经受住市场竞争的考验。企业经营要取得成功,取决于多种因素。就企业自身而言,主要包括以下几个方面。

● 企业要制定正确的经营战略。只有战略定位准确,企业才能顺应时代发展的潮流,抓住机遇,加快发展。反之,就会遭受挫折,甚至破产。

● 企业要提高自主创新能力,依靠科技进步、科学管理等手段,形成自己的竞争优势。企业的竞争优势是多种多样的,如价格、产品质量、服务水平、品牌效应等。这些优势的取得,或是由于企业掌握了独特的技术,或是由于企业的管理水平较高,或是以上因素的综合。

● 企业要诚信经营,树立良好的信誉和企业形象。企业的信誉和形象作为一种无形资产是经过长期努力形成的。它渗透在企业经营管理的每个环节,通过产品和服务在市场上形成本企业的竞争优势。企业是否诚信经营,关系企业成败。企业通过不正当手段谋取利益,不会取得真正的成功,违法者还会受到法律的制裁。

新时代坚持和发展中国特色社会主义,必须坚持和完善我国社会主义基本经济制度,毫不动摇巩固和发展公有制经济,毫不动摇鼓励、支持、引导非公有制经济发展。

(二）思想政治（品德）教学方法的组合

思想政治（品德）课的每一种教学方法，都有各自的功能、特点和应用范围，我们有必要对它们分别进行考察和选择运用。但不能因此把某种教学方法绝对化、孤立化。在现实的教学活动中，通常所谓采用某种教学方法，只是意味着这种方法占有优势地位，是该教学阶段的主要方法而已。事实上，每次课也不宜只运用一种教学方法，而是需要以一种或几种基本方法为主，其他方法配合，组成多种多样的教学方法，实现多种教学方法合理组合、综合运用。

教学方法合理组合、综合运用具有客观必要性。首先，是由学生参与教学活动的需要决定的。心理学研究证明，单一的刺激容易产生疲劳。如果一节课只用一种教学方法，给学生带来的刺激会比较单调，容易使学生感到疲劳，不能调动学生各种感官参与教学活动，从而影响教学效率。其次，是由各种教学方法的特性和作用决定的。思想政治（品德）的教学方法很多，每一种教学方法都有自身的特性和适用范围，又都有其局限性，不可能完美无缺，包医百病。因此，要善于对各种教学方法进行具体分析，把握其各自的优劣，在教学中取长补短，综合运用。

随堂讨论 8-2

讲授法是教学中最常用的教学方法之一，你认为这一方法在教学中有哪些优点和缺点？如何弥补其缺点？

教学方法合理组合、综合运用具有现实可能性。从客观上看，在一定的教学活动中，不同的教学方法可以同时运用或相继运用。如教师进行讲授的同时，可以配合进行实物、教具、多媒体课件等进行演示，也可以组织适当的讨论；教师讲授完新课后，可以进行适当的课堂练习等。从主观上看，教师作为选择、运用教学方法的主体，具有丰富的智慧潜力，具有丰富的教育教学理论和经验，能够在充分掌握各种教学方法的基础上，根据教学对象、教学内容、教学物质条件等，对教学方法进行恰当选择，合理组合。

总之，教学过程是一个复杂的系统工程，教学方法是一个动态的综合体系。为了更好地完成教学任务，增强教学效果，教师不仅要从实际出发，恰当选择教学方法，而且要注意各种教学方法的协调配合，共同发挥教学方法体系的整体功能。

第二节　启发式教学及其在思想政治（品德）教学中的运用

案例分析 8-2

苏格拉底的"产婆术"

色诺芬在其《回忆录》中曾绘声绘色地描述了苏格拉底与青年欧谛德漠有关正义的"产婆术"式的教学对话，其教学情景栩栩如生，跃然纸上。欧谛德漠想当一名政治家，于是苏格拉底便向他提出了有关"正义"与"非正义"的问题。为使欧谛德漠能正确认识和理解这一问题，苏格拉底与他进行了如下问答。

问：虚伪应当归于哪一行？
答：显然应该放在非正义一行。

问：偷盗、欺骗、奴役等应归于哪一行？

答：应归于非正义一行。

这时苏格拉底诘问道：如果一个将军惩罚那些极大地损害了自家利益的敌人，并对其采取了奴役的手段，这能说是非正义吗？

答：不能。

问：如果他偷走了敌人的财物或在作战中欺骗了敌人，该如何断定？

答：这当然正确，但我指的是欺骗朋友。

听到这里，苏格拉底说：好吧，那我们就专门讨论朋友间的问题。倘若一个将军所统帅的军队已经丧失了进攻的勇气，如果他欺骗士兵说援军就要来了，从而鼓舞士气，取得了最后胜利，这种行为应怎样理解？

答：也应算是正义的。

苏格拉底又接着说：如果一个孩子有病，却不肯服药，父亲骗他说药很好吃，结果治好了他的病，这种行为该属于哪一行呢？

答：应属于正义一行。

问：如果一个人发了疯，他的朋友怕他自杀，偷走了他的枪，这种偷盗是正义的吗？

答：它们属于同一类的情况。

问：你不是认为朋友间不能存在欺骗吗？

答：请您允许我收回我刚才说过的话。

◆ 分析苏格拉底这一经典的"产婆术"式的教学对话，体会启发式教学的特点。
◆ 从这一对话中，你认为开展启发式教学要注意哪些问题？

一、启发式教学及其特点

（一）启发式教学的含义

启发式教学具有悠久的历史，是中外教育家实践经验的总结。在中国，"启发"一词源于孔子所说"不愤不启，不悱不发。举一隅不以三隅反，则不复也"。宋代朱熹在《四书集注》里解释说："愤者，心求通而未得之意；悱者，口欲言而未能之貌；启，谓开其意；发，谓达其辞。"后来人们概括孔子的启发思想，摄取朱熹注释的意义，合称为"启发式"，即指在教学过程中，当学生还没有进入积极的思维状态，深思冥想而苦思不得时，教师不要去开导他；当学生未达到若有所悟又无从说起时，教师不要给他启发诱导。后来《学记》进一步发展了孔子的启发式教学思想。它把启发的原则概括为"善喻"，说："君子之教，喻也。道而弗牵，强而弗抑，开而弗达。道而弗牵则和，强而弗抑则易，开而弗达则思。"这就是说，教师在教学中要注意启发诱导，要指导学生而不是拉着学生走，这样师生关系就会和谐融洽；激励学生而不是压抑学生，这样就会使学生从学习中得到愉快的体验；点拨学生而不给他们提供现成答案，这样就会使学生进入积极思考状态。

在西方，首倡启发式教学的是古希腊的大思想家苏格拉底，他在教学中运用"产婆术"，引导学生独立思考，自己得出结论。这种"产婆术"在西方被称为启发式谈话法或苏格拉底法。此后，许多教育家都十分重视教师的引导、诱发。如柏拉图和亚里士多德倡导归纳法，启发、诱导学生通过自我发现去获取知识；捷克教育家夸美纽斯指责当时流行的经院主义的教学，反对教学中机械灌输，主张引导学生观察各种现象，要求学生独立研究事物的根源，并用各种方法激励学生的求知欲望，达到启迪学生智慧的目的；德国的民主主义教育家第斯多惠提出"一个坏的教师奉送真理,一个好的教师则教人发现真理";等等。

那么究竟什么是启发式？一般来说,启发式是相对于"注入式"而言的,是指教师在教学过程中遵循教学规律,激发学生学习的积极性、主动性和创造性,引导学生积极、主动、自觉地学习的教学指导思想和教学方法。

资料卡片 8-2

注入式教学①

中国俗称"填鸭式"教学法。教师在教学中,不顾学生学习认识过程的客观规律及他们的理解能力和知识水平,把现成的知识结论灌输给学生,主观地决定教学进程,并强迫学生呆读死记的教学方法。

在现代教学论中,启发式既是一种教学指导思想和教学原则,也是一种教学方法。作为教学指导思想和教学原则,启发式贯穿于教学过程的始终,渗透于各种教学方法之中,教育发展史上积累起来的众多教学方法,就其指导思想来看,不外乎启发式和注入式两大体系。在教学活动中,任何教学方法的运用,都自觉不自觉地受一定教学指导思想的支配,而启发式和注入式就是两种根本对立的教学指导思想。作为教学方法,启发式有多种具体的启发方法,它是贯彻启发式教学指导思想、使启发式教学落到实处的根本保证。

(二)启发式教学的特点

1. 强调学生是学习的主体,实现教师主导作用和学生主体作用相结合

与只注重教师的作用,忽视学生主体作用的注入式教学相比,启发式教学强调学生是学习的主体,教学要充分调动学生的积极性和主动性,积极参与教学活动和教学过程,主动思考和探究有关问题。教学中既要发挥教师的主导作用,更要突出学生的主体地位,引导学生积极思考,主动探索。教师的主导作用就集中体现在对学生学习的"引导"上,施教之功,贵在引导,妙在开窍。

2. 强调学生智力的充分发展,实现系统知识学习与智力充分发展相结合

启发式教学是被古今中外的教学实践所证明的一种既可以使学生获得系统知识,同时又能够充分发展他们智能的教学方法。这是因为启发式教学自觉地把学生看作认识活动的主体。在教学过程中,教师不以教为主,而是以指导为主；不是重在传授知识,而是重在对学生激发思维,指导思维,发展思维,训练思维,培养思维,使学生在展开充分的生动活泼的思维活动中实现掌握知识与发展智能的有机统一。

3. 强调激发学生内在的学习动力,实现内在动力与外在要求相结合

学生的发展虽然离不开外在的因素和要求,但归根结底要依赖其自身的主观努力,一切外在的要求只有转化为学生的内在需要,才能发挥其应有的作用。重视学生内在学习动力的激发,是启发式教学的又一基本特征。这一特征突出体现在以下两个方面：第一,注重建立民主和谐的师生人际关系,以形成亲切、民主、融洽、和谐的教学气氛,使学生精神振奋地、生气勃勃地、活泼愉快地参与到教学之中。第二,注重激发学生的学习热情,提高学生的学习兴趣,培养学生的学习动机,从而使学生带着一种高涨的激动的情绪从事学习和思考。

4. 强调理论与实践联系,实现书本知识与直接经验相结合

传统的注入式教学以课本为中心、以课堂为中心,教学仅仅局限于书本知识的传授。而启发式教

---

① 中国大百科全书·教育[M].北京：中国大百科全书出版社,1985:568.

学强调理论与实践联系、书本知识与直接经验结合。一方面,启发式教学注意学科知识的传授,要求学生通过教学理解和掌握有关理论知识。另一方面,启发式教学更注重教学要联系社会实际,贴近学生生活,引导学生认识自我,观察社会,把书本知识与社会实际和学生自己的实际结合起来,运用学科知识分析现实问题,提高自己的思想认识和行为能力。

5. 强调学生学习能力的发展,实现教法与学法的结合和转化

"启发"一词本身就包括教师"启"和学生"发"两方面的内容,它生动而又深刻地反映和揭示了教学活动的双边性以及教法与学法的统一性。注重学法指导,强调学生学习能力的发展,是启发式教学的一个重要特征。这一特征突出表现在:第一,启发式教学坚持传授知识与传授方法相结合,坚持教法改革与学法指导同步进行,一方面把教法建立在研究学法和学情的基础上,以提高教法的针对性和有效性;另一方面,在探索和选用先进的教法中,引导学生掌握适合自身特点的学习方法。第二,启发式注重学习过程本身的教学,使教学成为学生自我探索、自我思考、自我创造和自我表现的活动,从而有效地增强学生的自我意识并提高学生自我教育的能力。

二、启发式教学在思想政治(品德)教学中运用的必要性

(1)启发式教学符合学生的认识规律,符合马克思主义反映论原理。根据辩证唯物主义的能动的反映论,思想政治(品德)教学中,学生是认识的主体,教学要收到好的效果,离不开学生的主观能动性。教师的主导作用的重要表现,就是要激发学生的学习积极性和主动性。而这正是启发式教学的基本精神。

(2)实施启发式教学是思想政治(品德)教学过程的内在要求。思想政治(品德)的教学过程不仅要解决学生对马克思主义基本常识、有关社会科学的基础知识、社会生活的基本规范等的知与不知的矛盾,使学生实现由不知到知、由知之不多到知之较多的转化;而且要解决对所学知识信与不信、行与不行的矛盾,使学生实现由知—信—行的转化。显然,这仅仅靠讲理论条条、背理论条条的注入式教学是不行的,而必须启发学生联系社会实际和学生自己的认识和思想实际,大胆探索,积极思维,真正理解并接受马克思主义立场、观点、方法,并用以分析实际问题,指导自己的行动。

(3)实施启发式教学是提高思想政治(品德)教学实效的需要。思想政治(品德)教学要卓有成效,必须调动学生的学习积极性和主动性,使学生从外力影响下的"要我学"变成发自内心的"我要学",这就要激发学生的学习动机,培养学生的学习兴趣。而启发式教学可以增强思想政治(品德)课的针对性、应用性和趣味性,从而引起学生探究的欲望,提高学习思想政治(品德)课程的兴趣和热情,使学生在生动活泼和积极热情的气氛中探求新知、培养能力、提高思想认识。

三、启发式在思想政治(品德)教学中运用的基本要求

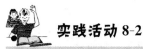
实践活动 8-2

一位初上讲台的教师向我抱怨:我课前认真准备,精心设计,课堂上想尽办法启发和调动学生,但结果往往是启而不发,觉得好失败。

之所以出现这种现象,可能是由多方面原因造成的。假如你是这位老师的领导或同事,请你为这位新老师提若干建议。

思想政治（品德）实行启发式教学，就是要充分调动学生参与教学活动，积极主动地思考问题，求得发展。要做到这点，必须遵循以下基本要求。

（一）基于学生实际

运用启发式教学，启发的对象是学生，目的是要开启学生的思路，激活学生的思维。"启"是教师的活动，"发"是学生的活动，"启"是"发"的前提，"发"是"启"的目的。了解学生的实际，从学生实际出发进行启发，是搞好启发式教学的基础，是启发式教学收到良好效果的前提。在教学中，有些教师遇到启而不发的现象，往往都与不符合学生实际有关，如所设计的问题难，学生不能理解；所选用的材料对学生过于简单，没有启发的价值和意义等。

思想政治（品德）实施启发式教学，必须基于学生实际。第一，要基于学生的知识基础和智力水平。只有从学生的知识基础和智力水平出发，才能使教学难易适度，才能引发学生的思考和联想。如果太难，可能会启而不发；相反，如果太容易，没有启发的意义和价值，也达不到启发的目的。第二，要基于学生的思想认识和行为表现。只有从这种实际出发，才能增强启发式教学的针对性，针对学生认识上、思想上、行为上的实际，因势利导，解决学生的思想认识问题，提高学生的思想政治觉悟，引导学生的实际行为表现。第三，要基于学生的非智力因素，包括兴趣、动机、性格等。只有从这些非智力因素出发，才能使启发式教学符合学生的需要，增强对学生的吸引力，调动学生的积极性和主动性。第四，要基于学生的年龄层次、思维特点。不同年龄阶段的学生，具有不同的思维特点，启发式教学要调动学生积极思维，也必须从学生的思维特点出发。例如，初中学生年龄相对较小，形象思维能力较强，可以多借助具体形象的事例、材料进行启发；而高中学生抽象思维较强，可以多进行理论上的引导。

（二）发扬教学民主

教学民主，师生关系融洽，是调动学生主动性、促使学生积极开展思维活动的重要条件。进入中学阶段，学生心理趋于成熟，独立意识增强，在学习上也喜欢独立思考，主动探索问题。在教学中，只有发扬教学民主，积极引导学生思维，使课堂气氛生动活泼，才能达到启发式教学的最佳效果。

要教学民主，形成良好的师生关系，必须注意以下几点：第一，要摆正教师和学生在教学中的位置。在教学中，教师是促进者、引导者，而不是权威者、教训者；学生是主动发展者，而不是被动接受者。第二，教师要充分尊重和高度信任学生。古人云："势服人，心不然；理服人，方无言。"教师在教育中不能以势压人、以压代教，必须循循善诱，因势利导，以平等的姿态、平易近人的风格来教育人、引导人、感染人。第三，师生要平等交流。教师要尊重学生的意见和观点，与学生共同交换看法、沟通思想、培养感情；学生要从自身的生活经验出发，尊重事实，服从真理。

（三）坚持灵活运用

启发式教学的核心是启发学生思维，积极主动学习。如何做到这一点，并没有固定的模式，从不同的教学内容、学生实际、教学条件等出发，可以采取不同的启发方法。因此，在思想政治（品德）教学中，必须根据不同的实际，对启发式教学灵活运用。

首先，要把启发式教学灵活运用于各种具体的教学方法之中。启发式作为教学的指导思想和教学原则，其基本精神要渗透于各种具体的教学方法之中，在各种教学方法中得到贯彻落实。教学方法不同，启发式的运用也不相同。例如，在讲授法中，要注意讲授的科学性、层次性、趣味性，思路清晰，逻辑严密，生动形象，深入浅出，能引导学生的认知活动，激发学生思维，使学生的思考与教师的讲授协调一致。在谈话法中，要精心设计谈话内容和问题，难易适中，便于启发学生思维；教师要亲切、自然，便于师生的情感交流，心灵沟通；教师要善于引导，把谈话引向主题，使学生深入地思考主要问题。

其次，要灵活运用具体的启发方法。启发式在具体实施过程中，有多种不同的具体启发方法，如提问启发、设疑启发、直观启发、归谬启发、比较启发等。在教学中，教师必须根据教学内容、教学目标、学生实际等,对这些启发方法灵活运用。

(四) 克服形式化倾向

衡量教师的教学是不是启发式教学,不在于运用了什么样的教学方法、采取了什么样的教学方式,而在于是否体现了启发式教学的基本精神,是否调动了学生学习的积极性和主动性。因此,在思想政治(品德)教学中贯彻启发式,必须克服形式化倾向,把启发式落到实处。

首先,不能单纯追求课堂的热闹。毫无疑问,启发式教学要有一个活跃的课堂,学生要处于"动"的状态,不断动脑、动口、动手。但绝不意味着课堂活跃就一定是启发式教学。例如,在实施启发式教学的过程中,教师往往会对学生进行提问,演示各种实物和教具,提供各种给学生思考的材料等。就提问来说,如果教师的提问脱离学生实际,提出的问题过于简单或模棱两可,就会出现启而乱发、答非所问的现象。这样的课,尽管有问有答,表面上热热闹闹,却算不上启发式。

其次,不能片面看待各种教学方法的功能。从表面上看,有的教学方法似乎更符合启发式教学的精神,更具有启发学生思维的功能,如讨论法、谈话法等,而有的教学方法却与启发式有较大差距,如讲授法,似乎更类似于"注入式""满堂灌"。事实上,启发式可以运用于每一种教学方法之中,任何教学方法只要运用得当,都具有启发的意义和功能,都能够启发学生思维。

四、启发式在思想政治(品德)教学中运用的方法

如前所述,启发式既是一种教学的指导思想,也是一种教学方法。一方面,各种具体的教学方法都必须体现启发式教学的精神实质;另一方面,也有一些切实可行的启发方法。那么,在思想政治(品德)教学中如何贯彻启发式教学?有哪些切实可行的启发方法?这里简要介绍几种采用的启发方法。

(一) 提问启发

提问是教学的重要组成部分。提问得当,可以集中学生注意,启发学生积极思维,调动学生学习的积极性和主动性,收到良好的教学效果。因此,它是贯彻启发式教学的有效方法。

怎样使提问富有启发性呢?

第一,提问要新颖,具有趣味性。只有问题新颖有趣,才能吸引学生注意,提高学生学习兴趣,从而启发学生思维。例如,在进行"价格变动的影响"问题教学时,提出如下问题:俗话说"便宜没好货,好货不便宜",而人们购买商品时都希望"物美价廉",市场上有"物美价廉"的商品吗?怎样使商品做到"物美价廉"?

第二,提问要有思考价值,具有探究性。只有具有一定难度和思考价值的问题,才能引发学生的探究欲望,使学生积极思考,寻求解决问题的答案。例如,在讲"勤俭节约,艰苦奋斗"时,可以提出问题:现在还要不要勤俭节约?有两种不同的观点:一是认为无论过去和现在,我们都要提倡生活节俭。二是认为过去我们经济不发达,需要提倡节俭。现在生产发展了,物质丰富了,没必要再提倡生活节俭。你支持哪一种观点?你的理由是什么?

第三,提问要层层推进,符合规律性。提问要遵循学生的认识规律,注意知识的内在联系,由浅入深,由简单到复杂,由已知到未知。例如,在进行商品概念教学时,可以先后向学生提出如下问题:同学们知道哪些东西是商品?这些东西为什么是商品?劳动产品都是商品吗?阳光、原始森林是商品吗?这样通过层层深入的提问,引导学生生动活泼地学习,深刻理解商品的含义。

资料卡片 8-3

建构主义关于教学中问题设计的原则①

当今建构主义者认为,教学中的问题设计需要遵循7条原则。

(1) 所设计问题的内容应该适合学生的知识基础,应该以学生已有的知识、技能为起点;

(2) 问题应该包含着几条线索,能够激励学生沿着这些线索展开研究;

(3) 设计的问题最好与学生的职业发展联系在一起;

(4) 在问题情境中提供有关的基本性的概念,以鼓励学生整合这些知识;

(5) 应该能够通过鼓励学生生成学习问题和查阅文献,来激发学生自主学习;

(6) 问题应该能够引发学生讨论、探询更多的答案,激发学生对学习内容的兴趣;

(7) 问题应该与一项或多项学习目标相对应。

(二) 材料启发

思想政治(品德)课有许多基本概念、原理、观点,单从理论上讲解比较枯燥乏味,学生也难以理解和接受,如果借助一些典型生动的事例,学生则容易触景生情,受到启发,积极思考问题。

什么样的材料具有启发意义呢?

第一,有深刻寓意的材料。材料是用来说明和论证理论的,寓意深刻的材料,可以启发学生思维,激发学生的思考积极性,通过对材料的分析,明确其中蕴含的深刻道理。例如,在进行社会规则的相关问题的教学时,可以选用"河水与河岸"的材料。

河水对河岸咆哮:"你像两堵墙立在我的身边,阻挡我随意流淌,限制我的自由发展……"

河岸严肃而认真地回答:"正是由于我的存在,涓涓细流才能汇聚成滔滔巨流……"

河水不听劝告,冲毁堤岸……

在此基础上对学生提出要求:(1)发挥想象,充实河水和河岸的对话,并设想对话以后的情景。(2)你为什么这样设想?你认为其中包含了什么道理?

这种寓意深刻的材料,可以激发学生的学习热情。通过对这一材料的学习理解,可以使学生从中受到启发,明确每个人要得到更好的发展,都要受到相应规则的约束,要提高自己辨别是非的能力,明确自己该做什么,不该做什么,该怎样做,不该怎样做,并将规范的要求落实到日常行为中去。

第二,生活气息浓、时代感强的材料。教学材料从时间上说要更多地来源于现实社会,具有当代特色;从空间上说要更接近学生生活,符合学生的实际特征。这样,才能对学生有更大的吸引力,使学生倍感亲切,乐于接受。例如,在进行"树立正确的消费观"时,可以选用以下材料。

一些中学生超前消费、攀比消费的现象严重。饮食跟着广告走、服装跟着名牌走、人情跟着大人走成为一种时尚。校园里"人情消费"流行,同学生日、节日互赠高档礼物,甚至到饭店中摆酒吃喝。对此,人们有不同的看法。

有的同学认为,这是礼尚往来,不进行这种"人情消费",会被同学瞧不起,还容易影响同学感情。

也有同学认为,中学生应该把心思放在学习上,注重"人情消费",会对学习造成不良影响。

有的家长认为,孩子重视友情是对的,但友谊不是用钱买到的,中学生不应该背上人情债。

---

① 钟启泉,等.普通高中新课程方案导读[M].上海:华东师范大学出版社,2003:127.

也有家长认为,只要家庭条件允许,中学生进行适当的"人情消费"未尝不可。

在此基础上提出问题:(1)你赞成上述哪种观点?说明你的理由。(2)我们自己周围是否有超前消费、攀比消费现象?表现在哪些方面?(3)攀比消费和"人情消费"会对我们的生活产生哪些影响?

第三,趣味性强的材料。材料要力求具体、生动、形象、有趣,才能增强吸引力,激起学生的求知欲望,启迪学生积极思维。如在讲"面对经济全球化"问题,分析在经济全球化趋势面前要抓住机遇、迎接挑战时,给学生展示漫画《无题》:一只大雁飞过头顶,两个射手为雁的吃法拉弓相争,却不放箭。一个喊要烤着吃,另一个叫要炖着吃,结果雁飞走了,机遇过了,如何去吃,只能是一句空话。

(三)直观启发

直观启发是在教学过程中,运用一定的直观手段来启发学生积极思维,深刻领会教学内容的启发方法。具有启发意义的直观手段主要有以下两类。

第一,直观教具。一个典型的实物、一幅精美的图片、一张清晰的表格,都可以给人以直观的效果,使人印象深刻。在思想政治(品德)教学中,可以借用各种实物材料、图片、表格等教具创设情境,触发学生的联想,形成对相关知识的感性认识。例如,在讲"我国对外开放的格局"时,可以利用自制的中国地图,在地图上简要标明我国的经济特区、沿海开放城市、经济开放区、沿边和内陆开放城市等。通过这一教具,可以使学生直观地看到我国由点到线、由线到面、从南到北、从东到西、从沿海到内地,逐步推进的全方位、多层次、宽领域的对外开放格局。

第二,现代化教学手段。即用音乐、电影、电视等艺术手段,把现实生活中的人物、事件、场景再现在学生面前,使学生从中受到感染。现代化教学手段以直观形象的特点备受学生欢迎。例如,在进行"严峻的环境形势"教学时,先配合一段轻快的乐曲,让学生欣赏一组我国名山大川的照片,从中感受蔚蓝的天空、郁郁葱葱的森林、清澈的河流等;再配合一段沉缓的音乐,让学生观看一组反映我国目前环境状况的照片,从中感受昏暗的天空、成堆的垃圾、大片的荒漠、干枯的河流等。如此,通过图画再现情境,通过音乐渲染情境,从而引发学生的思考和联想,使学生加深对我国严峻的环境形势的认识。

(四)对比启发

比较分优劣,比较见异同。通过比较,可以更清晰地展示事物的本质,激发学生的学习兴趣,加深对事物的理解和掌握。例如,在进行"选举方式的选择"的教学时,可以对直接选举、间接选举、等额选举、差额选举进行比较。通过比较,可以引发学生对这些选举方式进行认真分析,积极思考,明确各自的优点和局限。

在思想政治(品德)课程中,可以比较的内容是很多的,比较的方式也多种多样。思想政治(品德)教师要在钻研教材的基础上,选择恰当的比较方式,并用马克思主义立场、观点和方法进行分析,使学生更好地把握事物的本质。

(五)语言启发

语言是教学的主要工具和手段,教学中语言运用恰当,也具有启发意义,能够集中学生注意,引发学生积极思考,活跃课堂气氛,增强教学效果。

要使教学语言具有启发性,必须注意以下几点。

第一,语言要抑扬顿挫,轻重缓急,有节奏感。这样,才能使学生适应对知识信息的接受,并有思考的余地,也才能增强语言的表现力,吸引学生的注意力。

第二,语言要生动形象,风趣幽默,有感染力。生动形象的语言可以感染和振奋学生心灵,使枯燥的概念生动化,深入浅出,通俗易懂,激发学生的学习积极性,给学生留下深刻的印象;风趣幽默的语言,可以使学生的大脑皮层兴奋,思维敏捷,增强听课的兴致。例如,在教学中,巧妙地运用一些比喻、歌赋、顺口溜等,可以吸引学生注意,使学生在轻松愉快的气氛中受到感染,有所收获。

除此之外,在思想政治(品德)教学中可以采用情境启发、类推启发、研讨启发、提示启发、归谬启发等启发方式。每一种方式都有自己的优点和长处,需要广大思想政治(品德)教师在教学中反复实践和总结。

第三节 思想政治(品德)的教学手段

一、教学手段及其意义

所谓教学手段,是指师生为实现预期的教学目的,开展教学活动,相互传递信息的工具、媒体或设备。从广义来讲,包括教材、资料、工具、媒体或设备等一切用于传递信息的手段;从狭义上讲,教学手段是教材、黑板、粉笔等常规教学工具以外的辅助教学手段,如挂图、小黑板、实物模型、实验仪器、电教设施、计算机网络等。

根据教学手段产生时间和技术水平,可将教学手段分为传统教学手段和现代化教学手段。传统教学手段是指教师从事教学最基本、不可或缺的手段,且是经历了时间和实践检验的手段。如教科书、粉笔、黑板、挂图、标本模型、表格等。现代化教学手段是利用现代科学技术制作的储存和传递教学信息的工具和媒体,是随着近代科学技术迅速发展而产生的。现代化教学手段与"电"有密切的关联,所以又称为电化教育手段,包括各种电化教育器材和教材。电化教育器材如投影仪、幻灯机、录音机、电视机、录像机、电子计算机等;电化教育教材如幻灯片、录像带、录音带、多媒体课件等。

教学手段是教学的重要因素,直接影响教学过程,无论对教师的教还是对学生的学,都具有重要意义。

从学生的学来看,学生是在教师指导下,借助教学手段进行学习的,教学手段在学生学习活动中起着重要作用:可以为学生提供完整、准确的教学信息,并扩大教学信息量;可以满足和最大限度发展学生的学习兴趣;可以增强教学的直观性,从而使得教学内容容易为学生所掌握;等等。

从教师的教来看,教师总是借助一定的教学手段作用于学生来实现预期目标。恰当运用教学手段,有利于更好地发挥教师教育者,知识的传播者、组织者和检查者的作用;有利于教师更全面、更深入、更简明扼要地揭示教材的内容;有利于优质高效地输送教学信息等。

二、传统教学手段与现代化教学手段的关系

随堂讨论 8-3

1. 有人认为,现代化教学手段具有传统教学手段所不可比拟的优势,必将取代传统教学手段而使教学领域发生根本性的革命。如何看待这种观点?

2. 随着社会的进步,现代化教学手段越来越多地进入课堂,但随之而来的是一些教师在教学中用电脑代替"人脑",鼠标代替粉笔。如何看待这种现象?

（一）传统教学手段与现代化教学手段各有特定的优势

任何新的教学手段的出现，其优势在于弥补原有教学手段难以发挥作用的地方。再好的教学方法，也不可能面对所有学生都那么高效；再好的计算机，也不能取代教师的作用，同样，任何一种教学手段，都有一定的适应性和局限性，甚至有其不可替代性。传统教学手段也是一样，大量的教师正是凭借一本书、一支粉笔、一块黑板、一张嘴，成就了一代代学子，成为令人敬仰的名师，成为学生心目中的楷模。

不可否认，现代化教学手段相比于传统教学手段，有其特定的优势，但这并不意味着它可以全面取代传统教学手段，并不意味着课堂上应一味追求使用现代化教学手段。事实上，传统教学手段同样具有能提供可感知的事实材料、方便、直接等比较优势，在教学中也有其特定的作用。有时通过教师的语言、板演、手势、教具、学具等合理的使用，教师灵活掌握教学策略，因势利导，反而会获得更好的效果。例如，我们讲到"货币"问题时，可以通过多媒体配合演示历史上出现的种种形状的货币，丰富学生对货币的感性认识，开阔学生的视野，但学生的这种认识主要依靠视觉器官和听觉器官。如果我们以实物的形式来演示，则不仅在听老师介绍的同时，可以用眼睛看，而且可以用手去触摸，从而使感性认识更直接、更丰富。再例如，计算机不利于学生的笔头及口头表达与相互交流，而这些利用传统教学的纸和黑板倒更方便。师生之间的情感交流是必需的，教学过程是一个十分复杂的过程，教师的一个微笑，一个简单的手势，哪怕仅是一个简单的动作有时在提高教学效果中都起着重要的作用。

传统的教学媒体和现代教学媒体各有各的优势，选择教学手段并不是越高级越好。运用现代教学媒体辅助教学是改进现有的教学手段，并不是对传统教学媒体的全盘否定和排斥。屏幕不能代替必要的板书，学具操作不能代替必要的教具演示，直观形象不能忘记适时的抽象概括。一节课的好坏，我们不能只看它是否应用了多媒体辅助教学，而更多的应关注运用媒体所产生的教学效果怎样，学生从中收获多少。

（二）实现现代化教学手段与传统教学手段的有效结合

现代化教学手段是在传统教学手段的基础上发展起来的，二者不是对立的，而是互补的。现代化教学手段的有效运用，可以弥补传统教学手段单调、平淡、声像不能合一、信息量小等不足。传统教学手段的有效运用，可以弥补现代化教学手段投资大、设计制作难度大、普及面小、不够简便等不足。因此，固守传统教学手段而不用现代化教学手段不对，只青睐现代化教学手段而鄙弃传统教学手段同样也不对。只有综合利用现代化教学手段和传统教学手段，使二者互为补充，相互促进，才能最大限度地发挥出教学手段的综合效应，为教学服务。当然，在一堂课中可以使用现代化教学手段为主，也可以使用传统教学手段为主，但都不意味着否定或排斥另一种教学手段。无论是传统教学手段，还是现代化教学手段，只要是有效的教学手段，都应该采用，实现现代化教学手段与传统教学手段的有效结合。

现代化教学手段与传统教学手段的结合，要注意以下几点。

第一，要掌握各种教学手段的性能。不同的教学手段有不同的特性，可能适合于不同形式的信息传递。例如，小黑板、挂图等传统教学手段的运用不受时间限制，便于教师长时间讲解和学生长时间观察，而且经济方便；录音可以反复多次播放，便于学生模仿；新兴的多媒体技术综合了视听和计算机的优势，能够变静态为动态、化抽象为具体，还能通过动画、特技等手段表现正常生活中无法看到或听到的现象或过程，但这种媒体成本高，制作难度大。在现代化教学手段与传统教学手段的结合中，要力求优势互补。

第二，要精心设计和组织。任何一种教学辅助手段，都只是教师开展教学活动的工具，它必须依靠教师科学地设计、精心地组织，才能发挥它的效能。否则，使用不当将会适得其反。例如，上课播放录音、录像时间过长,教师的主体作用就难以体现;播放录像不加剪辑,会造成重点不突出、浪费时间等,诸如此类,多不符合优化组合教学手段、提高教学效率的初衷。

第三,要讲究结合使用的效果。综合运用传统教学媒体和现代化教学媒体,是要使课堂组织形式新颖、逼真,教学环境信息化,教学活动生活化,使学生在丰富的教学活动中愉快地获得学科知识和能力,在情感态度与价值观方面得到进步和发展。因此,多种教学手段的综合运用,不是为了摆花架子,不是为了炫耀自己,而是为了增强教学效果。基于这一点,要充分发挥教师对教学手段的调控作用,一切从实际出发、一切从效果出发,优化组合花费最少的时间和精力而又能很好达到目的的教学手段。

三、现代化教学手段在思想政治(品德)教学中的运用

(一)现代化教学手段在思想政治(品德)教学中运用的必要性

随着科技的发展,现代化教学手段已经越来越多地被运用到思想政治(品德)教学领域。与传统教学手段相比,现代化教学手段具有多方面的优势,主要表现在以下几个方面。

(1) 可以更好地激发学生学习兴趣。现代化教学手段融声、光、色等于一体,视听并举,动静兼备,改变了以往传统的教师口授的教学方法。它可以根据教学的需要,给学生提供生动形象的感性材料,把教学内容由抽象变具体,把教材中死的知识变成活的知识,这容易吸引学生的注意力,调动学生学习的积极性和主动性,激发学生积极思考问题,探求新知识。

(2) 可以更好地提高教学效率。随着人类社会的不断进步,科学技术文化的不断发展,知识总量的急剧增加,知识更新的速度日益加快。如何在有限的教学时间内扩大知识的信息量,提高教学效率,成为教学改革的重要内容。现代化教学手段在单位时间内展示的知识容量是传统教学手段所无法相比的。通过现代化教学手段,增多了课堂信息传递的通道,提高了单位时间内传递信息的容量,大大丰富了课堂教学内容,扩大了广大学生的眼界。

(3) 可以更好地提高教学质量。思想政治(品德)课是知识性与思想性相统一的课程。从知识教学来说,现代化教学手段的形象性、趣味性,易于激发学生的学习兴趣和学习动机;它可以使抽象为具体,变复杂为简单,为帮助学生形成政治概念,突破重点,提供了一条"捷径";它可以突破时空的限制,直接表现各种事物和现象,能使学生对所学知识充分感知,易于理解,便于记忆等。从思想教育来说,现代化教学媒体有很强的吸引力和感染力,它将思想教育内容生动形象地反映出来,容易引起学生的情感共鸣,有效地帮助学生分清是非、辨别美丑,形成良好的思想素质和行为品质。

正是由于现代化教学手段具有这些特点和优点,所以,我们要了解现代化教学手段,并努力运用到思想政治(品德)教学中。

(二)现代化教学手段在思想政治(品德)教学中运用的基本要求

(1) 明确目的。一切教学手段都是为教学目的服务的,现代化教学手段也不例外。在思想政治(品德)教学中,运用现代化教学手段是为了更好地实现教学目标、完成教学任务,其作用是辅助教学。因此,要对现代化教学手段有正确的定位。运用现代化教学手段要解决什么问题,达到什么要求,教师必须心中有数,目的要明确,要做到"有的放矢"。要防止现代化教学媒体使用的盲目性和随意性,不恰当的使用,不但收不到好的预期效果,反而浪费了有限的课堂教学时间,冲淡了教学重点,影响了教学质量。

(2) 精心选择。教学目标确定之后,在组织教学活动中,要做的一项很重要的工作就是对教学手段的选择。教学手段的选择要从教学手段的功能与教学的需要两方面去考虑。具体来说要依据几个基本方面:第一,依据教学目标。教学媒体是为实现教学目标、完成教学任务服务的,应根据不同的目标和任务,选用不同的教学手段。第二,依据教学内容。教学内容不同,对教学手段的要求也会有

所不同。第三,依据教学对象。不同年龄阶段的学生有其不同的认知能力和思维特点,根据不同的学习者选择不同的教学手段。第四,依据教学条件。运用现代化教学手段,要考虑现有条件能提供什么样的教学硬件和软件,应从现有条件出发。第五,依据各种现代化教学手段的特性。任何教学手段都有自己的特点和功能,都能够在一定程度上帮助教师完成教学任务。同时,任何教学手段又都有一定的局限,不是在任何时候、任何条件下,对任何教学内容都是最好的教学手段,这也是我们对教学手段精心选择的依据。

(3) 恰当组合。由于任何一种教学手段都有其局限,不能包打天下,因此,要对教学手段进行恰当组合,使之取长补短,发挥整体功能。一方面,可以将多种现代化教学媒体有机结合,交替使用,这样可以克服单一媒体的局限性,充分发挥每一种媒体的功能,多种媒体相互配合、相互补充,发挥整体效应;另一方面,现代化教学手段可以与传统教学手段相配合。虽然现代化教学手段与传统教学手段相比,具有突出的优势,但运用中也离不开传统教学手段。从教师方面来讲,演播要与讲解紧密配合,同步进行,融为一体;从学生方面来讲,视听要与阅读、思考、练习紧密结合。

(4) 合理运用。现代化教学手段选定以后,在思想政治(品德)课堂教学的实际运用中,要做到合理运用。合理运用,主要包括以下几方面:第一,熟练操作。现代化教学手段的运用要求教师必须熟练掌握其技能。教学具体实施以前,教师必须充分了解教学手段的性能、检查并调试好设备,熟悉现代化教学手段操作的技术要求,以保证在课堂教学中能够顺利运用。第二,加强指导。在现代化教学手段的运用中,教师对所演示的事物进行简单的说明和导向讲解,引导学生注意观察所演示事物的主要特征,把握其中应该明确的基本思想和观点。第三,把握时机。现代化教学手段的演示要时机恰当,应该在教学内容和学生情绪最需要的时候,将相关的情境展示给学生,做到演示与讲授同步,与学生的思维同步。第四,注意适度。现代化教学手段能够提高学生学习兴趣,调动学生的积极性和主动性,增强教学效果,但并不是现代化教学手段运用越多越好。有些教师为了一节课,讲台上摆满了各种教具,如投影机、收录机、录像机、计算机等都用上了,教师上课就像变戏法,花样繁多,热闹非凡。但学生也只是在看热闹、走过场,课堂教学效率并未提高。教学手段是用来辅助教学的,必须符合教学的需要,过多运用现代化教学手段,必然淡化师生间的情感交流,不利于教学活动的开展。特别是那种不顾实际,片面追求使用率、摆花架子的行为,不仅会使教师身心疲惫,而且造成时间和资源的浪费,现代化教学手段的运用也仅仅流于形式,甚至成为教学改革的点缀和累赘。

四、加强信息技术与思想政治(品德)课程的整合

教育部颁发的《基础教育课程改革纲要(试行)》明确指出:"大力推进信息技术在教学过程中的普遍应用,促进信息技术课程与学科课程的整合,逐步实现教学内容呈现方式、学生的学习方式、教师的教学方式和师生的互动方式的变革,充分发挥信息技术的优势,为学生的学习和发展提供丰富多彩的教育环境和有力的学习工具。"显然,加强信息技术与思想政治(品德)课程的整合,是思想政治(品德)教学改革的重要内容。

(一) 信息技术与思想政治(品德)课程整合的含义

整合是指一个系统内各要素的整体协调、相互渗透,使系统发挥最大效益。信息技术与思想政治(品德)课程的整合,是指在思想政治(品德)课程的教学活动中结合使用信息技术,使信息技术与思想政治(品德)课程内容有机结合,以更好地完成教学任务,实现教学目标。

信息技术与思想政治(品德)课程的整合,要求思想政治(品德)教师在先进的教育思想、理论的指导下,尤其是在建构主义理论指导下,把以计算机和网络为核心的信息技术作为促进学生自主学习的认知工具、情感激励工具、教学情境的创设工具,并将这些工具全面地运用到教学过程中,使各种教学

资源、各个教学要素和教学环节,经过整理、组合,相互融合,在整体优化的基础上产生聚集效应,促进传统教学方式的根本变革,达到培养学生创新精神与实践能力的目标。

充分利用现代信息技术,是教学发展的时代要求。教学活动是借助于一定的手段、工具展开的。可以说,不断地把人类在社会生产与生活中创造出来的新技术、新设备加以改进,并运用于教学活动中,这是人类教学进步的重要动力,是教学效率和效果得以不断提高的重要物质保证。纵观人类教育发展史,每一项新的教学技术的应用,都给教学活动提供了新的发展空间,使教学活动在整体上得到丰富和提升。当今世界处于信息技术高速发展的时代,以计算机和网络为核心的信息技术深入人们的生活,对社会各个方面、各个领域都带来了深远的影响,也为教学变革提供了新的物质基础。因此,我们必须充分认识到现代信息技术具有巨大的作用,积极把现代信息技术运用于思想政治(品德)教学中。

值得注意的是,信息技术本质上只是教学的工具和手段,是为提高教学质量和效益服务的,是以转变学生学习方式和促进学生发展为宗旨的;信息技术与思想政治(品德)课程的整合是以学科、课程为中心,强调信息技术要服务于学科教学,是为了让思想政治(品德)课上得更活,取得更好的教学效果。我们不能为了"追时髦",为了迎合教学改革的潮流,把利用信息技术作为教学的目的和目标,绞尽脑汁把信息技术运用到各个教学环节,结果是本末倒置。

此外,我们还需要明确,强调信息技术与思想政治(品德)课程的整合,并不否认传统的各种技术手段在教学中的积极作用。黑板、粉笔、挂图、模型等传统教学工具,录音机、幻灯机、放映机等传统的电化教学手段,在思想政治(品德)教学活动中同样具有独特的生命力,具有自身的价值和存在的意义。我们发展现代教学技术,并不是要抛弃一切传统的教学技术,而是要把现代教学技术和传统教学手段结合起来,努力挖掘所有教学技术手段的使用价值,积极促进各种技术手段之间的协同互补,促进教学技术体系整体协调发展。

(二)信息技术与思想政治(品德)课程整合的方式

案例分析 8-3

表 8-1 现代信息技术与思想品德课程教学整合教学设计 ①

教学环节	教学内容	设计意图	教师活动
创设思考和交流情境	播放轻音乐,展示幻灯片——《明星风采》		导语:认识自己,发掘自身的潜能,以便更好地更新和完善自己。 你心中的理想形象是谁呢?为什么喜欢他(她)?
活动一 我心中的偶像	活动:说偶像	全面认识我心中的偶像,最后对偶像作出客观评价。点出偶像多少承载着自己的梦想,但在这个过程中不要迷失自己	1. 指导学生填写相应内容,了解学生的偶像。 2. 教师认真倾听,作好课堂记录。 3. 要尊重每个学生的选择,不能用成人的眼光看学生的偶像

① 何美丽.信息技术与思想政治课程整合的实例研究.广州教研网(www.guangztr.edu.cn).

续表

教学环节	教学内容	设计意图	教师活动
活动二 自我新期待	发放和填写表格： 父母对我的期待 老师对我的期待 同学对我的期待 朋友对我的期待 社会对我的期待	这是本节课的重点，利用"生命树"，完成相应的任务，帮助学生直面自己，通过"同伴期待的我""老师期待的我"和"家长期待的我"，让学生感受到生命的存在还应考虑他人的需要，认识到基于多方考虑的自我期待才是真正需要的自我新形象	1. 指导学生根据课前布置的访问如实填写，然后鼓励学生在小组内交流并大胆地表达。 2. 教师作好典型记录。也许学生认识比较肤浅，但这是符合学生年龄特征的，应尊重学生。 3. 要欣赏学生。收集学生写的资料
活动三 展示理想	展示学生的职业理想	了解学生对未来的职业期待，以及选择这个职业的原因，有利于帮助学生确立个人成长目标	1. 发放表格 2. 了解学生填写情况 3. 收集表格，作为资料保存
活动四 畅想未来	思考：3年后，6年后，10年后，我们可能在什么地方，做什么工作，有什么样的业绩、能力和品质？		1. 播放背景音乐《相信自己》 2. 教师注意记录学生的发言 3. 多鼓励和欣赏学生的畅想
活动五 规划未来	填写交流的内容： 初中阶段的成长目标 学习目标 心理品质目标 思想品德目标 其他方面 我还要努力的地方 我的优势是	使学生明确自己的努力方向	
小结 （最后师生齐唱《明天会更好》）	出示幻灯片：未来十年十大最具有潜力的职业 1. 与环保相关的职业 2. 健身教练 3. 看护孩子的保姆 4. 网站开发师 5. 律师 6. 网络警察 7. 医疗保健业 8. 心理学家 9. 保安工作 10. 教师（教育工作者） 同时展示两则有关热门职业的资料——健身教练和眼科医师，让学生意识到个人目标的确立必须既要考虑自身需要，同时也要考虑社会需要		寄语学生： 每个人都是社会的一员，社会是每个人成长的沃土，我们要了解自己的个性特点与潜能，了解社会对各种职业的期待，从社会需要与自身的实际出发，确立个人成长的目标。初中阶段要学好知识，培养好品德，学会做人，学会健体，学会审美，成为全面发展的好学生

◆ 以上是广州市白云区新市中学何美丽老师做的一个教学设计。该教学设计是如何将现代信息技术与思想品德课程教学进行整合的？现代信息技术与思想品德课程教学整合的基本方式方法有哪些？

信息技术如何与课程整合？目前大家普遍认同的基本方式主要是把信息技术作为演示工具，交流工具，个别辅导工具，提供资源、信息加工与知识构建工具，协作工具，研发工具等。思想政治（品德）课程要有效应用信息技术的优势来更好地达到课程学习的目标，培养学生的信息素养、创新精神与实践能力，实现信息技术与思想政治（品德）课程的整合，也必须培养学生学会把信息技术作为获取信息、探索问题、协作讨论、解决问题和构建知识的认知工具。

（1）信息技术作为演示工具。这是信息技术用于学科教学的最初表现形式，是信息技术和课程整合的最低层次，也是目前比较流行的整合方式。教师可以使用现成的计算机辅助教学软件或多媒体素材库，选择其中合适的部分用在自己的讲解中；也可以自己综合利用各种教学素材，制作演示文稿或多媒体课件，配合教学的进行。

（2）信息技术作为交流工具。就是利用信息技术（基础是 Internet 网络技术），搭建师生之间、生生之间的情感与信息交流、协助学习的平台。例如，在有互联网条件下，师生之间、生生之间可用 E-mail、QQ 等进行交流；教师也可以指导学生建设班级网页，开辟时事论坛等，学生以对话、协商、讨论、辩论、情境模拟等形式进行协助式学习。

（3）信息技术作为获取信息的工具。就是要利用信息技术（主要是网络技术）给学生提供更多的学习材料，突破书本的限制，丰富学科教学内容，开阔学生思路。例如，教师可以把自己整理的学习材料放到学校网站，或自己的网页甚至博客上，供学生访问、浏览；可以为学生提供一定的参考信息，如网址、搜索引擎、相关资源库的具体位置等，让学生自己去搜集素材。

（4）信息技术作为情境创设的工具。就是根据教学内容和教学的需要，创设一定的情境，让学生在这些情境中去体验、探究、发现，从而理解和把握要学习的知识，提高发现问题、分析问题和解决问题的能力，从而培养一定的情感态度和价值观。例如，可以利用信息技术模拟或再现生活画面，创设生活情境；可以利用信息技术揭示问题的来源，创设问题情境等。

（5）信息技术作为信息加工和知识构建的工具。就是利用信息技术，大量获取相关信息，并对信息进行整理、加工和应用，使学生掌握有关知识，发展信息加工、信息分析能力和表达能力。例如，教师可以给学生布置学科小论文，让学生在网上充分收集资料的基础上，对资料进行加工整理，完成小论文。在教学过程中，教师要密切注意学生整个的信息加工处理过程，在其遇到困难的时候给予及时的辅导和帮助。

（三）信息技术与思想政治（品德）课程整合的基本要求

要实现信息技术与思想政治（品德）课程的整合，教师要在以计算机和网络为基础的信息化环境中实施课程教学活动，要对课程教学内容进行信息化处理，使其成为学习者的学习资源，提供给学习者共享学习。不仅仅是教师用来演示，向学生传授知识，让学生获得知识，而且能够使学生进行知识重构和创造。要实现这种整合，需要具备多方面的条件和要求。

1. 加强教师培训

信息技术与思想政治（品德）课程整合，关键是教师，离开了教师的积极参与，整合将无从谈起。在信息技术与学科课程整合中，教师的任务重在以先进的教育教学理论为指导，设计教学过程，创设教学情境，合理选择利用学习资源和教学策略，进行有效的教学。这就要求教师具备丰富的现代教育教学理论，具备一定的信息技能和较高的信息素养。可见，适应信息技术与学科课程整合的要求，教师培训要关注两个方面:一是理论培训,要用先进的教育理论武装教师,教师了解现代信息环境下先进的教育教学理论,转变传统的教学观念;二是信息技术培训,要使教师能够运用信息技术表达教学内容、教学方法,优化教学结构,提高教师信息技术能力和技术操作水平。对教师进行教育理论的培训,除了安排集中的系统的学习培训外,还要注重在实践中对教师进行理论渗透的指导;对教师的信息技术培训,针对目前大多数教师的信息能力不强的现状,制订切实可行的培训计划,把培训工作做在实处,为教师创造更多的学习机会,让教师少走弯路,多尝甜头。

2. 加强学校信息技术硬件建设

信息技术与思想政治(品德)课程的整合,建立在以计算机和网络为核心的技术设备基础之上,离开了计算机和网络设备,整合只能"纸上谈兵"。目前,由于基础教育资金紧张,许多中学还没有自己的校园网,计算机教室、多媒体教室也非常有限。尤其是许多农村学校,甚至还没有计算机教室,多媒体教室、网络教室更是遥不可及的事。因此,推行信息技术与学科课程整合,必须加强学校信息技术硬件建设,多方筹措资金购买硬件设备,所购设备不追求高档、不赶时髦,只追求可行、实用。在建设硬件设备时,要强调教学的重要性,优先建设与教学密切相关的设备。

3. 重视教学资源建设

信息技术和思想政治(品德)课程整合,建立在丰富的教学资源的基础之上,要求学生自主地从丰富的信息资源中获取有效的教学信息,从而达到培养学生的信息素养和创新能力的目的,因此,要重视教学资源建设,搭建各种教学应用软件平台,建设教育教学软件资源库。显然,所有的多媒体素材或课件都要教师自己去开发,是不现实的,教师没有那么多的时间和精力,也没有必要。坚持引进与自制相结合,是相对恰当的选择。首先,引进国内外教育资源。因特网上有许多相关资源,教师可以搜集、整理和充分利用,只要对教学有用,不管是国内的还是国外的,都可以下载为自己的教学服务。第二,购买资源库。国内有一些软件公司开发了各种各样的多媒体素材资源库,很多素材可以被教师直接使用或稍加改造即可被使用。第三,教师自己制作。教师自己开发与学习主题相关的资源。通过这些途径,逐步形成较为完善的教育信息资源体系,为信息技术与学科课程整合创造良好条件。

4. 探讨整合模式

思想政治(品德)课程有其特定的知识结构和学科特点,对学生也有其特定的要求。例如,高中思想政治课的主要任务之一是培养学生用马克思主义立场、观点、方法分析问题和解决问题的能力。在实际的教学过程中,可以通过创设现实生活情境,使学生进入社会经济生活、政治生活、文化生活之中,感受各种生活现象,经历生活中的各种矛盾和冲突,给学生提供更多的分析问题、解决问题的机会,达到相关能力发展的目标。因此,在信息技术和思想政治(品德)课程整合中,教师要重视教学设计,从学科实际和学生实际出发,对教学内容、教学方法、教学形式、教学媒体、教学信息资源等进行系统化设计,构建信息技术与学科课程良好的整合模式。

本章小结

1. 思想政治(品德)教学方法就是思想政治(品德)教师和学生为了实现思想政治(品德)课程教学目标,完成教学任务,在教学过程中运用的方式与手段。

2. 思想政治(品德)的教学方法多种多样,常用的方法有讲授法、谈话法、讨论法、演示法、比较法、参观访问与社会调查等;情境教学法、案例教学法、活动教学法、探究式教学法等,近些年来也得到大力倡导。这些方法都有其不同的特点和操作方式,对它们的运用也有特定的要求。对这些教学方法,要依据教学目标、教学内容、教学对象、教师自身的条件、教学条件等,进行恰当选择、合理组合、综合运用。

3. 启发式是相对于"注入式"而言的,是指教师在教学过程中遵循教学规律,激发学生学习的积极性、主动性和创造性,引导学生积极、主动、自觉地学习的教学指导思想和教学方法。启发式教学强调学生是学习的主体,实现教师主导作用和学生主体作用相结合;强调学生智力的充分发展,实现系统知识学习与智力充分发展相结合;强调激发学生内在的学习动力,实现内在动力与外在要求相结合;强调理论与实践联系,实现书本知识与直接经验相结合;强调学生学习能力的发展,实现教法与学法的结合和转化。

4. 在思想政治(品德)教学中运用启发式,符合学生的认识规律,符合马克思主义反映论原理;是思想政治(品德)教学过程的内在要求;是提高思想政治(品德)教学实效的需要。思想政治(品德)实行启发式教学,必须基于学生实际;发扬教学民主;坚持灵活运用;克服形式化倾向。在思想政治(品德)教学中贯彻启发式教学,有多种具体的启发方法,主要有提问启发、材料启发、直观启发、对比启发、语言启发等。

5. 教学手段,是指师生为实现预期的教学目的,开展教学活动,相互传递信息的工具、媒体或设备。根据教学手段产生时间和技术水平,教学手段分为传统教学手段和现代化教学手段,它们各有特定的优势,教学中要实现二者的有效结合。

6. 在思想政治(品德)教学中运用现代化教学手段,可以激发学生学习兴趣、提高教学效率、提高教学质量。运用中要明确目的、精心选择、恰当组合、合理运用。

7. 加强信息技术与思想政治(品德)课程的整合,是思想政治(品德)教学改革的重要内容。信息技术与思想政治(品德)课程的整合,是指在思想政治(品德)课程的教学活动中结合使用信息技术,使信息技术与思想政治(品德)课程内容有机结合,以更好地完成教学任务,实现教学目标。信息技术与思想政治(品德)课程整合的方式主要有信息技术作为演示工具、交流工具、获取信息的工具、情境创设的工具、信息加工和知识构建的工具等。开展信息技术与思想政治(品德)课程的整合,必须加强教师培训,加强学校信息技术硬件建设,重视教学资源建设,探讨整合模式等。

本章思考题

1. 什么是教学方法?思想政治(品德)教学方法有哪些类型?
2. 简要介绍思想政治(品德)常用教学方法及其操作方式和运用要求。
3. 思想政治(品德)教学方法选择的依据是什么?为什么在教学中要对思想政治(品德)教学方法进行组合?
4. 什么是启发式教学?启发式教学有什么特点?
5. 为什么在思想政治(品德)教学中要运用启发式?启发式在思想政治(品德)教学中运用的基本要求有哪些?
6. 举例分析思想政治(品德)教学中常用的启发方法。
7. 什么是教学手段?如何认识传统教学手段与现代化教学手段的关系?
8. 现代化教学手段在思想政治(品德)教学中运用的必要性和基本要求是什么?
9. 为什么要进行信息技术与思想政治(品德)课程的整合?
10. 信息技术与思想政治(品德)课程整合的方式和基本要求有哪些?结合中学教材,进行整合的教学设计。

参 考 文 献

[1] 钟启泉,等.普通高中新课程方案导读[M].上海:华东师范大学出版社,2003.
[2] 朱慕菊.走进新课程——与课程实施者对话[M].北京:北京师范大学出版社,2002.
[3] 胡田庚,胡兴松.中学思想政治课教材教法研究[M].武汉:华中师范大学出版社,1997.
[4] 黄蓉生.中学政治课教学研究[M].北京:高等教育出版社,2002.
[5] 孟庆男,等.思想政治(品德)课程与教学论[M].北京:北京师范大学出版社,2011.
[6] 中华人民共和国国家教育委员会电化教育司,编译.教学媒体与教学设计[M].北京:高等教育出版社,1990.

[7] 熊梅.启发式教学原理研究[M].北京:高等教育出版社,1998.
[8] 吴一凡.初中思想品德新课程教学法[M].北京:首都师范大学出版社,2004.
[9] 冯克诚,等.实用课堂教学模式与方法改革全书[M].北京:中央编译出版社,1994.
[10] 冯晓林.教师教学基本功全书[M].北京:中国三峡出版社,1997.

阅读视野

一、教学方式的选择要适应教学目标①

我们应当认真思考并在教学方式之间作出灵活的选择,在选择过程中,我们反对那种非此即彼的思考和行为方式。这需要教师明确下列问题:什么时候应鼓励教授知识、什么时候应该组织引发学生探究和建构的欲望?什么时候应该依靠讲授、什么时候应该鼓励学生自己发现?

作为教师,对于那些独立而简单、有利于促进学生发展的基础知识技能,可以采取讲授式教学;对于那些精妙的、学生易于误解且需要他们亲自加以探究、检验的观念,我们则需要运用指导式(当学生学习时,教师提供反馈和提示)或建构式教学。表8-2为教学方式的选择示意。当一节课的教学目的涉及左栏所列的条目时,采用讲授式教学就更有效,也就是说,对于这一类型的知识,直接由教师讲授教材可以使教学更为有效。当一节课的教学目的涉及右边栏目所列的内容时,采用讲授式教学的效果必然会不甚理想。此时,学生进行某种形式的探究或"意义建构"对他们理解学习内容是完全必要的。

表8-2 教学方式的选择示意

讲授式教学	建构式教学
事实	概念和原理
孤立知识	系统的联系
定义	隐含意义
明确的	精妙的
字面上的	符号性的
具体的	抽象的
自明的	反直觉的
可预见结果的	异常的
孤立的技能和技术	策略(运用综合技能和判断)
罗列事实	创造
运算法则	启发式的

二、四种基本教学方法②

教学方法就是发出学习刺激和学生接受学习刺激的程序。我确信只有四种基本的或普通的教学方法,而每一种普通方法又由许多特殊的方法构成。例如呈现方法作为一种普通方法,包含的特殊方法有讲授,让学生阅读课本,在实验室做示范等。特殊方法可视为普通方法的具体运用。

四种基本教学方法中的任何一种都与不同类型的学习刺激有关。学习刺激作为一种手段是一种与预期学习结果的实现相联系的刺激。依据在实现预期学习结果中的作用,学习刺激可分为四种。这四种刺激按A、B、C、D进行介绍。

---

① 〔美〕威金斯,等.理解力培养与课程设计——一种教学和评价的新实践[M].么加利,译.北京:中国轻工业出版社,2003:268-269.
② 冯克诚,等.实用课堂教学模式与方法改革全书[M].北京:中央编译出版社,1994.

四种基本教学方法描述如表 8-3 所示。

表 8-3　四种基本教学方法比较

方法	学习过程的假设	教师作用	提供学习刺激类型	学生作用	运用的特殊方法
呈现	基本上无意识地学习,不需要学生特别努力,大脑是容器,知识来自外部	选择并用适当顺序呈现学习刺激	A种刺激(前反应)	消极	讲授;图片;校外考察;示范
实践	学生逐步达到预期目的,逐步完成学习任务,需要实践	确定学习题目和组织实践活动	B种刺激(前反应)	积极	朗诵;训练;笔记本作业;模仿
发现	学生经努力突然发现预期的学习成果,知识来自内部	组织和参与学生的发现活动	C种刺激(前反应)	积极	苏格拉底法;讨论;实验
强化	学生表现出对学习结果的特定行为后,给予奖励或强化	提供系统的强化	D种刺激(后反应)	积极	行为矫正;程序教学

第九章 思想政治(品德)的学习及其指导

本章学习目标

1. 了解思想政治(品德)学习的基本原理;理解学习、思想政治(品德)学习的含义;把握思想政治(品德)学习的特点、过程和类型;知道学习迁移的类型和影响学习迁移的因素。

2. 了解学生的学习方式及其类型,掌握现代学习方式的基本特点和要求,适应新课程改革的发展,推进学习方式的转变。

3. 了解思想政治(品德)常用的学习方法,包括计划法、听课法、复习法、自学法等。

4. 明确加强思想政治(品德)学习指导的重要性,掌握思想政治(品德)学习指导的基本策略,为进行学习指导奠定基础。

问题序幕

学海无涯乐作舟
——一位中学生的日记

偶然间,我在"红袖添香"网站看到了一篇署名"方侠"的中学生日记,觉得其中蕴含有不少值得我们深思的道理。日记主要内容如下:

学习是苦的。十年寒窗苦读书,学海无涯苦作舟。

头悬梁、锥刺骨、凿壁借光,程门立雪……自古以来,人们就在知识的海洋上以苦作舟,艰难前进。

学生时期是一生最苦的阶段。起得最早的是学生,我们闻鸡起舞,迎着晨风操练,伴着晨曲诵读;睡得最晚的是学生,我们挑灯苦战,直到深夜。由于用眼过度,小小年纪便架起了厚厚的眼镜;因为缺少锻炼,我们多的是豆芽菜和小胖墩。课堂上老师三令五申:脑动、眼看、耳听、手写、心记,全面调动,不得有半点松懈;在家中父母苦口婆心:吃得苦中苦,方为人上人;少壮不努力,老大徒伤悲。唉!苦呀!苦不堪言!

学习又是乐的。书中自有颜如玉,书中自有黄金屋。一举成名天下知,下笔如有神,金榜题名时……从古到今,人们也一直沐浴在学习的乐趣之中,乐此不疲。

学生时代也是人生最乐的时期。你突然手舞足蹈,三呼万岁,那是解出了一道百思不得其解的难题;你猛然间被学友抬起来抛到空中,那是因为你力挫群雄,为班级捧回了全国奥数竞赛冠军的桂冠。当你努力学习终于取得优良成绩,会感到风雨后彩虹的美丽;当你运用所学的知识在生活中解决了一些问题时,会乐在其中……嗨!乐呀!乐在其中!

其实,学习本身更应是一种快乐,我们应以积极的态度去面对。热爱学习,享受学习。试想一个热爱学习的人有什么学不好,当他学好之时,那点小小的苦又何足挂齿呢?

古今成大事业、大学问者,必经过三种境界:"昨夜西风凋碧树。独上高楼,望尽天涯路。""衣带渐宽终不悔,为伊消得人憔悴。""众里寻他千百度,蓦然回首,那人却在,灯火阑珊处。"学习也是一样,但关键看你对学习的态度,如果你认识到学习可以增加知识,知识可以创造未来,改变命运;如果你找到了学习的兴趣所在和适合自己的方法,在学习中不断获得成功,即学会了学习,学习就会变成一种享受。正如一首诗所说:享受学习,你就多了一双发现的眼睛;享受学习,你就多了一份快乐的心情;享受学习,你就多了一股创造的激情;享受学习,你就多了一种生活的诗意。

学海无涯乐作舟,让我们一起享受学习吧!

这篇日记实际上给我们提出了一个现实的问题:学习有苦有乐,要化苦为乐。那么就思想政治(品德)课程的学习来看,怎样才能化苦为乐?学生怎样才能真正把思想政治(品德)学习当作快乐的事情?教师怎样才能引导学生体会到思想政治(品德)学习的快乐?了解本课程学习的基本原理、转变学习方式、掌握学习方法、加强学习指导等,是基本的前提和必然的要求。

第一节 思想政治(品德)学习的基本原理

一、思想政治(品德)学习的含义及其特点

(一)学习和思想政治(品德)学习的含义

学习是人类社会的一种永恒的现象,它贯穿人类社会发展的始终,贯穿每个人生命历程的始终,是人生活的一部分。人们在日常生活中不断进行着各种学习和学习活动,人们也是在不断学习中逐步成长起来的。

资料卡片 9-1

> 中国古代最早把"学"和"习"两个词联系起来使用的是孔子的"学而时习之,不亦乐乎",意思是,学了之后及时、经常地进行温习,不是一件很愉快的事情吗?在这里,学和习仍是两个单音词,并不是复合词。朱熹给学习下的定义是"未知未能而求知求能,之谓学,已知已能而行之不已,之谓习"(《朱子语类》卷二十)。"学"是获得知识、培养技能的过程,"习"是知识技能的复习巩固(温习、实习、练习),有时还包括运用、实践的含义在内。

什么是学习?理论界至今没有明确统一的认识。西方各学习理论流派,如行为主义学派、人本主义心理学派、建构主义学派等,都提出了各自不同的观点,我国也有大量学者纷纷提出了自己的主张。总之,有关学习的定义多种多样。我们认为,学习作为人类的活动,可以从广义和狭义两个方面来考察。从广义上说,学习是人类(个体或团队、组织)在认识与实践过程中获取知识和经验,掌握客观规律,使身心获得发展的社会活动;从狭义上看,学习专指在学校里学生的学习,即学生在教师指导下,有组织、有计划、有目的、有步骤地进行获得经验从而产生行为变化的活动。

思想政治(品德)的学习,是学生学习的一个方面,是指学生在思想政治(品德)教师指导下,有组织、有计划、有目的、有步骤地获得思想政治(品德)学科的基本知识和技能,培养现代公民应有的思想政治和思想品德素质,并产生行为变化的过程。

资料卡片 9-2

西方学习理论流派

西方学习理论流派主要有行为主义学习理论、认知主义学习理论、人本主义学习理论、建构主义学习理论等。

行为主义学习理论强调学习刺激与反应的联结,主张通过强化模式或模仿来形成与改变行为。其典型代表有巴甫洛夫的经典条件反射学说、斯金纳的操作条件作用学说等。

认知主义学习理论与行为主义学习理论相对立,强调学习是认识结构的建立与组织的过程,重视整体性与发现式学习。其典型代表有布鲁纳的发现学习说和奥苏贝尔(D. P. Ausubel)的认知同化学习说等。

人本主义学习理论主张从人的直接经验和内部感受来了解人的心理,强调人的本性、尊严、理想和兴趣,认为人的自我实现和为自我实现而进行的创造才是人的行为的决定性力量。典型代表是罗杰斯的"以学习者为中心"的学说。罗杰斯认为,人类具有学习的自然倾向和内在潜能,它是一种自发的、有目的、有选择的过程。教学的任务就是创设一种有利于学生内在潜能发挥的情景,使其潜能得到充分的发挥。他强调以学生为中心,教师的任务是帮助学生增强对变化的环境和对自我的理解。

建构主义学习理论认为,学习是一个积极主动的建构过程,学习者不是被动地接受外在信息,而是根据先前的认知结构主动地、有选择地知觉外在信息,建构当前事物的意义;知识是个人经验的合理化,而不是说明世界的真理;知识的建构并不是任意的和随心所欲的;学习者的建构是多元化的。

(二)思想政治(品德)学习的特点

思想政治(品德)的学习作为一种学生的学习活动,具有多方面的特点。其特殊性主要可以从以下几方面考察。

1. 思想政治(品德)学习是不同于动物"学习"的人类的学习

如果从更广泛的意义上说,动物也有学习活动,如学习获取食物,学会适应环境等,但人类学习与动物学习是不同的。思想政治(品德)学习作为人类的学习活动,具有区别于动物"学习"的一般特点。主要表现在以下四个方面。

第一,人的学习既是个体化的活动又是社会性的活动,而且人主要是在社会生活中去获取人类长期积累的社会历史经验,掌握客观规律,从而来充实个体经验。

第二,人的学习是有目的的、有意识的、自觉的活动。动物没有意识,动物主要是借助遗传的本能来适应环境。人是有意识的,意识使人的学习活动能够自觉地、有目的地进行。

第三,人学习的目的和结果主要在于满足社会生活的要求,使个体身心获得发展,使个体和人类整体不断实现自我意识与自我超越,而不像动物那样,只局限于满足个体的生理需要。

第四,人的学习以语言为中介。

2. 思想政治(品德)学习是不同于人类一般学习的学生的学习

思想政治(品德)学习是学生在学校的学习活动。作为学生的学习,它不同于人类的一般学习,具有学生学习的基本特点。主要表现在以下三个方面。

第一,在学习内容上,尽管学生也需要通过亲身经历去获取一定的直接经验,但学生的学习主要以掌握间接经验为主。这些经验是人类在长期的社会实践中积累起来的,包括科学文化知识和技能、社会生活规范或行为准则。

第二,在学习条件上,学生的学习是在教师的指导下进行的。教师受过专门训练,有丰富的学科知识和教育教学经验和技能,他们能够根据教育目的和要求,按照一定的计划有系统、有组织地对学生进行教育,可以使学生的学习少走弯路,取得学习的成功。

第三,在学习目标上,学生的学习要实现综合素质的全面、协调发展,是为了学生的健康成长。

3. 思想政治（品德）学习是不同于其他学科学习的特殊学习

学生在学校的学习涉及多个学科,除思想政治(品德)外,还有语文、数学、外语、物理、化学、生物、历史、地理等。相对于其他学科的学习,思想政治(品德)的学习具有其特殊性。主要表现在以下三个方面。

第一,学习目标的德育性。思想政治(品德)课程是一门公民教育课程,着眼于培养学生的思想政治和思想品德素质,有很强的德育性,从这个意义上说,它就是一门德育性质的课程。因此,思想政治(品德)学习的目标,虽然也包括知识和技能目标,但更重要的是情感态度价值观目标;思想政治(品德)的学习,虽然也包括知识和技能的学习,但更重要的是情感态度价值观的养成。而其他学科的学习则首要的是学科知识和技能的学习。

第二,学习内容的特定性和多变性。这又具体表现在两个方面:其一,思想政治(品德)有其特定的学习内容。任何学科都有其特定的内容,不同学科在学习内容方面有一定的联系,但基本内容是完全不同的。根据新的课程标准,初中思想品德课的学习内容主要包括道德、心理健康、法律、国情等方面;高中思想政治课的学习内容主要由中国特色社会主义、经济与社会、政治与法治、哲学与文化四个必修部分,当代国际政治与经济、法律与生活、逻辑与思维三个选择性必修部分,财经与生活、法官与律师、历史上的哲学家三个选修部分构成。其二,思想政治(品德)学习内容相对于其他学科来说,变化大。一方面,思想政治(品德)课的时代性很强,受形势发展的影响,其学习内容不像其他学科那样长期变化不大,而表现出更大的不稳定性。另一方面,马克思主义作为一种科学世界观和方法论,它不是一个凝固的、封闭的知识体系,而是指导人们认识世界、改造世界、探索真理的有效工具,这也要求学生在学习中必须把理论与实际结合起来,用马克思主义理论去研究、分析形势发展提出的新情况和新问题。

第三,学习过程的复杂性。思想政治(品德)的学习过程不只是一个简单的知识学习过程,而是一个知—信—行的转化过程,它不只是要解决对学科知识的知与不知、知多知少的问题,更要解决对学科理论信与不信、行与不行的问题。这种转化的实现,这些问题的解决,不仅比其他学科更复杂,而且实现起来更艰难。

二、思想政治(品德)学习的过程

学习是一个十分复杂的过程。学习是如何发生、如何进行的？它是一个什么样的过程？要经历哪些阶段？历来人们从不同的角度对它进行不同的分析。

资料卡片 9-3

中国古代关于学习过程的理论

二阶段论以孔子为典型代表,他提出"学而时习之,不亦说乎"。

三阶段论认为学习要历经"学""思""行"三个阶段。

四阶段论以荀子为典型代表。他认为"不闻不若闻之,闻之不若见之,见之不若知之,知之不若行之。学至于行之而止矣。行之,明也"。

五阶段论《中庸》对学习过程的描述是典型代表。《中庸》提出,学习过程就是"博学之,审问之,慎思之,明辨之,笃行之"。

就思想政治(品德)课程来说,知识性和教育性是其双重属性,因此,知识学习和道德提升是思想政治(品德)学习的两大基本方面。由此出发,我们主要从这两个角度对思想政治(品德)学习的过程进行简要分析。

(一)知识的学习过程

知识学习经历怎样的过程,可以划分为哪些基本阶段,人们有多种不同的看法。认知学派把知识学习的过程划分为八个阶段:动机阶段、领会阶段、习得阶段、保持阶段、回忆阶段、概括阶段、作业阶段和反馈阶段。这种划分对思想政治(品德)课程的知识学习同样适用。

1. 动机阶段

学生的学习是由动机推动的,形成动机,是整个学习过程的开始。学生的动机对整个学习过程都有影响。有些时候,学生最初没有受某种目的诱因所推动,这时教师就要帮助学生明确动机,以便学生形成某种学习期望。如果学生能够体会到理想的期望并认为自己有能力达到这个期望,便会产生学习的动机。

2. 领会阶段

学习动机产生后,学生要注意与学习有关的刺激。例如,在听讲时注意句子的含义,而不是教师的语音语调;在阅读课本时,要注意文字的含义而不是文字的印刷排版。一旦注意某种刺激后,它就起一种控制执行过程的作用,只对某些刺激进行加工。最初的注意往往是由刺激的突然变化引起的,因此教师可采取多种办法来引起学生注意。

当学生把所注意的刺激特征从其他刺激中分化出来,这些刺激特征就被知觉编码,贮存在短时记忆中,这个过程叫选择性知觉。学生只有对外部刺激特征做出选择性知觉后,才能进入下一个学习阶段。

3. 习得阶段

习得阶段主要对新获得的刺激进行知觉编码后把它们贮存在短时记忆中,然后再进一步编码加工后把它们转入长时记忆中。

在短时记忆中暂时保存的信息,与被直接知觉的信息是不同的,在这里,知觉信息已被转化成一种最容易被贮存的形式,这种转化过程被称为编码过程,它对于了解学生的心理活动极为重要。当信息进入长时记忆时,信息又要经历一次转换。这一编码过程的目的是为了便于保持信息。如用某种方式把刺激组织起来,或根据已经习得的概念对刺激进行分类,或把刺激简化为一些基本原理,这些都有助于信息的保持。

4. 保持阶段

学生习得的信息经过编码过程后,即进入长时记忆贮存阶段,即保持阶段。保持阶段有如下几个特点:第一,贮存在长时记忆中的信息,其强度并不因时间的增加而减弱。第二,有些信息因长期不用而逐渐消退。比如一个人已习得的数学公式因不用而遗忘。第三,记忆贮存可能受干扰的影响。新旧信息的混淆,往往会使信息难以提取。因此,教师在教学中应尽量避免同时呈现十分相似的刺激,尽量减少干扰的可能性。

5. 回忆阶段

信息的提取是很重要的一环,相对其他阶段而言,回忆或信息提取阶段最容易受外部刺激的影响。学生习得的信息要通过作业表现出来,教师可以利用各种方式使学生不断提取线索,这些线索可以增强学生的信息回忆量。

6. 概括阶段

学生提取习得信息的过程,并不始终是在与最初学习信息时相同的情境中进行的。学习的目的是能将学到的知识运用到各种情境中,而不是仅仅按教科书的方式呈现出来,这就是我们常说的举一反三。因此,学习必然有一个概括的阶段,也可以说是学习的迁移。一般说来,学生学习某件事情时经历的情境越多,迁移的可能性也就越大。

7. 作业阶段

学习要通过作业反映学生是否已经习得所学内容。作业的一个重要的功能是为了获得反馈,对于有些学生来说,通过作业看到自己学习的成果能获得一种满足感,激励学生继续学习。但教师不能仅仅通过一次作业就对学生的学习做出判断,需要通过几次作业才能做出较为合理的推断。

8. 反馈阶段

当学生完成作业后,会以为自己已经达到了预期目标。这时,教师要及时反馈,让学生及时知道自己的作业是否正确。这里所讲的信息反馈,类似于心理学所说的强化。强化在学习过程中之所以起作用,是因为学生在动机阶段形成的期望在反馈阶段得到了肯定。

(二) 道德提升过程

道德的提升是以社会规范为载体的价值学习,区别于一般的知识学习和能力学习,是以体验为核心的知、情、行合一的学习。道德学习是社会价值内化与个体品德建构过程的统一。我国学者王建敏把道德学习的三种状态归结为依从性道德学习、认同性道德学习和信奉性道德学习,这也就是道德提升的一般过程。

1. 依从性道德学习阶段

依从是指行为主体对别人或团体提出的某种行为要求的依据或必要性缺乏认识,甚至有抵触的认识和情绪时,出于安全的需要,既不违背,也不反抗,仍然遵照执行的一种遵从现象。影响依从的因素是直接或间接的外在压力,包括惩罚条例、群体氛围、个人权威等。显然,依从性道德学习是社会规范的一种被动接受状态,是一种非理性学习,属于社会价值内化的初级阶段。

依从性道德是一种他律性道德。尽管它是受外部压力或功利驱动的工具性道德,但它作为品德建构的开端,可使主体获得关于规范行为的执行经验,确立起遵从结构中的行为成分,为认同的产生创造条件,它是个体道德发展中不可逾越的阶段,在道德学习中具有重要作用。

2. 认同性道德学习阶段

认同是行为主体在认知或情感上对某一对象趋同一致,并自愿遵从的现象,它分为偶像认同和价值认同两种基本类型。偶像认同的出发点是主体为了提高自身价值感,想要同另一个人或群体建立并维持一种令人满意的关系,希望自己成为和施加影响者一样的人。价值认同则是指个体出于对规范本身的意义及必要性的认识而发生的对规范的遵从现象。例如,由于个体认识到尊老爱幼是一个人的基本素养,于是在乘公交车时主动让座,这就属于价值认同。

认同具有自觉性、主动性和稳定性。认同性道德学习是社会规范的一种主动接受状态,是自觉遵从态度确立的开端,属于道德的理性学习。青少年最富有激情与理想,是个体一生中蕴藏着多种发展潜能、生命力最为旺盛的时期。我们要坚持正面教育,充分利用榜样的感召力,引导他们从偶像认同到自我认同,培养起道德的自尊感。

3. 信奉性道德学习阶段

信奉指个体随着对规范认识的概括化与系统化,以及对规范体验的逐步累积与深化,最终形成一种价值信念作为个体规范行为的驱动力。信奉是对社会规范的最高接受水平,是认知与情感的结晶,是稳定而自觉的规范行为产生的内因。此时,作为社会行为的内在调节机制的品德结构已经建构完备,标志着外在于主体的规范要求已转化为主体内在的行为需要(规范的信念系统本身是一种行为需要),表明了道德内化过程已经完成。

显然,信奉性道德学习是社会规范的高级接受水平或高度遵从态度,通过社会价值内化为个体价值,实现道德学习的人格化过程。它是理性学习与非理性学习的整合,是品德形成的高级阶段。

信奉学习的关键是要使学生确立起规范的价值信念。为此,在信奉学习中,首先要使学生获得有关规范意义的系统认识,同时要注意丰富规范价值的情绪体验,也就是说信奉学习不仅要"晓之以理",更要"动之以情"。

当然,知识的学习过程和道德的提升过程不是截然分开的两个过程,在学生的学习中,二者往往是紧密联系在一起的,学习知识的同时也进行着道德的提升,道德提升也离不开知识的积累。

三、思想政治(品德)学习的类型

对复杂的学习活动进行分类,是提高学习能力和学习效率的前提。由于研究者们所持的观点和所依据的理论不同,对学习进行分类的标准和出发点各异,就有不同的学习分类。思想政治(品德)的学习也是多种多样的,根据学习的目标,我们把思想政治(品德)的学习划分为三类:知识学习、能力学习、情感态度价值观的学习。

资料卡片 9-4

几种有代表性的学习分类

(1) 布卢姆等人从教育目标的角度,把学习分为三类:认知、情感和动作技能。每类分为若干层级,每个层级又可分为更小的指标。

(2) 加涅按学习的水平由低到高的次序,把学习分成八类:信号学习、刺激—反应学习、连锁学习、言语联想学习、辨别学习、概念学习、规则的学习、解决问题的学习。

(3) 奥苏贝尔在认知领域对学习从两个维度分类,一个维度是根据学习进行的方式,把学习分为接受学习和发现学习;另一个维度是根据学习材料的性质及其学习者的理解程度,将学习分为机械学习和有意义学习。

(4) 我国著名心理学家潘菽根据学习的内容和结果,把学习分为四种类型:知识的学习;技能和熟练的学习;心智的以思维为主的能力的学习;道德品质和行为习惯的学习。

（一）知识学习

知识是人类的认识成果和文明成就的结晶，知识学习是学生学习活动中最基本的内容。知识多种多样，知识学习也有多种类型。例如，加涅曾把言语信息区分为符号、事实以及有组织的知识三类，其中"符号"主要指事物的名称，"事实"是指表明两个或两个以上事物之间关系的言语陈述，"有组织的知识"是多个事实联结成的整体。奥苏贝尔把知识的学习分为表征学习、概念学习和命题学习三类。在知识学习中，学习者自身的认知结构、学习材料的逻辑意义以及学习者的学习心向是不可或缺的重要条件。

思想政治（品德）课的知识学习，涉及多方面内容。依据新的课程标准，其知识学习内容主要包括以下内容。

初中思想品德：青少年的身心发展特征和促进身心健康发展的途径，个体发展与社会环境的关系；我与他人、我与社会、我与自然的道德规范；基本的法律知识，法律的基本作用和意义；我国的基本国情、基本路线、基本国策和世界概况等。

高中思想政治：了解人类社会发展的一般过程和基本规律；懂得中国特色社会主义是科学社会主义的成功实践，是中国近代历史发展的必然选择；理解坚持和发展中国特色社会主义，是实现中华民族伟大复兴中国梦的必由之路；了解社会主义基本经济制度的优越性；理解坚持社会主义市场经济和深化经济体制改革的意义；明确社会主义基本经济制度是社会主义市场经济的根基；了解中国共产党的性质、宗旨和指导思想，明确党的执政地位是历史和人民的选择；了解中国特色社会主义政治制度的基本内容、鲜明特点和主要优势；了解全面推进依法治国的总目标，知道科学立法、严格执法、公正司法、全民守法的基本要求；懂得走中国特色社会主义政治发展道路，必须坚持党的领导、人民当家做主、依法治国有机统一，理解推进国家治理体系和治理能力现代化的重要性；了解马克思主义哲学的基本原理等。

（二）能力学习

能力是指通过练习形成的运用知识经验顺利完成某种活动的自动化与完善化的操作活动方式。思想政治（品德）能力学习主要涉及两个方面，即运用马克思主义立场观点方法分析和解决问题的能力，参与社会实践的能力。这两个方面在思想政治（品德）的学习中，又具体表现为多方面的能力。

初中思想品德：爱护自然、保护环境的能力；观察、感受、体验、参与社会公共生活的能力；初步的交往与沟通的能力；初步认识和理解社会生活的复杂性，进行基本的道德判断、辨别是非、负责任地做出选择的能力；自我调适、自我控制，学会控制情绪的能力；搜集、处理、运用社会信息的能力；独立思考、提出疑问和进行反思的能力；理解法律的规定，遵纪守法，必要的时候寻求法律的保护的能力等。

高中思想政治：能够实事求是、与时俱进地运用马克思主义立场、观点和方法，观察和分析经济、政治、文化、社会、生态等现象，在生活中作出科学的价值判断和行为选择；具备有序参与社会经济、政治、文化生活的能力；提升为未来生活而自主学习、选择、探索的能力；增强依法办事、依法律己和依法维护自身权益的能力等。

（三）情感态度价值观的学习

情感态度价值观是思想政治（品德）学习的归宿点，是学习的最根本目的和最核心内容。这方面的学习主要涉及以下内容。

初中思想品德：热爱生命，自尊自信，乐观向上，意志坚强；亲近自然，爱护环境，勤俭节约，注重实践，热爱科学，勇于创新；尊重规则，尊重权力，尊重法律，追求公正；热爱集体，具有责任感、竞争意识、团结合作和奉献精神；热爱社会主义祖国，热爱和平，具有世界眼光。

高中思想政治：确信社会主义终将代替资本主义是不可抗拒的历史趋势；展现中国特色社会主义道路自信、理论自信、制度自信、文化自信；坚定中国特色社会主义共同理想，树立共产主义远大理想；

树立以人民为中心的发展思想;确信实践是检验真理的唯一标准;继承中华优秀传统文化和革命文化,发展社会主义先进文化,尊重世界文化多样性,增强中国特色社会主义文化的自觉和自信;基本形成正确的世界观、人生观、价值观。

四、思想政治(品德)学习的迁移

学习迁移即一种学习对另一种学习的影响,也即是在一种情境中获得的知识、技能或形成的情感态度价值观对另一种情境中知识、技能的获得或情感态度价值观形成的影响。学习迁移是一种普遍的现象,广泛地存在于人们的学习活动中,只要有学习,就有迁移。迁移是学习的继续和巩固,又是提高和深化学习的条件。现代学习理论要求,学习的目标之一是学生能够做到举一反三,能够运用所学知识解决类似或同类课题。为此,学习的迁移问题受到教育学家、心理学家的广泛关注。美国心理学家 M. L. 比格指出:"学校的效率大半依学生们所学材料可能迁移的数量和质量而定。因而,学习迁移是教育必须寄托的最后柱石。如果学生在学校中学习的那些材料无助于他们进一步沿着学术的轨道前行,并且不但在目前,而且在以后生活中更有效地应付各种情境,那么,他们就是浪费他们的许多时间。"

学习迁移有多种类型,可以从不同的角度进行分类:(1)从性质上看,有正迁移与负迁移。正迁移指一种学习中学得的经验对另一种学习起促进作用;负迁移也称干扰,指一种学习中学得的经验对另一种学习起阻碍作用。(2)从情境上看,有横向迁移与纵向迁移。横向迁移是指在内容和水平上相似的两种学习之间的迁移;纵向迁移是指不同难度、不同概括性的两种学习之间的相互影响。(3)从方向上看,有顺向迁移与逆向迁移。顺向迁移是指先前学习对后来学习的影响;逆向迁移是指后来学习对先前学习的影响。(4)从内容上看,有一般性迁移与特殊性迁移。特殊性迁移是指某一领域的学习对另一种学习有直接的、特殊的适应性。一般性迁移是指通常表现为原理原则的迁移,有时在两个看起来不相同的学习内容中也有发生,或表现出态度的迁移。

学习迁移受很多因素的影响:第一,学习材料之间的共同因素。两种学习之间要产生迁移,关键是发现它们之间的一致性或相似性。两种学习,如果刺激相似,反应也相同或相似,则容易产生正迁移;如果刺激相同或相似,而反应不同或相反,则容易产生负迁移。第二,学生已有经验的概括水平。概括是迁移的核心,掌握普遍性的原理、原则,提高知识经验的概括水平,有利于学习的迁移。第三,学习的定式。定式是在连续活动中发生的,前面的活动经验为后面的活动形成一种准备状态。定式对于知识迁移的影响既可以是积极的,也可以是消极的。当定式作用与人们解决问题的思路一致时,会对问题的解决产生促进作用;反之,会产生干扰作用。鉴于定式的双重性,在教育实践中,就要求教师既要培养学生解决类似问题的信心,又要引导学生在遇到用习惯方法难以解决的问题时积极从其他角度进行思考。第四,学习的精熟程度。一个人所掌握的知识经验越是精熟,就越是能从多方面把握事物之间的关系,对能运用这些知识经验的情境就越是敏感,迁移就越是顺利。

随堂讨论 9-1

学习迁移理论给思想政治(品德)教学有哪些方面的启示?根据学习迁移理论,你认为在思想政治(品德)教学中要注意哪些问题?

在思想政治(品德)学习中,学习迁移具有重要的意义。

首先,有利于培养学生解决问题的能力。问题解决过程中的一个关键就是通过对当前问题的合理表征,将这种生成的问题表征与已有的知识经验中的问题类型进行类比,然后将已有的知识经验具体运用到当前问题情境中,这种问题的类化和已有知识经验的具体化的过程也就是迁移的过程。学习者迁移能力的提高,会增强其解决问题的能力。

其次,有利于为学生未来的学习和生活奠定良好的基础。基础教育是奠基的教育,尤其在知识与技术迅猛发展的今天,我们的生活关系、职业结构等不断地发生着改变,学校教育不可能使学生掌握一生所需要的全部知识和技能,思想政治(品德)课也不可能解决学生以后生活要面临的所有问题,现实而富有深远意义的做法是增进学生的适应能力。而学习的迁移是检验学生适应能力的可靠指标。学习的正迁移量越大,说明学生适应新情况、解决新问题的能力越强,就越能够为未来的学习和生活奠定良好的基础。

最后,有利于提高思想政治(品德)教学实效。在思想政治(品德)的教学过程中,要注意引导学生把所学的理论运用于实际,把知识迁移到新问题和新情境,在实践中验证课本知识,感悟社会的复杂多样性,体验人生的价值,这大大提高了思想政治(品德)的针对性、实效性和主动性。

第二节 转变思想政治(品德)学习方式

《普通高中思想政治课程标准(2017年版)》就明确指出:"本课程针对高中学生思想活动和行为方式的多样性、可塑性,着力改进教学方式和学习方式。在课程实施中,要充分利用现代信息技术,拓展教育资源和教育空间;要通过议题的引入、引导和讨论,推动教师转变教学方式,使教学在师生互动、开放民主的氛围中进行;要通过问题情境的创设和社会实践活动的参与,促进学生转变学习方式,在合作学习和探究学习的过程中,培养创新精神,提高实践能力。"可见,转变学习方式是思想政治(品德)新课程改革的基本特征。

一、学习方式及其分类

随堂讨论 9-2

关于学习方式和学习方法的关系,人们有各种不同的看法。你认为二者之间的关系是怎样的?说说你的理由。

学习方式是指学生在完成学习任务过程中的基本行为和认知的取向。学习方式较之学习方法是更为上位的东西,学习方式相对稳定,学习方法相对灵活。学习方式是人们在学习时所具有或偏爱的方式,是学习者持续一贯表现出来的学习策略和学习倾向的总和。它不仅包括相对的学习方法、学习策略、学习手段等方法、技术层面的外在表现,而且还包括学习态度、学习状态、学习品质等智慧、性格层面的内在品质。

学生的学习方式有多种,根据不同的标准,可以进行不同的划分。一般来说,可以进行以下分类。

(1)根据学习进行的形式,划分为接受学习和发现学习。在接受学习中,学习内容是以定论的形式直接呈现出来的,学生是知识的接受者。在发现学习中,学习内容是以问题形式间接呈现出来的,学生是知识的发现者;发现学习与探究学习、研究性学习在性质上都是一样的,相对于接受学习来说,它们只是在适用范围和层次上有一定的区别。

(2)根据学习者对整个学习过程的控制程度,划分为自主学习和他主学习。自主学习一般是指个体自觉确定学习目标、制订学习计划、选择学习方法、监控学习过程、评价学习结果的学习,它体现了人的主体性、能动性、独立性的一面;他主学习则与之相反,体现人的客体性、受动性、依赖性的一面。

(3)根据组织形式而言,划分为独立学习与合作学习。合作学习是指学习者为了完成某些共同任务,在明确责任分工的基础上以小组或团队的形式进行的学习;独立学习则是指由个体独立进行的学习。

二、转变学习方式的重要性

转变学习方式从根本上说,就是要从传统的学习方式转变为现代学习方式。传统学习方式是与传统的知识观与课程观相一致的学习方式,表现为接受学习、死记硬背、机械训练;现代学习方式是与现代的知识观、课程观相一致的学习方式,是自主的、合作的、探究的学习方式。

资料卡片9-5

《普通高中思想政治课程标准(2017年版)》指出,本课程针对高中学生思想活动和行为方式的多样性、可塑性,着力改进教学方式和学习方式。在课程实施中,要充分利用现代信息技术,拓展教育资源和教育空间;要通过议题的引入、引导和讨论,推动教师转变教学方式,使教学在师生互动、开放民主的氛围中进行;要通过问题情境的创设和社会实践活动的参与,促进学生转变学习方式,在合作学习和探究学习的过程中,培养创新精神,提高实践能力。

转变学习方式,实现从传统的学习方式向现代学习方式的转变,具有重要意义。

第一,有利于调动学生学习的积极性和主动性。随着学习方式的转变,学生的主体地位更加明确,教师不再是单纯的权威者、传授者,而是学生学习的引导者、合作者、组织者。教学中,学生不再只是专心听讲,更要参与教学活动,积极思考问题,大胆发表意见,开展各种活动。这有利于提高学生的学习热情,激发学生的学习兴趣,变被动学习为主动学习,变"要我学"为"我要学"。

第二,有利于培养学生的创新精神和实践能力。现代学习方式以自主、探究、合作学习为基本特征,注重学生的积极思考和大胆探索,鼓励学生的批判意识和怀疑精神,赞赏学生独特性和富有个性化的理解和表达,要积极引导学生从事各种实践活动,自主地收集、筛选、处理各种材料信息,并通过自己思考理解形成相应的理论见解等,有利于学生形成勤于思考、乐于实践、敢于质疑的意识和习惯,切实提高创新精神和实践能力。

第三,有利于学生掌握理论联系实际的科学学习方法。理论联系实际,是思想政治(品德)教学的根本方针。学习方式的改变,不仅使学生有亲身参与的感知体验,有成功喜悦的情感收获,更促进了学生理论联系实际学习的"知""行"统一。通过探究学习、合作学习等,学生可以学会在探究、合作中获取知识的方法,总结探究、合作的经验,推进学习的发展。

第四,有利于克服传统教学的弊病。传统教学过分强调教,忽视学,学生的自主性丧失,学生不爱学、不会学、不想学;传统教学过分强调和利用竞争机制,造成了同学之间的隔阂、排斥,不但影响了学习本身,而且妨碍了学生人格的健全发展;传统教学过分突出和强调接受和掌握,冷落和贬低发现和探究,使学生学习书本知识变成了仅仅是直接接受书本知识,学生学习纯粹成了被动接受、记忆的过程。现代学习方式提倡自主学习、合作学习、探究学习,直接针对这些传统教学的弊病,无疑有利于推进教学的改革和发展。

值得注意的是,我们倡导以自主、合作、探究为特点的现代学习方式,绝不意味着要否定传统的接受式学习方式,也绝不意味着现代学习方式就没有局限,可以无限地运用。事实上,任何学习方式都有其局限性和发挥作用的前提。在实际学习中,要根据学科性质、教材因素、知识特点、学生实际等加以选择运用,力求扬长避短,并注重与其他学习方式相互结合。

三、转变学习方式的基本思路

案例分析 9-1

一堂思想品德课教学片段①

在初一教室中,学生正在学习"友谊无价"课。老师提出了"我们怎样建立同学友谊"这样一个问题,让同学们前后四人开展讨论。

只见一个小组,一位女生半侧着身,随意地翻着书,始终不曾开口。负责记录的同学推推她的手,让她发言。她抬起头犹豫着正要开口时,一旁的另一位女同学的嘴里吐出了这句话:"别理她,我们说。"那位女生迅速地埋下了头。

另一小组,只见一位男同学已经从座位上站起来,正大声地嚷嚷:"我说这有什么不对,怎么就不能建立起真正的友谊?"

坐在墙角的一个组一直没有声音,谁都不说话,眼睛只往热闹处扫。教师巡视过去,他们就把头凑在一起乱翻自己的书,老师一离开,他们就继续"眼观八方"。

……

- ◆ 在这一教学片段中,学生的学习是否体现了现代学习方式?是如何体现的?
- ◆ 案例中,学生在学习方式的运用上存在什么问题?如果你是老师,你该怎么帮助学生运用现代学习方式进行学习?

要实现传统学习方式向现代学习方式的转变,思想政治(品德)教师必须引导学生自主学习、合作学习、探究学习。

(一) 自主学习

自主学习是指学生在学习的过程中具有支配权利和控制能力,能够主动地、独立地自我决定、自我选择、自我调控、自我评价的学习。自主学习是相对于他主学习而言的。他主学习是教师或他人为学生做主的一种学习。如果学生的学习活动依赖于教师或他人,他的学习是被动的,没有自主性,那么,这种学习就是他主学习。

随堂讨论 9-3

1. 自主学习是否就是自己学习?如果不是,它们之间有什么区别?
2. 自主学习是否就是自由学习?如果不是,它们之间有什么区别?
3. 学生自主学习是否意味着学生不需要依赖教师、不需要教师的指导?如何看待学生自主与教师主导的关系?

---

① 楼江红.初中思想品德教学案例专题研究[M].杭州:浙江大学出版社,2005:172.

相对于他主学习,自主学习具有以下特点:第一,能动性。自主学习是学生积极、主动、自觉地从事学习活动,进行这种学习活动,学生必须具有主体能动性。可见,自主学习把学习建立在人的能动性基础之上,它以尊重、信任、发挥人的能动性为前提。第二,独立性。自主学习把学习建立在人的独立性基础上,它要求学生摆脱对教师或他人的依赖,由学生自己对学习的各个方面作出选择和控制,独立自主地开展学习活动。第三,异步性。自主学习尊重学生学习的个体差异性,学生在充分了解自身的客观条件并进行综合评估的基础上,根据自身的需要,制定出具体学习目标,选择相关的学习内容,并对学习结果做出自我评估。

在自主学习中,"自主"表现在很多方面,主要有:① 学习目标自主。过去传统的教学都是教师预定目标,自主学习强调要给予学生自定学习目标的空间,学生可以根据自己的实际确定学习目标。② 学习活动自主。不论是课堂教学活动还是课外教学活动,都要引导学生主动参与。著名教育家陶行知先生说过:"先生的责任不在于教,而在于教学生学。"在教学中,要营造民主、平等、宽松、和谐的氛围,让学生感受到平等、尊重、友善、理解与关爱,从而增强学生主动参与教学活动的积极性和自信心。③ 学习内容自主。学生可以根据自己的需要和学科发展的特点,自主地选择学习内容。④ 评价自主。学生自己对学习情况进行评价,并通过自我评价,寻找问题和差距,促进自身发展。

值得注意的是,自主学习强调学生学习的自主性,绝不意味着否定教师的主导作用。课程实施中他主与自主的关系实质上就是教师主导和学生主体的关系。由于经验、知识、能力等方面的原因,学生无力也不应该对课程实施承担主要责任,学生学习过程中的许多方面也不可能全然由他们自己来决定,如学生的学习计划、学习目标、学习内容、思维方法等,都需要教师的指导。尤其是具有针对性的恰到好处的启发和诱导,不仅可以帮助学生排除学习中的障碍,而且可以激发学生的兴趣,引起学生的独立思考,增强学生学习的自觉性,提高学习的效果。因此,在实际的教学活动中,要正确处理好教师主导、学生自主的关系。首先,发挥教师的主导作用,充分调动教师的积极性、主动性、创造性,对学生的自主学习进行有效的指导。其次,注重培养学生的自主精神和自主学习能力,教会学生自主学习的方法。最后,给予学生一定的自主学习权利,如让学生自主地选择部分学习内容,进行个性化的学习与发展。

(二)合作学习

合作学习是指学生在小组或团队中为了完成共同的任务,有明确的责任分工的互助性学习。为使这种合作学习真正落到实处,教师应给学生群体一个共同的任务,让每一个学生在这个任务中积极地承担个人的责任。学生在活动中要相互支持、相互配合,遇到问题协商解决,对合作群体中的冲突能通过交流、沟通解决,对各成员分担的任务能进行加工、整合,对活动的成效能共同进行评价。

实践反思 9-1

1. 有的教师在教学活动中只从自己的主观愿望出发,不从学生的心理需求与教学内容实际出发,不论什么内容都让学生进行合作学习。是否所有的内容都适合合作学习?

2. 有的教师谈到合作学习,就是小组讨论,三五个同学坐在一起说说、议议、写写、画画,热闹非凡。是否合作学习就等于小组讨论?

3. 在一些观摩课、示范课上,教师为了体现课改精神,当起了主持人,整堂课起串联作用,让学生自由组合起来讨论,自己成了旁观者。更有甚者,一堂课自始至终不见教师,男女生各一名当节目主持人,组织小组讨论,小组派代表轮流拿着稿件宣讲等。是否教师参与越少,学生活动频率越高,就越能体现学生学习的合作性和主体性?如何发挥教师在合作学习中的作用?

合作学习的方式很多,在思想政治(品德)教学中,合作学习的常见方式主要有:(1)同桌合作。同桌是学生在学校的学习活动中最常接触到的,也是最方便、最熟悉的学习伙伴。同桌之间的交流、合作,既给每位学生创设了展示的机会,又使同桌之间分享了学习资源,提高了学习效率。(2)小组合作。小组合作学习是最常见,也是最有效的一种合作学习。它要求教师在合作学习前给小组一个共同的学习任务,由组长分配、协调小组成员承担的任务,对小组内出现的问题或分歧,组长带领小组成员通过交流、沟通解决,活动结束时小组成员共同对学习成果进行汇总、整合。(3)全班合作。全班合作学习即在同桌合作、小组合作的基础上,同桌、小组选派代表向全班阐述各自的观点,交换意见,共同学习。

资料卡片 9-6

小组合作学习的基本模式①

(1)选定课题。即确定要学习的内容和任务。
(2)小组设计。即确定小组学习的规模、划分学习小组。
(3)安排课堂。学习小组的成员靠拢。
(4)呈现学习材料。每人有各自的学习材料与学习责任。
(5)展开学习活动。个人学习、组内交流、组合成果、教师指导。
(6)向全班提交小组学习结果,作总结、评价。

合作学习具有多方面的优点。① 合作学习有利于学生的全员发展。在传统学习中,一个学生的成功往往使别的学生成功起来更加困难,那些努力完成了学习任务的学生被看作教师跟前的"红人",导致其他学生对学习活动信心不足。而在合作学习中,学生们朝着一个共同的目标一起努力,学习活动被同学们赋予积极的意义,每个学生都参与学习活动,共同取得学习的成功。② 合作学习有利于促进学生间在学习上互相帮助、共同提高。在合作学习中,学生通过对问题的共同讨论相互启发,对课题的共同探讨取长补短,对活动的共同参与相互帮助,从而在学习上共同提高。③ 合作学习有利于增进同学间的感情。在合作学习所营造的特殊的合作、互助的氛围中,同学之间在朝夕相处的共同学习与交往中,可以增进感情交流,培养合作精神。

当然,合作学习也有它的一些缺点。例如,在小组合作学习中,有时因组内成员的意见不一致、分歧太多而争论不休,造成内耗,浪费了学习的时间和精力;小组合作学习中,有时一些不愿意承担责任的小组组员推卸责任,或是在活动中不积极配合小组活动,表现消极,就会影响全组的士气,降低全组的工作、学习效率;由于小组内同学间的交流相对较多,有时会造成各个小组的小集体主义倾向;各小组在合作学习中不可避免地会出现竞争,这种竞争有时会产生较大的摩擦,也会直接影响各组的工作效率甚至伤害成员相互间的感情。

(三)探究学习

探究学习,就是从学科领域或现实社会生活中选择和确定研究主题,创设一种类似科学研究的情境,学生在教师引导下,自主地发现问题,主动地去探索问题,获得知识与技能,养成情感态度价值观,特别是发展创新精神和实践能力的学习方式和学习过程。

探究学习是相对接受学习而言的。在接受学习中,学习内容是以定论的形式直接呈现出来,学生是知识的接受者。而探究学习中,学习内容是以问题的形式呈现出来,学生是知识的发现者。与接受

---

① 教育部基础教育司,教育部师范教育司.普通高中新课程研修手册——新课程的教学实施[M].北京:高等教育出版社,2004:63.

学习相比，探究学习具有更强的问题性、实践性、参与性和开放性。经历探究过程以获得理智和情感体验、建构知识、掌握解决问题的方法，这是探究学习要达到的三个目标。接受学习与探究学习的区别可以参见表9-1。

表9-1 接受学习与探究学习的对比

	接受学习	探究学习
学习主体	被动学习，学生是知识的接受者	主动学习，学生是知识的发现者
学习目标	重书本知识学习；重学习的结果	重能力培养和情感态度价值观养成；重学习的过程与方法
学习内容	外部预先决定和控制的知识，以定论的形式呈现	自己需要和自己选择的知识，以问题形式呈现
学习过程	纯粹被动地接受、记忆的过程	学生发现问题、提出问题、分析问题、解决问题的过程
学习效果	效果短暂	效果持久
学习评价	评价标准外在于学生，由外部制定	评价标准内在于学生，由学生自主制定，或者学生与外部共同制定

总之，随着新课程改革的发展，自主、合作、探究的学习方式得到了广泛的认同和采用，对于转变学生学习方式起到了积极的促进作用。但是实施过程中也出现了一些不容忽视的问题，归纳起来有两类：一类是形式化。即追求形式主义，重现象不重本质，重形式不重内容。在教学中活动很多，课堂热闹，而学生获得的内在体验很少。二是绝对化。即把自主、合作、探究当作学习的独有方式，对原来的学习方式一概否定，似乎只有运用自主、合作、探究的方式学习，才会是成功的学习，才值得肯定和赞赏。因此，全面客观地看待各种学习方式，正确认识各种学习方式的长处和缺陷，是我们转变学习方式必须注意的问题。

第三节 思想政治（品德）学习的方法

我国著名教育学家叶圣陶先生曾经说过："讲，都是为着达到不用讲，教，都是为着用不着教。"教育的目的是教会学生学习。因此，我们在研究思想政治（品德）教法的同时，也应研究思想政治（品德）的学法，教学生学会学习。

一、计划法

"凡事预则立，不预则废。"学习首先要制订科学、合理的学习计划。这是保证学习成效的重要前提之一。学习计划一般包括两个方面：一是学习内容的合理安排；二是学习时间的合理分配。在制订学习计划时要注意以下两点。

1. 学习计划要切实可行

学习计划的制订要从自己的实际出发，符合自己的学习水平和学习能力，这样学习计划才会切实可行。计划内容不能定得过高，超出了自己已有水平，不仅完不成计划还会打击自信心；计划定得过低，轻松地完成计划，学习内容没有完成，自己的学习水平也得不到提高，这两种计划都是不可行的。因此，制订学习计划，首先要根据自己的实际学习情况把学习内容大致规划一下。学习计划既要有总的目标计划，又要有具体的目标要求，包括：学年计划、学期计划、月计划、周计划、日计划、一天当中的时间分配、每段时间学习什么内容等。制订计划应尽可能具体,尽可能定量化,笼统的不具体的计划是很难起到指导作用的。

2. 学习计划要灵活机动

首先,学习计划要有弹性,不应安排得过满,应留出一定的机动时间以应付偶然的情况。情况变了,计划也要相应做出调整,比如提前、挪后、增加、删减等。要善于随时间调整和修改计划,始终使学习时间和学习精力留有余地。

其次,每个人的最佳时间,即头脑最清醒、精力最充沛、记忆力最强的那段时间是不一样的,每个学生要根据自己的实际,找准自己每天中的最佳时间,保证这段时间不受干扰,以给这段时间安排较多、较难的学习任务。

二、听课法

听课是学生获得各种知识的主要渠道。课堂听课效果好坏,是提高学习效果和质量的关键所在。听课的方法有很多,以下介绍几种,供参考。

1. 专心听课法

专心致志,集中精力听课,这是听好课的前提。专心听课要做到"五到":耳到、眼到、口到、手到、心到。

"耳到"就是要注意用耳朵听,听教师的讲授,听同学的提问,听大家的讨论,听同学的不同见解,听教师的答疑等。

"眼到"就是要注意用眼睛看,认真看教材,看必要的参考资料,看教师的表情、手势,看教师的板书,也可以看优秀同学的反应等。

"口到"就是要注意发言,如复述教师讲的重点,背诵重要的概念、定理,朗诵教师指定的段落,回答教师的提问等。

"手到"就是要注意用手记,记教师讲授的重点,抄有价值的板书,画教材上的重点难点,批注学习中的感想等。

"心到"就是要用心思考,对接触的知识、提出的问题等积极思考。

2. 疑问听课法

疑问听课,即带着疑问听课。学贵有疑,在某种意义上讲,学习的过程实际上就是从生疑到解疑的过程。宋朝朱熹说过:"读书无疑者,须教有疑,有疑者却要无疑,到这里方是长进。"预习时产生疑问,在课堂自学、讨论和教师启发讲解中逐步解决,同时又产生新的疑问,再进一步解决。一个个疑难问题的产生和解决,就会使学习进一步深化,质疑能力进一步提高。

3. 对比听课法

对比听课,就是在听课时注意运用对比的方法,通过比较,加深对所学知识的理解和掌握。对比有多种形式,常见的有两种:一种是回忆自己预习时的理解,和教师课堂讲解相比较,找出差距,补充或订正自己的认识,加深对学习内容的理解;另一种是走在教师讲课的前面,提前进行设想,如果我讲这篇课文该如何下手,然后和教师的方法相比较,看看两者有何异同,我的方法比教师的方法烦琐还是简便。

4. 选择听课法

即善于抓住重点、难点、关键点、结合点等听课。如新课开头,由旧知识引入新知识,是新旧知识联系的联系点;有些内容,与社会现实紧密联系,是理论与现实的结合点等,对这些内容要注意听。在听课中,保持注意力有张有弛,用脑效率高比整节课高度注意,效果会更好。

5. 强力刺激听课法

即听课要打瞌睡或大脑疲倦时,可用强力刺激法来振奋精神。如通过揉眼睛、擦鼻子、抹嘴巴、扯耳朵以提神醒脑,也可以根据眼保健操、健脑操的要求按脸部或脑部穴位,用穴位的酸胀感驱散瞌睡和疲劳。

三、复习法

复习是在学生已经初步掌握所学内容的基础上进行的学习活动。复习的目的,一是使学生学过的知识更加系统化、条理化、深入化;二是查漏补缺。复习的方法有很多,下面介绍几种有效的复习方法。

1. 及时复习法

学生在学完一定教学内容后,有目的地及时复习和巩固知识的学习方法。其优点在于可加深和巩固对教学内容的理解,防止通常在学习后发生的急速遗忘。根据遗忘曲线,识记后的两三天,遗忘速度最快,然后逐渐缓慢下来。因此,对刚学过的知识,应及时复习。随着记忆巩固程度的提高,复习次数可以逐渐减少,间隔的时间可以逐渐加长。

及时复习,特别强调要"及时"。趁热打铁,学过即习,方为及时。可以考虑设计多种练习题型,从不同角度提出问题,调动学生积极思维,使所学知识在头脑中留下痕迹,形成记忆,达到理解、掌握教材之目的。切忌在学习之后很久才去复习,这样,所学知识会遗忘殆尽,就等于重新学习。

2. 循环复习法

循环往复,不断重复,加深理解与记忆的一种复习方法。这种方法可用于固定的内容的复习,也适用于累加知识的复习。比如,多次复习一章、一单元或一本书的内容,每次复习都不是简单机械地重复,而是螺旋式上升,不断获得新收获。学了第一节,及时复习;学过第二节,再将第一、二节的内容全部复习一遍,如此类推,建立新旧知识间的联系,提高熟练程度。

循环复习法在功效上优于及时复习法,可以弥补其零散、不系统的缺陷,加强知识的内在逻辑性、系统性。循环复习法又具有一定难度,要求学生从概念、原理的掌握,到应用理论,联系实际,做到每增加一次复习,对于能力培养和知识掌握就是一个提高。

3. 尝试回忆自我检测法

"尝试回忆"是心理学术语,也叫"试图回忆"。在材料还没有完全记住之前,合上书本尽力回忆学习材料,这种复习方式叫试图回忆。尝试回忆时,进行着各级主动的心智活动,看到成功会有成功感,激起进一步学习的动机,有利于识记的进行;同时它又是一个自我检查的过程,能了解教材的重点和难点,明白哪些已经记住,哪些尚未记住,有助于更好地分配复习时间,有针对性地采取补遗复习。尝试回忆自我检测法简单易行,无须教师指导和事先制订周密的计划,也不需要特殊条件和设备,比较容易掌握,学生可独立运用。

四、自学法

自学是学生自觉、主动进行的学习活动,包括没有教师指导的自学和有教师指导的学生独立的学习。

自学是一项复杂的学习活动,要确立自学目标,制订自学计划,科学安排时间,掌握运用自学方法,学会积累资料和使用工具书等。一般来说,以下几点尤其值得注意。

1. 反复阅读

按自学要求,熟读教材,把握教材基本内容。一般对学习内容至少读四遍。第一遍求"粗",即对课本内容和逻辑结构作粗线条的了解,并解决有关预习题目;第二遍求"细",即逐字逐句,逐行逐段,细心阅读,慢慢体味、琢磨,理解弄通教材的具体内容;第三遍求"点",主要对重点、难点、关键点进行阅读,对重点、难点、关键点有比较深入的了解;第四遍求"深",对学习内容进行综合分析,对照目标,检验自学效果,力求将书本上的知识变成自己的知识。

2. 深入思考

思考是自学的核心。积极思考的过程,就是理解、掌握知识的过程。只有边读边思,熟读精思,才能钻深读透,了解精髓,掌握要旨,增强记忆。经过思考,真正理解的东西才不会轻易遗忘。因此,要求学生自学时,阅读教材重在理解,动脑思索。

3. 设疑置问

为了全面、深刻地理解教材,开阔思路,扩大视野,对疑难之处就要问。在自学教材时努力做到大胆质疑,敢于提问;虚心好学,不耻下问;抓住关键内容,经常发问。问了再学,学了再问,养成勤于思考,善于探讨,勇于解惑的习惯,提高自学能力。

4. 动手演练

自学教材过程中读了、思了、问了,掌握了基本理论,还必须动笔练一练,记一记,写一写,勤动笔墨,加强演练,是强化记忆、提高运用技能的重要手段。

在学生自学中,教师首先要建立一种新型的师生关系,要营造出民主和谐的宽松的教学氛围,给学生以更多的学习自主权,鼓励他们独立学习。其次,要保证学生一定的自学时间。课前要给学生留出一定时间预习;课间教师不能一讲到底,要让学生有一定时间去思考和讨论;课后要给学生时间和条件对学习内容进行巩固和升华。最后,要帮助学生树立大教材观。自学不要仅局限于课本,要引导他们通过看电视新闻、广泛涉猎书刊报纸等,学会运用大量鲜活的现实材料去佐证教材中的基本观点,同时也要学会运用书本中的知识解决实际生活中的问题,尤其是人们普遍关注的热点问题。

第四节 思想政治(品德)学习的指导

一、思想政治(品德)学习指导的意义

思想政治(品德)的学习指导,是指思想政治(品德)教师向学生传授有关学习的知识,帮助学生形成正确的学习观,调动学生学习思想政治(品德)课程的积极性,引导学生掌握学习思想政治(品德)课的方法,培养学生的学习能力,促进学生的学习发展。

加强思想政治(品德)的学习指导具有十分重要的意义。

(一)加强学习指导是时代发展的要求

现代社会是一个高速发展、充满竞争的信息社会,不仅知识信息量大,而且知识更新速度很快。任何人要跟上时代发展的步伐,只有不断地学习;任何人要在竞争中立足,也需要不断地学习。于是,"学会学习"成为时代特征,学习指导便成为时代的要求。

同时,随着知识经济时代的到来,多数的人将在多数的时间从事知识的生产、传播和使用。知识化劳动者将成为社会劳动力的主体,知识劳动将成为多数人谋生的基本手段。于是学习成为一种生存手段、一种生活方式。加强学习指导,指导学生创造性地进行学习,提高吸收发现新知识、新信息和解决新问题的能力,也是为迎接和处理未来时代发生的日新月异的变化做好准备。

（二）加强学习指导是实现思想政治（品德）课程目标的要求

中学阶段强调要使学生具有终身学习的愿望和能力。思想政治（品德）作为中学的主要课程之一，也必须关注学生的终身发展。如《普通高中思想政治课程标准（2017年版）》就明确指出："引导学生形成正确的世界观、人生观、价值观"，"用马克思主义基本立场、观点和方法，观察事物、分析问题、解决矛盾；解放思想、实事求是，对经济、政治、文化、社会和生态文明建设的实践，作出科学的解释、正确的判断和合理的选择；感悟人生智慧，过有意义的生活"等。这些目标要求是需要学生通过思想政治（品德）课程的学习来实现的。面对这些目标要求，学生可以通过自己的感悟来解决，也可以通过学生之间的合作交流来解决，但更重要的是需要通过教师的引导来解决，教师的角色地位要求教师应该承担起对学生进行学习指导的责任。

（三）加强学习指导是思想政治（品德）课程改革发展的要求

思想政治（品德）新课程改革强调发挥学生的主体作用，突出创新精神和实践能力的培养，强调要关注学习的过程与方法，努力使学生由过去的"学会"转变为"会学"。因此，思想政治（品德）教师要更新教学观念，转变教学方式，倡导开放互动的教学方式与合作探究的学习方式。适应这种要求，教师必须摆正自己的角色，让自己成为学生学习的帮助者、引领者和促进者，指导学生在多元学习方式下，实现自主思考、探究发现，学会获取知识和解决问题的方法。

（四）加强学习指导是解决学生学习问题的要求

学习是学生的主要生活内容，学习是否成功和愉快，对学生有着重要的影响。在现实的学习生活中，学生在学习上存在着一些比较普遍的问题，比如缺少科学的学习方法，没有良好的学习习惯，自我监控能力差，学习态度不端正等，这些问题严重影响着学生的学习质量。要解决学生学习中存在的这些问题，就需要教师加强学习指导。通过学习指导，可以帮助学生端正学习态度，养成良好的学习习惯，掌握科学的学习方法等，使他们懂得为什么要学、怎样学，从而提高学习效率。

二、指导学生学习思想政治（品德）的策略

（一）指导学生确立正确的学习观

学习观是学生关于学习目的总的看法和观点。学习观不同，学生在学习活动中所采取的行为也有所不同。适应社会的进步和时代的发展，教师必须指导学生转变旧的学习观，确立新的学习观。

1. 指导学生确立终身学习观

资料卡片9-7

终身学习

终身学习是指社会每个成员为适应社会发展和实现个体发展的需要，贯穿于人的一生的、持续的学习过程。简单地说，就是：活到老，学到老。

"终身教育"自20世纪60年代中期提出以来，在联合国教科文组织及其他有关国际机构的大力提倡、推广和普及下，已经成为一个极其重要的教育理念在全世界广泛传播。许多国家在制定本国的教育方针、政策或是构建国民教育体系的框架时，均以终身教育的理念为依据，以终身教育提出的各项基本原则为基点，并以实现这些原则为主要目标。根据终身教育理论，学校教育不是终结性教育，而是终身教育的起点，是为继续学习打基础、做准备的。

俗话说：活到老，学到老。终身学习是当今社会发展的必然趋势。我们要在中学生中树立终身学习的观念，更有着重要的社会意义。

第一，终身学习是适应社会急剧变化的客观需要。社会总是在不断地发展变化，但从没有像今天变化得这样快。过去需要几代人才能实现的变化，现在不需要一代人，甚至只需要几年时间。在这种急剧变化的社会里，人们自少年时所形成的知识基础、思想观念、思维方式等往往跟不上时代的变化。现实迫使人们要不断地做出新的认识和判断，尽快获得认识和解释新事物、新现象的能力。唯有坚持学习，才能跟上时代发展的步伐和节奏，保持与时代同步。

第二，终身学习是面对知识爆炸性增长的必然选择。伴随着以数字化、网络化为特征的现代信息技术的突飞猛进，新知识呈现出爆发性增长趋势。不断革新的计算机与光纤网络通信、卫星远程通信相结合，将知识编码、储存、传输、扩散的速度极大地提高，方式极大地简化，成本极大地降低。知识量猛增，而知识的更新周期愈来愈短。这就要求每个人都必须把学习贯穿自己的一生，活到老，学到老。

第三，终身学习是经济发展对劳动者的迫切要求。在社会主义市场经济体制逐步完善的今天，新技术、新产品和新的项目层出不穷，评价劳动者就业能力的标准在不断提高。一方面失业在增加，另一方面又有许多工作岗位找不到合适的就业者。避免自己陷入结构性失业的唯一出路，就是不断地学习，不断地提高，让就业的过程成为一个永无停止的学习、提高的过程。

2. 指导学生确立主动学习观

学习活动要满足每个学生终身发展的需要，培养学生终身学习的愿望和能力，这必然要求学生改变原有的单一、被动的学习方式，形成主动学习的观念。被动学习不是学生发自内心地对知识的渴望，而是迫于各方面的压力，把学习当作不得不完成的任务甚至是一种负担；主动学习观则要求学生以积极主动的态度进行学习，把学习当作一种需要和快乐。指导学生确立主动学习观，要求教师帮助学生由"要我学"的思想向"我要学"思想转变，要求教师根据实际情况，从学生实际需要出发，激活学生学习的内在动力，提高学生的学习兴趣，使学生想学、愿学、乐学。

（二）激发学生学习思想政治（品德）的动机

在心理学中，动机是指引起和维持个体的活动，并使活动朝向某一目标而展开的内部心理过程或内部动力。学习动机是发动并维持学生进行学习活动的一种内部动力。学生学习思想政治（品德）的动机是指推动学生学习思想政治（品德）活动的内部动因。学习动机多种多样，按其性质、影响范围和作用时间来分，有正确的动机和错误的动机，高尚的动机和卑下的动机，长远的间接的动机和短近的直接的动机。

资料卡片9-8

中小学生的学习动机[①]

中小学生的学习动机主要包括三个方面：认知内驱力、自我提高内驱力和附属内驱力。

认知内驱力是直接指向学习任务的动机，是求知的欲望。

自我提高内驱力是指向学生在学生群体中地位的动机，是获得荣誉、受到尊重的欲望。

附属内驱力是指向学生附属的长者（如家长和教师）对自己评价的动机，是希望获得长者的赞许和赏识的欲望。

---

① 陈原德.基础教育新概念——有效教学[M].北京：教育科学出版社，2000：71.

不同的学生虽然具有不同的学习动机,但无论哪种学习动机,基本都是由学习需要和学习期待两部分构成。学习需要是学生追求学业成就的一种心理倾向,它起到驱力的作用,是学生从事学习活动的根本动力,因而是动机结构中的主导成分。学习期待是学生对学习活动所要达到的目标的一种认识或主观估计,是学习目标在头脑中的反映。学习目标多种多样,有长远目标与短期目标、远大目标与具体目标、内在目标与外在目标等。学生可能同时有多种学习目标,无论哪种形式的目标都会使学生产生相应的期待,并产生定向的学习行为。学习需要与学习期待是相互关联、相互制约的。一方面,学习需要是产生学习期待的前提之一,学习需要与学习环境相互作用产生学习期待;另一方面,在学生与环境的交互作用中,学生通过认知活动形成关于某种目标的新的期待,并产生新的学习需要。

学习动机对学生的学习有重要作用,主要表现在以下几个方面:第一,使学生的学习行为朝向具体的目标。具有某种学习动机的学生经常自己设定某种目标,并使自己的行为朝向这些目标。第二,激发并维持学习活动。学习动机决定了学生在学习中投入的热情和努力的多少。研究表明,学习动机决定了学生在多大程度上能主动从事学习活动并坚持完成,学生更愿意做他们想做的事并能克服困难坚持完成。第三,提高信息加工水平。根据信息加工理论,动机影响着加工何种信息以及如何加工的问题。具有学习动机的学生注意力更集中,而注意在获取信息以进入长时记忆中起到关键作用。另外,该类学生在需要时更容易通过其他途径来促进对某一任务的完成。第四,导致学习行为的改善。这是学习动机作用的最终体现,良好的、适当的学习动机最终将促进学生学习行为的改善,提高学习能力。

那么,怎样激发学生学习思想政治(品德)的动机呢?

(1)帮助学生制定恰当的目标。心理学中期待理论的基本主张认为,个体力求成功的努力程度取决于他们对奖励的期望。这给我们一个启示,教师对学生的期望要适度。太高的期望容易让学生产生畏惧,动机就会较弱,而过低的期望会使学生认为任务简单,无需努力也可以获得一个满意的成绩,这样学习积极性也不会高。因此,教师要帮助和指导学生确立合适的学习目标,当教师要求学生为远期目标而学习时,必须在实现远期目标的过程中,建立一系列的短期目标,从而激发学生学习的动机。

(2)力求教学生动有趣。相对来说,思想政治(品德)课程内容比较抽象枯燥,学生可能会觉得单调无味,因此,教师在教学中,要采取各种方式和途径,使教学变得生动有趣,激起学生的求知欲望和保持学生的好奇心。例如,创设各种教学情境,把学习的内容以故事、竞赛、实验、观察等新颖形式展现出来;结合教学内容实际引导学生从已有知识经验出发参与学习过程,使学生处于主动地位,真正做学习的主人;积极引导学生参与教学活动,使学生在学习中体验成功的愉悦等。

(3)教师应该合理地使用强化手段。行为主义动机理论的观点认为,人的某种行为倾向是由先前刺激与反应联系决定的,利用强化刺激可以改变行为倾向。如果学生因学习得到强化(如取得好成绩、教师和家长的赞扬),就会有较强的学习动机;如果学生的学习没有得到强化(没有取得好分数和赞扬),就会缺乏学习的动机;如果学生的学习得到了惩罚(如遭到同学的嘲笑),则会削弱学习的动机。根据这一理论,教师应该合理地使用强化手段,经常对学生的学习予以奖励和肯定,对学习存在的问题也要进行适当批评和惩罚。一般来说,应该多表扬和鼓励,少批评和惩罚。为了避免学生的抵触情绪,教师对学生评价要求客观公平。

激发学生的学习动机的方法还有很多,需要我们不断去探索和积累,用有效的方式方法培养、激发、强化学生的学习动机。

(三)提高学生学习思想政治(品德)的兴趣

俗话说:"兴趣是最好的老师。"学习兴趣是推动学生学习的一种重要的心理因素,它可以激发学生的学习积极性,保持愉快的学习心情,增强克服学习困难的勇气。因此,思想政治(品德)教师应该有针对性地提高学生的学习兴趣。激发学生学习思想政治(品德)的方法有以下几种。

(1) 以情激趣。学生对学科有兴趣,首先,要对学科教师有兴趣。在教学中,思想政治(品德)教师要尽量使自己成为学生的"良师益友"。给学生善意的微笑,对学生尊重,给学生关怀等,用心去换心,用情去换情。只有得到学生的认可和尊重,学生才会产生学习思想政治(品德)课程的兴趣。其次,创设教学情境,发掘教材中的动情之处。能够把学生引入情境,去体会情节,明白情理,开拓情怀,陶冶情操,学生自然会对思想政治(品德)课程产生浓厚兴趣。

(2) 以疑激趣。古人云:"学贵知疑,小疑则小进,大疑则大进。"有疑问,才有学习的内驱力。人类的思维活动往往是由于要解决当前面临的疑难问题而引发的。在思想政治(品德)教学中,教师要善于创造问题情境,提出疑问,设置陷阱,使学生感到神秘、困惑,以此来点燃学生思维的火花,激发学生的兴趣。同时要积极引导、启发想象,鼓励他们敢想、敢问,努力解决疑问,破除陷阱,这样,学生又会从成功的喜悦中看到了自己的力量,增强学习的信心。

(3) 以奇激趣。所谓"奇",就是某一事物所表现的状态异乎寻常,大大超乎人们的想象和原有的经验,这种新的刺激与原有认知之间的极大反差,引起人们的高度兴奋,产生质疑和释疑的强烈冲动。好奇心人皆有之,尤其是中学生,好奇心特别强烈,如果教学能够出奇制胜,无疑能迎合学生的好奇心理,激发学生极大的兴趣,并以好奇心为动力,推动学习活动的进程。以奇激趣的具体途径很多,如新奇的教学设计、奇妙的教学语言、奇异的事物、奇怪的现象、奇特的活动等,都会调动学生的好奇心,把学生引向趣味盎然的学习境界。

(4) 以需激趣。教育家鲁宾斯基说:"对于形成任何一种能力,都必须首先引起对某种类型活动的十分强烈的需要。"所以,需要是产生动力的源泉。要激发学生学习思想政治(品德)的兴趣,必须符合学生需要。首先,教学内容要贴近学生生活实际,符合学生生活需要,应该是学生想要的、能惠及学生终身发展的内容;其次,要引导学生进行知识的运用。知识的生命力在于广泛的运用。教学中,教师如果能有意识地、经常地引导学生把所学的知识运用于分析各种社会现象,解决现实的社会问题,使学生看到知识的力量和价值,自然能够激发学生的学习兴趣,增强他们的求知欲望。

(5) 以新激趣。美国心理学家赫尔森认为:对于一种刺激重复多次而达到一定的水平后,便失掉它开始时引起兴趣的效力。因此,思想政治(品德)教学不能拘于一格,墨守成规,要不断有新的内容、新的方法、新的角度、新的设计、新的手段等,以"新"来吸引学生,引发学生学习兴趣。就如教学内容,思想政治(品德)课有自己的教材,但教材内容不等于教学内容。思想政治(品德)课有很强的时代性,教师必须随着社会的进步和时代的发展,随时调整和处理教学内容,使教学内容具有新的时代特点。

此外,成功激励、榜样引导、活动参与、幽默运用等,也都是激发学生学习兴趣的好途径。

(四) 锻炼学生学习思想政治(品德)的意志

意志是指人们根据一定的立场观点信念,为实现某种目标而进行的各种努力行为的心理状态。作为一种巨大精神力量,它既调节人的外部行动,又调节人的内在心理,是人们认识、改造客观世界和主观世界,发展能力,走向成功不可缺少的心理素质。意志力强,会具有较强的持久力和韧性,也会有较强的自信心和不怕困难的精神。学习是一件很艰苦的事情,而且学习过程中会遇到很多困难和问题,因此,锻炼学生的学习意志,对学生的学习发展具有重要意义。

锻炼学生的学习意志,要注意做好以下两点。

(1) 引导学生正视现实,培养自制力。自制力即自我控制的能力,是对自己的情绪、行为进行管理、克制的能力。自制力是意志发展的基础。学生自我控制的内容包括:第一,生理控制。人的身体总有许多不适,学生应有控制这些不适的能力。第二,心理控制。例如,情绪会影响学习,因此,学生不应被自己的情绪所控制,而应反过来控制自己的情绪。第三,外部环境控制。学生在学习过程中,会遇到许多意想不到的变化了的环境,如教师的更换、教室的变化、同学的变化等。面对变化的环境,学生应加强自控,尽快适应环境,不能在环境的变化面前无所适从,导致学习发生波动。

(2) 教育学生直面挫折,培养持之以恒的意志力。学生在学习过程中,经常会遇到许多困难,如阅读方面的困难、理解方面的困难、学习方法上的困难等等。有困难是正常的,出现困难之后,学生能否以正常的心态去克服它,这是问题的关键。因此,教师应使学生明确这样一个道理:在困难面前是锲而不舍,坚持不懈,还是锲而舍之,半途而废,这是意志是否坚强的试金石。每个人在学习过程中都会遇到困难,不要被眼前的困难所吓倒,应分析原因,努力克服它。教师要有意识、有计划地采取相应措施来强化学生学习意志力的培养,包括可以组织学生确立个人目标,树立成功的信念,在完成各个阶段的学习任务中强化意志品质等。学生学习意志的锻炼,需要持之以恒,坚持不懈。

(五) 培养学生学习思想政治(品德)的能力

学习能力是学生在学习过程中表现出来的一种效能性特征,也是学生运用科学的学习方法去独立地获取信息、加工和利用信息、分析和解决实际问题的一种个性特征。它既是学生学习的结果,也是进行学习的基础。学习的能力有很多,在此,我们主要介绍两种:创新思维能力和解决实际问题的能力。

1. 培养学生创新思维能力

首先,转变教育观念是培养学生创新思维的前提。我们主要应从三个方面转变观念:一是转变"权威观念",营造民主的学习氛围,这样,学生才敢于在思维上求新求异,形成创新思维品质。二是转变"解惑"观念,引导学生对某些现象进行纵深思考,引导学生进行求异思维、发散思维,变换角度和思路去发现问题、分析问题、解决问题。三是转变"唯卷唯分"的观念,注重学习过程和创新思维成果。

其次,鼓励学生质疑问难,寻根究底。"学起于思,思源于疑。"问题意识是思维的动力,是创新的基石。强化学生的问题意识是培养学生创新思维能力的起点。我国中学生的问题意识比较薄弱,典型表现为两类:其一是不敢或不愿提出问题;其二是不能或不善于提出问题。因此,必须创设良好的教育环境和气氛,采用启发式教学,精心设置问题情境,激发和培养学生的问题意识,促进创新思维的发展。

最后,启发学生大胆想象,培养学生的发散思维能力。想象是创新的翅膀,它可以帮助学生冲破现有知识经验的局限,帮助学生深刻地理解教材。著名物理学家爱因斯坦说得好:"想象力比知识更重要,因为知识是有限的,而想象力概括着世界上的一切,推动着进步,并且是知识进化的源泉。"我们应在教学中利用一切可供想象的条件,激发学生的想象力,拓展思维空间,实现创新思维的飞跃和突破。

2. 培养学生解决实际问题的能力

学生学习知识的目的不在于记忆,而在于理解和运用。一方面,要学会运用马克思主义基本原理解释和说明现实问题,另一方面,要学会用现实的新材料、新问题、新变化来阐述和论证理论。解决实际问题可以遵循这三个步骤:第一,分析问题。实际问题往往具有复杂性,不仅要全面了解和把握,更要抓住重点。第二,寻找解决问题的知识。用什么知识去解决问题,关系到能否正确解决所提出的问题。在寻找知识的过程中,如果学生能够通过所学推理出需要的知识,则他们已经基本具备了解决实际问题的能力。第三,建立解决实际问题的途径,也就是如何去解决问题。在解决实际问题中,要遵循逻辑,并且尽最大努力去寻找更多更好的解决手段。

(六) 指导学生掌握思想政治(品德)的学习方法

毛泽东曾经说:"我们不但要提出任务,而且要解决完成任务的方法问题。我们的任务是过河,但是,没有桥或没有船就不能过。不解决桥和船的问题,过河就是一句空话。不解决方法问题,任务也只是瞎说一顿。"同样,在思想政治(品德)学习中,学习方法也极为重要。可以说,良好的学习方法是学习取得成功的重要条件。在现实的思想政治(品德)教学中,有的同学学习轻松,效果很好;而有的虽然学习刻苦,费时多,费力大,但仍然感到学习很困难,效果也不好。究其原因,除了学生的基础有差别以外,学习方法是否得当是一个重要的原因。

学生正确的学习方法可以通过多种途径获得,如自己在学习中总结、从书上学得、从同学那里取得等,但最重要的是在教师的指导下获得。在思想政治(品德)教学中,教师必须加强学习方法的指导。这是因为:第一,加强学习方法指导是社会发展的需要。随着社会的快速发展,当今社会处于一个知识与信息爆炸的时代,世上的知识浩如烟海,知识更新的速度也大大加快。在有限的时间内,教师不可能把所有知识都教给学生,学生也无法学完所有知识,教师最好的办法就是激发学生的求知欲望,教会学生学习的方法。第二,加强学习方法指导是学生终身发展的需要。终身学习是现代学习的重要理念,是世界教育发展的潮流。中学教育作为基础教育,要为学生未来走进社会,不断进行新的学习奠定基础。显然,加强学习方法指导,将使学生受益终身。第三,加强学习方法指导是教学改革发展的需要。随着教学改革的发展,学习方法及其指导越来越受到关注,尤其在新课程改革中,知识获取的过程与方法成为课程与教学的重要目标之一,而且比知识与技能目标更重要。第四,加强学习方法指导是教师全面完成教学任务、提高教学效果的需要。一方面,教学本身就包含教与学两方面,教学方法包括教师教的方法,也包括学生学的方法。因此,教师理应注重学习方法的指导。另一方面,学生是学习的主体,教师只有使学生掌握科学的学习方法,才能使学生的学习取得好的成效,也才能更好地完成教学任务。

教师对学生的学习方法指导,可以通过多种方式进行。总结有关的经验,主要有以下几种方式:第一,进行学习方法讲座。思想政治(品德)教师以科学的学习方法理论为指导,通过收集整理学生的学习经验和体会,有针对性地对学生进行学习方法讲座。这种学习方法指导具有系统性、集中性的特点,能使学生对思想政治(品德)学习方法有大致的了解和整体的把握。第二,开展学习方法交流。在学习过程中,学生通过摸索,会形成很多好的学习方法,通过组织学生之间的相互交流,可以使好的学习方法得到推广。第三,在教学中渗透学习方法的指导。例如,在教学中,寓学法于教法之中,以恰当的方法去分析问题,以合理的步骤去组织开展活动等,使学生在潜移默化中领悟到学习方法及其操作要领。

(七)帮助学生养成良好的学习习惯

国内外教学研究统计资料表明,对于绝大多数学生来说,学习的好坏,20%与智力因素相关,80%与非智力因素相关。而在信心、意志、习惯、兴趣、性格等主要非智力因素中,习惯又占有重要位置。古今中外在学术上有所建树者,无一不具有良好的学习习惯。帮助学生养成良好的学习习惯,是教师的应有职责。

1. 专心致志的学习习惯

一心不能二用。专心致志,包括两个方面的内容:一是要致力于主攻方向不分神。就是在一定时期内紧紧围绕主攻方向,安排学习内容,除学校组织和提倡的健康活动外,一切与主攻方向相悖的,或不相关的事情都尽量不要涉足。二是全神贯注不溜号。上课时要全神贯注地听讲,做作业时聚精会神地思考。在学习时,对于一切与学习无关的事情能够做到听而不闻,视而不见。

2. 严格执行学习计划,定时定量学习的习惯

严格执行学习计划,定时定量进行学习,是实现学习目标、完成学习任务的关键。

定时学习是完成学习计划的前提。定时学习,包含两层意思:一是每天必须保证必要的学习时间;二是到了该学习的时候马上学习。人脑也像机器一样,功率是一定的,不可能在极短时间内把大量的学习内容输入到大脑里去,因此,学习需要安排足够的时间。

定量学习是完成学习计划的保证。没有量的积累,便不会有质的飞跃。定量学习,也包含两层意思:一是必须完成作业,把所学的课堂教学内容弄懂弄通;二是复习领悟,使以前所学的知识融会贯通,运用自如。

3. 关心时事政治的习惯

时事政治主要是国际、国内形势发展的状态和趋势,以及党和国家的路线、方针和政策。它不仅能使学生透过这扇"窗口"了解国内外大事,而且能理论联系实际,提高学习质量。特别是思想政治(品德)的学习,更要求学生关注时事政治。

(八) 引导学生有效利用思想政治(品德)学习资源

思想政治(品德)的学习资源非常丰富,能否有效地充分利用,影响到思想政治(品德)学习的成效。在这方面,教师尤其要指导学生注意以下三点。

1. 主动寻求他人帮助

在学习活动中,学生应确立"三人行,必有我师"的观念,多与他人交流和探讨,从中丰富知识,开阔眼界,启迪思维,获得有价值的学习方法。特别是在学习中遇到问题或困难时,更应有意识地寻求同学、教师或其他人的帮助,以更好地解决学习难题。

2. 有效地利用信息资源

在学习活动中,信息既是学生学习的重要内容,又是学生达成学习目标的重要工具。信息的载体是多种多样的,包括各类图书资料、各种计算机软件、光盘、图片资料等。教师应引导学生认识信息对学习的意义,了解各类信息的特点,教给学生获得信息的方法和途径,使学生能根据学习任务主动地去获得各类信息。

3. 善于选择学习环境

学习环境也会影响到学习的效率。例如,在一个嘈杂的环境下看书容易分心,影响看书的效果。因此,学生应有意识地选择和安排好自己的学习环境。当然,这里的学习环境不仅指物质环境,还包括心理环境,轻松、愉快、自信的心态,有利于正确面对学习中遇到的各种问题,完成学习任务,提高学习效率。

本章小结

1. 思想政治(品德)的学习是指学生在思想政治(品德)教师指导下,有组织、有计划、有目的、有步骤地获得思想政治(品德)学科的基本知识和技能,培养现代公民应有的思想政治和思想品德素质,并产生行为变化的过程。思想政治(品德)的学习具有区别于动物"学习"的人类学习的一般特点;也具有不同于人类一般学习的学生学习的基本特点;还具有不同于其他学科学习的自身特点。

2. 思想政治(品德)学习的过程既是知识学习的过程,也是道德提升的过程。不论哪一过程,都由若干阶段组成。根据学习的目标,思想政治(品德)的学习包括知识学习、能力学习和情感态度价值观学习三类。

3. 学习迁移是一种普遍的现象,广泛地存在于人们的学习活动中。学习迁移有多种类型,可以从不同的角度进行分类。影响学习迁移的因素也多种多样。

4. 转变学习方式是思想政治(品德)新课程改革的基本特征。学习方式是指学生在完成学习任务过程中的基本行为和认知的取向。学生的学习方式有多种,根据不同的标准,可以进行不同的划分。转变学习方式从根本上说,就是要倡导以自主、合作、探究为特点的现代学习方式,从传统的学习方式转变为现代学习方式。

5. 思想政治(品德)的学习方法很多,常用的主要有计划法、听课法、复习法、自学法等。

6. 思想政治(品德)教师要加强对学生的学习指导。加强学习指导是时代发展的要求;是实现思想政治(品德)课程目标的要求;是思想政治(品德)课程改革发展的要求;是解决学生学习问题的要求。

7. 在思想政治(品德)学习指导中,要指导学生确立正确的学习观;激发学生学习思想政治(品德)的动机;提高学生学习思想政治(品德)的兴趣;锻炼学生学习思想政治(品德)的意志;培养学生学习思想政治(品德)的能力;指导学生掌握思想政治(品德)的学习方法;帮助学生养成良好的学习习惯;引导学生有效利用思想政治(品德)学习资源。

本章思考题

1. 什么是思想政治(品德)学习?思想政治(品德)学习有哪些特点?
2. 怎样理解思想政治(品德)学习的过程?
3. 什么是学习迁移?影响学习迁移的因素有哪些?
4. 为什么要转变思想政治(品德)学习方式?新课程倡导的学习方式有哪些?如何转变学习方式?
5. 简要介绍自主学习、合作学习、探究学习的意义和特点,分析它们与传统学习方式的区别。
6. 简要介绍思想政治(品德)的学习方法。
7. 为什么要加强思想政治(品德)的学习指导?
8. 简要介绍思想政治(品德)学习指导的基本策略。

参 考 文 献

[1] 钟启泉,等.为了中华民族的复兴 为了每位学生的发展——《基础教育课程改革纲要(试行)》解读[M].上海:华东师范大学出版社,2001.
[2] 朱慕菊.走进新课程——与课程实施者对话[M].北京:北京师范大学出版社,2002.
[3] 王健敏.道德学习论[M].杭州:浙江教育出版社,2002.
[4] 刘强.思想政治学科教学新论[M].北京:高等教育出版社,2003.
[5] 谢树平,李宏亮,胡文瑞.新编思想政治(品德)教学论[M].上海:华东师范大学出版社,2006.
[6] 施良方.中学教育学[M].福州:福建教育出版社,1996.
[7] 姚梅林.学习规律[M].武汉:湖北教育出版社,1999.
[8] 乔炳臣.学习原理与方法[M].哈尔滨:哈尔滨工业大学出版社,2004.
[9] 楼江红.初中思想品德教学案例专题研究[M].杭州:浙江大学出版社,2005.

阅读视野

一、从"终身教育"到"终身学习"[①]

1949 年在丹麦召开的国际成人教育会议上,人类第一次在国际性学术会议上正式明确了终身教育的一些问题。

1959 年,在华盛顿召开的"世界教育工作者联合会"和 1960 年在加拿大蒙特利尔召开的"国际成人教育会议",向人们提出了在实践层面实施"终身教育"的一些原则。

1965 年,联合国教科文组织采纳了"终身教育"作为它的正式用语,标志着终身教育理念在世界范围内已经得到确立。

1970 年,时任联合国教科文组织终身教育科科长的保尔·朗格朗发表了《终身教育引论》,这是一本被公认为终身教育理论的奠基之作。

---

① 鲍道宏.从"终身教育"到"学习型社会"——国外"学习型社会"理论、理念和思潮发展脉络探析[J].福建教育学院学报,2008(1).有删减.

国际教育发展委员会从1971年3月开始,在一年多时间内先后举行了6次会议,对23个国家进行了实地考察,于1972年5月写成一份报告《学会生存——教育世界的今天和明天》。

这一时期,"终身学习"作为明确的术语尚未广泛使用,但是,"终身教育"的内涵,已经有了很大丰富和发展,从关注政府和社会给个人和团体提供教育服务、条件与机会,开始同时注重学习者自身内在的学习意愿、行为能力和习惯培养。

1976年,联合国教科文组织第19届年会结束时发表《关于发展成人教育的劝告书》。书中同时出现"终身教育"和"终身学习"术语,表明国际社会开始高度关注学习者个人在终身发展中的中心地位。

1990年,由联合国教科文组织、儿童基金会、开发计划署和世界银行联合发起和赞助,在泰国召开了"世界全民教育大会"。会议讨论并通过了《世界全民教育宣言——满足基本学习需要》和《满足基本学习需要的行动纲领》。

1996年6月,"国际全民教育论坛"在约旦安曼召开会议,论坛秘书处在会议结束之时撰写了《全民教育的目标实现》的报告。

1996年,经济合作与发展组织发表《全民终身学习》报告书。报告书明确指出,终身学习的目标在于促进个人发展、社会凝聚力与经济成长。终身学习必须为全体人员提供,每个人应具有均等的终身学习机会。终身学习更需要与生活及工作结合,为实现全民终身学习的理想,进而建立学习型社会,要充分利用所有的资源与教育经费,各政府决策部门之间也必须密切合作。自此之后,终身学习与全民教育交相辉映,更加受到经济合作与发展组织各会员国的重视,各国先后确定自己的全民终身学习策略。

1996年,国际21世纪教育委员会向联合国教科文组织提交了一份教育文献——《教育——财富蕴藏其中》,在序中明确提出,"把终身教育放在社会的中心位置上"。该委员会认为终身教育是进入21世纪的关键所在;终身学习这一概念是进入21世纪的一把钥匙。

1996年6月,在德国科隆召开的第25届世界主要先进国家首脑会议,把"学习型社会"的思想推到了一个新的高度。会议通过的《科隆宣言》指出:"构筑一个人人都具备必要的知识、技能和资格的'终身学习型社会'将十分重要。"

1997年,《汉堡成人学习宣言》提出"青年教育和成人教育应被视为一种终身的过程……使个人和群体能够掌握自己的命运,以迎接未来的挑战","最终的目标是要建立一个伸张社会正义和争取全民幸福的学习型社会"。

2004年4月1日,世界主要先进国家教育部长会议首次在东京召开,会议进一步就"学习型社会"的创建,阐明了自己的观点。

从这些重要的国际组织的决议、宣言或建议书里,我们可以清楚地看到,20世纪80年代之后,尤其是20世纪90年代以来,幼儿教育、基础教育、成人教育被纳入终身教育视野中去思考和规划;国际社会在继续关注国家、社区和家庭协调提供教育资源和教育环境之外,开始日益关注学习者自身的学习兴趣、能力、习惯和权力等问题,终身教育开始向终身学习方向发展,确保终身学习目标实现的社会形态开始清晰浮出水面,即建设一个学习型社会。在终身教育转向终身学习的趋势越来越强的时候,终身教育从一般社会实践活动开始转向政治化和法制化,政府通过立法等形式干预的力度不断加大。

1976年,美国制定《终身学习法》。1990年,日本国会通过《终身学习振兴法》。1998年,韩国通过《终身学习法》,并送韩国国会审定,1999年8月31日修改后以《终身教育法》公布,使韩国成为世界上第三个为终身教育专门立法的国家。1996年,欧盟将该年定位"终身学习年"。

二、现代学习方式的基本特征是什么?[①]

现代学习方式不是特指某一具体的方式或几种方式的总和,从本质上讲,现代学习方式是以弘扬人的主体性为宗旨、以促进人的可持续性发展为目的,由许多具体方式构成的多维度、具有不同层次结构的开放系统。认识和把握现代学习方式的本质特征是我们创造性地引导和帮助学生进行主动的、富有个性的学习的重要保证。

(1) 主动性

主动性是现代学习方式的首要特征,它对应于传统学习方式的被动性,二者在学生的具体学习活动中表现为:我要学和要我学。我要学是基于学生对学习的一种内在需要,要我学则是基于外在的诱因和强制。学生学习的内在需要一方面表现为学习兴趣,另一方面表现为学习责任。

(2) 独立性

独立性是现代学习方式的核心特征,它对应于传统学习方式的依赖性。如果说主动性表现为我要学,那么独立性则表现为我能学。每个学生,除有特殊原因外,都有相当强的潜在的和显在的独立学习能力,不仅如此,每个学生同时都有一种独立的要求,都有一种表现自己独立学习能力的欲望,他们在学校的整个学习过程也就是一个争取独立和日益独立的过程。

(3) 独特性

每个学生都有自己独特的内心世界、精神世界和内在感受,有着不同于他人的观察、思考和解决问题的方式。有效的学习方式都是个性化的,没有放之四海皆有效的统一方式。独特性同时也意味着差异性,学生的学习客观上存在着个体差异,不同的学生在学习同一内容时,实际具备的认知基础和情感准备以及学习能力倾向不同,决定了其学习速度和掌握它所需要的时间及所需要的帮助不同。现代学习方式尊重学生的差异,并把它视为一种亟待开发和利用的教育教学资源,努力实现学生学习的个体化和教师指导的针对性。

(4) 体验性

体验是指由身体性活动与直接经验而产生的感情和意识。体验使学习进入生命领域,因为有了体验,知识的学习不再仅仅属于认知、理性范畴,它已扩展到情感、生理和人格等领域,从而使学习过程不仅是知识增长的过程,同时也是身心和人格健全与发展的过程。体验性是现代学习方式的突出特征,在实际的学习活动中,它表现为:第一,强调身体性参与。第二,重视直接经验。

(5) 问题性

现代教学论研究指出,从本质上讲,产生学习的根本原因是问题。没有问题也就难以诱发和激起求知欲,没有问题,感觉不到问题的存在,学生也就不会去深入思考,那么学习也就只能是表层和形式的。所以,现代学习方式特别强调问题在学习活动中的重要性。一方面强调通过问题来进行学习,把问题看作是学习的动力、起点和贯穿学习过程中的主线;另一方面通过学习来生成问题,把学习过程看成是发现问题、提出问题、分析问题和解决问题的过程。

[①] 朱慕菊.走进新课程——与课程实施者对话[M].北京:北京师范大学出版社,2002:131-134.有删减.

第十章 思想政治(品德)教师的专业发展

本章学习目标

1. 了解教师劳动的特点和教师的基本职责,认识教师专业发展的重要意义;
2. 了解教师专业化的特点和历史演进以及基础教育新课程改革对思想政治(品德)教师专业素养的要求,培养思想政治(品德)教师的专业发展意识,逐步提高思想政治(品德)教师专业素养;
3. 掌握思想政治(品德)教师专业发展的基本途径,促进思想政治(品德)教师专业发展;
4. 结合新课程改革理念下教师专业发展所面临的挑战,探索思想政治(品德)教师专业发展的途径与方法。

问题序幕

教师专业发展的困惑与出路

师资问题是新课程改革中的一个重要问题,当前教师专业发展问题已经受到广大教育工作者的关注。在一场关于教师专业发展问题的讨论中,一些教师谈到新课程改革中所面临的困惑,也有部分教师提出了许多关于教师专业发展的意见和建议。

教师们所面临的困惑很多,例如:"课时少了,课程内容反而增加了。有很多新知识,特别是跟科技、时代发展密切结合的新知识进入课程内容,如果用常规教学方法无法完成教学任务";"教材变得太多,教学内容更新太快";"与学生的沟通越来越困难";"作为年轻教师,我们能够帮助学生学习知识和课程内容,却不知道怎样让学生去掌握;我们能让课堂气氛活跃起来,但一活跃就乱,而一统起来就失去生机"……

面对困惑与危机,一些教师也提出了很多好的建议:"时代在发展,知识更新的速度越来越快,教师以往掌握的很大一部分知识已经被淘汰,必须进行系统更新。面对这种情况,我们就要不断学习,不断探究,带着一种使命感去学习";"教师应具有职业需要的实践能力,比如分析、判断学生发展状况的诊断能力;提出能引发学生思考、探究问题的能力;面对问题时提出解决问题的设想和方法的能力;综合新观点和新思想的能力。这些都需要教师走出课堂,走进大自然,从大自然的隽永和宇宙的深邃中探寻人生教育的轨迹";"教师必须在不断学习中感悟教育的真谛,在反复实践中求取改革的精髓,在躬行研究中集聚智慧的光点";"教师专业发展很大程度上在于自我教育,自我反思。我想坚持读书,坚持写教育日记、教育随笔也是一条很好的路子";"教师专业发展的关键是教师的继续教育,应该有计划地让教师脱产进修,更新知识观念,以造就一支高质量的教师队伍"……

显然,新课程改革给教师带来了很大冲击,广大教师在新课程改革中有许多困惑,也对新课程改革理念下的教师专业发展充满了期待。广大教师为什么会产生这些困惑?怎样才能更好地走出困惑?要明确这些问题,我们必须了解教师和教师的专业发展。就思想政治(品德)教师来说,适应教师专业化发展的要求,应该具备哪些专业素养?如何实现思想政治(品德)教师的专业发展?这些更是值得我们关注的问题。

第一节　教师劳动的特点和教师的基本职责

一、教师劳动的特点

教师职业同其他职业相比具有其不同的特点,教师是特殊的劳动者,教师的劳动具有其自身的特点,主要表现为：劳动主体与工具的同一性；劳动对象的复杂性；教育活动的示范性；劳动过程的长期性；劳动量的隐含性；劳动技能的艺术性与创造性；劳动集体的协作性；等等。

资料卡片10-1

> 《中华人民共和国教师法》第三条规定：教师是履行教育教学职责的专业人员,承担教书育人、培养社会主义事业建设者和接班人、提高民族素质的使命。教师应当忠诚于人民的教育事业。

（一）劳动主体与工具的同一性

教师劳动的特点首先在劳动的主体（教师）与对象（学生）的特性中得以体现。从教师角度看,教师劳动的特质之一是劳动的主体与工具的同一性。所谓"主体与工具的同一性"是指劳动者本人既是劳动者又是劳动的工具。[①] 这一点与其他劳动有很大不同。例如,工人做工、农民种地,劳动者与劳动工具是分离的。但教师自身则是教育的工具,用自己的知识、人格来影响、教育学生。很多时候往往是"上所施,下所效",劳动主体与劳动工具无法分离。

劳动主体与工具的同一性决定了社会对受教育者的要求和期望必须首先经过教师的内化,然后再由教师运用一定的手段,把这些要求和期望传导到劳动对象身上。教师在传递教育内容给劳动对象之前,必须自己先接受它们、理解它们、掌握它们。教师在教学之前,必须把凝聚在教科书以及专门学科中的知识、智慧及潜在的能力、方法等转变为主体自身的知识、智慧、能力、方法。除此之外,在教师的教育活动中,教师的品质结构、个性特征、语言风格乃至行为习惯也充当了教育手段,构成了教师劳动手段的主体性系统。可以说,没有哪一项劳动对劳动者主体有这么多维度、多层面的要求。也正因如此,教师必须十分重视自身的提高与发展,以使自己适应社会对人才培养的要求,使自身素质与新课程改革的要求和学生全面发展的要求相符合。

（二）劳动对象的复杂性

在教育活动中,劳动者和劳动对象是交互感应的。教师劳动之所以特殊,除了和劳动实施者主体的因素有关外,还由于教师劳动的对象与其他任何劳动的对象都不同,具有主观能动性,呈现出高度复杂性。学生是活生生的人,每个人都有主观能动性,从而形成了各自不同的特殊的内心精神世界。教师面对不同面孔、不同智商、不同心理状态的学生,面对不同年龄段、不同基础、不同发展趋势的学生,怎样把国家的统一要求和社会的规范转化为每个学生的自觉行为,这无疑是十分复杂的。

教育对象的复杂性决定了学生不会简单地模仿教师,也不会无条件地接受教师的教诲,他们总是以独立体的身份,对教师的活动采取认同或排斥的态度。这样一来,教育活动便不是教师凭主观意志和个人能力所能操纵的,而是具有一定程度的不可控性。这便决定了教师不能把思想观念、道德规

[①] 檀传宝.教育劳动的特点与教师专业道德的特性[J].人大复印资料·教育学,2007(5).

范、文化知识等简单化地传授给学生,而要受到学生反应、态度的制约。因此教师在教育活动中,要全面把握受教育者身心的发展水平和思想活动状况,要真正把学生作为认识的主体、发展的主体、能动的主体,以达到促进学生充分全面和谐发展的目的。

(三) 教育活动的示范性

"师者,人之模范也。"教师的一言一行、一举一动,都在向学生传递着某种信息,影响着学生的发展。教师通过示范的方式,用自己的思想、学识和言行去直接影响劳动对象,这也是教师劳动与其他劳动的区别。正如苏联教育家加里宁所说:"教师的世界观,他的品行、生活,他对每一现象的态度,都这样或那样地影响着全体学生。"

教师教育活动的示范性,表现为教师将自身的各种特性作为手段去影响和感染劳动对象,以使受教育者的身心发生预期的变化。没有哪一种劳动具有像教师劳动这样强烈的示范性。之所以强烈,是因为:第一,它本身是客观存在的,而当教师意识到这种示范性并自觉地运用时,对教育活动产生的效能是难以估量的。第二,它持续的时间长而且连续。这种示范性不仅仅限于上课的几十分钟或某一学期内,它体现在教师教育活动的整个周期甚至更长的时间。第三,它涉及和影响的面广。这种示范性不只是体现在课堂上、校园中,它对整个社会的风气、习俗、文化都有一定的影响。教师劳动的这种示范性又源于学生的向师心理。这就要求教师在思想、道德、学术、言行,甚至衣着、仪表等方面以身作则,为人师表,要时时处处做学生的表率。

(四) 劳动过程的长期性

俗话说,"十年树木,百年树人",教师的劳动周期长、见效慢,完全区别于其他生产物品的劳动。为社会培养合格的人才,这不是三五年就能见效的事情。培养人这种劳动需要一个较长的周期,这便决定了教师劳动过程的长期性。其一,从学生个体的成长和进步来看,某一种思想意识和政治信念的树立,某一种道德习惯和期待行为的养成,某一种知识观点和理论体系的掌握,某一种专门技术和特殊能力的培训,以至某一缺点的克服,某一恶习的纠正,等等,都不是一朝一夕所能实现的,它需要教师以极大的毅力、以水滴石穿的精神、以耐心细致的工作去影响和感染学生;其二,从人的整体发展来看,一个专门人才的培养,少则十五六年,多则二十几年,它需要许许多多教师的坚持不懈的艰苦努力。"废寝忘食""呕心沥血"都不足以形容教师劳动的心血之耗费、神思之操劳。

(五) 劳动量的隐含性

别的工作尚有"八小时之外",还有特定的工作空间,教师的劳动在时间和空间上都是不确定的。中学教育的特点决定教师的工作难以定量计算,教师除上课外,还有批改作业、备课、课外学习指导、个别学生的特殊教育、家访、自身学习等"额外工作"。多数教师早出晚归,吃饭、午休、假期时还会有学生"请教",没有"加班补贴",也没有"咨询费""服务费",教师这种不计报酬的"隐性劳动"量是无法计算的。

教师劳动无限定的上下班界限,无划定的教育区域范围,教师为搞好教学,需要用一辈子的精力去备课上课,需要永不止息地探索。一名教师,要想真正为学生所欢迎、所喜爱,要想在自己所从事的学科领域里有所建树,要培养出合格的人才,就必须付出大量的时间和精力,这也使教师劳动具有更多的奉献性。

(六) 劳动技能的艺术性与创造性

教育不仅是一门科学,而且是一门艺术。我国古代教育家孟子提出"教亦多术矣"。夸美纽斯在《大教学论》的开篇中写道,教学是"把一切事物教给一切人的全部艺术"。苏霍姆林斯基认为:"教学和教育过程有三个源泉:科学、技巧和艺术。"教育是塑造学生心灵的实践活动,它要求教师在教育教学过程中遵循学生的身心发展规律,运用语言、表情、动作、情境等,激发他们的学习热情。由于教学对象的流动性和教学内容的多变性,教育不可能有千篇一律的固定模式。面对不同的教育对象、不同的教学内容、不同的教学情境,教师要发挥教学的独创性,灵活地运用教学原则,恰当地运用教学方法,合理地处理教学内容,机智巧妙地处理课堂教学过程中突发的各种问题等,这正是教师劳动艺术性与创造性的表现。

(七)劳动集体的协作性

尽管教师的劳动主要是以个体劳动的形式进行的,但任何一个学生在德、智、体、美等方面的全面发展,都不只是某位教师个人的劳动成果,而是学校全部工作的综合效应,有赖于教师集体的共同努力。因此,教育成果又具有集合性的特点,教师劳动的成果是个体劳动和集体劳动相结合的产物,具有集体协作性。从纵向上看,学校教育是分段进行的。学生的知识、智能、品德、体质的发展水平都是在前一阶段发展的基础上得以拓展和深化的,其中包含着从幼儿园到小学、中学、大学的无数教师的辛勤劳动。从横向上看,学生的成长也不是某一个教师的功劳,必须由各门学科的教师协同努力,由担负不同职能(如思想工作、教学工作、管理工作等)的教师共同承担。尽管每一位教师对学生发展所做出的贡献不同,但都构成了学生成长链中不可缺少的环节。

劳动集体的协作性要求教师不仅要加强个人修养,提高思想素质和专业水平,还应自觉树立集体协作观念,具有协作精神和团体意识,主动同其他教育者交流沟通、协调一致、通力合作,采取一致的教育措施,共同创造良好的育人环境。教师也只有置身于教育者集体之中,才能最大程度地发挥自己的教育才能,取得最佳教育效果。

二、教师的基本职责

随堂讨论 10-1

韩愈在《师说》中将教师基本职责概括为"传道、授业、解惑",这一概括有哪些合理性与局限性?

(一)教师基本职责的传统界定

教师通过教育学生传承人类文明,是人类文明传播的"蜡烛",是"人类灵魂的工程师"。教师的基本职责是什么?韩愈《师说》中的"师者,所以传道、授业、解惑也",一直被尊奉为教师角色与基本职责的经典解读。20世纪末,我国的首部《中华人民共和国教师法》指出"教书育人是教师的天职"[①],这一说法并没有对教师基本职责的界定做出实质性的改变。因此,传统的对教师职责的界定,基本上可以归结为传道、授业、解惑三个方面。

1. 传道

所谓传道,主要是指教师通过教学,对学生进行世界观、人生观和价值观教育,让学生通过学习,学会生存发展之道、做事从业之道、为人处世之道以及人与自然和谐相处之道。作为素质教育的核心和灵魂的"道",主要指思想道德素质。"学高为师,身正为范",教师传道既要通过言传,更要通过身教,用自己的高尚品格和良好道德行为去影响、教育学生,把传承人类先进文化和中华民族的民族精神作为自己的历史使命。"道"还指客观事物及其发展规律。在现时代,教师"传道"要揭示人类社会发展规律,揭示社会主义发展规律,揭示共产党执政规律,即马列之"道"。教师传授的"道"不是脱离

---

① 《教育实习指导》编写组.教育实习指导[M].北京:中国科学技术出版社,1996:8.

实践、亘古不变的教条,其内容随着时代的发展而不断创新,所以至今仍然具有积极意义,仍然是对教师基本职责之一的深刻阐发。

2. 授业

授业是指教师通过教学,传授给学生科学文化知识和技能。教师有自己所任教的学科,主要通过课堂教学的方式教给学生该学科领域的知识。在传统的教学中,学生所应掌握的"基础知识"和"基本技能",大多是通过教师的"授业"这一职能实现的。学生知识的掌握需要教师的传授,然而在"授业"思想的指导下,却衍生出了填鸭式、学徒式的教学方法,把学生当成被动地接受知识的客体,忽略了学生学习过程中主观能动性的发挥。"授人以鱼不如授人以渔",在新的教育理念指导下,教师"授业"不仅是要教给学生知识,更重要的是教给学生学习的方法和思考问题的方式,通过教育启发学生的思维,培养学生的创新精神和创新能力。

3. 解惑

解惑,顾名思义是帮助学生解决学习过程中所遇到的疑难问题。教师不仅向学生传授已有的知识,还帮助学生解决学习中的困难,回答学生通过学习和思考而提出的新问题。由于教师的教和学生的学不仅仅局限于书本知识,那么"解惑"也就不仅仅局限于解决学生知识学习中的困惑,还应关注学生的身心全面健康发展,帮助学生解决成长中的各种困惑,引导、促进学生的成长。

以上三个方面是相互联系、密不可分的,共同构成传统教师的基本职责。在新课程改革背景下,对教师基本职责有了一些新的概括,但这并不意味着传统上教师基本职责的淡化或者取消,教师这三方面的职责仍不能忽视。

(二)新课程改革对教师基本职责的新要求

随着新课程改革的发展,对教师职责又提出了许多新的要求。从传统的春蚕、蜡烛、园丁、人梯、人类灵魂工程师……到现在的向导、参谋、设计者、组织者、指导者、管理者、参与者、促进者、激励者、对话者、合作者、咨询员、催化剂……人们从国家、学校,组织、管理,科研、创新,文化传承、社会发展等不同的角度,赋予教师种种新的职责。这就需要按照新的教育理念,对教师基本职责进行重新思考和定位。现代社会的教师,不再是单纯的知识文化的传播者,更是学生全面发展的促进者、服务者、课程开发者和教学研究者。

1. 学生学习的促进者

"从教师与学生的关系看,新课程要求教师应该是学生学习的促进者。"[①]新课程的核心理念是"关注学生,促进学生发展",课程价值趋向从精英教育转向大众教育,课程目标着眼于学生素质的全面提高。这就要求教师以学生发展为本,从以往的授业者转变为学生发展的促进者,由"以教定学"转变为"以学定教",树立学生主体意识,建立和形成旨在充分调动、发挥学生主体性的多样化的学习方式,注重学生的自主学习和探究,使学生成为学习的主人。

2. 学生自主学习的服务者

"关注每一位学生的发展"是基础教育课程改革的出发点和归宿。针对目前课程存在的突出问题,《基础教育课程改革纲要(试行)》明确强调:"改变课程过于注重知识传授的倾向,强调形成积极主动的学习态度,使获得基础知识与基本技能的过程同时成为学会学习和形成正确价值观的过程。"针对传统教学方式的明显弊端,《基础教育课程改革纲要(试行)》突出申明:"改变课程实施过于强调接受学习、死记硬背、机械训练的现状,倡导学生主动参与、乐于探究、勤于动手,培养学生搜集和处理信息的能力、获取新知识的能力、分析和解决问题的能力以及交流与合作的能力。"

---

① 朱慕菊.走进新课程——与课程实施者对话[M].北京:北京师范大学出版社,2002:125.

新课程的实施,学生主体地位的确立,学生学习方式的转变,是以教师教学行为变化为前提的。学生是教师主要的服务对象,教师应该为学生的"自主学习"服务,做学生自主学习的服务者,"诱导"学生自主学习。将"诱导"学生自主学习作为教师的基本职责,意味着教师要具备"诱导"学生自主学习的本领和能耐。教师要在充分认识和尊重学生主体地位的基础上,运用各种教育资源和手段"诱导"学生自主学习的兴趣,"诱导"学生形成良好的学习习惯,真正发挥学生学习主体的作用,让学生做学习的主人。

3. 课程的开发者

新课程理念下的教师,不应再仅仅充当课程的执行者和知识的传授者,而要成为积极的课程开发者。因此,为课程的开发与改进献策献力,积极参与课程开发,是新课程理念对教师基本职责的新要求。

教师开发课程至少包括两个层面的意思:第一,教师对既有国家课程进行"二次开发"。教师对课程的"二次开发"是指教师根据实际教育情境的需要,对课程内容进行适度增删、调整和加工,从而使之更好地适应学生学习的需要。第二,教师作为课程开发的主体,开发出新的校本课程。新课程要求在课程管理上实行国家、地方和学校三级课程管理,为校本课程的开发提供了制度土壤。从本质上而言,校本课程是由学校的校长和教师在具体学校情境中根据学生个性化的学习需求而开发出来的课程。① 显然,教师是校本课程开发的主体,承担着课程开发的责任。

4. 教育教学的研究者

长期以来,教师都只是一个"教书匠"的角色,仅仅是学科知识的传授者。20世纪七八十年代,劳伦斯·斯滕豪斯(Lawrence Stenhouse)从课程实施的角度首先提出"教师作为研究者"的理论。他认为,在以过程原则为基础的课程中,教师应该扮演学习者和研究者的角色,它促使教师在教学上采用探究的方法而不是讲授的方法。我国新一轮基础教育课程改革明确倡导研究性学习方式,关注获取知识的过程,突出获取知识的方法。作为教师,当然也就要关注教学的过程,反思教学活动,在不断研究、不断尝试、不断反思和不断实践的过程中,提高教学水平。

同时,我国地区之间、城乡之间发展不平衡,统一的教学目标需要结合各地的实际情况来贯彻实施。而且,在科学技术突飞猛进和知识更新速度越来越快的今天,我们的教材内容往往具有一定的滞后性。这也就需要教师进行教育科研,根据各地的情况来进行研究,并不断补充和更新教学内容。

第二节 教师专业化与思想政治(品德)教师的专业素养

一、教师专业化

(一)教师专业化的含义

"专业"或称"专门职业",是个社会学概念,指一群人经过专门教育或训练,具有较高深和独特的专门知识与技术,按照一定专业标准进行专门化的活动,从而解决人生和社会问题,促进社会进步并获得相应报酬待遇和社会地位的专门职业。一种职业要成为一门专业,应符合以下几个标准:(1)专门的知识与技能。指以一套完善的专门知识和技能体系,作为专业人员从业的依据。(2)服务的理念和职业伦理。指服务或奉献的专业道德,专业道德是该职业群体为履行职业责任、满足社会需要、维护职业形象而制定的一套行为规范。(3)专门的培养与训练。成熟的专业人士必须通过长期的专

---

① 钟启泉,崔允漷.新课程的理念与创新——师范生读本[M].北京:高等教育出版社,2003:247.

业训练,有一个专业养成的过程。(4)不断地学习进修。作为专业的职业生涯,随着社会的变革经常会面临专业技能的挑战,需要不断学习才能跟上时代前进的步伐。(5)有效的专业自治。当一个专业能满足重要的社会需求,它的科学知识体系已经高度专门化以至外行人员无法挑战其技术判断的时候,专业自治便成了可能,可以形成进入该职业的教育和培训标准。(6)坚强的专业团体。一种工作是否专业还可从是否形成坚强的专业组织来看。专业的成员发起组织诸如学会、协会等设定入会资格的民间组织,形成由专业人员组成的自我管理的专业团体,并对专业人员的个人成就予以认可。

随堂讨论 10-2

比较专业与职业这两个概念,它们各有什么特点?二者有什么区别?

专业化是指一个普通的职业群体在一定时期内,逐渐符合专业标准、成为专门职业并获得相应的专业地位的过程。

关于教师专业化,人们有多种不同的理解。一般来说,教师专业化是指教师个体专业水平提高的过程以及教师群体为实现教师职业的专业地位而进行努力的过程,前者是教师个体专业化,后者是指教师职业专业化。教师个体专业化与教师职业专业化共同构成了教师专业化。把握教师专业化一般必须明确以下几点:(1)教师专业既包括学科专业性,也包括教育专业性,国家对教师任职既有规定的学历标准,也有必要的教育知识、教育能力和职业道德的要求;(2)国家有教师教育的专门机构、教育内容和措施;(3)国家有对教师资格和教师教育机构的认定制度和管理制度;(4)教师专业发展是一个持续不断的过程,教师专业化也是一个发展的概念,既是一种状态,又是一个不断深化的过程,教师专业化本质上强调的是成长和发展的一个过程。

(二)教师专业化的必要性

1. 教师专业化是社会发展的需要

随着社会的发展,人们对教育的期望提高,对教师的期望也越来越高。在传统的认识中,教育一般被定位于"传承"社会文化。但自20世纪70年代后,这种认识发生了巨大变化,人们开始把国家富强、民族振兴、科技进步等社会问题和青少年成长与教育联系起来,把社会各方面存在的问题的解决都寄希望于教育,希望教育界承担起更多的解决当前社会问题的责任。"百年大计,教育为本""科教兴国""人才强国"等观念就是这一认识的真实写照。而教师是教育活动的实施者,所以,这些期望又"顺理成章"地转化为对教师的素质要求。现代教师不仅要有广阔的知识视野、良好的道德修养、健康的心理素质,还要有开拓的创新精神、精湛的教学艺术等。因此,教师专业化问题日益成为社会各界关注的焦点。

2. 教师专业化是教师自身成长的需要

教师不是一种仅仅通过大学教育就能一劳永逸的职业,它需要不断的挑战、不断的更新和发展。知识就是教师的从业资本,要想成为一名优秀的人民教师,不仅需要有丰厚的知识储备,更重要的是要不断地更新知识。教师只有了解和把握知识发展前沿,才能教出具有丰富的学识、开阔的视野、与时俱进的态度和把握时代脉搏的学生。尤其是在当今社会,知识更新的速度超出了人们的想象,教师不能仅仅具有红烛精神、春蚕精神,而是要在职业生活中不断丰富自己、发展自己,要通过终身专业训练,习得教育专业技能,实施专业自主,体现专业道德,不断提高自身从教素质。只有不断更新自己的教学观念和方法,汲取各方面的文化知识,提升自己的文化底蕴和知识涵养,更新自己的专业知识结构,才能适应教学改革的需要,教学时才能高屋建瓴、深入浅出地传播知识,引导学生全面发展。这样,教师才能在教书育人的过程中获得成就感与满足感,并且实现从教书匠到教育家的转变。

3. 教师专业化是基础教育课程改革的需要

基础教育课程改革方案的贯彻实施最终要落实到具体的教育实践活动中。教师在教育实践活动中具有支配作用,教师的素质高低在很大程度上决定了课程改革的成败。教师的思想观念、能力素质、创新精神、对改革的理解和所持的态度等决定了教师在推行改革方案过程中的行为,其行为具有一定的主观能动性和选择性,这使得教育改革在一定程度上依赖于教师的能力素质。因此,真正的、富有生命力的教育改革的动力来自教师的专业发展,只有当教师通过持续不断的专业发展培育了变革意识、具备了改革创新的能力和奉献改革事业的崇高精神时,教育改革才能获得源源不断的动力。

4. 教师专业化是学生发展的需要

学生发展与教师发展是紧密地联系在一起的,教师发展是学生发展的前提。学生的发展需要教师的引导和培育,离开了教师的发展,学生的发展便成了无源之水。例如当今社会,培养具有创新意识和创新能力的创新型人才成为社会发展的要求。培养学生的创新意识和创新能力,必须通过教师的创新示范以及教师对学生的创新意识熏陶和创新方法训练。这就要求教师必须率先具有创新意识和创新能力,懂得创新的必要性,以及强化创新意识、培养创新能力的方法。因此,教师的专业发展是学生发展的重要保证。

(三) 教师专业化的历史演进

教师专业化运动肇始于17世纪末专门教师培训机构的产生。但是早期的教师培训学校的学徒制或者经验型的教师培训实际上是职业训练而非专业教育。20世纪特别是第二次世界大战以来,知识社会和信息时代的到来,全球化趋势在经济、文化等领域的迅速发展,终身学习在世界范围内的深入人心等一系列的世界性变化,都对教育提出了新的挑战和要求。如何建立适应时代变化、符合教育规律的教师专业标准,如何培养高素质的教师队伍、提高教师的专业水平等,成为世界各国普遍关注的焦点,教师专业发展的思想在此基础上逐步形成。

1966年联合国教科文组织和国际劳工组织召开的"教师地位之政府间特别会议",通过了《关于教师地位的建议》,指出"应该把教育工作视为专门的职业,这种职业要求教师经过严格的、持续的学习,获得并保持专门的知识和特别的技术"。20世纪80年代以后,教师专业化运动进一步走向深入,1986年,美国的卡内基工作小组、霍姆斯小组相继发表《国家为培养21世纪的教师作准备》《明天的教师》两个重要报告,强调确立教师专业性为教师教育改革和教师职业发展的目标。1989—1992年,经济合作与发展组织相继发表了一系列有关教师及教师专业化改革的研究报告,如《教师培训》《学校质量》《今日之教师》《教师质量》等,提出"在提高教师地位的整体政策中,专业化是最有前途的中长期策略"。美国、日本、英国等发达国家都相继加大了教师专业化教育制度的改革力度,教师专业化的观念成为社会的共识。目前,教师专业化是世界教师教育的发展潮流,有关国际组织和各国政府都把它作为教育改革和发展的重要目标,积极推进教师专业化的进程。

在我国,教学是不是专业?教师是不是专业工作者?这些一直受人关注且引起广泛争论。在古代,长期的历史发展过程中,人们并没有把教学视为一种专门化的职业,教师也不是经过专门训练的专业工作者。起初是"养老与育幼相结合,师长合一"的古老习俗,后来是"官师合一""僧师合一"的漫长历程,并无专门的机构与特别的制度,教师的养成模式基本上是简单的"艺徒式"。20世纪30年代对教师职业展开过讨论,有人认为"时至今日,教师不独是一种职业,并是一种专业,其性质与医生、律师、工程师等相类似"。后来,随着师范教育理论与实践的产生、丰富和发展,教师职业才逐渐成为专门的职业。

20世纪八九十年代以来,"教师是专业工作者"的声音在我国逐步增强,并且逐步得到法律的认可。1993年颁布的《中华人民共和国教师法》规定"教师是履行教育教学职责的专业人员",第一次从法律角度确认了教师的专业地位。1995年国务院颁布《教师资格条例》,2000年教育部颁布《教师资格条例实施办法》,教师资格制度在全国开始全面实施。1999年,我国出版的第一部对职业进行科学分类的权威性文件《中华人民共和国职业分类大典》,首次将我国职业归并为八大类,教师属于"专业技术人员"一类。2002年教育部《关于"十五"期间教师教育改革与发展的意见》明确提出,我国教师教育改革与发展的基本原则就是"以教师专业化为导向"。显然,教师专业化已日益受到国家的关注,成为我国教师教育改革与发展的方向。尤其是进入21世纪以后,随着基础教育课程改革的不断深入,教师专业素质与新课程要求的差距日益明显地表现出来,教师的专业发展程度已成为影响教师理解和使用课程标准的不容回避的现实问题,提高教师专业化水平成为21世纪中国教师教育改革的主流话语。

二、思想政治(品德)教师的专业素养

适应教师专业化发展的要求,思想政治(品德)教师必须符合教师专业标准,具有专业素养,主要包括专业角色、专业精神、专业知识、专业技能、专业人格等方面的素养。

资料卡片10-2

美国著名教育家保罗·韦地博士在对9万名中学生进行调查后,归纳出学生心目中好教师的12种素质。

(1) 友善的态度,"课堂如一个大家庭一样"。
(2) 尊重课堂内每个人,"不会在他人面前戏弄你"。
(3) 有耐心,"决不放弃一个人,直到你做到为止"。
(4) 兴趣广泛,"带给学生课堂以外的观点"。
(5) 良好的仪表,"语调和笑容,使人舒畅"。
(6) 公正,"没有丝毫偏差"。
(7) 幽默感,"欢乐而不单调"。
(8) 良好的品性,"从不发脾气"。
(9) 对个人的关注,"帮助认识自己"。
(10) 伸缩性,"说出自己之错"。
(11) 宽容,"装作不知道我的愚蠢"。
(12) 有方法,"我完成任务,竟然没有觉察到这是因为他的指导"。

(一)思想政治(品德)教师的专业角色

角色原本是戏剧中的名词,指戏剧舞台上演员扮演的剧中人物。后来,这一概念运用到社会学中,一般用来指"处于一定社会地位的个体或群体,在实现与这种地位相连的权利与义务时,表现出符合社会期望的行为和态度"①。

一个人在社会生活中可以扮演多种角色。那么教师扮演的是什么角色?在传统教育中,教育被

---

① 顾明远.教育大辞典[M].增订合编本(上).上海:上海教育出版社,1998:843.

视为一种工具,教师也被视为一种工具。教师扮演的角色常常是唯一的,即知识的传授者。因为"在工具主义的理念下,教育是通过文化的传承来培养所需要的社会成员,而教师成了知识的代言人,他在教学中处于中心地位,直接以文化权威的身份出现。教师的基本职责主要限于监督学生、传授知识,故形成了教师知识传授者的角色"①。

事实上,教师角色不是单一的,而应该是多元的。教师作为社会的一员,和其他社会个体一样,在不同的场合有不同的身份,扮演不同的社会角色,有不同的权利和义务,发挥不同的作用。西方根据教师处于各个空间的作用和地位,从社会因素、学校、课堂情境和个人发展诉求四个向度将教师角色分为四类:(1)社会角色——教师促进民族国家社会发展和经济发展的角色;(2)学校角色——教师作为学生家长、教师同事、教学管理人员和社区的合伙人或者说合作者角色;(3)课堂教学角色——教师作为"教学专家"和学生学习的"引领者";(4)自我职业角色——自我职业认同和自我角色重塑。②

不仅如此,教师角色定位还是一个动态过程。随着社会经济、政治、文化的发展,以及社会和公众对教师期望的变化,教师扮演的角色也会发生相应的变化。古代教师角色与现代教师角色就有很大不同。有学者就对此进行过比较分析(见表10-1)。

表10-1 教师角色形象的古、今对比③

	古 代	现 代
师表形象	学为圣贤的道德楷模	师范人格的模范公民
师道形象	慈爱威重的师长权威	民主互动的良师益友
师职形象	价值背离的圣职形象	价值均衡的专业形象

近年来,随着我国素质教育改革和基础教育新课程改革等的不断深入,以及教师专业化运动在我国的勃兴,教师的角色转换问题成为教育理论界研究的一个热点。不同的研究者从各自的视角出发来阐发教师角色观,取得了比较丰富的认识。一般来看,随着基础教育课程改革的发展,新课程提出的一些新理念对教师思想观念和教学实践提出了很大的挑战。伴随新课程而来的是对教师的新要求,而且随着课程改革的深入进行,对教师的要求越来越高,教师的作用越来越突出。回应这种新的挑战和新的要求,教师必须积极参与课程改革,主动改变传统的教育观念和教学方式,对传统的教师角色进行重新理解和定位。

第一,关注学生发展,做促进型教师。"传道、授业、解惑"是自古以来教师的基本职责。新课程的核心理念是"关注学生,促进学生发展",课程价值趋向从精英教育转向大众教育,课程目标着眼于学生素质的全面提高。这就要求教师以学生发展为本,从以往的授业者转变为学生发展的促进者,由"以教定学"转变为"以学定教"。树立学生主体意识,建立和形成旨在充分调动、发挥学生主体性的多样化的学习方式,注重学生的自主学习和探究,使学生成为学习的主人。

第二,建立新型关系,做合作型教师。一方面,要加强教师之间的合作。传统教学中"隔行如隔山",教师之间,尤其是不同学科的教师之间缺乏沟通。新课程的重要特征之一是综合性,强调相关知识的整合,这就需要教师之间加强合作,在思维上互补、智慧上交融、工作上协调。另一方面,要加强师生间的合作。传统教学把学生看成是只管接受知识的容器,教师讲学生听,教师问学生答,学生完

---

① 张卫东.论当代教师角色的多元化[J].临沂师范学院学报,2003(4):116.
② 蒋衡.西方20世纪70年代以来关于教师角色的研究[J].高等师范教育研究,2002(6):74.
③ 阮成武.论传统教师形象的现代重塑[J].教育科学研究,2003(1):48-51.

全任教师摆布和灌输。新课程强调师生关系的平等,教师要尊重学生的人格,学生要尊重教师的劳动。在教学中,教师要充分调动学生思维,鼓励学生积极思考,尊重学生的不同见解,由过去知识的灌输者转变为学生学习的合作者、引导者。

第三,追求自我完善,做学习型教师。传统教学中强调学科本位、教材中心,教师的任务就是把学科知识讲清,把教材内容讲透。新课程提出学科综合、教学开放。学科综合突破了过去的学科界限,使教师体会到相关知识的缺乏;教学开放打破了过去的教师教学设计,面对学生多样的问题和活跃的思维,教师会感受到前所未有的压力。这仅仅靠过去的"一碗水"与"一桶水"的关系已难以解决,教师必须树立终身学习观念,不断充实自己,不断超越自我,在教学中学习,在学习中教学。

第四,投身教学改革,做创新型教师。改革与创新总是联系在一起的。由于多方面原因,过去广大一线教师往往只是改革精神的被动执行者。在基础教育新课程改革中,课程实施是改革的重要一环,而且强调改革的成败关键在教师,这也就意味着新课程改革中,广大的一线教师不能置身事外,而要以主人翁的姿态参与到改革之中,尤其在新课程的实施这一环节上,要以新课程理念为指导,敢于突破,勇于创新,创造性地解决课程改革实践中出现的问题,为实现新课程改革的目标做出自己的贡献。

资料卡片 10-3

教师的新角色①

教师角色的转变是为了让教师在新课程实施中发挥应有的功能。这种转变,是让教师改变原有的知识权威者的形象,而侧重于对学习过程的组织、引导,并对自己的教学实践进行反思、研究,以取得更好的教育教学效果。

(1)教师作为学习的组织者。传统的学校教育以教师为中心,教师作为知识的化身而进行单向的知识灌输。新课程要求教师转变自身形象,成为学习的组织者,为学生的自主学习创造条件。

(2)教师作为学习的引导者。本次课程改革的一个重要任务,就是转变学生的学习方式。学生学习方式的转变必然要求教师教学方式的转变,由以讲授为主导的教学转变为提倡自主探究和引导发现的教学。在这个转变过程中,教师的角色也必然要由单纯的知识传递者转变为学生学习的引导者。

(3)教师作为反思性实践者。教师需要在教学实践中不断反思,这种反躬自省对于教师发现自身不足、提高教学水平有积极作用。在新课程的实施中,教师更要积极反思,通过反思去进一步理解新课程,提高实施新课程的效果和水平。

(4)教师作为课程开发者。教师不再只是课程的接受者,而是要作为积极的课程开发者,这是本次课程改革倡导的新理念,也是对教师提出的新要求。教师要不断提高课程开发能力,把课程开发作为职业生活的一个重要组成部分。

(5)教师作为研究者。教师应以研究者的形象出现,而不是经验和技术型的专家。为了提高教学质量和深入认识自身的专业行为,教师有必要进行研究。同时,教师作为研究者也可以促使教师对教学过程和课堂行为进行必要的反思与研究,把一些成功的教学经验上升为教学理论,为教育理论的发展做出贡献。

---

① 教育部基础教育司,教育部师范教育司.校本教研与教师专业发展[M].北京:高等教育出版社,2004:11-12.

（二）思想政治(品德)教师的专业精神

教师的专业精神是教师职业的一种职业精神，是指教师对从事的教育专业所抱有的理想、信念、态度、价值观和道德操守等倾向性特征，是教师从事专业工作的精神动力。思想政治(品德)教师的专业精神主要包括敬业精神、人文精神、科学精神、奉献精神、进取精神等。

（1）敬业精神。敬业是教师对自己所从事的专业工作发自内心的崇敬。只有具备了敬业精神，才能表现出对学科教学工作、对学生的热爱，才能在工作中表现出高度的责任感和使命感；只有具备了敬业精神，才能认同和尊重本专业的发展机制，在本学科的教学与研究中精益求精，不断追求专业提升与发展；也只有具备了敬业精神，思想政治(品德)教师才会把教师的专业发展作为一种持续不断的追求，把追求自身提高和专业发展作为一种精神需要。

（2）人文精神。人文精神就是对人的价值和尊严的肯定，是对人的理解、宽容、接纳和尊重，是对人的爱护和关怀；是对人生终极价值的追寻，对人类命运的忧患。人文精神重视思想和理性的价值，关注人的发展，认为人具有潜能。简言之，人文精神就是要以人为本，以人的发展和幸福为本。人文精神的内涵是综合的、全方位的，它包括文化品位、审美情趣、心理素养、人生态度、道德修养、爱国情怀、精神世界、价值观、人生观等。思想政治(品德)作为一门人文社会学科，教师的人文精神显得尤为重要。这就要求思想政治(品德)教师一方面要不断丰富自身文化底蕴，提高自身人文素养，另一方面要在日常教学和管理活动中表现出对学生的尊重和对学生成长的关心，尊重每一位学生的人格和权利，引导每一位学生的个性化成长。

（3）科学精神。教师的科学精神，体现为在教育教学过程中，对待工作和学生所表现出来的求真求实、追求真理、理性怀疑、民主自由、开放多元和求证检验的精神。科学精神与人文素养完美统一的教师，是我们的追求目标，而事实上，所谓的创新型教师，正是科学精神与人文素养完美统一的教师。思想政治(品德)教师的科学精神要求教师具备科学的现代教育理念，树立科学的教育观、学生观和自我专业发展观，掌握科学的教育教学规律以及学生的成长规律和思想品德发展规律，引导学生身心全面健康发展，掌握一定的教学艺术和教育科研能力，以此来指导教学实践。

（4）奉献精神。教师，是蜡烛，照亮别人，燃烧自己。教师所付出的劳动，是任何量化的手段和指标所无法衡量的。这必然要求教师对教育工作保持一种无私的奉献精神。这种精神的表现，就是教师尽可能淡化功利思想，不斤斤计较物质享受，不迷恋于世俗浮华，不对个人利益患得患失。

（5）进取精神。教师是教育者，同时也应当是学习者。只有不断学习，积极进取，才能真正成为知识和文化的化身，也才能担当起培育英才的重任。尤其是在科技迅猛发展、日新月异的今天，教师同样受到信息化的挑战。很多时候，教师与学生是同时面对某些新事物的，只有不断探索，把学习当作自己工作乃至生命中不可缺少的部分，才能适应时代要求。

（三）思想政治(品德)教师的专业知识

美国卡内基教学促进基金会主席、斯坦福大学教授舒尔曼（Schulman）将教师知识结构分为：学科内容知识；一般教学法知识；课程知识；有关学生及其特征的知识；有关教育背景的知识；有关教育目标、价值、哲学和历史的知识。饶见维教授认为教师必备的知识有13类：有关任教学科的知识；有关教学理念的知识；有关学生与学习的知识；有关教室组织与经营的知识；有关教学的社会、政治、文化背景的知识；有关特殊儿童的知识；有关课程的知识；有关评价的知识；有关各学科特有的教学知识；有关阅读与写作教学的知识；有关人际沟通、协调合作的知识；有关教师的法定权利和义务的知识；有关教学的道德与伦理层面的知识。① 林崇德教授则将教师的知识结构分为本体性知识、条件性知识、实践性知识三类。

---

① 钟启泉,崔允漷.新课程的理念与创新——师范生读本[M].北京：高等教育出版社,2003：253.

思想政治(品德)教师的专业知识应该由哪些方面构成？我们认为要以其角色定位和职责要求为基本依据来确定。首先,教师是教育者,是知识财富的象征,应该通晓社会流行、认可的基本知识,主要是人文学科的相关知识和素养,能够适应社会发展的趋势,符合国家和民族对人才的基本要求。其次,教师是教学者,一方面要知道"教什么",掌握所教学科的专业知识,另一方面要懂得"怎么教",掌握教学的基本理论、方法和实践。基于这种认识,思想政治(品德)教师的专业知识主要应该由以下几部分构成。

第一,扎实的思想政治(品德)学科基础知识。学科知识是教师专业知识体系的核心。思想政治(品德)教师要对学生进行马克思列宁主义、毛泽东思想、邓小平理论、"三个代表"重要思想、科学发展观、习近平新时代中国特色社会主义思想的教育和社会主义思想品德教育,以马克思主义为指导的政治理论知识就是思想政治(品德)教师应掌握的学科知识,即本体性知识。思想政治(品德)教师应掌握学科的知识系统、内在联系,了解本学科的历史发展和当前的研究现状,等等。

第二,广博的科学文化知识。思想政治(品德)教师要使教学受到学生欢迎,并卓有成效,就要博采众长,不仅要有渊博的文化知识,还要饱学有识,将其内化为个人的文化素养。只有具有广博的文化知识,才能做到厚积薄发、旁征博引,促进学生的整体素质的全面提高。因此,思想政治(品德)教师要全面审视和调整自己的知识结构,广泛涉猎有关的社会科学和自然科学知识,并及时了解科学领域的新发展和新成果,不断吸收新思想、新观点、新方法,不断充实与更新自身的知识结构,提高科学文化素养。

第三,必备的教育理论知识。教育理论知识是告诉教师"怎么教"的知识,是教师能够完成教书育人职责的基本条件。教学是一门艺术,是一种创造性的劳动,这决定了教师必须懂得一定的教育科学知识,掌握一定的教育教学技能技巧。一般来说,教师必须具备的教育学科知识既要包括普通教育学、心理学、教育心理学、中学生心理学知识,又应包括学科教学论、学科教学技能知识,还要包括中学德育论、教育科学研究方法、心理与教育测量等方面的知识。

第四,一定的教育教学实践知识。在20世纪90年代之后,人们开始关注"教师经验"问题,并提出了教师的"实践知识"这一概念。通过新教师与有经验的教师之间的对比研究发现,影响教师教学成效的因素不仅是关于"教什么"的知识和"如何教"的知识,教师的经验作为实践性知识在很大程度上影响着教师的教学行为和教学效果。"教师的个人实践知识主要关涉教师在教学情境中如何处理所遇到的困境的知识,是一种体现教师个人特征和教学智慧的知识。个人实践知识越丰富,标志着教师在专业方面越成熟,越意味着教师开始建构具有个人特点的专业知识结构。这说明,教师的实践知识很大程度上是个人化的,因为它出自教师个人的经验,是教师自己的体验与体悟,它服务于教师个人化的教学实践行为。"[①]

(四)思想政治(品德)教师的专业技能

思想政治(品德)教师的专业技能就是思想政治(品德)教师从事教学所必须具备的专业技术能力,它是教师从事教学的前提和基本要求。教师作为社会的特定职业,需要有特定的教师职业技能。尤其是随着教师专业化的发展,不少国家都提出了教师的专业标准,明确了教师专业技能的基本要求。

在美国,成立于1954年的全国教师教育鉴定委员会(National Council for the Accreditation of Teacher Education,简称NCATE),承担着全美教师教育机构的资格鉴定工作。它颁布的教师教育专业标准中,明确规定了师范生的知识、技能和意向。例如,要能熟练依据学校的课程标准要求进行教学;能够运用有效的教学方法和教学技术手段;了解学生的身心发展和学习特点,了解学校、家庭和社区环境背景;能对学生的学习进行准确的评价和分析,对教学进行适当的调整,对学生的学习进行监控;等等。这些规定揭示了教师所应具备的特定知识和技能,体现了教师专业的独特性。

---

① 杨明全. 教师知识:来自实践的智慧[N]. 中国教育报,2004-01-20.

在我国,1994年国家教委师范教育司颁布的《高等师范学校学生的教师职业技能训练大纲(试行)》,规定教师职业技能包括讲普通话和口语表达、书写规范汉字和书面表达、教学工作、班主任工作技能等四个部分。近年来,适应教师专业化发展的要求,教育部出台了一系列有关中小学教师的相关标准,主要包括《教师教育课程标准(试行)》《中小学和幼儿园教师资格考试标准(试行)》《幼儿园教师专业标准(试行)》《小学教师专业标准(试行)》《中学教师专业标准(试行)》《中小学教师信息技术应用能力标准(试行)》《中小学教师信息技术应用能力培训课程标准(试行)》等。这些"标准"对教师应该具备的专业技能提出明确的要求。

依据教师专业化发展的要求,我们认为教师专业技能应该主要包括以下几个基本方面。

1. 理解学生的技能

教师以学生为教育教学对象,要求教师在教学过程中必须能够理解学生,具有理解学生的技能。主要包括:了解青少年身心发展规律和影响因素、学生的年龄特征和个性发展的差异性;理解中学生的认知特点、学习方式及影响因素,熟悉中学生建构知识和获得技能的过程;了解中学生品德和行为习惯形成的过程,了解中学生交往的特点,理解同伴交往对中学生发展的影响;掌握观察、谈话、倾听、作品分析等方法,理解学生学习和发展的需要;等等。

2. 教育学生的技能

在理解学生的基础上,教师要能够教育学生,具有教育学生的技能。主要包括:能够依据课程标准制定具体的教学目标或活动目标;熟悉任教学科的教学方法和策略,学会联系学生生活经验和发展兴趣设计教育活动;了解教育评价的方法与技术,学会通过评价改进学生学习与改善教学行为;了解班级管理的基本方法,学会引导学生进行自我管理和形成集体观念;掌握教师所必需的语言技能、沟通与合作技能、运用现代教育技术的技能;可以设计与指导课外、校外活动;等等。

3. 自我发展技能

教师要更好地承担自己的职责,必须不断提高自身素质,注重自我发展,具有自我发展技能。教师要能够了解教师专业素养的核心内容,明确自身专业发展的重点,利用各种机会实现自我发展。尤其是在现代教育教学中,提倡学科综合、教学开放,学科综合突破了过去的学科界限,教学开放打破了过去的教师教学设计,对教师的自我发展提出了更高的要求。教师必须树立终身学习观念,不断充实自己,不断超越自我,在教学中学习,在学习中教学。

4. 信息技术应用技能

信息技术应用技能是信息化社会教师必备的专业技能。适应信息化社会的发展,教师要全面提升信息技术素养,实现信息技术与教育教学的深度融合。尤其要能够利用信息技术优化课堂教学、转变教学方式。一方面,能够应用信息技术进行课堂讲解、启发、示范、指导、评价等教学活动;另一方面,能够在具备网络学习环境或相应设备的条件下,利用信息技术支持学生开展自主、合作、探究等学习活动。

(五)思想政治(品德)教师的专业人格

人格是一个内涵十分丰富的概念,不同的学科对这一概念往往有着不同的理解。我们这里所说的教师的专业人格,主要是从伦理学意义上讲的,指教师应该具备的职业道德方面的内容。教师的职业劳动是一种以人格培育人格、以灵魂塑造灵魂的劳动,教育的过程其实是一个人与人之间相互影响、相互作用的过程。为了使学生的人格得到健康发展,教师必须首先塑造自己高尚的人格。正如俄国教育家乌申斯基所说:"教师的人格是教育事业的一切,只有人格才能影响人格的形成和发展,教师的人格作用是使青少年心灵开花结果的阳光。"所以,教师专业发展不能仅仅追求教师专业知识技能的提升、教师专业地位的改善,特定的人格追求也是教师专业化走向完善和成熟的重要标志,没有人格的现代化、专业化,教师专业化是残缺的、没有灵魂的。

在世界很多国家,随着教师专业化的发展,对教师人格都予以高度关注。例如,在美国,教师人格从一开始就被视为教师专业素养的重要组成部分,1977年,美国全国教育协会通过的《教育专业伦理守则》除了在序言中强调"教育工作者承担了维护最高伦理标准的责任"等内容之外,还详细规定了教师必须履行的对学生和对专业的16条承诺;在英国,2003年颁布的《合格教师专业标准》对教师的职业道德从专业化的角度进行了明确的规定;在日本,在1951年通过的《教师伦理纲领》中提出,要重建日本教师的伦理标准;等等。

思想政治(品德)教师作为教师群体的一部分,同样要具有教师的专业人格,充分发挥人格力量的作用。人格力量是指高尚的思想境界、精神境界、政治品德、道德情操、价值取向等所产生的影响力,是一种高尚的境界和行为的自然渗透和体现。思想政治(品德)教师要帮助学生树立正确的世界观、人生观、价值观,形成健全的人格,必须将言教与身教相结合,以自己高尚的人格对学生施加潜移默化的影响。

教师的专业人格包括很多方面,就最基本的层面看,首先表现为良好的个性修养。人格在外部的性格、情感、意志和内部的生理、心理上都有一定的差异性。但是,作为思想政治(品德)教师,要认识到自己是作为人的教师和作为教师的人的统一体,注重自己良好的心理品质和道德行为的培养,形成与社会主流价值观相符合的个性修养。其次,表现为高尚的道德品质。孔子曾说:"其身正,不令则行;其身不正,虽令不从。"要教育学生学会做人,首先自身要有较高的道德修养,做到以身作则,为人师表,用人格力量去感化学生。最后,教师的专业人格还表现为一种积极健康的态度,以积极乐观的心态对待生活、对待工作。

资料卡片10-4

教师人格魅力——德育的无形资源①

1. 威而不令。教师树立自己威信时,不能简单粗暴,一味命令,更不能借外界的权力来压制学生,比如拿家长、领导来压制学生,或以分数、评优等来要挟学生。

2. 严而不死。对待认知与做人,来不得半点马虎。教师应该严格要求学生,增强学生的自律意识与责任感,但要严而有度,讲原则也要有方法。

3. 亲而不狎。教师之爱如父母不能太宠,似朋友不能太亲,要给学生心理造成一种距离感。教师不要随意踏入学生的安全区,多留给学生一份安全感与温馨感。

4. 活而不散。教师应尊重学生好奇爱动多变的个性特点,为学生创造一个自由活动的环境,给学生更多的生活空间。但这并不意味着放任自流,纵容学生处于游离状态,要活而有序,培养学生的纪律观、法制观以及道德等公共准则至上的观念。

5. 宽而不乱。学生在成长、发展过程中,难免会出现各种各样的失误和错误。教师应予以宽容,并积极鼓励,正确引导,给学生一个改正的机会,提供改正的途径。但教师不可容忍错误,包庇缺点,掩饰失误,美化弱点。

6. 博而不骄。教师不宜因此而居高临下,自称专家,而漠视学生的新观点、新创造。教师需要有谦虚、严谨的作风。

7. 新而不怪。教师在知识创新与教学创新时不能图新鲜走形式,玩花架子,出怪招来糊弄学生。创新教育要有新意,但还应注意基本功训练,尊重教育规律。

---

① 管宏斌.教师人格魅力:德育的无形资源[J].教育实践与研究,2006(5):9.

8. 雅而不俗。教师生活在当今社会中，也有喜怒哀乐七情六欲，也有自己的追求和希望。但教师又不能太俗气，随波逐流，人云亦云，势利虚伪，阿谀奉承，赶时髦，追风头，一派"闪亮登场式"的明星作风。

9. 刚而不犟。教师发表自己的看法时要观点鲜明，分析深刻，要有针对性和实效性。但同时不要过多地渗入个人感情色彩，滔滔不绝，一味坚持自己的观点。要给学生留有思考的时间和判定的机会，允许并鼓励学生不同于己甚至超越自己。

10. 愤而无私。教师要让学生明辨是非、美丑、善恶，就少不了揭露丑恶，鞭笞虚伪。教师应坚持正面教育，不可把阴暗面夸大，过分渲染，或把个人生活的挫折、人生的苦恼、工作的困惑等传染给学生。

第三节 思想政治（品德）教师专业发展的基本途径

教师的专业发展有两条基本途径：一是外在的对教师进行有计划有组织的培养、培训；二是内在的教师个体的自我完善与自主发展。应该说，这两条途径各有特点，在教师专业发展中都具有重要的地位和作用，我们都需要予以高度重视。一般来说，对教师进行有计划有组织的培养和培训，有利于提升教师职业的社会地位，提高教师整体的专业素质、专业自治。但对于教师个体而言，专业发展不能只是一个被动达到社会要求的过程，更应是一个主动发展、终身学习、不断更新的自我追求的动态过程。外在的要求最终需要通过教师自身努力并自觉地内化，才能转化为教师的专业素质。而且相对于教师职业生涯来讲，教育与培训都只能是暂时的、阶段性的。因此，教师专业发展应当是内、外两条路径的统一，最终依托于教师专业的自我发展。

随堂讨论 10-3

比较教师专业发展的两条基本途径，它们各有什么特点？这两条途径在我国是如何具体实施的？

一、思想政治（品德）教师的培养和培训

长期以来，我国的思想政治（品德）教师基本是通过师范院校、教育院校来培养、培训，尤其是师范教育，在教师培养中占有举足轻重的地位。我国近现代的师范教育是从19世纪末20世纪初开始的，至今已走过百余年的历程。20世纪50年代，中国的高等教育经历了一次大规模的"院系调整"，形成了文理综合性院校、工科院校、师范院校以及各种单科性的学院，并明确了各类院校的主要任务。教师的培养培训主要依靠独立设置的师范院校。此后，特别是20世纪80年代以来，随着基础教育规模的逐步扩大和水平的逐步提高，对师资的需求日益增长，师范教育得到快速的发展，逐渐形成了规模巨大、层次分明、结构完备、封闭定向的师范体系。这个体系包括主要从事全日制教师职前培养的师范大学、师范学院、师范专科学校和中等师范学校，还包括从事教师职后培训的教育学院和教师进修学校。封闭定向的师范教育体系，为基础教育培养了大批教师。

然而，随着社会的进步和时代的发展，这种封闭的师范教育体系越来越跟不上时代的步伐，也不能适应教师专业发展的要求。主要表现在：第一，教师的专业化要求不高。《中华人民共和国教师

法》规定的教师要求主要是学历的要求,而且标准很低:小学教师的学历为中等师范学校毕业,初中、高中教师的学历分别为高等师范专科学校或其他大学专科毕业、高等师范学校或其他大学本科毕业。对教师职业培训的要求仅止于一些教育学、心理学方面的初步知识。即使这种比较低的要求,达标率也不理想。第二,教师教育课程老化,难以适应新时代教师的要求。目前高等师范院校普遍开设的教师教育专业课程主要有教育学、心理学和学科教学论,总体而言内容陈旧,缺乏时代感和针对性,不利于教师专业发展所需要的知识与能力的培养,难以体现师范院校较高的学术水平和鲜明的师范特色。第三,教师职前培养与职后培训脱节。教师的职前培养与职后培训本应是连续的过程,理应进行全面规划和分阶段实施。但现实中教师的职前教育主要由师范院校承担,以学历教育为主,而职后培训主要由教育学院、教师进修学校完成,二者甚至由不同的教育行政部门管理,在办学体制、课程设置、资源配置等方面缺乏联系,使教师的职前培养与在职教育缺乏呼应,没有内在的连贯性和层次性。而且从事在职培训的教育学院、教师进修学校的总体水平低于同级的师范院校,师资的数量与质量客观上无法满足大量的在职教师的培训需求,办学条件与办学水平也难以适应新形势下在职教师的培训内容与层次的需要。

适应时代的发展和教师专业化发展的要求,我们必须加大教师教育改革的力度,有效地推进教师培养和培训的发展。一般说来,主要应考虑以下几方面。

第一,建立开放的教师教育体系。如前所述,以往我们建立的是封闭的师范教育体系,教师基本通过师范院校定向培养、培训。随着社会主义市场经济的建立和发展,就业的市场化已经在客观上打破了原有封闭的师范教育体系,我们要顺应这种发展趋势,鼓励综合性大学更多地承担教师教育工作,参与中学教师的培养和培训,逐步形成一个开放的教师教育体系。建立开放的教师教育体系,一方面可以扩大教师队伍的来源,提高教师队伍水平;另一方面,也可以使师范院校在生源、师资和办学条件上面临更大的竞争,促进师范院校深化改革,充分发挥师范教育的特色与优势。

第二,推进职前培养与职后培训一体化。我国绝大部分教师都是通过师范院校培养,但师范院校绝不仅仅是教师职前教育的基地,绝不意味着把毕业生送出校门就完成了任务。今后,我国教师的在职培训,将由学历补偿教育转向知识更新、教学研究和提高业务能力的教育,培训对象广,质量要求高。高等师范院校凭借先进的办学理念、良好的师资水平、优越的办学条件等,理应承担教师职后教育的主要责任,从而兼具教师职前培养和职后培训功能,对职前培养与职后培训进行统一设计,整体规划。

第三,提高教师学历教育层次。在中国传统的中等师范、师范专科学校和师范本科院校三级教育体系中,中师、师专正逐步萎缩,以教育硕士为主体的研究生层次教师教育的需求正不断扩大,三级师范设置正逐步过渡到一级本科设置的教师教育院校,而这样的本科院校工作的主体是本科层次的教师教育,同时根据社会的需要和学校的可能,提供部分专科层次的教师教育和研究生层次的教师教育(以教育硕士为主),教师教育机构从三级设置到一级设置、三层次教育过渡。

第四,改革教师培养模式。在大学教育中,逐渐模糊师范生和非师范生的差别,教师教育的重心后移到教师的入职教育和终身(职后)教育。具体可以采取以下几种培养模式:①"3+1"模式。即前三年接受一般本科教育,后一年选修教师教育模块课程,包括参加一定量的教学实践,取得教师资格。②"4+1"模式。前四年完成本科学士学位课程(基础公共课和专业课),后一年学习教师教育模块课程(含教育实习),获教育硕士学位或教师资格证书。③"4+2"模式。前四年完成本科学士学位课程(基础公共课和专业课),后两年完成教师教育课程(含教育实习),获教育硕士学位及教师资格证书。

第五,规范教师入职资格和教师教育准入资格。适应教师专业化的要求,逐步提升对教师入职资格的要求,改革与完善教师资格证书制度。不仅要有教师资格准入制度,取得教师资格证是成为教师的先决条件,而且要适时推出教师资格再认证制度,保证教师在其从业生涯中不断更新观念,提高水平。同时,对教师教育机构,也要建立资质认证制度,确立教师教育机构资质认证标准,构建教师教育评价指标体系,组建专门的教师教育认证机构。

第六,改革教师培养、培训的内容和方式。在内容上,教师教育内容必须体现基础教育改革的新要求,实现教师教育课程内容与基础教育改革实际要求的结合。一方面,要服务于基础教育课程改革的需要,及时调整教师教育课程体系和内容;另一方面,要面向基础教育的实际,不断吸收基础教育课程改革中的新经验、新成果,充实教师教育的内容。在培养、培训方式上,要坚持高校培养与中学培养相结合,讲授与交流相结合。一方面,培养基础教育的师资,离不开基础教育课堂,师范院校必须善于利用、整合教师教育的有效资源,尤其要建立一批有代表性的教师教育实践基地,定期组织学生到基地进行教育教学考察,开展教育教学见习和实习,充分发挥教师教育的合力;另一方面,在实际教学中,坚持教师是倾听者、引导者、组织者、资源携带者,教师引导、组织学生在活动中表现、体验、反思,使教师和学生在充分沟通的基础上建立平等的合作关系,搭建教师与学生合作对话的平台,实现教师与学生的合作与互动。

案例分析 10-1

去年我有幸参加了省级、市级培训。用一句话概述我当时的感受便是:带着对新课程标准的好奇进去,一头雾水出来。我怀疑是我接受能力差,便和来自其他地市的同行们聊及此事,结果是"英雄所见略同"。有的同志开玩笑说:"大学教授都把我们当成他们的研究生了。"一周下来,我们是"雾里看花,水中望月"。究其原因,我觉得整个程序颠倒了。大家都求知心切地去参加培训,不知培训内容,心中无底;教授们带着高屋建瓴的理论"普度众生"。组织者煞费苦心,尽推重量级人物,强力灌输,以突出权威性。平心而论,授教者的理论性很强,可与学习者间的落差太大,曲高和寡,实效性可想而知。

◆ 以上是一位教师参加教师培训之后所谈的感受。结合该案例,谈谈当前的教师培训中存在哪些问题。新课程改革要求我们的教师培训进行怎样的变革?

二、思想政治(品德)教师的自我发展

教师专业素质的提高,除了要接受教师培养、培训等"他主"途径外,教师的自我发展在教师专业发展中所起的作用更为重要。所谓"教师的自我发展"就是教师在教育教学活动中,通过调节外部行为和控制活动,形成一种内驱力,从而达到自我完善的一种成长过程的总和。教师自我发展,是教师通过课程与教学实践审视、批判与反思,从而获得新知、提高能力、提升专业素养的过程,具有循环往复、螺旋上升的特征。具体来说,教师自我发展可以通过以下几种途径进行。

(一)自主学习

教师应该具有广博的知识,这就需要教师广泛涉猎、兼收并蓄,不断充实自己、发展自己。随着科学技术的进步和社会的不断发展,知识更新日新月异,人们的生活节奏越来越快,人类正面临着终身学习的挑战,由传统的文凭认定到现在的实力认定,是社会发展的一个可喜的变化。而这种变化带来的契机是教师终身学习的理念的确立与坚持。学习是人生不断走向成功的"阶梯",对于教师来说,只有不断地学习,才能不落后于时代的脚步,才能培养出适应时代要求并能为时代发展做出贡献的学生。所以,教师专业化发展需要教师不断通过学习来积累知识,需要教师自主学习意识的确立和教师

自主学习行为的养成。

思想政治(品德)课教学要求密切联系社会生活和学生的实际生活经验,充分尊重学生的思想品德形成和发展规律。这就更要求教师要有好学不倦的精神,不断更新知识,学习新的教育理论、专业知识,更新知识结构与能力。通过不断学习,理论上有所了解,视野上更加开阔,可以帮助教师加深对教材的理解,拓展教学思路,实现自我完善与自我发展。

教师自主学习的范围很广,渠道很多。从学习的范围看,不仅要学习有关思想政治(品德)课程的理论知识和实际教学经验,还要学习教育学、心理学以及与思想政治(品德)课程密切相关的知识。在学习渠道上,教师可以从书本中学习、从工作中学习、从生活中学习、从基础教育新课程改革的理论与实践中学习、从社会中学习。阅读是教师自主学习的重要途径,教师应广泛阅读各种书籍。像生活智慧、实践智慧类的如《人性的弱点》《第五项修炼》《论语》《老子》等,教育名著类的如《爱弥儿》《理想国》《给教师的建议》等,教育新理念类的如《学会生存》《国际教育新理念》等,新课程改革类的如《走进新课程——与课程实施者对话》《为了中华民族的复兴,为了每位学生的发展——基础教育课程改革纲要(试行)解读》《综合实践活动课程:设计与实施》等,还有《中国教育报》《教育参考》《思想政治课教学》《中学思想政治教学参考》等报纸杂志。当然,所谓学无止境,思想政治(品德)教师要阅读的内容也远不止这些,在此就不一一列举了。

(二)自主研修

自主研修指的是教师为了自己专业水平的提高与进步而开展的"研究"和"进修"活动。它能使教师带着自己原有的知识结构、知识水平和教育教学经验走进教学与研讨活动之中,极大地调动教师学习的积极主动性,实现教师潜能的开发,逐步提高教师的专业素质,促进教师的专业成长,是教师专业自我发展的重要途径。

教师的自主研修,首先要注重积累,例如在日常工作、生活中对自己思想观点的过滤和积淀,收集、储存相关科研情报、信息和资料等。其次要保持积极进取的态度,强化自身教育科研意识,以积极的热情投入自主研修之中。再次,要合理选择科研课题,选择研究课题可以通过以下几种途径:① 从阅读中选题。教师在阅读教材、教参和各种书籍资料的过程中,要带着问题阅读,在阅读的同时用心思考,在思考中捕捉"题眼"。② 结合教育科研前沿信息选题。密切关注教育科研前沿信息,教师就能清楚地了解教育教学中的一些亟待解决的难题,然后结合这些问题和自己的教学实践来进行研究。③ 从教育改革中选题。在新一轮教育改革中,课程改革是关键。新课程理念下的思想政治(品德)课,从课程设置理念到教材内容和教学方式,都有了很大的变革。思想政治(品德)教师可以从新课程改革背景下的思想政治(品德)课的性质定位、设计理念、开设意义,以及它的内容、方法、特点、管理等问题入手,进行全方位的研究。

(三)教学反思

教学反思是指教师为了成功地实现教育目标,对已经发生或正在发生的教学活动以及支持这些教学活动的观念、假设,进行积极、持续、周密、深入、自我调节性的思考。教学反思是一个认识过程,既可以是对过去的总结,又可以得出对今后的启示;可以是一堂课的反思,也可以是对教学中的一个片段、一种方法、一项活动的反思。教学反思是教师超越自己的思维能力的表现,又是创造能力在教育实践中的一种体现。

教学反思有助于教师形成优良的专业精神,实现专业自主,保持积极探究的心态,同时它还是教师发现自己隐性教育思想的工具和教师充分挖掘自己专业发展资源的主要方式。通过教学反思,不仅可以促进教师教学水平的提高,更可以促进教师理性的升华,以适应新课改的实施。

《学记》提倡教师进行反思性教学,在实践中去学习提高。"学然后知不足,教然后知困。知不足,然后能自反也;知困,然后能自强也。故曰:教学相长也。"要求教师具备终身学习的意识和能力,形成教学反思的习惯,边教边学,实践反思,探索发现,教学相长,追求新知,不断提高。教师进行教学反思,首先要明确反思的内容,如一节课中的精彩(或糟糕)的教学片段、教学设计的预期效果、学生的学习表现等等。其次要把握反思的时机,适时进行课前、课中和课后的反思。最后要把发现问题作为教学反思的核心,从学生、同伴、专家的视角和超自我的视角以及家长对学生发展的意见等不同的角度进行反思。

(四) 校本研究

校本研究"是指在推行新课程的过程中将教学研究的重心下移到学校,以课程实施过程中教师面对的各种具体问题为研究对象、以教师为研究主体、以提高课程实施和教学实践的效果为目的的一种研究形态"[1]。校本研究是"基于学校,为了学校,在学校中"[2]的研究。校本研究强调教师专业发展要基于学校的具体情境,与教师的教学工作直接相关。研究中的选题立足于学校内部和教师日常教育教学中所需要解决的实实在在的问题,一般把实施和推进新课改、新课程、新课标和新的学习方式过程中所遇到的困惑和解决对策作为研究重点。实施校本研究,为教师提供了更多的参与研究的机会,有利于教师实现由教书匠向教育家的转变。

校本研究是从学校内部推进课程改革,使学校中的每一个人都成为改革的动力,这就需要教师打破学科壁垒,加强教师之间的配合与协作,在分工合作的基础上进行校本研究。校本研究的展开方式是多种多样的,主要有:① 关键人物发起的研究。充分发挥骨干教师、课改专家在校内的引领作用,成立研究小组,与其他教师一起组成实践共同体。② 学区联片研究。在立足本校开展研究的基础上充分发掘不同学校的潜力和资源,学校之间相互开放、相互交流,实现优势互补,共同发展。③ 中心学校辐射研究。利用中心学校的人力、物力和信息资源支持周围的一般学校,促进共同发展。④ "先导小组"式研究。校长或学校接受了一个新的理念之后,先建立一个由少数人组成的"先导小组"进行实践,然后在实践过程中带动更多人的认识,引发多数人的自觉实践。⑤ 项目合作研究。参与专业机构主持的某一项目研究,成为试验点或承担部分研究工作,教师与专业研究人员亲密合作、共同研究。⑥ 以"打造学校品牌"为驱动的研究。以某一阶段教师比较关注的、来自于教学实际的相对集中的问题作为活动主题或研究专题,综合教师知识结构、经验背景及兴趣爱好等优势,以打造学校品牌为动力进行群体合作的校本研究。无论采取何种形式开展校本教研,一般都要包含三个基本要素,即自我反思、同伴互助和专业引领。

每个学校开展校本研究的起步方式不同,但是校本研究始终是扎根于学校开展的,只有基于学校现实的环境和真实的教学问题才是有意义的。学校应进一步拓展视野,充分利用区域优质教学资源开展校本研究,既要立足于本校,又要加强校际间的合作,实现学校之间相互交流,资源共享,优势互补,共同发展。

理论探讨 10-1

校本研究的展开方式和实施途径是多种多样的,那么不同的校本研究方式有没有共同需要关注的要点?一种有效的校本研究方式应该注意什么?

---

[1] 教育部基础教育司,教育部师范教育司.校本教研与教师专业发展[M].北京:高等教育出版社,2004:76.
[2] 陈光全.教师发展之路[M].北京:作家出版社,2007:521.

（五）教学实践

思想政治（品德）教师的专业生活是教育教学实践，因此，他们的专业发展应该基于教学实践。钟启泉教授指出，真正意义上的教师专业发展不是基于行为主义基础之上的教师能力本位的发展，而是基于认知情境理论的"实践智慧"的发展。他强调教师自身的课堂教学经验以及对经验的不断反思，以及学校同事间的合作与交流。① 教师在教学实践中探索教育教学规律，通过实践来发展自己，是教师职业的特点之一。

教师从事教学除了应具备坚实的专业理论和有关教育科学的知识以外，还应具备有个人特色的教育风格、教学智慧等教育实践性知识，它需要教师在教学实践过程中的不断积累。除了教师通过个人的教学实践并不断摸索、总结而形成经验以外，还可以通过听课等形式实现经验的移植和整合，研究和借鉴具体而鲜活的他人经验。在教育专业研究人员的指导帮助下开发教学案例，也能够为教师专业发展提供实践平台。诚如著名教育改革家魏书生所说，教师"应当像蜜蜂一样，在教学的百花园中，到处采集自己有用的花粉，回来以后，酿造自己课堂教学的蜜"。②

教师主要立足于课堂的教学实践，有助于教师解除旧的教育观念的束缚，不断更新教育观念；还有利于教师采用体现素质教育的、先进的教学方式，为学生的发展提供丰富的材料和广阔的思维空间，开发学生的智慧和潜能；还有利于研制和开发课程资源，使教师成为课程的创造者。

（六）教学研究

在教学实践的基础上，教师需要通过教学研究来提升自己的科研能力和实践水平，促进自身专业能力的拓展。"教师成为研究者"所体现的一个基本理念就是有机整合教师的教学、研究和专业发展活动，使广大教师充分认识到教学、研究和专业发展是融为一体的。

新课程理念要求教师成为研究者，然而，当前多数教师对于参与教学研究的责任、权利和价值还没有明确的认识。除了时间偏紧、负担较重以外，教师最感缺乏的当属教学研究的经验和能力。因此，在开展教学研究的过程中，教师十分需要得到专业支持和引领。当然，教师的教学研究主要还是通过教师自身走进课堂，在课程的实施与创新中进行。教师的教学研究不同于科学家和专业研究者的研究，不是为了建构高深的教育教学理论，而是实践取向的，是为了通过解决遇到的实际问题和将教育教学理论创造性地运用于实践来提高教育教学水平。所以，教学研究应关注具体的教学情境和教育理论在实践中的运用，在具体的教学情境中发现问题、研究问题、解决问题。

本章小结

1. 教师是特殊的劳动者，教师的劳动具有其自身的特点，主要表现为：劳动主体与工具的同一性；劳动对象的复杂性；教育活动的示范性；劳动过程的长期性；劳动量的隐含性；劳动技能的艺术性与创造性；劳动集体的协作性；等等。

2. 传统的对教师职责的界定，基本上可以归结为传道、授业、解惑三个方面。现代社会的教师，不再是单纯的知识文化的传播者，更是学生全面发展的促进者、服务者、课程开发者和教学研究者。

3. 教师专业化是指教师个体专业水平提高的过程以及教师群体为实现教师职业的专业地位而进行努力的过程。目前，教师专业化是世界教师教育的发展潮流，有关国际组织和各国政府都把它作为教育改革和发展的重要目标，积极推进教师专业化的进程。教师专业化是社会发展的需要，是教师自身成长的需要，是基础教育课程改革的需要，是学生发展的需要。

4. 适应教师专业化发展的要求，思想政治（品德）教师必须符合教师专业标准，具有专业素养，主要包括专业

---

① 钟启泉."教师专业化"的误区及其批判[J].教育发展研究，2003(4)：121.
② 魏书生.魏书生文选(第一卷)[M].桂林：漓江出版社，1995：14.

角色、专业精神、专业知识、专业技能、专业人格等方面的素养。

5. 思想政治(品德)教师的专业发展有两条基本途径：一是外在的对教师进行有计划有组织的培养、培训；二是内在的教师个体的自我完善与自主发展。在教师的培养和培训方面，要建立开放的教师教育体系；推进职前培养与职后培训一体化；提高教师学历教育层次；改革教师培养模式；规范教师入职资格和教师教育准入资格；改革教师培养、培训的内容和方式。在教师的自我发展方面，要坚持自主学习、自主研修、教学反思、校本研究、教学实践、教学研究等。

本章思考题

1. 教师的劳动具有哪些特点？
2. 现代教师的基本职责是什么？
3. 教师专业化的含义及其特点。
4. 新课程改革理念下的思想政治(品德)教师应具备哪些专业素养？
5. 新课程改革理念下思想政治(品德)教师的在职培训应如何开展？
6. 教师专业发展过程中,思想政治(品德)教师如何实现自我发展？

参 考 文 献

[1] 中华人民共和国教育部.普通高中思想政治课程标准(2017年版)[M].北京：人民教育出版社,2018.
[2] 中华人民共和国教育部.义务教育思想品德课程标准(2011年版)[M].北京：北京师范大学出版社,2012.
[3] 中华人民共和国教育部.关于全面深化课程改革 落实立德树人根本任务的意见[S].教基二[2014]4号.
[4] 钟启泉,崔允漷.新课程的理念与创新——师范生读本[M].北京：高等教育出版社,2003.
[5] 教育部基础教育司,教育部师范教育司.校本教研与教师专业发展[M].北京：高等教育出版社,2004.
[6] 陈光全.教师发展之路[M].北京：作家出版社,2007.
[7] 张建文.思想政治课程与教学论[M].北京：人民出版社,2008.

阅读视野

《中华人民共和国教师法》摘选

第二章 权利和义务

第七条 教师享有下列权利：

(一) 进行教育教学活动,开展教育教学改革和实验；

(二) 从事科学研究、学术交流,参加专业的学术团体,在学术活动中充分发表意见；

(三) 指导学生的学习和发展,评定学生的品行和学业成绩；

(四) 按时获取工资报酬,享受国家规定的福利待遇以及寒暑假期的带薪休假；

(五) 对学校教育教学、管理工作和教育行政部门的工作提出意见和建议,通过教职工代表大会或者其他形式,参与学校的民主管理；

(六) 参加进修或者其他方式的培训。

第八条 教师应当履行下列义务：

(一) 遵守宪法、法律和职业道德,为人师表；

(二) 贯彻国家的教育方针,遵守规章制度,执行学校的教学计划,履行教师聘约,完成教育教学工作任务；

(三) 对学生进行宪法所确定的基本原则的教育和爱国主义、民族团结的教育,法制教育以及思

想品德、文化、科学技术教育,组织、带领学生开展有益的社会活动;

(四)关心、爱护全体学生,尊重学生人格,促进学生在品德、智力、体质等方面全面发展;

(五)制止有害于学生的行为或者其他侵犯学生合法权益的行为,批评和抵制有害于学生健康成长的现象;

(六)不断提高思想政治觉悟和教育教学业务水平。

第九条　为保障教师完成教育教学任务,各级人民政府、教育行政部门、有关部门、学校和其他教育机构应当履行下列职责:

(一)提供符合国家安全标准的教育教学设施和设备;

(二)提供必需的图书、资料及其他教育教学用品;

(三)对教师在教育教学、科学研究中的创造性工作给以鼓励和帮助;

(四)支持教师制止有害于学生的行为或者其他侵犯学生合法权益的行为。

第三章　资格和任用

第十条　国家实行教师资格制度。

中国公民凡遵守宪法和法律,热爱教育事业,具有良好的思想品德,具备本法规定的学历或者经国家教师资格考试合格,有教育教学能力,经认定合格的,可以取得教师资格。

第十一条　取得教师资格应当具备的相应学历是:

(一)取得幼儿园教师资格,应当具备幼儿师范学校毕业及其以上学历;

(二)取得小学教师资格,应当具备中等师范学校毕业及其以上学历;

(三)取得初级中学教师,初级职业学校文化、专业课教师资格,应当具备高等师范专科学校或者其他大学专科毕业及其以上学历;

(四)取得高级中学教师资格和中等专业学校、技工学校、职业高中文化课、专业课教师资格,应当具备高等师范院校本科或者其他大学本科毕业及其以上学历;取得中等专业学校、技工学校和职业高中学生实习指导教师资格应当具备的学历,由国务院教育行政部门规定;

(五)取得高等学校教师资格,应当具备研究生或者大学本科毕业学历;

(六)取得成人教育教师资格,应当按照成人教育的层次、类别,分别具备高等、中等学校毕业及其以上学历。

不具备本法规定的教师资格学历的公民,申请获取教师资格,必须通过国家教师资格考试。国家教师资格考试制度由国务院规定。

第十二条　本法实施前已经在学校或者其他教育机构中任教的教师,未具备本法规定学历的,由国务院教育行政部门规定教师资格过渡办法。

第十三条　中小学教师资格由县级以上地方人民政府教育行政部门认定。中等专业学校、技工学校的教师资格由县级以上地方人民政府教育行政部门组织有关主管部门认定。普通高等学校的教师资格由国务院或者省、自治区、直辖市教育行政部门或者其委托的学校认定。

具备本法规定的学历或者经国家教师资格考试合格的公民,要求有关部门认定其教师资格的,有关部门应当依照本法规定的条件予以认定。取得教师资格的人员首次任教时,应当有试用期。

第十四条　受到剥夺政治权利或者故意犯罪受到有期徒刑以上刑事处罚的,不能取得教师资格;已经取得教师资格的,丧失教师资格。

第十五条　各级师范学校毕业生,应当按照国家有关规定从事教育教学工作。国家鼓励非师范高等学校毕业生到中小学或者职业学校任教。

第十六条　国家实行教师职务制度,具体办法由国务院规定。

第十七条　学校和其他教育机构应当逐步实行教师聘任制。教师的聘任应当遵循双方地位平等的原则,由学位和教师签订聘任合同,明确规定双方的权利、义务和责任。

实施教师聘任制的步骤、办法由国务院教育行政部门规定。

第四章　培养和培训

第十八条　各级人民政府和有关部门应当办好师范教育,并采取措施,鼓励优秀青年进入各级师范学校学习。各级教师进修学校承担培训中小学教师的任务。非师范学校应当承担培养和培训中小学教师的任务。各级师范学校学生享受专业奖学金。

第十九条　各级人民政府教育行政部门、学校主管部门和学校应当制定教师培训规划,对教师进行多种形式的思想政治、业务培训。

第二十条　国家机关、企业事业单位和其他社会组织应当为教师的社会调查和社会实践提供方便,给予协助。

第二十一条　各级人民政府应当采取措施,为少数民族地区和边远贫困地区培养、培训教师。

北京大学出版社
教育出版中心 精品图书

21世纪高校广播电视专业系列教材
电视节目策划教程（第二版）	项仲平
电视导播教程（第二版）	程晋
电视文艺创作教程	王建辉
广播剧创作教程	王国臣
电视导论	李欣
电视纪录片教程	卢炜
电视导演教程	袁立本
电视摄像教程	刘荃
电视节目制作教程	张晓锋
视听语言	宋杰
影视剪辑实务教程	李琳
影视摄制导论	朱怡
新媒体短视频创作教程	姜荣文
电影视听语言——视听元素与场面调度案例分析	李骏
影视照明技术	张兴
影视音乐	陈斌
影视剪辑创作与技巧	张拓
纪录片创作教程	潘志琪
影视拍摄实务	翟臣

21世纪信息传播实验系列教材（徐福荫 黄慕雄 主编）
网络新闻实务	罗昕
多媒体软件设计与开发	张新华
播音与主持艺术（第三版）	黄碧云 睢凌
摄影基础（第二版）	张红 钟日辉 王首农

21世纪数字媒体专业系列教材
视听语言	赵慧英
数字影视剪辑艺术	曾祥民
数字摄像与表现	王以宁
数字摄影基础	王朋娇
数字媒体设计与创意	陈卫东
数字视频创意设计与实现（第二版）	王靖
大学摄影实用教程（第二版）	朱小阳
大学摄影实用教程	朱小阳

21世纪教育技术学精品教材（张景中 主编）
教育技术学导论（第二版）	李芒 金林
远程教育原理与技术	王继新 张屹
教学系统设计理论与实践	杨九民 梁林梅
信息技术教学论	雷体南 叶良明
信息技术与课程整合（第二版）	赵呈领 杨琳 刘清堂
教育技术学研究方法（第三版）	张屹 黄磊

21世纪高校网络与新媒体专业系列教材
文化产业概论	尹章池
网络文化教程	李文明
网络与新媒体评论	杨娟
新媒体概论	尹章池
新媒体视听节目制作（第二版）	周建青
融合新闻学导论（第二版）	石长顺
新媒体网页设计与制作（第二版）	惠悲荷
网络新媒体实务	张合斌
突发新闻教程	李军
视听新媒体节目制作	邓秀军
视听评论	何志武
出镜记者案例分析	刘静 邓秀军
视听新媒体导论	郭小平
网络与新媒体广告（第二版）	尚恒志 张合斌
网络与新媒体文学	唐东堰 雷奕
全媒体新闻采访写作教程	李军
网络直播基础	周建青
大数据新闻传媒概论	尹章池

21世纪特殊教育创新教材·理论与基础系列
特殊教育的哲学基础	方俊明
特殊教育的医学基础	张婷
融合教育导论（第二版）	雷江华
特殊教育学（第二版）	雷江华 方俊明
特殊儿童心理学（第二版）	方俊明 雷江华
特殊教育史	朱宗顺
特殊教育研究方法（第二版）	杜晓新 宋永宁等
特殊教育发展模式	任颂羔

21世纪特殊教育创新教材·发展与教育系列
视觉障碍儿童的发展与教育	邓猛
听觉障碍儿童的发展与教育（第二版）	贺荟中
智力障碍儿童的发展与教育（第二版）	刘春玲 马红英
学习困难儿童的发展与教育（第二版）	赵微
自闭症谱系障碍儿童的发展与教育	周念丽
情绪与行为障碍儿童的发展与教育	李闻戈
超常儿童的发展与教育（第二版）	苏雪云 张旭

21世纪特殊教育创新教材·康复与训练系列

特殊儿童应用行为分析（第二版）	李 芳 李 丹
特殊儿童的游戏治疗	周念丽
特殊儿童的美术治疗	孙 霞
特殊儿童的音乐治疗	胡世红
特殊儿童的心理治疗（第三版）	杨广学
特殊教育的辅具与康复	蒋建荣
特殊儿童的感觉统合训练（第二版）	王和平
孤独症儿童课程与教学设计	王 梅

21世纪特殊教育创新教材·融合教育系列

融合教育本土化实践与发展	邓 猛等
融合教育理论反思与本土化探索	邓 猛
融合教育实践指南	邓 猛
融合教育理论指南	邓 猛
融合教育导论（第二版）	雷江华
学前融合教育（第二版）	雷江华 刘慧丽

21世纪特殊教育创新教材（第二辑）

特殊儿童心理与教育（第二版）	杨广学 张巧明 王 芳
教育康复学导论	杜晓新 黄昭明
特殊儿童病理学	王和平 杨长江
特殊学校教师教育技能	昝 飞 马红英

自闭谱系障碍儿童早期干预丛书

如何发展自闭谱系障碍儿童的沟通能力	朱晓晨 苏雪云
如何理解自闭谱系障碍和早期干预	苏雪云
如何发展自闭谱系障碍儿童的社会交往能力	吕 梦 杨广学
如何发展自闭谱系障碍儿童的自我照料能力	倪萍萍 周 波
如何在游戏中干预自闭谱系障碍儿童	朱 瑞 周念丽
如何发展自闭谱系障碍儿童的感知和运动能力	韩文娟 徐 芳 王和平
如何发展自闭谱系障碍儿童的认知能力	潘前前 杨福义
自闭症谱系障碍儿童的发展与教育	周念丽
如何通过音乐干预自闭谱系障碍儿童	张正琴
如何通过画画干预自闭谱系障碍儿童	张正琴
如何运用ACC促进自闭谱系障碍儿童的发展	苏雪云
孤独症儿童的关键性技能训练法	李 丹
自闭症儿童家长辅导手册	雷江华
孤独症儿童课程与教学设计	王 梅
融合教育理论反思与本土化探索	邓 猛
自闭症谱系障碍儿童家庭支持系统	孙玉梅
自闭症谱系障碍儿童团体社交游戏干预	李 芳
孤独症儿童的教育与发展	王 梅 梁松梅

特殊学校教育·康复·职业训练丛书（黄建行 雷江华 主编）

信息技术在特殊教育中的应用	
智障学生职业教育模式	
特殊教育学校学生康复与训练	
特殊教育学校校本课程开发	
特殊教育学校特奥运动项目建设	

21世纪学前教育专业规划教材

学前教育概论	李生兰
学前教育管理学（第二版）	王 雯
幼儿园课程新论	李生兰
幼儿园歌曲钢琴伴奏教程	果旭伟
幼儿园舞蹈教学活动设计与指导（第二版）	董 丽
实用乐理与视唱（第二版）	代 苗
学前儿童美术教育	冯婉贞
学前儿童科学教育	洪秀敏
学前儿童游戏	范明丽
学前教育研究方法	郑福明
学前教育史	郭法奇
学前教育政策与法规	魏 真
学前心理学	涂艳国 蔡 艳
学前教育理论与实践教程	王 维 王维娅 孙 岩
学前儿童数学教育与活动设计	赵振国
学前融合教育（第二版）	雷江华 刘慧丽
幼儿园教育质量评价导论	吴 钢
幼儿学习与教育心理学	张 莉
学前教育管理	虞永平

大学之道丛书精装版

美国高等教育通史	［美］亚瑟·科恩
知识社会中的大学	［英］杰勒德·德兰迪
大学之用（第五版）	［美］克拉克·克尔
营利性大学的崛起	［美］理查德·鲁克
学术部落与学术领地：知识探索与学科文化	［英］托尼·比彻 保罗·特罗勒尔
美国现代大学的崛起	［美］劳伦斯·维赛
教育的终结——大学何以放弃了对人生意义的追求	［美］安东尼·T.克龙曼
世界一流大学的管理之道——大学管理研究导论	程 星
后现代大学来临？	［英］安东尼·史密斯 弗兰克·韦伯斯特

大学之道丛书

市场化的底限	［美］大卫·科伯
大学的理念	［英］亨利·纽曼
哈佛：谁说了算	［美］理查德·布瑞德利